SPSS 8
Statistik-Programm-System
für die
Sozialwissenschaften

SPSS 8

Statistik-Programm-System für die Sozialwissenschaften

nach Norman H. Nie · C. Hadlai Hull

Eine Beschreibung der Programmversionen 6, 7 und 8

von Peter Beutel · Helmuth Küffner · Werner Schubö

3. Auflage

mit zahlreichen Tabellen und Beispielen

SEMPER BONIS ARTIBUS

Gustav Fischer Verlag · Stuttgart · New York
1980

Originaltitel: SPSS – Statistical Package for the Social Sciences,
2nd edition

Original English language edition published by
McGraw-Hill Book Company

Anschriften der deutschen Autoren:

Peter Beutel
Universität Heidelberg, Rechenzentrum
Im Neuenheimer Feld 293, 6900 Heidelberg 1

Helmuth Küffner
Fernuniversität, Zentrum für Fernstudienentwicklung
Postfach 940, 5800 Hagen 1

Werner Schubö
Universität München, Abt. für Allgemeine Psychologie
Friedrichstraße 22, 8000 München 40

CIP-Kurztitelaufnahme der Deutschen Bibliothek

Beutel, Peter:
Statistik-Programm-System für die Sozialwissenschaften :
SPSS 8 ; e. Beschreibung d. Programmversionen 6, 7 u.8;
mit zahlr. Tab. u. Beispielen von Peter Beutel ; Helmuth Küffner ;
Werner Schubö. Nach Norman H. Nie . . . –
3. Aufl. – Stuttgart, New York : Fischer, 1980.
Bearb. dt. Teilausg. von: Statistical package
for the social sciences.
1. u. 2. Aufl. u. d. T.: Statistik-Programm-System
für die Sozialwissenschaften.
ISBN 3-437-40090-8

NE: Küffner, Helmuth:; Schubö, Werner:; Nie,
Norman H. [Begr.]

Druck: Offsetdruckerei Karl Grammlich, Pliezhausen
Einband: Buchbinderei Clemens Maier, Leinfelden-Echterdingen
Printed in Germany

Vorwort zur dritten Auflage

Die dritte Auflage der vorliegenden SPSS-Beschreibung beruecksichtigt die Aenderungen und Erweiterungen, die Version 8 gegenueber der Version 7 gebracht hat. Da zur Zeit vor allem im deutschsprachigen Raum auf einer Reihe von Anlagen noch aeltere Versionen installiert sind, haben wir uns bemueht, die notwendigen Textaenderungen so einzufuegen, dass der Text auch fuer die Versionen 6 und 7 voll verwendbar bleibt. So wurden in die Beispiele alle Steuerkarten aufgenommen, die in den neueren Versionen entfallen koennen, fuer die aelteren Versionen jedoch erforderlich sind. Alle Aenderungen gegenueber der letzten Auflage wurden durch senkrechte Striche am Rand gekennzeichnet, soweit es sich nicht um Umformulierungen zum besseren Verstaendnis handelt. SPSS-Steuerkarten oder Prozeduren, die nicht ueberall eingesetzt werden koennen, wurden nicht mehr durch Fussnoten sondern durch einen Zusatz in der Kapitelueberschrift gekennzeichnet. So sind Erweiterungen in Version 7 mit <ab 7>, solche in Version 8 mit <ab 8> und die der CDC-Version mit <nur CDC> kenntlich gemacht. Entsprechend haben wir auf Einschraenkungen bei Optionen und Statistiken hingewiesen.

Umformulierungen im groesseren Umfang schienen uns bei der Prozedur zur Diskriminanzanalyse notwendig, weil dabei die Interpretation der Ergebnisse die groessten Schwierigkeiten bereitete. Dennoch setzen wir bei diesem wie bei allen anderen Verfahren gesicherte Methodenkenntnisse voraus. Diese Kenntnisse kann und will die vorliegende Beschreibung nicht vermitteln, dies muss einer soliden Statistikausbildung vorbehalten bleiben.

Weiterhin ist nicht beabsichtigt, durch die vorliegende Beschreibung das ausfuehrlichere amerikanische Handbuch der Programmautoren (Nie et al. ,1975) zu ersetzen. In der vorliegenden Beschreibung fehlen die Ableitungen und Erlaeuterungen der den Statistikverfahren zugrundeliegenden Methoden, es werden weit weniger Beispiele dargelegt, und der Leser erfaehrt hier nicht in allen Einzelheiten, wie die Ausgabe der Programme aussieht. Die Funktion des Originalwerkes als Referenzliteratur bleibt daher erhalten. Inzwischen wurde das Handbuch durch SPSS Update (Hull & Nie, 1979) ergaenzt; eine Dokumentation der im SPSS-System verwendeten Formeln und Algorithmen liegt nunmehr in SPSS Statistical Algorithms (Norusis, 1979) vor.

Bewaehrt hat sich die vorliegende Beschreibung als begleitender Text bei Einfuehrungen in das Programmsystem SPSS, als Nachschlagewerk beim Ablochen von SPSS-Steuerkarten, als handlicher Text bei der Fehlersuche und als erste Einfuehrung in die Datenanalyse mit EDV fuer Studenten und Praktiker bei der Bearbeitung ihrer Forschungsprojekte, Diplomarbeiten und Dissertationen.

Bei der Beschreibung der Kommandokarten fuer das Betriebssystem wurden wieder die wichtigsten in der BRD vertretenen Hersteller von Grossrechenanlagen beruecksichtigt: CGK (TR440), CONTROL-DATA, IBM, SIEMENS und UNIVAC.

Der Text der bisherigen Auflagen war auf Magnetplatte gespeichert und wurde interaktiv auf der IBM 370/168 des Universitaetsrechenzentrums Heidelberg mit Hilfe des Druckprogramms RUNOFF fortgeschrieben. Aus technischen Gruenden ist es jedoch weiterhin nicht moeglich, die Umlaute ae, oe und ue sowie das "scharfe s" orthographisch richtig zu drucken.

Fuer das Kapitel 7 stammen die wesentlichen Teile der Kommandokarten-Beschreibungen fuer CDC-Anlagen von den Herren Koegel und Roderburg (Koeln) und Herrn Wiseman (Muenchen), fuer SIEMENS-Anlagen von den Herren Schoenfelder (Mannheim), Lohmoeller (Muenchen) und Steiner (Sankt Augustin), fuer TR440-Anlagen von den Herren Luegger und Poehle (Berlin) und fuer UNIVAC-Anlagen von Herrn Mickel (Karlsruhe).

Unser besonderer Dank gilt Herrn Dr. Frenzel und Frau Dr. Birtsch (Heidelberg), die uns durch eine Vielzahl von Korrekturhinweisen geholfen haben.

Heidelberg und Muenchen, im Januar 1980

P. Beutel
W. Schuboe

Inhaltsverzeichnis

Einführung

1

1.1 Vorbemerkungen

Mit der Herausgabe der Programmbeschreibung fuer das 'Statistical Package for the Social Sciences' (SPSS) im Jahre 1970 erhielt die Entwicklung im Bereich der statistischen Datenanalyse mit EDV-Anlagen einen Aufschwung, dessen positive Auswirkungen fuer den Anwender noch nicht abgeschlossen sind. SPSS[1] hat sich in der Zwischenzeit zum verbreitetsten Programmpaket bei der Loesung statistischer Probleme mit weltweit ueber 1600 Implementierungen und ungefaehr 20 Konversionen fuer verschiedene EDV-Anlagen und Betriebssysteme entwickelt.

1.1.1 Das Programmsystem SPSS

SPSS ist ein integriertes System von Computerprogrammen zur statistischen Analyse sozialwissenschaftlicher Daten. Die besondere Leistung von SPSS liegt nicht allein im Umfang und der Art seiner statistischen Prozeduren, sondern in der Einheitlichkeit und hohen Flexibilitaet des Systems, das durch eine quasi-natuerliche Steuersprache gehandhabt wird. Eine leicht verstaendliche Fehlerdiagnostik ist eingeschlossen. Unter anderem ermoeglicht SPSS eine Vielzahl von Datentransformationen, Datenselektionen und Dateimanipulationen und ueber eine ausfuehrliche Dateibeschreibung die Erzeugung einer leicht lesbaren Druckausgabe. Zwischenergebnisse am Ende der einzelnen Phasen von Auswertungsvorhaben koennen auf verschiedenen Datentraegern gespeichert werden.

SPSS setzt keine Kenntnisse einer Programmiersprache voraus; es eroeffnet vielmehr fuer den Bereich der statistischen Datenanalyse auch dem Anfaenger Moeglichkeiten, die normalerweise routinierten Programmierern vorbehalten sind. Damit wird der Forscher bei der Auswertung seiner Daten der haeufig beobachteten, uebermaessigen Abhaengigkeit von EDV-Spezialisten enthoben und kann somit auch einen weiteren wichtigen Teilabschnitt seines Projekts, naemlich den der Auswertung, selbstaendig durchfuehren und kontrollieren.

SPSS wurde in den vergangenen sieben Jahren erheblich erweitert und verbessert; es wird nunmehr ausser von Soziologen fuer die Auswertung von Umfragen auch von Psychologen, Medizinern, Biologen, Volks- und Betriebswirtschaftlern, Paedagogen u.v.a. an fast allen Hochschulen und Forschungsinstitutionen der BRD zur Auswertung ihrer Experimente und Untersuchungen verwendet, ausserdem auch bei einer Vielzahl von Behoerden und Unternehmen der Wirtschaft und Industrie.

Seit der ersten Auflage der vorliegenden Beschreibung im Mai 1976 hat sich nicht nur die Version fuer die Stapelverarbeitung von SPSS weiterentwickelt, z.B. durch verschiedene neue Prozeduren, sondern es gibt eine erste Version von SCSS[2], das als dialogfaehiges Programm-

---

[1] Vertrieben durch: SPSS Inc., 444 North Michigan Avenue Suite 3300, Chicago, Illinois 60611, USA.
[2] SCSS: SPSS Conversational Statistical System.

system SPSS ergaenzen kann. Die Bedeutung von SPSS als zentrales Auswertesystem fuer statistische Probleme findet ihren Niederschlag darin, dass in der Zwischenzeit andere Programmpakete, z.B. CLUSTAN und das Datenbanksystem SIR SPSS-Dateien bearbeiten bzw. erstellen. Die kontinuierliche Weiterentwicklung und die integrierende Wirkung von SPSS lassen hoffen, dass die methodischen und technischen Grenzen von SPSS immer weniger als rigide empfunden werden.

1.1.2 Uebersicht ueber die Statistikprozeduren

SPSS enthaelt Prozeduren fuer folgende statistische Probleme.

- Deskriptive Statistik fuer kontinuierliche und diskrete Variablen mit zugehoerigen Statistiken, eindimensionale Haeufigkeitsverteilungen und Histogramme
  - CONDESCRIPTIVE
  - FREQUENCIES
- Datenaggregation
  - AGGREGATE
- Erstellen von Berichten
  - REPORT <ab 8>
- Kreuztabellen mit zugehoerigen Statistiken
  - CROSSTABS
- Ein- und mehrdimensionale Haeufigkeitstabellen fuer Variablen bei Mehrfachantworten
  - MULT RESPONSE <ab 7>
- t-Test fuer abhaengige und unabhaengige Stichproben
  - T-TEST
- Einfache und mehrfache Varianzanalyse
  - BREAKDOWN
  - ONEWAY
  - ANOVA
- Nichtparametrische Tests
  - NPAR TESTS <ab 7>
- Pearson-, Kendall- und Spearman-Korrelationen
  - PEARSON CORR
  - NONPAR CORR
- Streuungsdiagramm mit zugehoerigen Statistiken
  - SCATTERGRAM
- Partielle Korrelationen
  - PARTIAL CORR
- Schrittweise multiple Regression
  - REGRESSION
- Faktorenanalyse
  - FACTOR
- Kanonische Analyse
  - CANCORR
- Diskriminanzanalyse
  - DISCRIMINANT
- Skalenanalyse
  - GUTTMAN SCALE
- Itemanalyse und Reliabilitaetsschaetzung
  - RELIABILITY <ab 7>
- Analyse von Sterbetafeln
  - SURVIVAL <ab 8>

Die nachfolgend aufgefuehrten Statistikprozeduren sind SPSS-Erweiterungen, die zur Zeit nur in der CDC-Version verfuegbar sind.

- Multivariate Varianzanalyse
  - MANOVA
- Haeufigkeitstabellen bei dichotomen Variablen
  - SUMMARY TABLES
- Tetrachorische Korrelationskoeffizienten
  - TETRACHORIC
- Wirklich-nichtlineare Regressionen
  - NONLINEAR
- Erstellen von Plotdiagrammen
  - PLOT
- Multidimensionale Skalierung
  - SSA1
- Faktorenanalyse nach Joereskog
  - JFACTOR
- Allgemeine und dreistufige Methode der kleinsten Quadrate
  - G3SLS
- Uni- und bivariate Spektralanalyse
  - SPECTRAL

Die beiden Prozeduren INFORM und WRITE BMDP sind Erweiterungen deutscher Autoren, die nur an einigen Rechenzentren verfuegbar sind.

- Informationsanalyse
  - INFORM
- Erstellen von BMDP-Systemdateien
  - WRITE BMDP

1.1.3 Andere Statistiksysteme

SPSS ist ein Programmpaket, das dem Benutzer statistische Standardverfahren in einer bequemen Weise zugaenglich macht. Der daraus resultierende hohe Entwicklungsaufwand fuer SPSS-Prozeduren bedingt, dass das Methodenspektrum von SPSS beschraenkt ist und auch zukuenftig neuere statistische Verfahren nur nach allgemeiner Akzeptierung Eingang in SPSS finden werden. Deshalb sollte der Benutzer schon in der Planung seiner Auswertung feststellen, ob die von ihm projektierten Analyseverfahren als Prozeduren in SPSS vorhanden sind, falls nicht, sollte er rechtzeitig an seinem Rechenzentrum Erkundigungen einholen, ob ein anderes Programmpaket oder ein Einzelprogramm seine Methodenwuensche befriedigt. Die Praxis hat gezeigt, dass auch fuer den EDV-Laien nach einiger Erfahrung mit SPSS die ergaenzende Verwendung anderer Programme oder Systeme keine groesseren Probleme aufwirft.

Zwei solcher Pakete fuer spezielle Methodengebiete seien besonders erwaehnt: CLUSTAN und MDS(X). CLUSTAN ist eine umfassende, integrierte Sammlung von Programmen zu verschiedenen Clusteranalyseverfahren. CLUSTAN kann ausserdem Diagramme und Dendrogramme auf Inkremental- und Mikrofilmzeichengeraeten ausgeben und SPSS-Dateien direkt einlesen. MDS(X) ist eine integrierte Serie von Programmen zur multidimensionalen Skalierung. Die Eingabe der Programmparameter fuer MDS(X) erfolgt in einer SPSS-aehnlichen Sprache.

Neben Programmsystemen und Einzelprogrammen fuer spezielle Methodengebiete gibt es an den meisten Hochschulrechenzentren neben SPSS noch Programmsysteme zur Loesung statistischer Probleme, die wie SPSS ein aehnlich allgemeines Methodenspektrum und integrierte Moeglichkeiten zur Daten- und Dateibearbeitung haben. Die wichtigsten dieser Systeme neben SPSS sind: BMDP, OSIRIS, P-STAT und SAS. P-STAT und SAS koennen SPSS-Dateien direkt einlesen. Der Uebergang von OSIRIS zu SPSS wird durch die OSIRIS VARS-Karte[1] ermoeglicht, die erlaubt, OSIRIS-Dateien direkt in SPSS einzulesen.

Ein weiteres Programmprodukt, das sich an SPSS anlehnt, ist das Datenbanksystem SIR (Scientific Information Retrieval), das die Erfassung und Auswertung komplex strukturierter Dateien ermoeglicht. Die Syntax der Sprache von SIR entspricht der von SPSS. Ausserdem koennen durch SIR direkt SPSS- und BMDP-Dateien erstellt werden.

Die Benutzerhandbuecher der Hochschulrechenzentren fuehren die lokal verfuegbaren Programme und Systeme auf.

1.1.4 Einige praktische Hinweise

Fuer den Benutzer eines geschlossenen Programmsystems wie des SPSS sind keine detaillierten Kenntnisse ueber Aufbau und Funktionsweise einer Rechenanlage notwendig. Es reicht aus, eine Rechenanlage als "abstrakten Automaten" zu betrachten, dem durch eine Steuersprache Befehle erteilt werden, und die Regeln dieser "Sprache" zu akzeptieren. Deshalb wurde in der vorliegenden Beschreibung weitgehend vermieden, EDV-technische Begriffe einzufuehren. Dem Leser, der ueber diese knappen Informationen hinaus an Aufbau und Wirkungsweise von elektronischen Datenverarbeitungsanlagen und den hoeheren Programmiersprachen interessiert ist, kann die Lektuere der gut verstaendlichen Einfuehrungen von Schiro & Herzog (1970), Kriz (1975) und Lamnek & Krutwa (1975) empfohlen werden.

Besser als ein ausschliessliches Literaturstudium ist jedoch die Teilnahme an einem an den Universitaetsrechenzentren oder sozialwissenschaftlichen Instituten durchgefuehrten Einfuehrungskurs in das Programmsystem SPSS. Dabei werden sicher einige Details erlaeutert, die in dieser Beschreibung ueberhaupt nicht oder nur sehr knapp beruecksichtigt wurden, z.B. die Benutzung der Kartenlocher und die Besonderheiten des jeweiligen Betriebssystems. Es wird dringend empfohlen, an solchen Kursen teilzunehmen, bevor groessere Auswertungen mit SPSS in Angriff genommen werden, da sie helfen, Anfangsschwierigkeiten zu umgehen und zudem ein betraechtliches Mass an praktischer Erfahrung vermitteln. Es sei nochmals betont, dass wichtiger als die Lektuere ausgekluegelter Moeglichkeiten von SPSS das Ausprobieren von einfachen Auswertungen auf einer Rechenanlage ist. "Datenanalyse ist wie Klavierspielen; es ist besser, es zuerst zu tun und nachher darueber nachzudenken", meint Hope (1967) hierzu.

Fundierte Statistikkenntnisse und realistische Vorstellungen ueber den Zeitaufwand fuer die Auswertungsarbeiten sind eine weit wichtigere Voraussetzung zur Anwendung von SPSS als EDV-Kenntnisse. Schon beim Entwurf seiner Untersuchung sollte der Benutzer einen vorlaeufigen Auswertungsplan aufstellen, sich mit den projektierten statistischen Methoden auseinandersetzen und bis zum Abschluss der Datenerfassung parallel Uebungen mit SPSS durchfuehren. Auf keinen Fall sollte der Benutzer bis zum Abschluss der Datenerhebung warten und sich erst dann mit der EDV-Seite seiner Auswertung beschaeftigen. Selbst bei guter Vorbereitung und guten Kenntnissen von SPSS oder an-

----
[1] Siehe Nie et al., (1975), S.657-661

deren Systemen sind fuer die EDV-Arbeiten einer kleinen bis mittleren Untersuchung in der Regel wenigstens zwei bis acht Wochen erforderlich, obwohl eine EDV-Anlage die zugehoerigen Arbeiten in wenigen Minuten durchfuehrt. Dies hat seinen Grund darin, dass die EDV-Arbeiten meist in mehrere, vom Stand der Auswertung abhaengigen Einzelschritte zerlegt werden muessen, dass der Benutzer formale Fehler macht, dass durch Ueberlastung der EDV-Anlage Wartezeiten eintreten.

1.1.5 Wegweiser durch die Beschreibung

Sofern diese Beschreibung als Studientext bei Einfuehrungsseminaren verwendet wird, wird der Kursleiter die Reihenfolge der Behandlung der einzelnen Abschnitte und Unterabschnitte bestimmen. Es sollen jedoch einige allgemeine Hinweise zum Selbststudium gegeben werden.

Einiges von dem, was in den einzelnen Kapiteln beschrieben wird, ist fuer den Grossteil der Benutzer zunaechst weniger wichtig. So werden in Kapitel 3 Moeglichkeiten von SPSS aufgezeigt, mit denen Daten geaendert und ausgewaehlt werden koennen. Auch die Kapitel 4 und 5 ueber Dateien sind fuer die Auswertungen anfangs unwichtig; sie beschreiben vielmehr guenstige Moeglichkeiten, wie Daten und ihre Beschreibung gespeichert werden koennen. Sogar vom wichtigen Kapitel 2, in dem grundlegende SPSS-Steuerkarten dargestellt werden, brauchen zunaechst nur die Abschnitte 2.1 bis 2.3 und 2.5 bearbeitet werden. Aus dem Kapitel 6 mit den Statistikprozeduren braucht jeweils nur die Beschreibung zu dem Verfahren gelesen werden, das tatsaechlich angewendet werden soll. Von Kapitel 7 ueber Kommandokarten ist nur der Abschnitt zu lesen, der fuer den Anlagentyp bestimmt ist, auf der die EDV-Arbeiten tatsaechlich ausgefuehrt werden sollen. Selbst in diesem Abschnitt kann sich der Anfaenger auf die ersten Unterabschnitte beschraenken.

1.2 Codierung der Eingabedaten

In der Regel werden die Daten vom Frage-, Erhebungsbogen oder vom Ablochformular zuerst auf Lochkarten uebertragen.[1] Da die nachfolgenden Abschnitte sehr knapp formuliert sind, sollten bei Unklarheiten die detaillierten Anleitungen zur Verschluesselung von Variablen bei Friedrichs (1973), Lamnek & Krutwa (1975), Landsheere (1969) oder Kueffner (1976) zu Rate gezogen oder der Beratungsdienst Ihres Instituts oder Rechenzentrums in Anspruch genommen werden. Dies ist deshalb von besonderer Wichtigkeit, da bei der Codierung der Daten haeufig so gravierende Fehler gemacht werden, dass die gesamte Auswertung in Frage gestellt bzw. nur mit grossem Zeit- und Arbeitsaufwand bewerkstelligt werden kann.

---

[1] Die Datenerfassung ueber einen interaktiven Arbeitsplatz (z.B. Bildschirm) oder ueber einen Belegleser setzen einen routinierten Anwender oder grosse Datenmengen voraus. Der Anfaenger sollte sich an seinem Rechenzentrum in die Funktionsweise der Kartenlocher einfuehren lassen.

1.2.1 Aufbau der Eingabedateien

Dateien, die in SPSS eingelesen werden sollen, erfordern den fuer allgemeine Statistiksysteme ueblichen rechteckigen Aufbau. Rechteckig heisst, dass die Datei nur eine Art von Untersuchungseinheiten, z.B. Schueler, Patienten, Spiegel-Leser, Familien, enthaelt und fuer jede einzelne Untersuchungseinheit, z.B. fuer jeden Schueler, die gleiche Anzahl von Variablen mit fuer alle Objekte identischer Bedeutung erfasst werden. Statt dem Begriff Untersuchungseinheit werden auch die Begriffe Fall, Beobachtung, Proband benutzt. Ein Fall setzt sich also aus einer Reihe von Merkmalsauspraegungen bzw. Werten von Variablen zusammen. Rechteckige Dateien enthalten ausschliesslich Faelle mit fester Laenge, d.h. Zahl, Reihenfolge und Bedeutung der Variablen sind fuer jeden Fall gleich. SPSS verarbeitet zur Zeit ausser diesen rechteckigen Dateien direkt keine komplexer strukturierten Dateien.

Zwei Beispiele fuer komplexere Dateien seien genannt: Bei einer Stichprobe von schwangeren Frauen wurden Anamnesedaten erhoben, ausserdem wurde bei jedem Arztbesuch der Frauen wiederholt eine Reihe gleicher Untersuchungen durchgefuehrt. Durch den unterschiedlich haeufigen Arztbesuch ergeben sich unterschiedliche Zahlen von Untersuchungsmessreihen. Statt Faellen mit fester Laenge liegen dann Faelle mit variabler Laenge vor. Noch komplexer wird der Aufbau einer Datei, will man mehrere Untersuchungseinheiten, z.B. soziales Umfeld, Familie, Vater, Mutter, Kind, in einer Datei zusammenfassen. In diesem Beispiel erhaelt man eine hierarchisch zu ordnende Datei, wobei die Untersuchungseinheit "Kind" wiederholt auftreten kann. In derartigen Faellen wird die Verwendung eines Datenbanksystems zur Datenhaltung empfohlen.

Daten koennen mit festem oder freiem Format codiert werden. Mit festem Format heisst: Fuer jeden Fall muss mindestens eine Karte vorgesehen sein. Ein Fall kann auf nachfolgenden Karten fortgesetzt werden; die Zahl der Fortsetzungskarten unterliegt keiner Beschraenkung. Jedoch muss jeder Wert vollstaendig auf einer einzigen Karte enthalten sein. Diese Karte(n) muss (muessen) fuer jeden Fall gleiche Struktur haben; die Werte jeder Variablen muessen auf entsprechenden Karten die gleichen Spalten einnehmen, numerische Variablen rechtsbuendig, alphanumerische Variablen linksbuendig. Bei allen Faellen muessen entsprechende Karten die gleiche Position einnehmen; die Faelle selbst muessen nicht notwendigerweise eine vorgegebene Reihenfolge haben. Mit freiem Format heisst: Die Daten werden fallweise nacheinander, durch wenigstens ein Leerzeichen oder Komma getrennt, aufgefuehrt. Werte alphanumerischer Variablen muessen hierbei von Hochkommas (')[1] eingefasst werden.

Dateien, die zur Verarbeitung mit SPSS vorgesehen sind, koennen in 2 bis maximal 100 Unterdateien gegliedert werden, die einzeln oder in beliebiger Zusammenfassung bearbeitet werden koennen. Die Unterdateistruktur kann bei der Erstellung der Datei definiert werden; dann muessen die zu einer Unterdatei gehoerenden Faelle hintereinander liegen und in allen Unterdateien gleiche Struktur haben.

Einige Statistikprozeduren, z.B. PARTIAL CORR, REGRESSION, FACTOR, erlauben statt der Eingabe der Rohdaten die Eingabe entsprechender Matrizen und Vektoren.

---

[1] Bei der CDC-Version durch Anfuehrungszeichen (").

1.2.2 Variablentypen, Zahlen und Zeichenketten

SPSS unterscheidet numerische und alphanumerische Variablen. Die Werte numerischer Variablen bestehen ausschliesslich aus ganzen Zahlen oder Dezimalzahlen; die Werte alphanumerischer Variablen koennen Folgen von maximal 4 beliebigen Zeichen[1] sein. Dezimalzahlen werden mit Punkt und nicht mit Komma gelocht. Dies gilt sowohl fuer Dezimalzahlen auf SPSS-Steuerkarten als auch fuer Datenkarten, falls bei diesen nicht von der Moeglichkeit Gebrauch gemacht wird, den Dezimalpunkt implizit zu setzen.[2] Zu beachten ist, dass Zahlen bei IBM- und SIEMENS-Anlagen nicht mehr als 7 Ziffern umfassen sollten, um nicht schon beim Einlesen Rundungsfehler zu verursachen. Bei CDC-Anlagen liegt die Grenze bei 13 Ziffern, bei UNIVAC-Anlagen bei 8 Ziffern und bei TR440-Anlagen bei 10 Ziffern. Der Variablentyp wird fuer SPSS durch das Eingabeformat angegeben. Fuer alphanumerische Variablen muss auch das Ausgabeformat angegeben werden.[3] Da mathematische Operationen mit alphanumerischen Variablen nicht ausgefuehrt werden koennen, ist die Verarbeitung dieser Variablen stark eingeschraenkt. Die Einzelbeschreibungen der Statistikprozeduren enthalten Hinweise, inwieweit alphanumerische Variablen verarbeitet werden koennen.

1.2.3 Fehlende Werte

Fuer jede Variable, die durch SPSS bearbeitet werden soll, koennen bis zu drei einzelne Werte oder ein Werteintervall zur Markierung fehlender (Beobachtungs-) Werte angegeben werden.[4] Jedoch duerfen numerische Variablen nur numerische Zeichen als "missing value"-Markierung enthalten; eine Ausnahme ist das Leerzeichen. Obwohl die Null und das Leerzeichen auf der Lochkarte eine unterschiedliche Darstellung haben, wird beiden Zeichen bei numerischen Variablen, im Gegensatz zu alphanumerischen Variablen, intern der Wert Null zugewiesen. Mit Hilfe des Schluesselworts BLANK der RECODE-Karte kann jedoch auch bei numerischen Variablen zwischen beiden Zeichen differenziert werden. Das heisst, auch bei numerischen Variablen kann das Leerzeichen fehlende Werte kennzeichnen, wenn gleichzeitig die Null als zulaessiger Wert gelten soll.

1.2.4 Fall- und Kartennummer

Es wird empfohlen, jeden Frage- oder Erhebungsbogen mit einer eindeutigen Identifikationsnummer zu versehen und diese Nummer zusammen mit einer eindeutigen Kartennummer auf die zugehoerigen Datenkarten zu uebertragen. Die Kartennummer kann entfallen, falls pro Fall nur eine Karte benoetigt wird. Diese Identifikationsnummern koennen wie jede andere Variable durch SPSS bearbeitet werden oder aber auch beim Einlesen uebergangen werden. Diese Identifikationsnummern dienen dazu, eine Zuordnung zwischen den Karten eines Falls und dem zugehoerigen Fragebogen herzustellen. Zu beachten ist, dass diese Nummern eindeutig sind und maximal 7 Stellen[5] umfassen, falls sie als <u>eine</u> numerische Variable eingelesen werden sollen. Sie duerfen maximal 4

---

[1] Bei der CDC-Version maximal 8 Zeichen.
[2] Siehe Kap. 2.1.2: Die INPUT FORMAT-Karte.
[3] Siehe Kap. 2.2.4: Die PRINT FORMATS-Karte.
[4] Siehe Kap. 2.2.1: Die MISSING VALUES-Karte.
[5] Bei der CDC-Version 13 Ziffern, bei der TR440-Version 10 Ziffern.

Zeichen[1] umfassen, falls sie als eine alphanumerische Variable eingelesen werden sollen. Unabhaengig von den vom Benutzer codierten Identifikationsnummern, ordnet SPSS automatisch jedem Fall in der Datei/Unterdatei eine eindeutige Sequenznummer zu. Diese Nummern sind ueber die SPSS-intern erzeugte Variable SEQNUM abrufbar.

1.2.5 Beschraenkungen fuer die Eingabedaten

Von SPSS gibt es 3 verschiedene Fassungen, naemlich Version H, Version M und Version G. Bei allen drei Versionen ist die Zahl der zu verarbeitenden Faelle nach oben nicht begrenzt. Die Zahl der zu definierenden Variablen ist abhaengig von der verfuegbaren Version. In der H-Version koennen maximal 500 Variablen definiert werden, in der M-Version 1000 Variablen, in der G-Version nur 100 Variablen. Die Zahl der Unterdateien ist fuer die H-Version auf 100, bei der M-Version auf 200 beschraenkt, in der G-Version ist keine Unterdateistruktur definierbar. Dateien, die mehr als 500 bzw. 1000 Variablen enthalten, koennen trotzdem durch die Versionen H und M bearbeitet werden, indem die Moeglichkeiten von MERGE FILES, GET ARCHIVE und SAVE ARCHIVE genutzt werden.

Dieser Beschreibung liegt die Version H zugrunde, sie ist die in der BRD gebraeuchlichste Version. Die Version M unterscheidet sich von der H-Version nur geringfuegig und zwar nur in dem Sinne, dass einige Einschraenkungen der H-Version weniger streng gefasst sind. Diese Abweichungen sind im Text vermerkt. Die SPSS-Version fuer CDC-Anlagen ist eine Variante der M-Version.

Die G-Fassung von SPSS kommt mit einem wesentlich geringeren Hauptspeicherbedarf aus als die H- und M-Fassung, naemlich mit nur ca. 100 Kilobytes (KB) anstelle ca. 180 KB der H- und M-Version. Die G-Version wurde fuer kleinere Rechenanlagen entwickelt, damit auch dort die Vorteile von SPSS genutzt werden koennen. Allerdings muss dieser Vorteil durch eine Reihe von gravierenden Einschraenkungen erkauft werden. Da die G-Version im deutschsprachigen Bereich nicht sehr verbreitet ist, werden deren Besonderheiten nachfolgend nicht beruecksichtigt.[2] Bemerkenswert ist noch, dass von der G-Fassung erstellte SPSS-Dateien immer von den beiden anderen Versionen verarbeitet werden koennen, umgekehrt jedoch einige Beschraenkungen gelten. Die Information, welche Version am lokalen Rechenzentrum verfuegbar ist, muss dort erfragt werden.

1.2.6 Ein Beispiel zur Datenerfassung

An nachfolgendem Fragebogen soll das Erfassen eines Fragebogens auf Lochkarten erlaeutert werden.[3] Die beschriebene Form der Erfassung erlaubt nicht nur, die Daten durch SPSS zu bearbeiten, sondern auch durch andere, z.B. die in Kapitel 1.1.3 aufgefuehrten Systeme und Programme.

Jeder eingehende Fragebogen wird mit einer eindeutigen Identifikationsnummer versehen. Die Gesamtzahl der erhaltenen Antworten ist 11970. Da eine groessere Datenmenge vorliegt, entscheiden wir, den Fragebogen im festen Format zu erfassen und reservieren die ersten

---
1 Bei der CDC-Version 8 Zeichen.
2 Vergleiche dazu Seite 578-584 in NIE et al., 1975.
3 Eine Auswertung zu diesem Beispiel findet sich in Kap. 2.5.3.

fuenf Spalten der achtzigspaltigen Lochkarte zur Erfassung der auf den Fragebogen notierten Identifikationsnummern. Die Erfassung einer Kartennummer ist nicht notwendig, da wir schon jetzt absehen koennen, dass eine Lochkarte je Fragebogen ausreichen wird. Eine andere Form der Identifikation von Karte und zugehoerigem Fragebogen als durch die Vergabe von fortlaufenden Nummern ist moeglich, z.B. koennte man die Identifikation zusammensetzen aus Eingangstag, Eingangsmonat und laufender Nummer innerhalb jedes Tages.

Frage 1 "Haben Sie den Spiegel abonniert oder . . . " hat drei Antwortmoeglichkeiten (Auspraegungen). Wir lochen in Spalte 6 der Karte eine Eins, falls "Habe den Spiegel abonniert" angekreuzt wurde, eine Zwei, falls "Kaufe den Spiegel im allgemeinen" und eine Drei fuer "Erhalte den Spiegel auf andere Art und Weise zum Lesen". Falls die Frage 1 nicht beantwortet wurde, lassen wir zur besonderen Kennzeichnung des fehlenden Werts die Spalte 6 leer.

Da Frage 1 eine nominalskalierte Variable ergibt, waere auch eine andere Form der Bezeichnung der Werte zulaessig. Ebenfalls zulaessig waere, zwischen der Identifikationsnummer und den Werten der Frage 1 ein oder mehrere Leerzeichen vorzusehen. Ebenso koennte man statt dem Leerzeichen ein anderes Zeichen zur Markierung fehlender Werte verwenden. Es ist zu beachten, dass dieser Wert nicht gleichzeitig in einem andern Fall einen gueltigen Wert darstellen darf. Zulaessig waere auch, die Identifikationsnummern an anderer Stelle der Karten zu codieren. Dieser Erfassungsvorschlag ist nicht der einzig richtige, sondern nur der ueblichste.

Frage 2 erfassen wir in Spalte 7 mit einer Eins fuer die erste Antwortmoeglichkeit und einer Zwei fuer die zweite Antwortmoeglichkeit. Das Leerzeichen markiert wieder, falls keine Antwort gegeben wurde, einen fehlenden Wert.

Frage 3 stellt eine Mehrfach-Antwort-Variable[1] dar. Der Befragte kann keine Antwort, eine Antwort, zwei Antworten, usw., bis zu elf Antworten bei dieser Frage ankreuzen. Deshalb setzen wir Frage 3 in elf dichotome Variablen um und erfassen diese Variablen in den Spalten 8 bis 18: eine Eins falls die zugehoerige Antwortmoeglichkeit angekreuzt wurde, sonst ein Leerzeichen. Die Variante, dass keine der in Frage 3 vorgegebenen Antworten angekreuzt ist, wird dadurch erkannt, dass die Spalten 8 bis 18 saemtlich Leerzeichen enthalten.

Die Frage 4 wird in Spalte 19 erfasst. Fuer die Frage 5 muessen entweder zwei Spalten vorgesehen werden, da ein Leser den Spiegel mehr als neunmal zur Hand nehmen kann, oder wir entscheiden, dass eine Neun "neunmal und mehr" bedeuten soll; dann benoetigen wir nur die Spalte 20. Fuer die Frage 6 reservieren wir die Spalten 21 und 22. Stundenangaben kleiner als 9 werden rechtsbuendig abgelocht, d.h. in Spalte 22, Spalte 21 bleibt dabei frei oder, was gleichwertig ist, Spalte 21 erhaelt eine "fuehrende" Null. Frage 7 ist wiederum eine Mehrfach-Antwort-Variable, die wir in sieben dichotome Variablen umsetzen und in Spalte 23 bis 29 mit einer Eins fuer eine angekreuzte Antwortmoeglichkeit und einem Leerzeichen fuer kein Kreuz erfassen. Frage 8 erfassen wir in Spalte 30 mit einer Null fuer keine Person, einer Eins fuer eine Person, einer Zwei ...... und einer Vier fuer vier und mehr Personen. Eine Fuenf soll "weiss nicht" bedeuten und ein Leerzeichen, dass Frage 8 nicht angekreuzt wurde.

----
[1] Siehe die Prozedur MULT RESPONSE.

1. Haben Sie den SPIEGEL abonniert oder kaufen Sie sich den SPIEGEL im allgemeinen oder erhalten Sie ihn auf andere Art und Weise zum Lesen?
   - Habe den SPIEGEL abonniert ☐
   - Kaufe den SPIEGEL im allgemeinen ☐
   - Erhalte den SPIEGEL auf andere Art und Weise zum Lesen (z. B. von Bekannten) ☐

2. Der SPIEGEL erscheint jede Woche. Lesen Sie den SPIEGEL im allgemeinen jede bzw. fast jede Woche oder lesen Sie ihn nur ab und zu?
   - Lese den SPIEGEL jede bzw. fast jede Woche ☐
   - Lese den SPIEGEL nur ab und zu ☐

3. Für welche Informationen interessieren Sie sich am meisten, wenn Sie den SPIEGEL lesen?
   (Sie können mehreres ankreuzen)
   - Politische Informationen über Deutschland ☐
   - Informationen über intern. Politik ☐
   - Wirtschaftsinformationen ☐
   - Kulturelle Informationen ☐
   - Informationen aus dem Bereich der Wissenschaft/Forschung ☐
   - Informationen über Persönlichkeiten ☐
   - Aktuelle Krisenherde ☐
   - Gesundheit ☐
   - Sport ☐
   - Gesellschaftspolitik ☐
   - Anderes ☐

4. Wieviel lesen Sie gewöhnlich vom SPIEGEL?
   - alles, fast alles ☐
   - den größten Teil ☐
   - ungefähr die Hälfte ☐
   - einen einzelnen Beitrag ☐
   - kaum etwas ☐

5. Wie häufig nehmen Sie eine Ausgabe des SPIEGEL zur Hand, um darin zu blättern und zu lesen?
   .... mal

6. Wie lange lesen Sie alles in allem ungefähr in einer Ausgabe des SPIEGEL?
   .... Stunden

7. Warum lesen Sie den SPIEGEL?
   (Sie können mehreres ankreuzen)
   - um über internationale wirtschaftliche und politische Zusammenhänge/Ereignisse informiert zu sein ☐
   - um über deutsche wirtschaftliche und politische Ereignisse informiert zu sein ☐
   - weil ich im SPIEGEL viele Informationen finde, die ich woanders nicht erhalten kann ☐
   - weil es meine berufliche Stellung erfordert ☐
   - weil ich Hintergrundinformationen bekomme ☐
   - weil der SPIEGEL interessant und unterhaltsam ist ☐
   - weil der SPIEGEL eine deutsche Zeitschrift ist ☐

8. Wahrscheinlich wird im allgemeinen das SPIEGEL-Exemplar, das Sie lesen, auch von anderen Personen gelesen. Wieviele Personen lesen Ihrer Schätzung nach das von Ihnen gelesene SPIEGEL-Exemplar noch?
   - keine ☐
   - noch 1 Person ☐
   - noch 2 Personen ☐
   - noch 3 Personen ☐
   - mehr als 3 Personen, nämlich .... ☐
   - weiß nicht ☐

9. Hier sind einige andere deutsche Zeitungen/Zeitschriften aufgeführt. Welche davon lesen Sie im allgemeinen?
   - Capital ☐
   - Stern ☐
   - Handelsblatt ☐
   - Die Welt ☐
   - Frankfurter Allgem. Zeitung ☐

10. Seit wann lesen Sie den SPIEGEL?
    19..........

11. An welchem Wochentag erhalten bzw. kaufen Sie den SPIEGEL?
    MO☐ DI☐ MI☐ DO☐ FR☐ SA/SO☐
    (in der Erscheinungswoche)
    später als eine Woche ☐
    später als zwei Wochen ☐
    nach Erscheinen?

12. In welchem Land sind Sie geboren?
    (Bitte hier eintragen) ....

13. In welchem Land halten Sie sich z. Zt. auf?
    (Bitte hier eintragen) ....

14. Haben Sie in diesem Land Ihren ständigen Wohnsitz oder leben Sie hier nur für eine begrenzte Zeit (z. B. aus beruflichen Gründen)? Oder verbringen Sie hier gerade Ihren Urlaub bzw. befinden sich auf Geschäftsreise?
    - Das ist hier mein ständiger Wohnsitz ☐
    - Lebe hier für begrenzte Zeit ☐
    - Verbringe hier meinen Urlaub ☐
    - Bin auf Geschäftsreise ☐

15. Bitte geben Sie Ihre genaue berufliche Position und die Branche auf, in der Sie tätig sind (z. B. a) Verkaufsleiter, b) Elektro-Industrie
    (Bitte hier eintragen)
    a) Position ....
    b) Branche ....
    c) nicht berufstätig ☐

16. Sind Sie tätig bei
    - einem nationalen Unternehmen ☐
    - einem internationalen Unternehmen ☐
    - einer nationalen Behörde ☐
    - einer internationalen Behörde ☐
    - anderes ☐

17. Welchen Schulabschluß haben Sie?
    - Grund- oder Elementarschule ☐
    - Mittelschule ☐
    - Höhere oder Oberschule mit Abitur bzw. Matura ☐
    - Fachschule (z. B. Ingenieurschule) oder College ☐
    - Universität oder Techn. Hochschule ☐

18. Geschlecht:
    - männlich ☐
    - weiblich ☐

19. Wie alt sind Sie?
    - unter 20 Jahre ☐
    - 20 bis unter 30 Jahre ☐
    - 30 bis unter 40 Jahre ☐
    - 40 bis unter 50 Jahre ☐
    - 50 Jahre und älter ☐

20. NUR AN KÄUFER: Haben Sie schon einmal daran gedacht, den SPIEGEL zu abonnieren?
    ja ☐
    nein ☐

21. Bemerkungen: ....
    ....
    ....

---

1 Beilage zur SPIEGEL-Auslandsauflage Nr. 25/1976. Abdruck freundlicher Genehmigung des SPIEGEL-Verlags, Hamburg.

Frage 9 ist wieder eine Mehrfach-Antwort-Variable, die in fuenf dichotomen Variablen erfasst wird. Fuer Frage 10 sehen wir die Spalten 36 und 37 vor. Das Ablochen der "19" ist redundant. Frage 11 hat neun Auspraegungen, also eine Eins fuer MO, eine Zwei fuer DI usw., eine Sechs fuer SA/SO, eine Sieben fuer "spaeter als eine Woche", eine Acht fuer "spaeter als zwei Wochen", ein Leerzeichen fuer kein Kreuz.

Frage 12 und 13 lassen sich auf mehrere Arten erfassen. Eine gute Moeglichkeit ist, fuer jede Frage vier Spalten vorzusehen und jeweils das internationale Kfz-Kennzeichen zu codieren. Wir haetten dann zwei alphanumerische Variablen. Die Werte muessten linksbuendig gelocht werden, d.h. ab Spalte 39 bzw. ab Spalte 43. Redundant bzw. falsch ist, fuer jede Variable beispielsweise 20 Zeichen vorzusehen und den Namen des Landes explizit abzulochen, da SPSS nur alphanumerische Variablen mit maximal 4 Zeichen[1] verarbeitet. Eine korrekte Moeglichkeit ist, jedem genannten Land eine eindeutige Zahl zuzuordnen und diese Zahl zu erfassen. Dabei liessen sich eventuell die Laender schon gruppieren, z.B. in BRD, EG-Laender, sonstiges Europa, Amerika, Afrika, Asien und Australien.

Die Frage 15 enthaelt implizit zwei Variablen, die Variable "Position" und die Variable "Branche". Fuer diese Variablen ist es sinnvoll, die eingegangenen Antworten zu klassifizieren, jeder Klasse eine eindeutige Zahl zuzuordnen, die Zahl auf dem Fragebogen zu notieren und schliesslich nur diese Zahl auf der Lochkarte zu erfassen. "Nicht berufstaetig" koennte man dadurch erfassen, dass man fuer beide Variablen eine Null codiert, keine Angaben durch Leerzeichen.

Die Fragen 16 bis 20 sind einfach zu codieren. Wir sehen die Spalten 51 bis 55 vor.

Frage 21 ist eine offene Frage. Eine offene Frage entzieht sich in der Regel ohne weitere Aufbereitung der direkten Erfassung zur Bearbeitung mit EDV-Programmen.

Der auf Seite 10 abgedruckte Fragebogen wuerde folgende Lochkarte ergeben:

```
123456789012345678901234567890123456789012345678901234567890
....;....1....;....2....;....3....;....4....;....5....;....6
0012721111 1      24 611   1 2 1   591D   IRE 3 81235132
```

Man erkennt, dass auf der Datenkarte nur eine Folge von Zahlen bzw. Buchstaben steht, die ohne Bezug auf das Ablochschema nicht auf den zugrundeliegenden Fragebogen rueckschliessen laesst. Das Ablochschema einer Datei uebergibt man an SPSS auf der VARIABLE LIST-Karte und der INPUT FORMAT-Karte.

Die Mehrfach-Antwort-Variable zur Frage 3 wurde durch elf <u>dichotome Variablen</u> erfasst. Frage 3 muesste in elf <u>aufzaehlenden Variablen</u> erfasst werden, falls man diese Frage praezisiert zu: "Fuer welche Informationen interessieren Sie sich am meisten, wenn Sie den Spiegel lesen? Bezeichnen Sie im zugehoerigen Kaestchen das Interessengebiet mit einer Eins, das Sie am meisten interessiert, mit einer Zwei das Gebiet mit dem zweithoechsten Interessengrad usw." In diesem Fall wuerde Frage 3 durch elf zweispaltige Variablen vollstaendig erfasst werden. Die erste Variable dieser Variablengruppe haette die Bedeutung: "Welche Informationen interessieren Sie am meisten?", die

---

[1] Bei der CDC-Version 8 Zeichen.

zweite Variable haette die Bedeutung: "Welche Informationen interessieren Sie an zweiter Stelle". In der Praxis wird man sich darauf beschraenken, nur die ersten Variablen dieser Variablenmenge zu erfassen, in unserem Beispiel vielleicht drei oder vier Variablen.

1.3 Syntax der SPSS-Steuerkarten

Dieser Abschnitt ist als Referenzkapitel gedacht. Man braucht sich beim ersten Durchlesen nur die wichtigsten Begriffe und Regeln zu merken. Bei Bedarf schlaegt man spaeter diese Begriffe wieder nach.

Neben den eigentlichen Datenkarten und einer Minimalzahl von Kommandokarten fuer das uebergeordnete Betriebssystem[1] muss der Benutzer eine Reihe von SPSS-Steuerkarten als Eingabe beifuegen, mit denen er die Bearbeitung seiner Daten durch SPSS steuert. Obwohl jede Steuerkarte in SPSS eine spezielle Funktion hat, haben alle Steuerkarten gleiches Format. Die Regeln, nach denen SPSS-Steuerkarten zu schreiben sind, definieren eine einfache, quasi-natuerliche Sprache.

1.3.1 Allgemeines Format der SPSS-Steuerkarten

Alle SPSS-Steuerkarten bestehen aus zwei Teilen:

- einer Kennung in den Spalten 1-15
- und Angaben in den Spalten 16-80

Die Kennung ist ein eindeutiges Kennwort oder eine eindeutige Folge von Kennwoertern, die zur Identifikation der Steuerkarte und eventuell vorhandener Fortsetzungskarten dienen. Das Kennwort oder die Folge von Kennwoertern beginnen in Spalte 1. Die einzelnen Woerter einer Folge werden durch genau ein Leerzeichen getrennt.

Durch die Angaben erhaelt SPSS problemabhaengige Parameter, Etiketten und/oder Instruktionen, um die durch die Kennung angegebene Funktion genauer festzulegen. Angaben werden durch Kombinationen folgender sechs Elemente gebildet: Namen, Werte, Schluesselwoerter, Etiketten, Trennungszeichen und Operatoren.

Beispiele

```
1              16
Kennung        Angaben
---------------------------------------------------------------------
RECODE         ALTER (0 THRU 9 = 1) (10 THRU 19 = 2) (20 THRU 30 = 3)
FREQUENCIES    GENERAL = V1 TO V30
---------------------------------------------------------------------
```

Namen sind Kuerzel, um Dateien, Unterdateien und Variablen zu bezeichnen. Sie bestehen aus maximal acht Buchstaben oder Ziffern. Das erste Zeichen muss ein Buchstabe (A-Z) sein. Sonderzeichen (alle sonstigen Zeichen, z.B. * . _ - = ¬ : ( ) < > ?) duerfen nicht enthalten sein.

---

[1] Siehe Kap. 2.5.4 und Kap. 7.

Beispiele

```
1              16
FILE NAME      STUDIE10
VARIABLE LIST  ALTER,GESCHL,EINKOM,STATUS,BERUF
```

Werte sind numerisch oder alphanumerisch. Numerische Werte sind ganze Zahlen oder Dezimalzahlen. Dezimalzahlen muessen einen Dezimalpunkt und kein Komma enthalten. Alphanumerische Werte sind beliebige Zeichenketten; sie duerfen unter anderem auch Sonderzeichen enthalten. Sie muessen, falls sie auf Steuerkarten vorkommen, von Hochkommas (')[1] eingeschlossen werden.

Beispiel

```
1              16
MISSING VALUES EINKOM(99.9)/ ALTER(-1)/ ERZIEH('+')/ STATUS('10')
```

Schluesselwoerter sind Woerter mit feststehender Bedeutung im Zusammenhang mit bestimmten Steuerkarten.

Beispiele

```
1              16
INPUT MEDIUM   DISK
INPUT FORMAT   FREEFIELD
```

Folgende Schluesselwoerter sind reserviert und koennen nicht als Variablennamen gewaehlt werden: ABS, ALL, AND, ATAN, BY, COS, EQ, EXP, GE, GT, LE, LG10, LN, LT, MOD10, NE, NORMAL, NOT, OR, RND, SIN, SQRT, TO, TRUNC, UNIFORM, WITH, ausserdem die Namen SEQNUM, SUBFILE und CASWGT. Bei der CDC-Version zusaetzlich: ACCUM, JULIAN, LAG und POISSON.

Man unterscheidet gewoehnliche und besondere Trennungszeichen. Gewoehnliche Trennungszeichen sind das Leerzeichen und das Komma; sie sind gleichwertig. Besondere Trennungszeichen sind die linke Klammer, die rechte Klammer und der Schraegstrich. Besondere Trennungszeichen sind nur dann notwendig, wenn es das Format einer Steuerkarte erfordert. Gewoehnliche Trennungszeichen sind notwendig, um Namen, Werte, Schluesselwoerter und Etiketten voneinander abzusetzen, falls keine besonderen Trennungszeichen notwendig sind. Zusaetzliche gewoehnliche Trennungszeichen koennen zwischen Namen, Werten, Schluesselwoertern, Etiketten, Operatoren und besonderen Trennungszeichen eingefuegt werden, um die Lesbarkeit zu erhoehen.

Namen, Schluesselwoerter und Werte muessen aus zusammenhaengenden Zeichen bestehen; sie duerfen keine Trennungszeichen einschliessen. Insbesondere muessen sie auf einer einzigen Karte enthalten sein; sie koennen nicht auf einer nachfolgenden Karte fortgesetzt werden.

Etiketten sind beliebige Zeichenketten, die der erweiterten Kennzeichnung von Dateien, Variablen, Variablenwerten und Laeufen in der Druckausgabe dienen. Sie duerfen einschraenkend die besonderen Trennungszeichen (Schraegstrich, linke und rechte Klammer) nicht enthalten.

Beispiele

```
1              16
RUN NAME       SOZIOPOLITISCHE BESTIMMUNGSFAKTOREN
VAR LABELS     V1 GESCHLECHT/V2 GEBURTSJAHR/V3 BERUF/V7 RELIGION
VALUE LABELS   V1 (0) MAENNLICH (1) WEIBLICH/ V7 (1) EVANGELISCH
               (2) KATHOLISCH (3) ANDERE (4) KEINE/
```

---

[1] Bei der CDC-Version durch Anfuehrungszeichen (").

Etiketten koennen auf nachfolgenden Karten fortgesetzt werden. Dabei koennen nicht gewuenschte Leerzeichen entstehen, falls die Etiketten nicht bis einschliesslich Spalte 80 bzw. bei numerierten Karten bis Spalte 72 gelocht und unmittelbar in der Spalte 16 der naechsten Karte fortgesetzt werden.

Operatoren sind die mathematischen Operationszeichen +, -, *, /, ** fuer Addition, Subtraktion, Multiplikation, Division und Exponentiation, ausserdem das Gleichheitszeichen fuer Wertzuweisungen. Operatoren koennen von benachbarten Elementen durch gewoehnliche Trennungszeichen abgesetzt werden. Relationale (z.B. GT fuer groesser, LE fuer kleiner/gleich) und logische Operatoren (AND, OR, NOT) sind Schluesselwoerter.

Beispiele

```
1              16
COMPUTE        V101=V9+V8-V7
SELECT IF      (SEX EQ 1 AND ALTER GT 20)
```

1.3.2 Fortsetzung von SPSS-Steuerkarten

Angaben koennen auf nachfolgenden Karten fortgesetzt werden, solange die Kennungsfelder (die Spalten 1-15) dieser Karten leer bleiben. Einige Steuerkarten koennen nicht fortgesetzt werden, z.B. READ INPUT DATA, READ MATRIX, INPUT MEDIUM, N OF CASES.

1.3.3 Regeln fuer Variablenlisten

Man unterscheidet definierende und reflexive Variablenlisten: Definierende Variablenlisten legen erstmalig Namen zur eindeutigen Identifikation von Variablen durch SPSS fest. Definierende Variablenlisten kommen nur als Angaben bei folgenden Steuerkarten vor: DATA LIST, VARIABLE LIST, ADD DATA LIST, ADD VARIABLES, DO REPEAT, RENAME VARS und LAG. Alle sonstigen Variablenlisten sind reflexive Listen.

Alle Variablennamen in reflexiven Variablenlisten muessen zuvor definiert sein, entweder auf der DATA LIST-, VARIABLE LIST-, ADD DATA LIST- oder ADD VARIABLES-Karte, oder als Ergebnisvariable einer COMPUTE-, IF-, COUNT-, LAG, *COMPUTE-, *IF-, *COUNT- oder *LAG-Karte. Reflexive Variablenlisten kommen als Angaben bei den meisten SPSS-Steuerkarten vor, z.B. bei der MISSING VALUES-, VALUE LABELS-, RECODE-, MERGE FILES-Karte; ausserdem bei jeder Prozedurkarte.

Eine inklusive Variablenliste besteht aus einem Variablennamen, der die erste Variable der Liste festlegt, gefolgt von dem durch Leerzeichen abgetrennten Schluesselwort TO und einem zweiten Variablennamen, der die letzte Variable der Liste festlegt. Eine Variablenliste kann allgemein aus einer gemischten Folge von einzelnen Variablennamen und von inklusiven Variablenlisten bestehen, die durch Leerzeichen oder Komma getrennt werden. Eine Variablenliste kann im einfachsten Fall aus nur einem Namen bestehen.

Inklusive Variablenlisten von zwei Variablennamen und dem Schluesselwort TO unterliegen fuer definierende Variablenlisten folgender Einschraenkung: Der Name vor dem Schluesselwort TO beginnt mit einer Buchstabenkette, der sich eine ganze Zahl groesser gleich eins ohne Leerzeichen anschliesst. Der Variablenname nach dem Schluesselwort TO beginnt mit der gleichen Buchstabenkette und endet mit einer Zahl, die groesser ist als die Zahl des ersten Variablennamens. Die Zahl der Ziffern im ersten Variablennamen darf nicht groesser sein als im zweiten Variablennamen. Die Zahl der Zeichen eines Namens darf nicht groesser als 8 sein. Zum Beispiel: NOTE01 TO NOTE15, FRAGE1 TO FRAGE210. Die Sequenznummern dieser Variablennamen koennen mit oder ohne fuehrende Nullen codiert werden, mit am Beispiel erlaeuterter Konsequenz: Die Variablenliste ITEM1 TO ITEM100 erzeugt die Variablennamen: ITEM1, ITEM2, ..., ITEM9, ITEM10, ..., ITEM99, ITEM100. Die Variablenliste ITEM001 TO ITEM100 erzeugt die Variablennamen: ITEM001, ITEM002, ..., ITEM009, ITEM010, ..., ITEM099, ITEM100.

Die verkuerzte Definition der Variablennamen durch inklusive Variablenlisten ist empfehlenswert, wenn eine grosse Zahl von Variablen vorliegt oder keine sinnvollen, leicht zu merkenden Abkuerzungen als Namen zugeordnet werden koennen.

Bei reflexiven Variablenlisten koennen inklusive Variablenlisten mit dem Schluesselwort TO nicht nur in Verbindung mit Variablennamen die Sequenznummern (z.B. V1 TO V500) enthalten, sondern mit beliebigen Variablennamen verwendet werden, z.B: ALTER TO BILDUNG. Dadurch werden die beiden explizit aufgefuehrten Variablen und alle zwischen diesen beiden Variablennamen definierten Variablen angesprochen. Es ist zu beachten, dass der Variablenname links vom Schluesselwort TO vor dem Variablennamen rechts vom Schluesselwort TO auf einer DATA LIST-, VARIABLE LIST-, ADD DATA LIST- oder ADD VARIABLES-Karte oder auf einer COMPUTE-, IF-, LAG-, COUNT-, *COMPUTE-, *IF-, *LAG oder *COUNT-Karte definiert sein muss.

Alle drei nachfolgenden inklusiven Variablenlisten sind als reflexive Variablenlisten erlaubt, als definierende Variablenliste ist nur die letzte Liste zulaessig:

```
LEISTUNG TO MOTIV
IQ TO ITEM20
TEST01 TO TEST50
```

Sollen in einer Variablenliste alle Variablen in der Datei angesprochen werden, kann bei den Datendefinitionskarten MISSING VALUES, PRINT FORMATS oder VALUE LABELS und bei einigen Prozedurkarten statt einer Variablenliste das Schluesselwort ALL verwendet werden; die drei intern erzeugten Variablen SEQNUM, SUBFILE und CASWGT sind dabei ausgeschlossen.

Beispiele

```
1              16
VARIABLE LIST  NUMMER,ALTER,BILDUNG,LEISTUNG,MOTIV
VARIABLE LIST  V1 TO V250
VARIABLE LIST  NUMMER,ALTER,GESCH,FRAGE1 TO FRAGE50, NOTE1 TO NOTE12
MISSING VALUES ALTER TO ERZIEH,V11,ITEM1 TO ITEM10,V49 TO V223,IQ(99)
```

1.3.4 Notation

Wahlfreie Angaben auf SPSS-Steuerkarten werden in dieser Beschreibung durchgaengig in den allgemeinen Formaten durch eckige Klammern "[", "]" gekennzeichnet. Kann eine von mehreren einander ausschliessenden Moeglichkeiten verwendet werden, dann sind die Alternativen durch "|", dem Zeichen fuer "oder", getrennt angegeben.

2 Grundlegende SPSS-Steuerkarten

Es ist einsehbar, dass einem Programmsystem, das zur Bearbeitung unterschiedlicher Daten konzipiert ist, wenigstens anfangs eine Minimalzahl von Informationen gegeben werden muss, die die vorliegenden Daten beschreiben, bevor das System zur eigentlichen Verarbeitung der Daten kommt. Solche unbedingt notwendigen Informationen sind z.B., wieviele Variablen die Datei enthaelt, ob eine Unterdateistruktur vorliegt, welchen Typ die Variablen haben, wo die Eingabedatei physikalisch gespeichert ist und mit welchem Codierungsschema (Format) die Variablen in der Datei enthalten sind. Diese Informationen fuer das SPSS-System gibt der Benutzer auf SPSS-Steuerkarten.

Kapitel 2 beschreibt die grundlegenden SPSS-Steuerkarten. Sie reichen aus, um die Mehrzahl der Probleme, die SPSS loesen kann, zu bearbeiten. Insbesondere kann mit ihnen jeder statistische Verfahrenskomplex angesprochen werden.

Man unterscheidet zwei Gruppen von Steuerkarten: Karten, die die Datei beschreiben, die Datendefinitionskarten und Karten, die die Verarbeitung der Daten steuern, die Aufgabendefinitionskarten. Falls die Daten auf Lochkarten vorliegen, werden minimal 5 SPSS-Steuerkarten benoetigt, um ein ausfuehrbares "SPSS-Programm" zu bekommen: aus der Gruppe der Datendefinitionskarten die VARIABLE LIST- und INPUT FORMAT-Karte,[1] aus der Gruppe der Aufgabendefinitionskarten eine Prozedurkarte. Die Datenkarten muessen zwischen einer READ INPUT DATA-Karte und einer END INPUT DATA-Karte liegen. Sind die Daten auf Band oder Platte gespeichert, werden minimal 4 SPSS-Steuerkarten benoetigt, naemlich die Steuerkarten VARIABLE LIST, INPUT FORMAT und INPUT MEDIUM, ausserdem eine Prozedurkarte.[2]

Es wird empfohlen, beim ersten Durchgang dieses Kapitels nur die Abschnitte 2.1 und 2.3 zu bearbeiten und ein einfaches Problem analog den Beispielen in Kapitel 2.5 auf einer EDV-Anlage zu bearbeiten. Erst in einem weiteren Durchgang sollten dann die restlichen Abschnitte bearbeitet werden.

2.1 Einfache Beschreibung der Eingabedaten

Auf der VARIABLE LIST-Karte wird fuer jede einzulesende Variable der Datei ein eindeutiger Name definiert. Damit ist gleichzeitig die Zahl der einzulesenden Variablen und die Reihenfolge der Variablen

---

[1] Statt VARIABLE LIST und INPUT FORMAT kann die DATA LIST-Karte verwendet werden. Obwohl der Aufbau von DATA LIST anschaulicher erscheint, empfehlen wir die Verwendung von VARIABLE LIST und INPUT FORMAT, da auch fuer den EDV-Anfaenger sehr bald das Verstaendnis von Formaten erforderlich ist.

[2] Bis Version 7 werden in beiden Faellen minimal 7 SPSS-Steuerkarten benoetigt: VARIABLE LIST, INPUT FORMAT, N OF CASES und INPUT MEDIUM, eine Prozedurkarte, READ INPUT DATA und FINISH.

festgelegt. Die nachfolgende Verarbeitung der Daten durch die Statistikprozeduren oder durch Datenmodifikations- und -selektionsanweisungen, aber auch weitere Datendefinitionen erfolgen durch Bezug auf diese Variablennamen.

Die INPUT FORMAT-Karte nennt den Dateityp - festes Format, freies Format - implizit oder explizit die Zahl der Karten pro Fall, den Variablentyp - numerisch oder alphanumerisch; ganze Zahlen oder Dezimalzahlen - und die Reihenfolge, in der die Werte der Eingabedatei den Variablen zugeordnet werden.

Die INPUT MEDIUM-Karte gibt den Datentraeger der Eingabedatei an. Die N OF CASES-Karte gibt die Zahl der einzulesenden Faelle bzw. der zu verarbeitenden Faelle an. Ist die Eingabedatei in Unterdateien gegliedert, dann kann die SUBFILE LIST-Karte verwendet werden. Auf der SUBFILE LIST-Karte wird dann fuer jede Unterdatei ein Namen und die zugehoerige Zahl der Faelle angegeben.

Die VARIABLE LIST- und INPUT FORMAT-Karte muessen im SPSS-Steuerkartensatz unbedingt vorhanden sein, falls Rohdaten eingelesen werden.[1] Liegen die Daten statt auf Karten auf Band oder Platte vor, wird zusaetzlich die INPUT MEDIUM-Karte notwendig.

Die Rohdaten und SPSS-Steuerkarten liegen in der Regel zunaechst auf Lochkarten vor. Nach dieser ersten Erfassung der Daten und Datendefinitionen auf Karten gibt es fuer spaetere Auswertungsschritte eine bequemere Alternative der Datenhaltung. Die Daten und Datendefinitionen koennen durch eine SAVE FILE-Karte als SPSS-Datei auf Band oder Platte gespeichert werden. Falls die Dateneingabe nachfolgend ausschliesslich von einer existierenden SPSS-Datei erfolgt, werden die Daten- und Datendefinitionskarten (VARIABLE LIST, INPUT FORMAT usw.) nicht mehr benoetigt. Es reicht aus, die so gespeicherte Datei durch eine GET FILE-Karte anzusprechen.

Es ist bequemer und weniger fehleranfaellig, grundsaetzlich alle Variablen einer Datei durch SPSS einzulesen, auch dann, wenn nicht alle Variablen in jedem Lauf benoetigt werden. Genauso sollte der Datendefinitionsteil grundsaetzlich alle Variablen der Datei beschreiben; dadurch muessen die Datendefinitionskarten nur einmal erstellt werden und, nachdem sie fehlerfrei sind, hoechstens ergaenzt und nur selten geaendert werden.

2.1.1 Die VARIABLE LIST-Karte

Die VARIABLE LIST-Karte gibt jeder einzulesenden Variablen einen Namen. Damit wird implizit auch die Zahl der Variablen festgelegt.

```
Allgemeines Format
1               16
VARIABLE LIST   Variablenliste
```

Die Variablenliste besteht aus einer Folge von Namen oder aus inklusiven Variablenlisten mit dem Schluesselwort TO.[2] Namen bestehen aus maximal acht Buchstaben oder Ziffern. Das erste Zeichen muss ein Buchstabe sein. Mit der VARIABLE LIST-Karte wird immer die INPUT FORMAT-Karte notwendig.

---

[1] Bis Version 7 ist darueberhinaus die N OF CASES- oder alternativ die SUBFILE LIST-Karte unbedingt notwendig.

[2] Vergleiche Kap. 1.3.3: Regeln fuer Variablenlisten.

Beispiele

```
1              16
VARIABLE LIST  ALTER, GESCHL, EINKOM, ERZIEHG
VARIABLE LIST  V1 TO V249
VARIABLE LIST  X1 TO X30, FRAGE41 TO FRAGE77, ITEM8 TO ITEM124
```

Zu dem Fragebogen aus Kap. 1.2.6 koennte die VARIABLE LIST-Karte wie folgt aussehen:

Beispiel

```
1              16
VARIABLE LIST  ID,F1,F2,INTER1 TO INTER11, F4 TO F6, MOTIV1 TO MOTIV7,
               F8, CAPITAL, STERN, HANDELS, WELT, FAZ, F10 TO F14
               POSITION, BRANCHE, F16, F17, F18, ALTER, F20
```

Status: Immer erforderlich, ausser wenn die Eingabe der Daten ausschliesslich ueber SPSS-Dateien erfolgt, oder wenn alternativ die DATA LIST-Karte verwendet wird.

Beschraenkungen: Da die Zahl der durch SPSS zu verarbeitenden Variablen auf 500 Variablen beschraenkt ist, koennen nicht mehr als 500 Namen durch die VARIABLE LIST-Karte definiert werden. Bei der CDC- und M-Version 1000 Variablen.

2.1.2 Die INPUT FORMAT-Karte: Grundlegende Elemente

Die INPUT FORMAT-Karte gibt an, ob die Daten im festen oder freien Format codiert sind. Fuer das feste Format werden damit auch die Zahl der Karten pro Fall und die Zuordnung der Werte auf den Datenkarten zu den Variablen der VARIABLE LIST-Karte festgelegt.

Allgemeines Format

```
1              16
INPUT FORMAT   FIXED (Formatliste) | FREEFIELD¹
```

Die Angaben bestehen aus dem Schluesselwort FIXED und der in Klammern eingeschlossenen Formatliste[2] oder nur aus dem Schluesselwort FREEFIELD.

Das Schluesselwort FIXED

Wird das Schluesselwort FIXED[3] angegeben, dann beschreibt die INPUT FORMAT-Karte den Aufbau des exemplarischen Falls der Datei. Sie bezeichnet fuer jede einzulesende Variable deren Typ, numerisch oder alphanumerisch, und deren Karten- und Spaltenposition. Dabei gilt: Jeder einzulesenden Variablen ist ein eindeutiger Name auf der VARIABLE LIST-Karte zuzuordnen und jedem Variablennamen genau ein Formatelement in der Formatliste der INPUT FORMAT-Karte. Die Zuordnung erfolgt von links nach rechts; d.h., der ersten Variablen wird der erste Variablenname auf der VARIABLE LIST-Karte und weiter das

---

[1] Zum Schluesselwort BINARY der INPUT FORMAT-Karte siehe Kap. 5.1.1.
[2] Die Formatliste des Schluesselworts FIXED darf nicht mehr als 1600 Zeichen enthalten. Bei der M-Version 3200 Zeichen. Dies entspricht ungefaehr 24 (48) vollstaendig in den Spalten 16-80 gefuellten Karten.
[3] Bei der CDC-Version kann das Schluesselwort FIXED entfallen.

erste Formatelement der Formatliste der INPUT FORMAT-Karte zugeordnet. Aus dieser Zuordnung ausgenommen sind die Formatelemente X, T und der Schraegstrich.

Alle Formatelemente werden von vorhergehenden und nachfolgenden Formatelementen durch genau ein Komma getrennt, ausgenommen der Schraegstrich, der die Funktions des Kommas einschliesst. Leerzeichen koennen zwischen Formatelementen beliebig eingefuegt werden, um die Lesbarkeit zu erhoehen. Fuer die Formatliste haben also die sonst gleichwertigen Trennzeichen Leerstelle und Komma unterschiedliche Bedeutung.

Die Formatliste der INPUT FORMAT-Karte kennt im Zusammenhang mit dem Schluesselwort FIXED acht FORTRAN-aequivalente Formatelemente: F,A,X,T,G,D,E und den Schraegstrich, ausserdem die vier Formatelemente B,C,R und Z. Nachfolgend werden nur die fuenf grundlegenden Formatelemente F,A,X,T und der Schraegstrich beschrieben. Die anderen Formatelemente: G, D, E und B, C, R, Z sind in der Regel nur von Bedeutung, falls die Rohdaten von Band oder Platte eingelesen werden.[1]

Das F-Format beschreibt numerische Variablen. Werte numerischer Variablen sind ausschliesslich ganze Zahlen oder Dezimalzahlen.

Allgemeines Format: rFw.d

r ganzzahliger Wiederholungsfaktor groesser gleich zwei. Fuer r=1 ueberfluessig.
F Formatcode
w Feldbreite; Zahl der Spalten, die die Werte der zugehoerigen Variablen belegen, Vorzeichen und Dezimalpunkt - falls gelocht - eingeschlossen. Die Werte sind dabei rechtsbuendig zu lochen.
d Anzahl der Ziffern rechts vom Dezimalpunkt. Fuer ganze Zahlen ist d gleich null. Ist ein Dezimalpunkt tatsaechlich gelocht, hat dessen Position Vorrang ueber die Position, die durch d angegeben wird.

Formatelement	gelochter Wert	gelesener Wert
F3.0	100	100
F3.1	100	10.0
F3.1	.10	0.10
F3.1	-10	-1.0
F3.2	1.0	1.0

Das A-Format beschreibt alphanumerische Variablen. Werte alphanumerischer Variablen koennen Folgen von 4 beliebigen Zeichen[2] sein.

Allgemeines Format: rAw

r ganzzahliger Wiederholungsfaktor groesser gleich zwei. Fuer r=1 ueberfluessig.
A Formatcode
w Feldbreite; Zahl der Spalten, die die Werte der zugehoerigen Variablen belegen. Die Werte sind linksbuendig zu lochen. Intern wird rechts mit Leerzeichen auf 4 Zeichen aufgefuellt.

---
[1] Siehe Kap. 5.1.1: Die INPUT FORMAT-Karte: Weiterfuehrende Elemente.
[2] Bei der CDC-Version 8 Zeichen.

Formatelement	gelochter Wert	gelesener Wert
A2	JA	'JA '
A4	NEIN	'NEIN'
A4	JA	'JA '
A4	JA	' JA '
A2	NEIN	'NE '

Das X-Format ermoeglicht, einzulesende Spalten (leere oder nicht gewuenschte Spalten) zu ueberspringen.

Allgemeines Format: wX

w Feldbreite; Zahl der zu ueberspringenden Spalten.
X Formatcode

Das T-Format erlaubt, die naechste einzulesende Spalte direkt anzugeben. Insofern bietet es die gleichen Steuermoeglichkeiten wie das X-Format. Zusaetzlich kann aber auch eine bereits gelesene Spalte auf der gleichen Karte nochmals angesteuert werden. Haeufig entstehen beim X-Format Fehler dadurch, dass die Zahl der zu ueberspringenden Spalten falsch berechnet wird. Diese Fehlermoeglichkeit entfaellt beim T-Format, weil hier die absolute Nummer der Spalte angegeben wird, ab der nachfolgend eingelesen wird.

Allgemeines Format: Tn

T Formatcode
n Nummer der Spalte, ab der nachfolgend weitergelesen werden soll

Der Schraegstrich "/" befiehlt dem Programm, unmittelbar zur naechsten Karte ueberzugehen. Ist der Schraegstrich das erste Element in der Formatliste, wird die erste Karte jedes Falles uebersprungen. Ist der Schraegstrich das letzte Element in der Formatliste, dann wird die letzte Karte jedes Falles uebersprungen. Steht der Schraegstrich in der Mitte der Formatliste, wird das Einlesen der augenblicklich vorliegenden Karte beendet und unmittelbar zur naechsten Karte des Falles uebergegangen. Folgen von zwei und mehr Schraegstrichen haben abzuleitende Bedeutung. Enthaelt ein Fall n Karten, dann muss die Formatliste n-1 Schraegstriche enthalten.

Wird eine Folge benachbarter Variablen im gleichen Format eingelesen, dann kann mit Hilfe des Wiederholungsfaktors die Codierung einer Folge von gleichen Formatelementen umgangen werden, z.B. 3F4.1,5A2,37F2.0

Eine Folge verschiedener Formatelemente kann zu einer Gruppe zusammengefasst werden, indem man diese Folge durch Klammern einfasst. Wiederholt sich eine solche Gruppe, kann durch einen Wiederholungsfaktor vor der linken Gruppenklammer die Codierung vereinfacht werden, z.B. 3(2X,A4), 16(F2.0,F1.0), 10(F4.1,F2.0,F1.0).

Beispiel

```
1              16
INPUT FORMAT   FIXED(10X,5F1.0,2X,3A2,12X,45F1.0/10X,25A1,T38,F3.1)
```

Das Format des Beispiels wird folgendermassen interpretiert:

1. Ueberspringe die ersten 10 Spalten der ersten Karte jedes Falls.
2. Lies 5 einspaltige numerische Variablen.
3. Ueberspringe 2 Spalten.

4. Lies 3 zweispaltige alphanumerische Variablen.
5. Ueberspringe 12 Spalten.
6. Lies 45 einspaltige numerische Variablen.
7. Springe zur zweiten Karte des Falls.
8. Ueberspringe die ersten 10 Spalten der zweiten Karte.
9. Lies 25 einspaltige alphanumerische Variablen.
10. Die naechste zu lesende Spalte ist Spalte 38.
11. Lies eine dreispaltige numerische Variable mit einer Stelle nach dem Dezimalpunkt.

Die Schritte 1 bis 11 werden fuer jeden Fall der Datei wiederholt.

Korrespondenztabelle

Zuordnung zwischen Variablenliste und Formatliste am Beispiel der VARIABLE LIST und INPUT FORMAT-Karte zum Fragebogen aus Kap. 1.2.6.

```
VARIABLE LIST   ID,F1,F2,INTER1 TO INTER11, F4 TO F6, MOTIV1 TO MOTIV7,
                F8, CAPITAL, STERN, HANDELS, WELT, FAZ, F10 TO F14
                POSITION, BRANCHE, F16, F17, F18, ALTER, F20
INPUT FORMAT    FIXED(F5.0,15F1.0,F2.0,13F1.0,F2.0,F1.0,2A4,8F1.0)

ACCORDING TO YOUR INPUT FORMAT, VARIABLES ARE TO BE READ AS FOLLOWS
```

VARIABLE	FORMAT	RECORD	COLUMNS
ID	F 5. 0	1	1- 5
F1	F 1. 0	1	6- 6
F2	F 1. 0	1	7- 7
INTER1	F 1. 0	1	8- 8
INTER2	F 1. 0	1	9- 9
INTER3	F 1. 0	1	10- 10
INTER4	F 1. 0	1	11- 11
INTER5	[illegible]	1	[illegible]
[illegible]	F 1. 0	[illegible]	17- 17
INTER11	F 1. 0	1	18- 18
F4	F 1. 0	1	19- 19
F5	F 1. 0	1	20- 20
F6	F 2. 0	1	21- 22
MOTIV1	F 1. 0	1	23- 23
MOTIV2	F 1. 0	1	24- 24
MOTIV3	F 1. 0	1	25- 25
MOTIV4	F 1. 0	1	26- 26
MOTIV5	F 1. 0	1	27- 27
MOTIV6	F 1. 0	1	28- 28
MOTIV7	F 1. 0	1	29- 29
F8	F 1. 0	1	30- 30
CAPITAL	F 1. 0	1	31- 31
STERN	F 1. 0	1	32- 32
HANDELS	F 1. 0	1	33- 33
WELT	F 1. 0	1	34- 34
FAZ	F 1. 0	1	35- 35
F10	F 2. 0	1	36- 37
F11	F 1. 0	1	38- 38
F12	A 4	1	39- 42
F13	A 4	1	43- 46
F14	F 1. 0	1	47- 47
POSITION	F 1. 0	1	48- 48
BRANCHE	F 1. 0	1	49- 49
F16	F 1. 0	1	50- 50
F17	F 1. 0	1	51- 51
F18	F 1. 0	1	52- 52
ALTER	F 1. 0	1	53- 53
F20	F 1. 0	1	54- 54

```
THE INPUT FORMAT PROVIDES FOR  42 VARIABLES.   42 WILL BE READ
IT PROVIDES FOR  1 RECORDS ('CARDS') PER CASE.  A MAXIMUM OF
54 'COLUMNS' ARE USED ON A RECORD.
```

Das Schluesselwort FREEFIELD

Wird das Schluesselwort FREEFIELD angegeben, dann koennen die Daten, durch ein oder mehrere Leerzeichen oder Komma getrennt, fallweise nacheinander auf den Datenkarten aufgefuehrt werden. Dabei ist zu beachten, dass die Werte alphanumerischer Variablen in Hochkomma eingeschlossen, dass Nullen numerischer Variablen explizit gelocht werden und dass kein Wert auf zwei Karten aufgeteilt wird. Die unformatierte Eingabe wird nur bei kleineren Datenmengen empfohlen.

Beispiel

```
123456789012345678901234567890123456789012345678901234567890
....;....1....;....2....;....3....;....4....;....5....;....6
5 7 'A' 2.7    0 16 'F' 6.3    2 9 ' ' 15.3    13 3 'B' 7.2
2 5 'C' 4.7           1 12 'D' 8.9
```

Die zwei Lochkarten enthalten bei 4 Variablen Daten fuer 6 Faelle. Die dritte Variable ist alphanumerisch, die vierte Variable enthaelt Dezimalzahlen.

Wird in Verbindung mit dem Schluesselwort FREEFIELD die NUMBERED-Karte verwendet, dann werden die Spalten 73-80 der Datenkarten als Datenbereich ignoriert. Wird die NUMBERED-Karte nicht verwendet oder liegen die Daten auf Band oder Platte vor, dann werden die Spalten 1 bis 80 vollstandig als Datenbereich angesehen.[1]

Status: Die INPUT FORMAT-Karte ist notwendig mit folgenden Karten: VARIABLE LIST, ADD VARIABLES, ADD CASES oder ADD SUBFILES.

2.1.3 Die INPUT MEDIUM-Karte

```
Allgemeines Format
1               16
INPUT MEDIUM    CARD | TAPE | DISK | OTHER
```

Die INPUT MEDIUM-Karte gibt an, ob die Daten von Karten, Band, Platte oder einem anderen Datentraeger eingelesen werden. Liegen die Daten auf Karten vor, kann die INPUT MEDIUM-Karte mit dem Schluesselwort CARD entfallen. Erfolgt die Eingabe von Band- oder Plattendateien, muss die INPUT MEDIUM-Karte mit Schluesselwort TAPE oder DISK aufgefuehrt werden.[2] In diesem Fall muessen darueberhinaus auf sogenannten Kommandokarten fuer das Betriebssystem zusaetzliche Angaben ueber diese Dateien gemacht werden.[3]

Status: Erforderlich, wenn die Daten als BCD- oder Binaerdatei auf Band oder Platte vorliegen. Nicht erforderlich, falls die Daten auf Karten vorliegen, oder die Eingabe ausschliesslich ueber SPSS-Dateien erfolgt.

2.1.4 Die N OF CASES-Karte

Die N OF CASES-Karte legt fest, wieviele Faelle eingelesen werden.

```
Allgemeines Format
1               16
N OF CASES      n | UNKNOWN
```

Wird eine Zahl n angegeben und liegen die Daten auf Karten vor,

---

[1] Bis Version 7 werden immer die Spalten 1 bis 80 der Datenkarten vollstandig als Datenbereich beruecksichtigt.

[2] Falls die Daten von Band, Platte oder einem anderen Datentraeger eingelesen werden, wird bei der CDC-Version auf der INPUT MEDIUM-Karte der Dateiname angegeben. Die Zuordnung zu Geraeten erfolgt ueber Kommandokarten fuer das Betriebssystem. Die INPUT MEDIUM-Karte kann durch Benutzung des D-Parameters auf der SPSS-Aufrufkarte vollstaendig ersetzt werden.

[3] Siehe Kap. 7: Kommandokarten.

muss diese Fallzahl exakt der Zahl der Faelle im Kartensatz entsprechen. Liegen die Daten auf Band oder Platte vor, kann auch eine kleinere Fallzahl angegeben werden, wenn nur die ersten n Faelle, z.B. fuer Testzwecke verarbeitet werden sollen.

Wird das Schluesselwort UNKNOWN angegeben und ist der Datentraeger Band oder Platte, dann wird bis zum Dateiende gelesen. Liegen die Daten auf Karten vor, muss den Datenkarten eine END INPUT DATA-Karte folgen.[1] Das Schluesselwort UNKNOWN ist Voreinstellung, falls keine N OF CASES-Karte verwendet wird.

Die N OF CASES-Karte mit einer Fallzahl n kann darueberhinaus vor jeder Prozedurkarte eingefuegt werden. Es werden dann nur die ersten n Faelle der Datei von den nachfolgenden Prozeduren verarbeitet.

Beispiele

```
1               16
N OF CASES      1008
1               16
RUN NAME        TEST DES LAYOUTS
GET FILE
N OF CASES      500
SORT CASES
REPORT
```

Status: Die N OF CASES-Karte ist nur erforderlich, falls die Daten auf Karten vorliegen und keine END INPUT DATA-Karte verwendet wird.[2]

2.2 Erweiterte Beschreibung der Eingabedaten

Um die Druckausgabe leichter lesbar zu gestalten, ermoeglicht SPSS die Etikettierung von Variablen und ihren Werten durch die VAR LABELS- und VALUE LABELS-Karten. Von dieser Moeglichkeit sollte ausgiebig Gebrauch gemacht werden, um nicht spaeter in die Druckausgabe wiederholt von Hand die Bedeutungen eintragen zu muessen. Die Erfahrung lehrt, dass dadurch auch Fehlinterpretationen erspart bleiben, die durch Verwechslung der Variablen oder der Ablochcodes haeufig auftreten. Besonders wichtig ist die MISSING VALUES-Karte, durch die festgelegt wird, welche Codes fehlende Werte bezeichnen. Die PRINT FORMATS-Karte wird notwendig fuer alphanumerische Variablen, fuer numerische Variablen nur dann, wenn z.B. durch LIST CASES oder FREQUENCIES Variablenwerte ausgedruckt werden sollen, die Stellen nach dem Komma enthalten.

Durch die in diesem Kapitel beschriebenen Datendefinitionskarten koennen nicht nur fuer die eingelesenen Variablen Angaben festgelegt

---

[1] Bei der CDC-Version wird statt der END INPUT DATA-Karte eine End-of-Section (7/8/9)-Karte benoetigt, bzw. bei der UNIVAC-Version eine @EOF-Karte. Fuer die TR440-Version siehe Kap. 7.4.

[2] Bis Version 7 wird die N OF CASES- oder SUBFILE LIST-Karte immer benoetigt. Beide duerfen nur einmal zur Festlegung der Fallzahl verwendet werden. Die END INPUT DATA-Karte ist nicht verfuegbar. Die N OF CASES-Karte mit dem Schluesselwort UNKNOWN muss der INPUT MEDIUM-Karte vorausgehen.

werden, sondern auch fuer die durch COMPUTE, IF, RECODE usw. modifizierten oder neu definierten Variablen. Diese Datenmodifikationskarten werden in Kapitel 3 beschrieben.

2.2.1 Die MISSING VALUES-Karte

Die MISSING VALUES-Karte bezeichnet die Codes, die fuer die aufgefuehrten Variablen fehlende Werte bedeuten.

Allgemeines Format

```
1              16
MISSING VALUES Variablenliste | ALL (Codeliste)
               [/Variablenliste  . . . ]
```

Die Angaben bestehen aus einer Variablenliste, die von einer in Klammern eingeschlossenen Codeliste gefolgt wird. Diese Codes bezeichnen die fehlenden Werte fuer die zuvor aufgefuehrten Variablen. Definitionen fuer weitere Variablen koennen, von vorhergehenden durch Schraegstrich getrennt, folgen. Sollen alle Variablen der Datei angesprochen werden, kann das Schluesselwort ALL benutzt werden. Die in Klammern eingeschlossene Codeliste kann entweder ein, zwei oder drei einzelne Werte auffuehren oder durch das Schluesselwort THRU ein Intervall von Codes definieren.[1] Die Intervallgrenzen koennen dabei durch die Schluesselwoerter HIGHEST (Abkuerzung: HI) oder LOWEST (Abkuerzung: LO) festgelegt werden. Neben der Angabe eines Intervalls ist zusaetzlich die Angabe eines einzelnen Codes zulaessig.

Soll die Definition fehlender Werte wieder aufgehoben werden, dann bleibt die Codeliste zwischen den beiden Klammern leer, also "()". Diese Moeglichkeit ist von Bedeutung, falls die Angaben der MISSING VALUES-Karte schon in einer SPSS-Datei[2] gespeichert wurden.

Beispiele

```
1              16
MISSING VALUES ALTER(-1)
MISSING VALUES V1 TO V9(1,2,99)/ALTER(-1)/
               ALPHA(' ','+')/GESCHL,EINKOM,ERZIEHG(0)
MISSING VALUES ALL (9)
MISSING VALUES SKALA1 TO SKALA10 (7 THRU HI)/
               SKALA11 TO SKALA20(0,12 THRU 18)/SKALA21()
```

SPSS unterscheidet bei numerischen Variablen im Gegensatz zu alphanumerischen Variablen nicht explizit zwischen dem Leerzeichen (Blank) und der Nullochung.[3] Beiden Zeichen wird intern der Wert Null zugeordnet. Deshalb kann bei numerischen Variablen das Leerzeichen keine fehlenden Werte kennzeichnen, wenn gleichzeitig die Null einen zulaessigen Wert darstellen soll. Eine Moeglichkeit, dieses Problem zu loesen, bietet die RECODE-Karte.

---

[1] Die Moeglichkeit der Definition eines Intervalls fehlender Werte steht erst ab Version 7 zur Verfuegung.

[2] Siehe auch Kap. 4.1.4: Aenderung des Datendefinitionsteils.

[3] Bei der CDC-Version werden Leerzeichen als -0 eingelesen. In der MISSING VALUES-Karte kann als einzelner fehlender Wert (nicht bei THRU) entweder -0 oder das Schluesselwort BLANK oder BLANKS angegeben werden, um leere Datenfelder aber nicht die gelochte 0 aus den Berechnungen auszuschliessen. Das Schluesselwort BLANK kann ueberall innerhalb der Datendefinitions- oder -transformationskarten anstelle von Werten angegeben werden.

2.2.2 Die VAR LABELS-Karte

Die VAR LABELS-Karte ermoeglicht, Variablen eine Etikette von maximal 40 Zeichen zu geben. Diese Etiketten erscheinen in der Druckausgabe der Statistikprozeduren.

```
Allgemeines FORMAT
1              16
VAR LABELS     Variablenname, Variablenetikette
               [/Variablenname  . . . ]
```

Variablenname und Variablenetikette werden durch mindestens ein Komma oder Leerzeichen getrennt; ein solches Paar - Name, Etikette - wird vom nachfolgenden Paar durch einen Schraegstrich getrennt. Die Etiketten duerfen einschraenkend die besonderen Trennungszeichen (Schraegstrich, linke Klammer und rechte Klammer) nicht enthalten. Sie werden, falls sie die maximale Laenge von 40 Zeichen ueberschreiten, automatisch rechts abgeschnitten.

Beispiele

```
1              16
VAR LABELS     V1   GESCHLECHT/V3  EINKOMMEN/
               V8   FAMILIENSTAND/
               V4   BERUF DES HAUSHALTUNGSVORSTANDS/
               WDAUER, DAUER DES WOHNSITZES IN DER GEMEINDE/
               WAHL, HAEUFIGKEIT DER WAHLBETEILUNG IN KOMMUNALWAHLEN/
```

2.2.3 Die VALUE LABELS-Karte

Die VALUE LABELS-Karte ermoeglicht, Variablenwerten eine Etikette von maximal 20 Zeichen zu geben. Werteetiketten werden nur in Statistikprozeduren gedruckt, die Werte explizit auffuehren, wie z.B. FREQUENCIES, CROSSTABS, MULT RESPONSE, BREAKDOWN. Bei den Prozeduren CROSSTABS und MULT RESPONSE werden jedoch nur die ersten 16 Zeichen der Werteetiketten gedruckt.

```
Allgemeines Format
1              16
VALUE LABELS   Variablenliste (Wert) Etikette (Wert) Etikette . . .
               [/Variablenliste . . . ]
```

Der Variablenliste folgt ein in Klammern eingeschlossener Wert und eine Etikette von maximal 20 Zeichen. Dann kann der naechste Wert und die zugehoerige Etikette angegeben werden. Dies wird wiederholt, bis alle gewuenschten Werteetiketten fuer diese Variable(n) definiert sind. Eine zweite, dritte, vierte, usw. Menge von Werteetiketten kann definiert werden, wenn die erste Menge mit einem Schraegstrich beendet wird. Namen, Werte und Etiketten koennen durch eine beliebige Zahl von Leerzeichen oder Kommata voneinander getrennt werden. Sollen alle Variablen der Datei angesprochen werden, kann das Schluesselwort ALL anstelle der Variablenliste benutzt werden.

Beispiel

```
1             16
VALUE LABELS  GESCHL(0) MAENNLICH (1) WEIBLICH/
              EINKOM,ERSPAR (0) UNTER 499DM (1) 500-799DM (2)
              800-1099DM (4) 1100-1399DM (5) UEBER 1400DM/
              V1 TO V8 (0) JA (1) NEIN/
```

Die Etiketten duerfen einschraenkend die besonderen Trennungszeichen (Schraegstrich, linke Klammer und rechte Klammer) nicht enthalten. Sie werden, falls sie ihre maximale Laenge von 20 Zeichen ueberschreiten, automatisch rechts abgeschnitten.

Beschraenkung: Beim Erstellen einer SPSS-Datei durch eine SAVE FILE-Karte werden nur die letzten 200 Wertetiketten jeder Variablen gespeichert.[1]

2.2.4 Die PRINT FORMATS-Karte

Allgemeines Format

```
1              16
PRINT FORMATS  Variablenliste (Wert) [/Variablenliste (Wert)  . . .]
```

Die Angaben bestehen aus einer Variablenliste, gefolgt von einem in Klammern eingeschlossenen Wert, der das Druckformat fuer die Variable(n) bezeichnet. Definitionen fuer weitere Variablen koennen, von vorhergehenden durch Schraegstrich getrennt, folgen. Sollen alle Variablen der Datei angesprochen werden, kann das Schluesselwort ALL anstelle der Variablenliste benutzt werden.

Der Buchstabe A als Wert definiert eine alphanumerische Variable; Wert gleich ganze Zahl groesser gleich Null ermoeglicht, die Zahl der Stellen rechts vom Dezimalpunkt festzulegen, die bei der Ausgabe von Werten numerischer Variablen mit ausgedruckt werden.

Beispiel

```
1              16
PRINT FORMATS  GESCHL,STATUS(A)/V1 TO V9(2)
```

Die Variablen GESCHL, STATUS sind alphanumerische Variablen; die Werte der numerischen Variablen V1 bis V9 werden mit zwei Stellen nach dem Dezimalpunkt gedruckt.

Status: Notwendig fuer alphanumerische Variablen. Wahlfrei fuer numerische Variablen. Werden bei numerischen Variablen keine Angaben gemacht, werden keine Stellen rechts vom Dezimalpunkt gedruckt. Die Angabe des Druckformats ist fuer numerische Variablen nur bei solchen Statistikprozeduren von Bedeutung, die Variablenwerte explizit ausdrucken, wie z.B. die Prozeduren FREQUENCIES, CROSSTABS, BREAKDOWN, LIST CASES usw. Maximal koennen 5 Ziffern nach dem Dezimalpunkt gedruckt werden.

---
[1] Bis Version 6 werden die ersten 199 Etiketten und die letzte Etikette gespeichert.

2.2.5 Die FILE NAME-Karte

```
Allgemeines Format
1             16
FILE NAME     Dateiname [Dateietikette mit maximal 64 Zeichen]
```

Die FILE NAME-Karte gibt einer Datei einen Namen von maximal 8 Zeichen. Ausserdem kann eine Dateietikette von maximal 64 Zeichen angegeben werden. Dateiname und Dateietikette erscheinen in der Druckausgabe. Ausserdem dient der Dateiname zur Identifikation von SPSS-Dateien, die durch eine SAVE FILE-Karte auf Band oder Platte gespeichert werden. Wird kein Dateiname angegeben, wird standardmaessig der Dateiname NONAME gesetzt.

Beispiele

```
1             16
FILE NAME     STUDIE01
FILE NAME     STUDIE02 ERHEBUNG VOM 22.1.1977
```

2.2.6 Die DOCUMENT-Karte

```
Allgemeines Format
1             16
DOCUMENT      beliebiger Text
```

Die DOCUMENT-Karte ermoeglicht, beliebigen Text als Teil einer SPSS-Datei zu speichern. Die gespeicherte Information der DOCUMENT-Karte kann durch eine LIST FILEINFO-Karte wieder abgerufen werden. Die DOCUMENT-Karte kann auf nachfolgenden Karten fortgesetzt werden. Ein SPSS-Steuerkartensatz darf nur eine DOCUMENT-Karte enthalten. Sie muss nach der DATA LIST- bzw. VARIABLE LIST-Karte bzw. bei SPSS-Dateien nach der GET FILE-Karte und vor der ersten Prozedurkarte liegen.[1]

2.3 Verarbeitung der Daten

Beschreiben die Datendefinitionskarten den Aufbau und Inhalt der Daten, so steuern die Aufgabendefinitionskarten die Verarbeitung der Daten. Waehrend die Datendefinitionskarten in der Regel nicht von einem Lauf zum anderen geaendert werden muessen, wird der Benutzer wiederholt neue Aufgabendefinitionskarten schreiben, entsprechend dem Stand seiner Datenanalyse.

Jeder in SPSS programmiert vorliegende statistische Verfahrenskomplex muss durch eine eigene Karte angesprochen werden. Die Angaben fuer diese Prozedurkarten sind verfahrensspezifisch; so muessen z.B. bei Regressionsanalysen der Gleichungsansatz, bei Korrelationsanalysen nur die Variablen, die die Matrix bilden, aufgefuehrt werden.

---

[1] Bei der CDC-Version gibt es die ERASE DOC-Karte zum Loeschen des dokumentierten Textes aus SPSS-Dateien. Das Angabenfeld dieser Karte ist leer.

Jeder SPSS-Lauf wird in der Regel wenigstens eine Prozedurkarte enthalten.

2.3.1 Die Prozedurkarten

Jede Statistikprozedur hat ihre eigene Prozedurkarte mit einer eindeutigen Kennung und prozedurabhaengigen Konventionen fuer die Angaben. Die Angaben auf den Karten fuer die Statistikprozeduren werden in Kapitel 6 beschrieben.

Diese Karten rufen Prozeduren auf und uebergeben diesen Prozeduren ausgewaehlte Variablen sowie problemabhaengige Parameter, die in die Berechnungen eingehen sollen. In einem Lauf koennen durch mehrere Prozedurkarten verschiedene Prozeduren oder die gleiche Prozedur wiederholt aufgerufen werden.

Beispiele

```
1              16
CROSSTABS      TABLES = STATUS BY EINKOM/GESCHL BY IQ
FACTOR         VARIABLES = A,B,C,D,E,F,G/
               TYPE = PA1 /NFACTORS=7
```

Neben den Statistikprozeduren gibt es die Prozeduren LIST CASES, LIST ERRORS, LIST FILEINFO, LIST ARCHINFO, SORT CASES, WRITE CASES, WRITE FILEINFO, CREATE FILEINFO z.B. zum Ausgeben von Daten und zugehoerigen Informationen.

2.3.2 Die OPTIONS-Karte

Allgemeines Format

```
1              16
OPTIONS        Liste von Kennzahlen
```

Die OPTIONS-Karte legt fuer die Prozedur, die durch eine vorhergehende Prozedurkarte aufgerufen wird, die gewuenschten Optionen fest, z.B. wie fehlende Werte in der Prozedur behandelt werden sollen. Die einzelnen Optionen werden durch Kennzahlen festgelegt, deren Bedeutung in den Beschreibungen der Statistikprozeduren erlaeutert wird. Fehlt die OPTIONS-Karte oder werden nicht alle Optionen explizit durch Ziffern angesprochen, dann treten Voreinstellungen (Standardannahmen) in Kraft. Eine OPTIONS-Karte gilt nur fuer die unmittelbar vorhergehende Prozedur.

Beispiel

```
1              16
FREQUENCIES    GENERAL = V1 TO V25
OPTIONS        6,8
```

2.3.3 Die STATISTICS-Karte

Allgemeines Format

```
1              16
STATISTICS     Liste von Kennzahlen | ALL
```

In der Regel druckt jede Statistikprozedur auch ohne beigefuegte STATISTICS-Karte die wichtigsten Ergebnisse aus. Darueberhinaus kann bei einigen Prozeduren mit der STATISTICS-Karte unter einer Reihe verfahrensabhaengiger Statistiken gewaehlt werden, die zusaetzlich berechnet und ausgegeben werden. Diese Statistiken werden durch Zahlen festgelegt, deren Bedeutung in den Beschreibungen der Statistikprozeduren in Kapitel 6 erlaeutert wird. Sollen alle Statistiken berechnet werden, kann statt der vollstaendigen Zahlenliste das Schluesselwort ALL benutzt werden.[1] Eine STATISTICS-Karte gilt nur fuer die unmittelbar vorhergehende Prozedur.

Beispiel

```
1              16
CONDESCRIPTIVE V20 TO V50
STATISTICS     1,2,6
```

2.3.4 Die READ INPUT DATA-Karte

Allgemeines Format

```
1              16
READ INPUT DATA
```

Falls die Daten auf Lochkarten vorliegen, geht die READ INPUT DATA-Karte den Datenkarten unmittelbar voraus und grenzt die SPSS-Steuerkarten von den Datenkarten ab. Die READ INPUT DATA-Karte folgt dabei direkt der ersten Prozedurkarte bzw. den eventuell vorhandenen STATISTICS- oder OPTIONS-Karten. Werden die Daten von Platte oder Band eingelesen kann die READ INPUT DATA-Karte entfallen.[2]

2.3.5 Die END INPUT DATA-Karte <ab 8>

Allgemeines Format

```
1              16
END INPUT DATA
```

Die END INPUT DATA-Karte wird notwendig, falls die Daten auf Karten vorliegen und keine N OF CASES-Karte oder keine SUBFILE LIST-Karte verwendet wird. Sie ist ebenfalls notwendig bei Datenkarten und der N OF CASES-Karte mit dem Schluesselwort UNKNOWN. Die END INPUT DATA-Karte liegt direkt hinter der letzten Datenkarte.[3]

2.3.6 Die FINISH-Karte

Allgemeines Format

```
1              16
FINISH
```

---

[1] Bei der CDC-Version kann das Schluesselwort TO benutzt werden, z.B. 2 TO 6.

[2] Bis Version 7 ist die READ INPUT DATA-Karte auch notwendig, falls die Daten auf Band oder Platte vorliegen. In diesem Fall folgen der READ INPUT DATA-Karte die naechste Prozedurkarte oder die FINISH-Karte.

[3] Bei der CDC-Version wird statt der END INPUT DATA-Karte eine End-of-Section (7/8/9)-Karte benoetigt, bzw. bei der UNIVAC-Version eine @EOF-Karte. Fuer die TR440-Version siehe Kap. 7.4.

30 FINISH

Die FINISH-Karte beendet den SPSS-Lauf und gibt die Kontrolle an das Betriebssystem zurueck. Die FINISH-Karte ist die letzte Karte in einem SPSS-Steuerkartensatz. Die Karte ist wahlfrei. Das Ende des SPSS-Steuerkartensatzes wird durch das Betriebssystem auch ohne FINISH-Karte erkannt.[1]

2.3.7 Beschraenkungen der Statistikprozeduren

Neben externem, temporaerem Speicherplatz auf Platte, um die Daten zwischenzuspeichern, wird fuer die Ausfuehrung eines SPSS-Laufs ein Teil des Hauptspeicherplatzes der Zentraleinheit benoetigt. Dieser Speicherplatz setzt sich zusammen aus Platz, um den Code der auszufuehrenden Programme zu speichern, und Platz, um die eingelesenen Daten zu bearbeiten, z.B. um Haeufigkeitstabellen auszuzaehlen. Waehrend der Benutzer auf den Umfang des benoetigten Platzes zur Speicherung des Programmcodes keinen Einfluss hat, kann er innerhalb fester oberer Grenzen den Arbeitsspeicher zur Bearbeitung der Daten problemabhaengig variieren. Feste obere Grenzen sind z.B. maximal 99 unabhaengige Variablen in einer Regressionsgleichung der Prozedur REGRESSION, maximal 100 Variablen in einer Faktorenanalyse der Prozedur FACTOR. Diese Beschraenkungen sind bei den Beschreibungen der Statistikprozeduren in Kap. 6 mit aufgefuehrt.

Um keinen "wertvollen" Hauptspeicherplatz zu vergeuden, wurden die Bereiche in den Programmen nicht fuer die maximal zu bearbeitenden Probleme fixiert, vielmehr kann der Benutzer diesen variablen Arbeitsspeicherplatz von aussen ueber die Aufrufkarte fuer SPSS veraendern.[2] Fuer jede Statistikprozedur kann durch eine mehr oder weniger komplexe Formel[3] der benoetigte variable Arbeitsspeicherplatz im vorhinein berechnet werden. Da standardmaessig eine plausible Zuordnung erfolgt und jede Prozedur den tatsaechlich benoetigten Speicherplatz errechnet, ausdruckt und mit dem zugewiesenen Speicherplatz vergleicht und, falls dieser nicht ausreicht, eine entsprechende Fehlermeldung ausgibt, ist es bequemer, den Bedarf durch SPSS feststellen zu lassen, als ihn selbst zu errechnen. SPSS gibt den benoetigten Speicherplatz z.B. in folgender Form an:

```
PEARSON CORR PROBLEM REQUIRES     2160  BYTES WORKSPACE

GIVEN WORKSPACE ALLOWS FOR  358 VARIABLES FOR CONDESCRIPTIVE PROBLEM

GIVEN  10 VARIABLES, WORKSPACE ALLOWS FOR   342 CASES
```

Fehlermeldungen, dass der Speicherplatz nicht ausreicht, koennen z.B. lauten:

```
THE PARTIAL CORR PROBLEM REQUIRES TOO MUCH CORE STORAGE

TOO MANY CASES WERE ENCOUNTERED WHILE PROCESSING NONPARAMETRIC
CORRELATIONS
```

---

[1] Bis Version 7 ist die FINISH-Karte immer als letzte Karte im SPSS-Steuerkartensatz notwendig.
[2] Siehe Kap. 7: Kommandokarten.
[3] Vergleiche die SPSS-Beschreibung von Nie et al. (1975) : Die Parameter SPACE, TRANSPACE und WORKSPACE.
[4] Vergleiche Kap. 2.7.2: Die EDIT-Karte.

2.3.8 Die SET CM-Karte <nur CDC>

Die SET CM-Karte ermoeglicht, den von SPSS angeforderten Zentralspeicherbereich abweichend von der automatisch erfolgenden dynamischen Anforderung festzulegen.

Allgemeines Format	
1	16
SET CM	oktale Feldlaenge

Durch die dynamische Speicherverwaltung wird fuer die Prozeduren normalerweise genuegend Speicherplatz bereitgestellt, hoechstens jedoch bis zum Wert des Parameters MF der SPSS-Aufrufkarte (siehe Kap. 7.1.2). Bei den Prozeduren DISCRIMINANT, REPORT und MULT RESPONSE kann der Platzbedarf jedoch nicht immer richtig abgeschaetzt werden. Tritt eine entsprechende Fehlermeldung auf, kann der Prozedurkarte eine SET CM-Karte mit erhoehter Speicherplatzangabe unmittelbar vorangestellt werden.

In einem EDIT-Lauf kann durch die SET CM-Karte eine gegenueber der minimalen Feldlaenge von 52000 erhoehte Feldlaenge zugrundegelegt werden, um die moeglichen Leistungen der Prozedur bei groesseren Feldlaengen festzustellen.

```
FREQUENCIES          GENERAL=GESCHL

FREQUENCIES - INITIAL CM ALLOWS FOR  1301 VALUES
              MAXIMUM CM ALLOWS FOR 37738 VALUES

CPU TIME REQUIRED..        .0030 SECONDS

SET CM               52000
FREQUENCIES          GENERAL=GESCHL

FREQUENCIES - INITIAL CM ALLOWS FOR  1301 VALUES
              MAXIMUM CM ALLOWS FOR 37738 VALUES

CPU TIME REQUIRED..        .0050 SECONDS
```

2.4 Sortieren und Gruppieren der Daten

Statistische Analyseprozeduren setzen ueblicherweise keine geordnete Reihenfolge der Faelle voraus. Sollen jedoch identische Auswertungen auf verschiedenen, disjunkten Teilmengen der Faelle wiederholt durchgefuehrt werden, z.B. Faktorenanalysen mit jeweils gleichen Variablen mit Probanden verschiedener Jahrgaenge, dann ist es sinnvoll, die Gesamtdatei in Unterdateien zu gliedern. Eine Unterdateistruktur kann vereinbart werden, wenn alle Faelle, die zu einer bestimmten Teilstichprobe (Gruppe von Faellen) gehoeren, unmittelbar hintereinander liegen.

Durch die Verwendung einer Folge von *SELECT IF-Karten und zugeordneten Prozedurkarten kann die gleiche Wirkung erreicht werden, wie durch die Nutzung einer Unterdateistruktur. Eine Unterdateistruktur ist jedoch haeufig vorteilhafter, da sich die Zahl der zu codierenden SPSS-Steuerkarten reduziert und die Daten nicht wiederholt eingelesen werden muessen.

Beispiel

```
1              16
VARIABLE LIST  JAHR ITEM1 TO ITEM70
 .
 .
 .
*SELECT IF     (JAHR EQ 76)
FACTOR         VARIABLES = ITEM1 TO ITEM70
*SELECT IF     (JAHR EQ 77)
FACTOR         VARIABLES = ITEM1 TO ITEM70
 .
 .
*SELECT IF     (JAHR EQ 80)
FACTOR         VARIABLES = ITEM1 TO ITEM70
```

Dieses Beispiel kann einfacher gestaltet werden, wenn eine Unterdateistruktur eingefuehrt wird.

```
1              16
VARIABLE LIST  JAHR ITEM1 TO ITEM70
 .
 .
SUBFILE LIST  J76(250) J77(328) J78(296) J79(312) J80(287)
 .
 .
RUN SUBFILES   EACH
FACTOR         VARIABLES = ITEM1 TO ITEM70
```

Einer Datei kann eine Unterdateistruktur gegeben werden, wenn die Faelle, die eine Teilstichprobe ausmachen, unmittelbar hintereinander liegen. Durch die SUBFILE LIST-Karte wird dann diese vorgegebene Unterdateistruktur fuer das SPSS-System definiert. Eine Unterdateistruktur kann nachtraeglich festgelegt werden, indem die Gesamtdatei durch die Prozedur SORT CASES nach einer oder mehreren Variablen sortiert wird. Die Auswahl der zu bearbeitenden Faelle wird bei beiden Moeglichkeiten der Erstellung von Unterdateien durch die RUN SUBFILES-Karte gesteuert.

Durch die SUBFILE LIST-Karte bzw. durch das Schluesselwort SUBFILE der SORT CASES-Karte werden den Unterdateien Namen zugewiesen. Die Namen der Unterdateien werden in der automatisch von SPSS erzeugten alphanumerischen Variablen SUBFILE fuer jeden Fall der Datei erfasst. Diese Variable kann z.B. in IF- oder SELECT IF-Anweisungen verwendet werden. Da in der Variablen SUBFILE nur die ersten vier (CDC: acht) Zeichen jedes Unterdateinamens erfasst werden, muessen diese Zeichen eindeutig sein.

Beispiel

```
1              16
IF             (SUBFILE EQ 'FRAU') SUMME = V1 + V3 + V5 + V7
IF             (SUBFILE EQ 'MANN') SUMME = V2 + V4 + V6 + V8
```

Die Prozedur SORT CASES wird ausserdem im Zusammenhang mit den Prozeduren AGGREGATE und REPORT benoetigt. Diese Prozeduren erwarten nach Gruppierungsvariablen sortierte Dateien zur Datenaggregation ueber Gruppen von Faellen.

2.4.1 Die SUBFILE LIST-Karte

Sollen die gleichen Auswertungen fuer verschiedene Gruppen von Faellen durchgefuehrt werden, legt man zweckmaessigerweise eine Unterdateistruktur fest.

```
Allgemeines Format
1                 16
SUBFILE LIST      Name1(n1), Name2(n2) [,Name3(n3)  . . .]
```

Die SUBFILE LIST-Karte legt die Namen und die zugehoerige Zahl der Faelle der Unterdateien fest. Die Namen muessen in ihrer Ordnung der Reihenfolge der Unterdateien in der Datei entsprechen. Den Namen folgt, in Klammern eingeschlossen, die Zahl der Faelle in der zugehoerigen Unterdatei. Es koennen maximal 100 Unterdateien definiert werden.[1] Die ersten vier Zeichen der Namen muessen eindeutig sein, da nur diese Zeichen in der automatisch von SPSS erzeugten Variablen SUBFILE erfasst werden.[2]

Beispiel

```
1                 16
VARIABLE LIST     V1 TO V362
SUBFILE LIST      BRD(567),FRANCE(345),ITALY(789),BENELUX(678),
                  BRITAIN(456)
INPUT MEDIUM      TAPE
```

Die SUBFILE LIST-Karte kann nicht nur zur Defintion der Dateistruktur beim erstmaligen Einlesen der Daten verwendet werden, sondern kann darueberhinaus vor jeder Prozedurkarte eingefuegt werden.[3]

Status: Bedingt notwendig. Die SUBFILE LIST-Karte schliesst die N OF CASES-Karte aus.

2.4.2 Die SORT CASES-Karte

```
Allgemeines Format
1                 16
SORT CASES        Sortiervariablen[ (A | D) ][Sortiervariablen . . . .]
                  [/SUBFILES [(Gruppierungsvariablen) ]
                             [ = Liste mit Unterdateinamen]]
```

Die Prozedur SORT CASES[4] sortiert die Faelle gemaess den Werten der aufgefuehrten Sortiervariablen in aufsteigender oder absteigender Reihenfolge. Die Datei wird nach der erstgenannten Sortiervariablen geordnet, dann innerhalb jeder Gruppe der ersten Variablen nach der zweiten Variablen usw. Die Maximalzahl der Sortiervariablen ist 64.

---

[1] Bei der M-Version 200 Unterdateien.

[2] Diese Einschraenkung gilt nicht bei der CDC-Version.

[3] Diese Verwendung von SUBFILE LIST gilt erst ab Version 8.

[4] Bis Version 7 und bei der CDC-Version ist die Prozedur SORT CASES weniger leistungsfaehig. Die Anweisung SUBFILES ist nicht zulaessig. Die Maximalzahl der Sortiervariablen ist 6. SORT CASES ist ausser bei der CDC-Version keine selbstaendige Prozedur, sondern ist nur in Verbindung mit einer SAVE FILE-Karte zulaessig und muss dieser Karte unmittelbar vorausgehen.

Die aufsteigende oder absteigende Sortierreihenfolge wird durch die Sortierschluessel (A) oder (D) festgelegt. (A) steht fuer aufsteigend (ascending), (D) fuer absteigend (descending). Die Sortierschluessel beziehen sich auf die vorhergehenden Variablen. Werden alle Variablen aufsteigend sortiert, kann der Sortierschluessel (A) entfallen.

Beispiele

```
1               16
SORT CASES      ALTER
SORT CASES      LAND STADT GEMEINDE
SORT CASES      SCHULE KLASSE SCHUELER (A) NOTE (D)
```

Fehlende Werte der Sortiervariablen werden wie alle anderen Werte ihrer numerischen Groesse nach eingeordnet. Alphanumerische Sortiervariablen setzen voraus, dass diese Variablen mit dem Formatcode (A) auf der PRINT FORMATS-Karte aufgefuehrt werden. Fuer die Prozedur SORT CASES sind (ausgenommen bei TR440- und CDC-Anlagen) zusaetzliche Informationen fuer das Betriebssystem notwendig.[1]

Soll die Information ueber Reihenfolge der Faelle und Unterdateistruktur der Eingabedatei in der sortierten Ausgabedatei erhalten bleiben, sollten zwei neue Variablen analog zu folgendem Beispiel definiert werden:

```
1               16
COMPUTE         ALTSEQ = SEQNUM
COMPUTE         ALTSUB = SUBFILE
SORT CASES      ALTER
```

SORT CASES kann wie jede beliebige Prozedurkarte eingesetzt werden, so dass in demselben Lauf bereits die sortierte Datei von nachfolgenden Prozeduren benutzt werden kann. Durch SAVE FILE kann die sortierte Datei permanent gespeichert werden. Eine Unterdateistruktur wird durch die Prozedur SORT CASES aufgehoben, ebenso die Wirkung von zuvor aufgefuehrten RUN SUBFILES-Karten.[2]

Beispiel

```
1               16
SORT CASES      BAUERN
AGGREGATE       GROUPVARS = BAUERN/ VARIABLES = FLAECHE ERTRAG/
                AGGSTATS = SUM MEAN
```

Die Anweisung SUBFILES <ab 8> <nicht CDC>

Durch die Anweisung SUBFILES koennen Unterdateien definiert werden.

Beispiele

```
1               16
SORT CASES      SEX/SUBFILES
SORT CASES      SEX ALTER/SUBFILES
```

---

[1] Siehe Kap. 7: Kommandokarten.

[2] Bei der CDC-Version kann durch die Option 1 die Sortierung auf die Unterdateien beschraenkt werden, falls RUN SUBFILES EACH gilt.

Im ersten Beispiel wird die Datei nach der Variablen SEX sortiert und in zwei Unterdateien gegliedert. Diese Unterdateien erhalten standardmaessig die Namen S1 und S2. Im zweiten Beispiel sei die Variable ALTER in 5 Gruppen erfasst. Die Datei wird nach den Variablen SEX und ALTER sortiert und in 10 Unterdateien mit den Namen S1, S2, ... , S10 gegliedert.

Statt den standardmaessig vergebenen Unterdateinamen S1, S2, usw. koennen durch eine Liste von Namen nach der Anweisung SUBFILES die Unterdateinamen auch frei gewaehlt werden. Das Schluesselwort TO ist dabei zur Definition der Unterdateinamen erlaubt. Die ersten vier Zeichen der Namen muessen eindeutig sein.

Beispiele

```
1              16
SORT CASES     SEX/SUBFILES = MANN FRAU
1              16
SORT CASES     JAHR/SUBFILES = J76 TO J80
RUN SUBFILES   (J79 J80)
FACTOR         VARIABLES = ITEM1 TO ITEM70
```

Enthaelt die Liste der Unterdateinamen weniger Namen als Unterdateien vorliegen, werden fuer die restlichen Unterdateien automatisch Namen vergeben, z.B. fuer die elfte Unterdatei der Name S11.

Wird die Anweisung SUBFILES verwendet, dann werden standardmaessig die ersten acht Sortiervariablen zur Definition der Unterdateien verwendet, die automatische Variable SEQNUM wird dabei ausgenommen. Sollen nur ein Teil der Sortiervariablen die Unterdateien festlegen, die restlichen Sortiervariablen jedoch gleichzeitig die Faelle innerhalb jeder Unterdatei ordnen, dann werden die Sortiervariablen, die die Unterdateien festlegen, zusaetzlich nach dem Schluesselwort SUBFILES als Gruppierungsvariablen in Klammern aufgefuehrt.

Beispiele

```
1              16
SORT CASES     SEX ALTER/SUBFILES
SORT CASES     SEX ALTER/SUBFILES(SEX)
```

Im ersten Beispiel wird implizit angenommen, dass die Variable ALTER eine diskrete Variable ist. Liegen z.B. 5 Altersgruppen vor, dann ergeben sich 10 Unterdateien. Bei der zweiten Variante werden zwei Unterdateien definiert. Die Unterdateien sind darueberhinaus nach der Variablen ALTER sortiert.

Es gilt allgemein: es koennen maximal acht Variablen als Gruppierungsvariablen aufgefuehrt werden. Das Schluesselwort TO ist dabei erlaubt. Die Gruppierungsvariablen muessen als erste Sortiervariablen aufgefuehrt werden. Es ist zulaessig, bei mehreren Gruppierungsvariablen abkuerzend auch nur die letzte Gruppierungsvariable aufzufuehren. Es werden dann implizit auch alle vorhergehenden Sortiervariablen zur Definition der Unterdateien herangezogen. So haben die beiden Beispielvarianten die gleiche Wirkung.

Beispiele

```
1              16
SORT CASES     LAND BEZIRK ORT TEIL/SUBFILES(LAND BEZIRK ORT)
SORT CASES     LAND BEZIRK ORT TEIL/SUBFILES(ORT)
```

Ergeben die Variablen, die Unterdateien festlegen, mehr als 100 verschiedene Wertekombinationen, dann wird den ersten 99 Kombinationen jeweils eine Unterdatei zugeordnet. Die restlichen Faelle der Datei werden in der 100-ten Unterdatei zusammengefasst.[1]

Sollen die neu definierten Unterdateien nachfolgend in Gruppen bearbeitet werden, muss eine entsprechende RUN SUBFILES-Karte verwendet werden. Standardmaessig werden alle Faelle der gesamten Datei verarbeitet.

Beispiele

```
1               16
SORT CASES      SEX ALTER/SUBFILES
RUN SUBFILES    EACH
1               16
SORT CASES      FACH/SUBFILES= PSYC MEDI SOZI POLI NAT MATH
RUN SUBFILES    (PSYC MEDI) (SOZI POLI) (NAT MATH)
```

Soll die urspruengliche Reihenfolge der Faelle innerhalb der neu definierten Unterdateien erhalten bleiben, dann fuehre man als letzte Sortiervariable die automatische Variable SEQNUM auf.

Die automatische Variable SUBFILE darf nicht als Sortiervariable verwendet werden. Sollen Faelle innerhalb existierender Unterdateien sortiert werden, ohne dass die bestehende Unterdateistruktur verloren geht, verwendet man die Variablen, die die bestehende Unterdateistruktur definiert haben, erneut als Gruppierungsvariablen. Stehen diese Variablen nicht zur Verfuegung, kann analog folgendem Beispiel vorgegangen werden.

Beispiel

```
1               16
COMPUTE         SUB = SUBFILE
SORT CASES      SUB ALTER/SUBFILES(SUB)
```

2.4.3 Die RUN SUBFILES-Karte

Ist eine Datei in Unterdateien gegliedert, so legt die RUN SUBFILES-Karte fest, welche Unterdateien in welcher Gruppierung von nachfolgenden Prozeduren bearbeitet werden. Die RUN SUBFILES-Karte muss unmittelbar vor einer Prozedurkarte eingefuegt werden; die Angaben bleiben fuer alle nachfolgenden Prozeduren gueltig, bis eine SORT CASES- oder weitere RUN SUBFILES-Karte eingelesen wird.

Allgemeines Format

```
1               16
RUN SUBFILES    EACH | ALL | (Unterdateiliste) [(Unterdateiliste)]
```

Die Unterdateilisten bestehen aus einem einzelnen Unterdateinamen oder aus einer Liste von Unterdateinamen. Namen oder Listen werden in Klammern eingeschlossen.

Das Schluesselwort EACH bewirkt, dass alle Unterdateien einzeln bearbeitet werden, das Schluesselwort ALL, dass die Unterdateistruktur ignoriert und die Datei insgesamt bearbeitet wird. Das gleiche gilt, wenn bei definierter Unterdateistruktur die RUN SUBFILES-Karte

---

[1] Bei der M-Version koennen 200 Unterdateien definiert werden. Es gilt eine analoge Regel.

ueberhaupt weggelassen wird. Alternativ koennen durch eine oder mehrere Unterdateilisten einzelne Unterdateien oder Kombinationen von Unterdateien zur Bearbeitung festgelegt werden. Allerdings darf dabei keine Unterdatei mehrmals aufgefuehrt werden. Die TO-Konvention darf in Unterdateilisten nicht verwendet werden.[1]

Beispiele

```
1              16
RUN SUBFILES   EACH
RUN SUBFILES   (UD4)
RUN SUBFILES   (UD4) (UD7 UD8) (UD9 UD10 UD5)
```

2.5 Einfacher Steuerkartenaufbau

Es wird empfohlen, die in Kapitel 2.5.3 skizzierten einfachen Beispiele fuer eine eigene Datei auf einer Rechenanlage nachzuvollziehen und erst dann die nachfolgenden Kapitel zu bearbeiten.

2.5.1 Ordnung der Datendefinitionskarten

Die Datendefinitionskarten enthalten alle notwendigen und wahlfreien Informationen, um eine Datei zu beschreiben. Die aufgefuehrte relative Reihenfolge der Karten ist immer richtig. Keine Karte mit hoeherer relativer Position sollte einer Karte mit niedrigerer Position vorausgehen. Bei gleichen Positionsnummern ist die Reihenfolge beliebig. Eine andere Reihenfolge muss nicht unbedingt zu einem Fehler fuehren. Die N OF CASES-Karte und die SUBFILE LIST-Karte schliessen einander aus.

Relative Position	Kennungsfeld	Kommentar
1	VARIABLE LIST	notwendig
2	INPUT FORMAT	notwendig
2	INPUT MEDIUM	notwendig fuer DISK | TAPE
3	N OF CASES | SUBFILE LIST	<ab 8> wahlfrei
4	VAR LABELS	wahlfrei
4	VALUE LABELS	wahlfrei
4	MISSING VALUES	bedingt notwendig
4	PRINT FORMATS	notwendig fuer alphanum. Var.

2.5.2 Ordnung der Aufgabendefinitionskarten

Alle Datendefinitionskarten muessen den Aufgabendefinitionskarten vorausgehen.[2] RUN SUBFILES, Prozedurkarte, STATISTICS und OPTIONS

---

[1] Bei der CDC-Version ist TO zulaessig.

[2] Bei der CDC-Version koennen nach der ersten Verarbeitungsgruppe, fuer jede Variable nur einmal, durch VALUE LABELS veraenderte Wertetiketten zugeordnet werden.

bilden in dieser Reihenfolge eine Verarbeitungsgruppe. Die Reihenfolge von STATISTICS- und OPTIONS-Karten untereinander ist beliebig; beide Karten beziehen sich nur auf die unmittelbar vorangehende Prozedurkarte. RUN SUBFILES, STATISTICS und OPTIONS sind wahlfrei.

Werden die Daten von Band oder Platte eingelesen, koennen der ersten Verarbeitungsgruppe beliebig viele weitere Verarbeitungsgruppen folgen.[1]

Werden die Daten von Karten eingelesen, folgt der ersten Verarbeitungsgruppe eine READ INPUT DATA-Karte. Nach der READ INPUT DATA-Karte folgen unmittelbar die Datenkarten. Nach den Datenkarten kann eine END INPUT DATA-Karte liegen. Es koennen beliebig viele weitere Verarbeitungsgruppen folgen.

2.5.3 Beispiele fuer einfache Jobs

Das erste Beispiel (Multiple Regression) gibt eine der einfachsten Konstellationen wieder; sie reicht aus, um jede SPSS-Prozedur anzusprechen. Die VAR LABELS-Karte ist dabei noch wahlfrei. Im zweiten Beispiel liegt eine Unterdateistruktur vor (Diskriminanzanalyse mit multivariater Varianzanalyse). Das dritte Beispiel zeigt eine Kanonische Analyse.[2]

```
VARIABLE LIST   X1 TO X4
INPUT FORMAT    FIXED(4F2.0)
N OF CASES      10
VAR LABELS      X1 TEST-INTELLIGENZ/
                X2 AENGSTLICHKEIT/
                X3 LEISTUNGSMOTIVATION/
                X4 RIGIDITAET
REGRESSION      VARIABLES = X1 TO X4/
                REGRESSION = X1 WITH X2 TO X4(1)
                RESID = 0
STATISTICS      1,2,4,6
READ INPUT DATA
 3 5 6 4
 2 6 3 8
 2 6 5 6
 0 9 4 8
 4 2 6 2
 2 6 3 8
 5 0 0 7
 2 6 7 4
 0 1 4 0
 1 3 1 8
FINISH
```

```
VARIABLE LIST   X1 TO X3
SUBFILE LIST    A1B1(3),A1B2(3),A2B1(3),A2B2(3)
INPUT FORMAT    FIXED (3F2.0)
VAR LABELS      X1 SOZIALVERHALTEN G. ERWACHSENEN/
                X2 AGGR. VERHALTEN G. KINDERN/
                X3 SPRACHLICHE FAEHIGKEITEN
DISCRIMINANT    GROUPS=SUBFILES/VARIABLES=X1 TO X3/
READ INPUT DATA
 6 7 5
 4 4 1
 4 5 1
 7 8 5
 5 3 1
 4 3 4
 7 6 4
 5 6 1
 3 5 2
 3 4 1
 2 4 1
 5 6 2
 3 6 2
 1 3 1
 6 9 4
 4 5 2
 5 8 5
 3 4 3
FINISH
```

---

[1] Bis Version 7 muss der ersten Verarbeitungsgruppe eine READ INPUT DATA-Karte folgen.

[2] Beispiele aus Gaensslen & Schuboe (1976), S.115, S.188, S.193. Dort sind auch die Druckausgaben aus diesen Beispielen abgebildet und kommentiert (S.319ff.).

```
VARIABLE LIST  Z1 TO Z5
INPUT FORMAT   FIXED(5F7.0)
N OF CASES     10
VAR LABELS     Z1 BLUTDRUCK NACH KOERPERL. BELASTUNG/
               Z2 PULSFREQUENZ NACH KOERPERL. BELASTUNG/
               Z3 AUSDAUER BEI INTELLEKTUELLER LEISTUNG/
               Z4 FEHLER NACH LAENGERER TAETIGKEIT/
               Z5 FEHLER UNTER LAERMBELASTUNG
CANCORR        VARIABLES = Z1 TO Z5/
               RELATE =(5,.99) Z1, Z2 WITH Z3 TO Z5/ CANVAR
STATISTICS     ALL
READ INPUT DATA
  -.606 -1.709  1.064  -.577  -.616
  -.055  -.606  -.056 -1.155 -1.176
  1.599  1.599  -.616   .577  -.616
 -1.709 -1.158  -.056 -1.155   .504
  1.047  -.055 -1.176  1.732  2.185
  -.606  1.047 -1.736   .577  -.056
  1.047  1.047  1.064 -1.155  1.064
   .496  -.055  -.056   .577  -.056
  -.055   .496  -.056  -.577 -1.176
 -1.158  -.606  1.625  1.155  -.056
FINISH
```

Das nachfolgende Beispiel gibt die am meisten benutzte Konstellation wieder (Haeufigkeitsauszaehlungen fuer den in Kapitel 1.2.6 abgebildeten Fragebogen).

```
VARIABLE LIST  ID,F1,F2,INTER1 TO INTER11, F4 TO F6, MOTIV1 TO MOTIV7,
               F8, CAPITAL, STERN, HANDELS, WELT, FAZ, F10 TO F14
               POSITION, BRANCHE, F16, F17, F18, ALTER, F20
INPUT FORMAT   FIXED(F5.0,15F1.0,F2.0,13F1.0,F2.0,F1.0,2A4,8F1.0)
INPUT MEDIUM   TAPE
N OF CASES     UNKNOWN
PRINT FORMATS  F12, F13(A)
MISSING VALUES ALL (0)
VAR LABELS     F1 ERWERB DES SPIEGELS/F2 LESEHAEUFIGKEIT/
               INTER1 DEUTSCHE POLITIK/INTER2 INTERNAT. POLITIK/
               INTER3 WIRTSCHAFT/INTER4 KULTUR/
               INTER5 WISSENSCHAFT & FORSCHUNG/
               INTER6 PERSOENLICHKEITEN/ INTER7 KRISENHERDE/
               INTER8 GESUNDHEIT/INTER9 SPORT/
               INTER10 GESELLSCHAFTSPOLITIK/INTER11 ANDERES/
               F4 LESEINTENSITAET/ F5 HAEUFIGKEIT DER NUTZUNG/
               F6 LESEDAUER/
               MOTIV1 INTERNAT. ZUSAMMENHAENGE/
               MOTIV2 DEUTSCHE EREIGNISSE/MOTIV3 VIELE INFORMATIONEN/
               MOTIV4 BERUFLICHE STELLUNG/
               MOTIV5 HINTERGRUNDSINFORMATIONEN/
               MOTIV6 INTERESSANT & UNTERHALTSAM/
               MOTIV7 DEUTSCHE ZEITSCHRIFT/
               F8 LESER PRO EXEMPLAR/F10 BINDUNG/F11 TAG DES KAUFS/
               F12 GEBURTSLAND/F13 AUFENTHALTSLAND/F14 AUFENTHALT/
               F16 TAETIGKEIT/F17 SCHULBILDUNG/F18 GESCHLECHT/
               F20 ABONNEMENT?/
VALUE LABELS   F1 (1) ABONNIERT (2) KAUF (3) ANDERE ART/
               F2 (1) REGELMAESSIG  (2) AB UND ZU/
               INTER1 TO INTER11, MOTIV1 TO MOTIV7 (0) NEIN (1) JA/
               F4 (1) ALLES (2) GROESSTEN TEIL (3) HAELFTE
                  (4) EINZELNEN BEITRAG (5) KAUM ETWAS/
               F8 (0) KEINE (1) 1 PERSON (2) 2 PERSONEN
                  (3) 3 PERSONEN (4) 4 PERSONEN (5) 5 ODER MEHR PERSONEN
                  (6) WEISS NICHT/
               F11 (1) MO (2) DI (3) MI (4) DO (5) FR (6) SA SO
                   (7) SPAETER ALS 1 WOCHE (8) SPAETER ALS 2 WOCHEN/
               F14 (1) STAENDIGER WOHNSITZ (2) BEGRENZTE ZEIT
                   (3) URLAUB (4) GESCHAEFTSREISE/
               F17 (1) GRUNDSCHULE (2) MITTELSCHULE (3) ABITUR
                   (4) FACHSCHULE (5) UNIVERSITAET/
               F18 (1) MAENNLICH (2) WEIBLICH/
               ALTER (1) UNTER 20 (2) 20 BIS 30 (3) 30 BIS 40
                   (4) 40 BIS 50 (5) 50 UND AELTER/
               F20 (1) JA (2) NEIN/
FREQUENCIES    GENERAL = ALL
READ INPUT DATA
MULT RESPONSE  GROUPS = INTER WELCHE INFORMATIONEN INTERESSIEREN?
               (INTER1 TO INTER11 (1))
               MOTIV WARUM LESEN SIE DEN SPIEGEL?
               (MOTIV1 TO MOTIV7 (1))/
               FREQUENCIES = INTER MOTIV/
FINISH
```

2.5.4 Kommandokarten fuer einfache Jobs

Eine moderne Grossrechenanlage kann eine Vielfalt unterschiedlicher Aufgaben nacheinander und nebeneinander bearbeiten. Die Organisation der Verarbeitung dieser Aufgaben (Job, Abschnitt) erfolgt durch einen Programmkomplex, das Betriebssystem,[1] das allen Benutzerprogrammen uebergeordnet ist. Informationen fuer das Betriebssystem uebergibt der Benutzer auf Kommandokarten.

Diese Kommandokarten bilden einen Jobrahmen, d.h. sie schliessen die Eingabedaten, SPSS-Steuerkarten und die Datenkarten ein und grenzen sie gegenueber den Eingabedaten anderer Benutzer ab. Der Aufbau des Jobrahmens ist in Verbindung mit SPSS bei allen Rechenanlagen aehnlich: Die den Eingabedaten vorausgestellte erste Kommandokarte, bei einigen Anlagen zwei oder drei, haben im wesentlichen folgende Funktionen:

- Den Job durch einen Namen zu identifizieren.
- Die Berechtigung fuer die Benutzung der Anlage anhand des Namens des Benutzers oder seiner Rechennummer oder eines Kennworts zu pruefen.
- Die durch den Job verbrauchten Betriebsmittel festzuhalten.
- Eine Abschaetzung des maximalen Hauptspeicherbedarfs und der maximalen Rechenzeit (CPU-Zeit) des Jobs anzugeben.

Diese ersten Kommandokarten heissen bei CDC- und IBM-Anlagen Jobkarten, bei SIEMENS-Anlagen Prozesskarten, bei TR440-Anlagen Abschnittskarten und bei UNIVAC-Anlagen RUN-Karten. Das Format dieser Karten ist ueblicherweise nicht nur vom verwendeten Betriebssystem der Rechenanlage abhaengig, sondern unterliegt darueberhinaus besonders haeufig Modifikationen der Rechenzentren.

Die darauffolgende Kommandokarte instruiert das Betriebssystem, SPSS aufzurufen. Diese Karte heisst bei CDC- und UNIVAC-Anlagen CALL- bzw. Aufrufkarte, bei IBM- und SIEMENS-Anlagen EXEC-Karte und bei TR440-Anlagen Aufruf-Kommando. Bei CDC- und TR440-Anlagen muss diesem Kommando noch ein vom lokalen Rechenzentrum festgelegtes Kommando vorausgehen, das das SPSS-System ueberhaupt bereitstellt.

Diesen Kommandokarten folgen unmittelbar die SPSS-Steuerkarten, z.B. die VARIABLE LIST-Karte, ausgenommen bei CDC-Anlagen, bei denen noch eine end of section-Karte bzw. (7/8/9)-Karte eingefuegt werden muss.

Die letzte Karte des Jobrahmens folgt unmittelbar der letzten SPSS-Steuerkarte. Diese Kommandokarte heisst bei CDC-Anlagen end of information-Karte bzw. (6/7/8/9)-Karte, bei IBM-Anlagen Jobende-Karte, bei SIEMENS-Anlagen LOGOFF-Karte, bei TR440-Anlagen Abschnittsendekarte und bei UNIVAC-Anlagen FIN-Karte.

Die genannten Kommandokarten reichen in der angefuehrten Zusammenstellung aus, um die Mehrzahl der SPSS-Jobs zu bearbeiten. Die SPSS-Steuerkarten und die Daten werden dabei ausschliesslich ueber den Kartenleser eingegeben, die Ausgabe erfolgt ausschliesslich ueber den Drucker.

Der Jobrahmen fuer einfache Jobs wurde in den vorhergehenden Abschnitten allgemein skizziert. Eine Praezisierung der Beschreibung fuer die verschiedenen Anlagentypen enthaelt Kapitel 8. Schlagen Sie

---

[1] Siehe Kriz (1975), S.52-62.

das zu dem Anlagentyp Ihres lokalen Rechenzentrums gehoerige Unterkapitel nach und erarbeiten Sie sich die jeweilige Einfuehrung und den Abschnitt: "Einfacher Jobrahmen". Danach sind Sie in der Lage, Ihren ersten einfachen Job als Kartenpaket in Ihrem Rechenzentrum zur Bearbeitung abzugeben.

Allerdings koennen die in Kapitel 8 beschriebenen Kommandokarten fuer das Betriebssystem nur als exemplarisch fuer die Anlagen der aufgezaehlten Computer-Hersteller gelten: auch innerhalb eines Computer-Typs unterscheiden sich die jeweils installierten Anlagen derart in der Maschinenausstattung und ihren Betriebssystemen, dass zusaetzlich eine anlagenspezifisch verfasste Beschreibung der Kommandokarten mit den erlaubten Rechenzeiten, Hauptspeicherbelegungen, den Speichereinheiten und den sonstigen Modalitaeten des jeweiligen Rechenzentrums eingesehen werden muss. Ihr Rechenzentrum haelt in der Regel eine solche Beschreibung der Kommandokarten zur Verteilung bereit. Der am erstmaligen Einsatz von EDV interessierte Leser muss sich ohnehin zunaechst an sein Rechenzentrum wenden, um eine eigene Arbeitsnummer zu beantragen.

Erfahrungsgemaess erhaelt der Anfaenger am schnellsten einen Ueberblick ueber die Form des Jobrahmens, wenn er sich die Kartenpakete von Kollegen ansieht und erklaeren laesst. Darueberhinaus gibt es in den meisten Rechenzentren Berater, die auch bei solchen Problemen auskunftswillig sind. Ausserdem werden regelmaessig Einfuehrungskurse in die Benutzung der Rechenanlage und vor allem auch Einfuehrungskurse in SPSS abgehalten, in denen die notwendigen Informationen ueber die Kommandokarten vorgetragen werden.

Fuer den Anfaenger auf dem Gebiet der EDV soll noch eine Warnung gegeben werden: Kommandokarten muessen besonders sorgfaeltig geschrieben werden, da fehlerhafte Kommandokarten in der Regel unmittelbar zum Abbruch des Jobs fuehren. Ausserdem sind Fehlermeldungen, die aus Fehlern in der Kommandosprache resultieren, fuer den EDV-Laien meistens nur schwer verstaendlich.

2.6 Auflisten der Daten und Datendefinitionen

2.6.1 Die LIST CASES-Karte

Die Prozedur LIST CASES bewirkt, dass die ersten n Faelle einer Datei oder jeder Unterdatei in einem leicht ueberschaubaren Format ausgedruckt werden; dabei werden fuer jeden Fall entweder alle Variablen der Datei oder die durch die Variablenliste genannten Variablen beruecksichtigt. LIST CASES ist keine selbstaendige Prozedur, sondern erzeugt nur dann Ausgabe, wenn sie unmittelbar vor einer Prozedurkarte oder wenn sie statt der ersten Prozedurkarte unmittelbar vor der READ INPUT DATA-Karte liegt.

Allgemeines Format

```
1              16
LIST CASES     [CASES = n][/VARIABLES = Variablenliste | ALL]
```

n ist eine Zahl groesser null. Sollen alle Variablen in der Datei angesprochen werden, kann das Schluesselwort ALL benutzt werden. Dann werden jedoch auch die drei intern erzeugten Variablen SEQNUM, SUBFILE und CASWGT mit ausgedruckt.

Wird das Schluesselwort CASES nicht aufgefuehrt, werden standardmaessig die ersten 10 Faelle der Datei bzw. die ersten 10 Faelle jeder Unterdatei gedruckt; wird das Schluesselwort VARIABLES nicht aufgefuehrt, werden alle Variablen fuer die angegebene Zahl von Faellen gedruckt. LIST CASES sollte nur gezielt angewandt werden, da die Prozedur sehr viel Papier benoetigt, wenn mehr als 11 Variablen ausgegeben werden. Sollen grosse Mengen von Daten ausgedruckt werden, so ist die Prozedur WRITE CASES vorzuziehen, weil sie eine kompaktere Ausgabe erlaubt.

Beispiele

```
1              16
LIST CASES     CASES = 17/VARIABLES = V10 TO V20
FREQUENCIES    GENERAL = V40 TO V70
```

```
1              16
LIST CASES
READ INPUT DATA
```

LIST CASES kann insbesondere auch zur Suche nach Ablochfehlern eingesetzt werden.[1]

Beispiel

```
1              16
COMPUTE        FEHLER = 0
IF             (A EQ 37) FEHLER = 1
IF             (V12 GT 49) FEHLER = 2
IF             (V13 LE 0 AND GT 10) FEHLER = 3
SELECT IF      (FEHLER GT 0)
LIST CASES     CASES = 1000/VARIABLES = SEQNUM SUBFILE FEHLER
```

2.6.2 Die LIST FILEINFO-Karte

Allgemeines Format

```
1              16
LIST FILEINFO  Schluesselwort(e)
```

Die LIST FILEINFO-Karte ermoeglicht, Teile oder die Gesamtheit der Datendefinitionen der vorausgehenden SPSS-Steuerkarten oder einer gespeicherten SPSS-Datei tabellarisch zusammenzustellen. Die LIST FILEINFO-Karte kennt folgende Schluesselwoerter.

Schluesselwort	Funktion
VARLIST	Liste aller Variablen
SORTVARS	Alphabetisch sortierte Liste aller Variablen und ihre Dateiposition.
VARINFO	Druckformat, Status und fehlende Werte jeder Variablen.
LABELS	Variablen- und Werteetiketten jeder Variablen. Es werden, falls vorhanden, die letzten 200 Werteetiketten jeder Variablen gedruckt.
SUBDIRECTORY	Alle Unterdateinamen und ihre Fallzahlen

[1] Siehe Kap 2.7: Hilfen bei der Fehlersuche.

COMPLETE	Zusammenstellung aller Datendefinitionsinformation fuer jede Variable.
DOCUMENTS	Der Text der DOCUMENTS-Karte wird gelistet.

Die LIST FILEINFO-Karte kann irgendwo nach den Datendefinitionskarten eingefuegt werden. Wenn von SPSS-Dateien gearbeitet wird, liegt sie nach der GET FILE- oder der GET ARCHIVE-Karte.[1] Datendefinitionskarten, die nach der LIST FILEINFO-Karte folgen, werden in der Ausgabe nicht beruecksichtigt.

Beispiel

```
1              16
 .
 .
MISSING VALUES
LIST FILEINFO  COMPLETE
FREQUENCIES
 .
 .
```

2.7 Hilfen bei der Fehlersuche

Neben Fehlern in den Datenkarten und Fehlern in den Kommandokarten fuer das Betriebssystem treten am haeufigsten Verstoesse gegen SPSS-Konventionen auf.

Entdeckt SPSS einen Fehler, wird in der Regel unmittelbar nach der Stelle, wo der Fehler bemerkt wurde, eine Fehlernummer ausgeschrieben und am Schluss des Ausdrucks unter Bezug auf diese Nummer eine Fehlermeldung ausgegeben. Diese Meldungen sind plausibel, jedoch relativ knapp und nicht immer eindeutig. Es ist zu beruecksichtigen, dass Fehler Folgefehler nach sich ziehen koennen. Man versuche deshalb, die Fehler in der Reihenfolge ihres Auftretens zu korrigieren; dabei verschwinden die Fehlermeldungen zu den Folgefehlern. Sind diese Fehlermeldungen nicht ausreichend, um die notwendigen Korrekturen selbstaendig durchzufuehren, wende man sich an den Beratungsdienst des jeweiligen Rechenzentrums. Ausfuehrlichere Fehlerbeschreibungen in Handbuechern sind nicht verfuegbar.

```
                    CONDESCRIPTIVE RS 1 TO RS21

 ***** GIVEN WORKSPACE ALLOWS FOR 1792 VARIABLES FOR CONDESCRIPTIVE PROBLEM *****

                    OPTIONS        3
                    STATISTICS     1,3

THE FOLLOWING SYMBOL HAS CAUSED AN ERROR.. 'RS      ' (D9F240404040C4040 IN HEXADECIMAL).

ERROR NUMBER..  801. PROCESSING CEASES, ERROR SCAN CONTINUES.

          ***** LIST OF SPSS ERROR MESSAGES ENCOUNTERED DURING THE RUN *****


          ERRNO= 801
          THE VARIABLE LIST ON A CONDESCRIPTIVE CARD IS INVALID

          ABNORMAL END OF JOB.
             51 CONTROL CARDS WERE PROCESSED.
              1 ERRORS WERE DETECTED.
```

---

[1] Siehe auch die LIST ARCHINFO-Karte.

SPSS-Fehler fuehren in der Regel zum Abbruch der Verarbeitung. Es kann deshalb vorkommen, dass nach der Korrektur im naechsten Lauf auf der gleichen Karte oder auf nachfolgenden Karten weitere Fehler entdeckt werden. Man verwende deshalb die EDIT-Karte, die es ermoeglicht, eine Pruefung der SPSS-Steuerkarten durchzufuehren, ohne dass die eigentlichen Verarbeitungsprogramme ausgefuehrt werden. Erst wenn ein EDIT-Lauf keine Fehler mehr aufgezeigt hat, sollte der Lauf gestartet werden, in dem die Rechnungen mit den Daten tatsaechlich durchgefuehrt werden.

Logische Fehler, z.B. in den IF- oder SELECT IF-Karten, werden von SPSS nicht aufgedeckt, ebensowenig "unsinnige" Anforderungen an die Statistikprozeduren, z.B. die Berechnung von Mittelwerten bei nominalskalierten Variablen. In diese Kategorie gehoeren auch die Fehler auf der INPUT FORMAT-Karte. Es kann geschehen, dass durch einen Formatfehler die Spalten der Datenkarten den falschen Variablen zugeordnet werden. Um dies zu vermeiden, sollte die von SPSS ausgedruckte Korrespondenztabelle[1] sorgfaeltig ueberprueft werden.

Eine weitere, sehr selten auftretende Gruppe von Meldungen sind FORTRAN-Fehlermeldungen. Sie resultieren in der Regel aus Programmierfehlern in SPSS oder aus unsinnigen Datenkonstellationen, die SPSS nicht auffangen kann. Man wende sich beim Auftreten dieser Fehler an den Beratungsdienst des jeweiligen Rechenzentrums.

2.7.1 Ablochfehler

Die abgelochten Daten enthalten in der Regel eine Reihe von Fehlern, z.B. Fehllochungen, mehrfaches Vorliegen gleicher Karten, falsche Reihenfolge der Karten innerhalb eines Falles, fehlende Karten usw. Da SPSS die Daten nicht automatisch auf solche Fehler ueberprueft, fuehren fehlerhafte Daten in der Regel zu sinnlosen Ergebnissen, nicht notwendigerweise aber zu einem Programmabbruch durch SPSS oder das Betriebssystem. Deshalb wird empfohlen, die Datenkarten durch ein spezielles Datenpruefprogramm[2] zu bearbeiten. Als Minimum sollten die Karten aufgelistet und anhand des Ausdrucks ueberprueft werden. SPSS-eigene Moeglichkeiten bieten die LIST CASES- und WRITE CASES-Karten. Darueberhinaus wird empfohlen, die Daten, bevor man mit rechen- oder ausgabeintensiven Prozeduren beginnt, mit den Prozeduren FREQUENCIES oder CONDESCRIPTIVE zu bearbeiten, wobei in der Regel groebere Fehler bemerkt werden. Rechenintensiv sind z.B. bei groesseren Dateien die Prozeduren FACTOR, NONPAR CORR, NPAR TESTS. Ausgabeintensiv sind vor allem CROSSTABS und BREAKDOWN.

2.7.2 Die EDIT-Karte

Allgemeines Format

```
1              16
EDIT
```

Die EDIT-Karte ermoeglicht, SPSS-Steuerkarten auf formale Fehler zu ueberpruefen, ohne dass die Daten tatsaechlich eingelesen und bearbeitet werden. Dabei wird auch die benoetigte Groesse des problem-

---

[1] Vergleiche Kap. 2.1.2: Die INPUT FORMAT-Karte.
[2] Z.B. das an manchen Rechenzentren verfuegbare Programm 'INSPSS' oder die lokal verfuegbare SPSS-Prozedur RANGE.

abhaengigen Arbeitsspeicherplatzes ausgedruckt.[1]

Die EDIT-Karte muss die definitiv erste Karte[2] im Steuerkartensatz sein. Der READ INPUT DATA-Karte duerfen fuer den EDIT-Lauf keine Datenkarten folgen. Fuer BCD-/Binaerdateien auf Band oder Platte brauchen keine Kommandokarten fuer das Betriebssystem beigefuegt werden, jedoch fuer SPSS-Dateien.

Beispiel

```
1             16
EDIT
VARIABLE LIST V1 TO V5, X01 TO X10, B3 TO B20
INPUT FORMAT  FREEFIELD
  .
  .
READ INPUT DATA
CROSSTABS     TABLES=V1 BY V5
STATISTICS    1
FINISH
```

2.7.3 Die LIST ERRORS-Karte <ab 7>

LIST ERRORS druckt eine vollstaendige Liste aller SPSS-Fehlermeldungen (etwa 30 Seiten). Diese Fehlermeldungen sind jedoch nicht weiter kommentiert.

Allgemeines Format

```
1             16
LIST ERRORS
```

Die LIST ERRORS-Karte kann irgendwo im Steuerkartensatz eingefuegt werden, ausgenommen sind folgende Stellungen:

- Zwischen einer Steuerkarte und ihren Fortsetzungskarten.
- Zwischen der READ INPUT DATA-Karte und der ersten Datenkarte oder zwischen den Datenkarten.
- Zwischen einer Prozedurkarte und ihren zugehoerigen OPTIONS- und STATISTICS-Karten oder zwischen der OPTIONS- bzw. STATISTICS-Karte und der READ INPUT DATA-Karte.
- Nach REORDER VARS, SAVE FILE, SAVE ARCHIVE oder SAVE SCSS.

2.7.4 Datenpruefung und Datenkorrektur

Mit den Datenmodifikations- und Datenselektionskarten ist es moeglich, die Werte von Variablen anhand vorgegebener Bedingungen zu pruefen und zu korrigieren.

Beispiel

```
1             16
  .
  .
SELECT IF     (A GT 9 OR B GT 9)
LIST CASES    CASES=100/VARIABLES=SUBFILE,SEQNUM,A,B
READ INPUT DATA
```

---

[1] Siehe Kap. 2.3.7: Beschraenkungen der Statistikprozeduren.
[2] Ausnahme bei der SIEMENS-Version: Die SPACE-Karte. Siehe Kap. 7.3.

Fuer die beiden Variablen A und B wird geprueft, ob unzulaessige Wertekombinationen (z.B. Werte ueber 9) vorliegen. Durch die LIST CASES-Karte erhaelt man u.a. den Namen der Unterdatei und die Fallnummer in der die unzulaessigen Wertekombinationen auftreten. Durch Ueberpruefung der zugrundeliegenden Frageboegen werden diese Kombinationen als Ablochfehler erkannt. Man kann nun die notwendigen Korrekturen direkt auf den Datenkarten durchfuehren oder bequemer und sicherer durch die IF-Karte analog zu folgendem Beispiel:

```
1              16
IF             (SUBFILE EQ 'A7' AND SEQNUM EQ 127) B = 8
IF             (SUBFILE EQ 'A7' AND SEQNUM EQ 127) A = 7
```

Die Korrektur der Daten mit Hilfe der IF-Karten ist von besonderer Bedeutung, falls die Rohdaten auf Band oder Platte vorliegen, oder falls die gesamte Datei als SPSS-Datei gespeichert ist.

Im nachfolgenden Beispiel ist angenommen, dass zu jedem Fall 2 Karten gehoeren, die die Fallidentifikation in Spalte 1-3 und eine Kartennummer in Spalte 4 enthalten. Es soll geprueft werden, ob zu jedem Fall die beiden Karten in der richtigen Reihenfolge vorliegen.

Beispiel

```
1              16
VARIABLE LIST  ID1, CARD1, ID2, CARD2
INPUT FORMAT   FIXED(F3.0,F1.0/F3.0,F1.0)
N OF CASES     400
SELECT IF      (ID1 NE ID2 OR CARD1 NE 1 OR CARD2 NE 2)
LIST CASES     CASES=400/VARIABLES=SEQNUM,ID1,CARD1,ID2,CARD2
READ INPUT DATA
+-----------------+
|  Datenkarten    |
+-----------------+
FINISH
```

Fuer die CDC-Version gibt es eine bequemere Moeglichkeit zur Datenpruefung, die vor allem den Vorteil hat, dass sie zugleich mit der gewuenschten Prozedur durchgefuehrt wird. Dazu gibt es in der CDC-Version die speziellen Variablen REPORT. und STOP., die nur links vom Gleichheitszeichen auf einer COMPUTE- oder IF-Karte stehen duerfen. Falls der REPORT. zugewiesene Wert verschieden von Null ist, werden die Variablen SUBFILE, SEQNUM und REPORT. ausgedruckt und der Lauf fortgesetzt. Falls der Wert von STOP. von Null verschieden ist, wird nach der Protokollierung der Lauf abgebrochen. Die SPSS-Steuerkarten wuerden im ersten Beispiel zweckmaessig lauten:

```
1              16
IF             (A GT 9 OR B GT 9) REPORT.= A*1000+B
PEARSON CORR   A,B
READ INPUT DATA
```

Aus dem im Fehlerfall ausgedruckten Wert von REPORT. koennen die Werte von A und B erschlossen werden. Aehnlich geht man im zweiten Beispiel vor:

```
1              16
VARIABLE LIST  ID1, CARD1, ID2, CARD2
INPUT FORMAT   FIXED(F3.0,F1.0/F3.0,F1.0)
IF             (ID1 NE ID2)X=1
IF             (CARD1 NE 1)X=X+2
IF             (CARD2 NE 2)X=X+4
IF             (ID1 LT LAG(ID1))X=X+8
IF             (X NE 0) STOP.=X+100*ID1
READ INPUT DATA
+-----------------+
|   Datenkarten   |
+-----------------+
End of Section (7/8/9)-Karte
FINISH
```

In diesem Fall kann sogar mitgeprueft werden, ob die Identifikationen aufsteigend angeordnet sind. Aus den letzten beiden Ziffern von STOP. kann die Fehlerursache abgelesen werden; die uebrigen Ziffern geben die Identifikation ID1 an.

2.8 Zur Form der Ein- und Ausgabe

Die Ablaufkarten haben folgende Funktionen:

- Die RUN NAME-, TASK NAME- und COMMENT-Karten dienen dazu, die Druckausgabe von SPSS-Laeufen besser zu dokumentieren. Ihre Angaben duerfen alle maschinenlesbaren Zeichen, auch Schraegstriche, Klammern und Schluesselwoerter enthalten.
- Die PAGESIZE-, PRINT BACK-Karten beeinflussen die Form der Druckausgabe.
- Die NUMBERED- und KEYPUNCH-Karten weisen auf Besonderheiten bei der Codierung der SPSS-Steuerkarten hin.

Die Ablaufkarten sind bis auf die bedingt notwendigen NUMBERED- und KEYPUNCH-Karten wahlfrei. Die PAGESIZE-Karte wird der allgemeinen Beachtung empfohlen, die NUMBERED-Karte besonders den Benutzern, die ihre SPSS-Steuerkarten nicht mit Kartenlochern, sondern interaktiv mit Text-Editoren erfassen.

Zur Stellung der RUN NAME-, PAGESIZE-, PRINT BACK-, NUMBERED- und KEYPUNCH-Karten im SPSS-Steuerkartensatz siehe die zweite Umschlagseite.

2.8.1 Die RUN NAME-Karte

```
Allgemeines Format
1              16
RUN NAME       Text
```

Die RUN NAME-Karte liefert eine Ueberschrift fuer den Kopf jeder Seite der Druckausgabe, die in diesem Lauf erzeugt wird.

2.8.2 Die TASK NAME-Karte

Allgemeines Format	
1	16
TASK NAME	Text

Neben der RUN NAME-Karte ermoeglicht die TASK NAME-Karte, Ueberschriften fuer die Druckausgabe festzulegen. Darf die RUN NAME-Karte nur einmal im Steuerkartensatz eingefuegt werden, so kann die TASK NAME-Karte wiederholt mit unterschiedlichen Texten eingefuegt werden. Der Text der TASK NAME-Karte wird bei jedem nachfolgenden Seitenvorschub ausgedruckt, bis wieder eine TASK NAME-Karte gelesen oder der Lauf beendet wird. Durch eine TASK NAME-Karte ohne Angaben kann die Wirkung einer vorhergehenden TASK NAME-Karte aufgehoben werden. Die TASK NAME-Karte kann nicht fortgesetzt werden. In der Regel wird die TASK NAME-Karte vor einer Prozedurkarte in den SPSS-Steuerkartensatz eingefuegt. Im uebrigen gelten fuer die Stellung der TASK NAME-Karte die gleichen Einschraenkungen wie bei der COMMENT-Karte.

2.8.3 Die COMMENT-Karte

Allgemeines Format	
1	16
COMMENT	beliebiger Kommentar

COMMENT-Karten ermoeglichen, Kommentare in einen SPSS-Steuerkartensatz aufzunehmen; COMMENT-Karten koennen fortgesetzt werden. Diese Karten beeinflussen die Funktion des SPSS nicht; sie werden nur mit den anderen Steuerkarten ausgedruckt. Es koennen beliebig viele COMMENT-Karten irgendwo im Steuerkartensatz eingefuegt werden, ausgenommen sind folgende Positionen:

- Zwischen einer Steuerkarte und ihren Fortsetzungskarten.
- Zwischen der READ INPUT DATA-Karte und der ersten Datenkarte oder zwischen den Datenkarten.
- Zwischen einer Prozedurkarte und den zugehoerigen OPTIONS- oder STATISTICS-Karten oder zwischen der OPTIONS- bzw. STATISTICS-Karte und der READ INPUT DATA-Karte.

2.8.4 Die PAGESIZE-Karte

Allgemeines Format	
1	16
PAGESIZE	n | NOEJECT[1]

n gibt die maximale Zeilenzahl je gedruckter Seite an. n ist standardmaessig gleich 55.[2] Das Schluesselwort NOEJECT unterdrueckt den programmierten Seitenvorschub und ermoeglicht in der Regel eine betraechtliche Ersparnis an Papier. Jede logische Seite wird dabei durch eine Linie abgeschlossen. Die Angabe der PAGESIZE-Karte bleibt gueltig, bis eine weitere PAGESIZE-Karte eingelesen wird oder bis zum

---

[1] An manchen Rechenzentren ist zur Papierersparnis die Voreinstellung "NOEJECT" und man muss eine PAGESIZE-Karte mit der gewuenschten Zeilenzahl (z.B. 55) bzw. das Schluesselwort EJECT einfuegen, um den normalen Seitenvorschub zu erhalten.

[2] Bei der UNIVAC-Version standardmaessig 50 Zeilen.

Ende des Laufs. Einige Prozeduren, wie z.B. SCATTERGRAM ignorieren die Angabe der PAGESIZE-Karte.

2.8.5 Die PRINT BACK-Karte

Allgemeines Format	
1	16
PRINT BACK	NO | CONTROL | FORMAT

Die PRINT BACK-Karte steuert das Drucken der SPSS-Steuerkarten und der Korrespondenztabelle,[1] in der die Angaben der VARIABLE LIST- und INPUT FORMAT-Karte gegenuebergestellt werden. Das Schluesselwort NO unterdrueckt sowohl das Drucken der Steuerkarten als auch das der Korrespondenztabelle; das Schluesselwort CONTROL bewirkt, dass nur die Steuerkarten aufgelistet werden, das Schluesselwort FORMAT, dass nur die Korrespondenztabelle gedruckt wird.

Status: Wahlfrei. Wird keine PRINT BACK-Karte aufgefuehrt, werden sowohl Steuerkarten als auch Korrespondenztabelle gedruckt.

2.8.6 Die NUMBERED-Karte

Allgemeines Format	
1	16
NUMBERED	[YES]

Die NUMBERED-Karte beschraenkt das Angabenfeld der SPSS-Steuerkarten auf die Spalten 16-72, die Spalten 73-80 stehen so zur Numerierung zur Verfuegung. Das Schluesselwort YES kann ab Version 7 entfallen.

Wird in Verbindung mit dem Schluesselwort FREEFIELD der INPUT FORMAT-Karte die NUMBERED-Karte verwendet, dann werden die Spalten 73-80 der Datenkarten als Datenbereich ignoriert. Wird die NUMBERED-Karte nicht verwendet oder liegen die Daten auf Band oder Platte vor, dann werden die Spalten 1 bis 80 vollstandig als Datenbereich angesehen.[2]

Status: Notwendig bei SPSS-Steuerkarten, die numeriert sind.

2.8.7 Die KEYPUNCH-Karte

Allgemeines Format	
1	16
KEYPUNCH	026

Die KEYPUNCH-Karte ist an manchen Rechenanlagen erforderlich, wenn SPSS-Steuerkarten eingelesen werden sollen, die auf aelteren Kartenlochern IBM026 abgelocht wurden, deren Code der Sonderzeichen von dem der neueren Locher IBM029 verschieden ist. Die Karten eines Steuerkartensatzes sollten nicht auf Lochern mit unterschiedlichem Code erstellt werden.

---

[1] Siehe Beispiel in Kap. 2.1.2.

[2] Bis Version 7 werden immer die Spalten 1 bis 80 der Datenkarten vollstandig als Datenbereich beruecksichtigt.

2.9 Die DATA LIST-Karte: Das Schlüsselwort FIXED

Die DATA LIST-Karte ersetzt die VARIABLE LIST-Karte und die INPUT FORMAT-Karte. Die DATA LIST-Karte wird nur demjenigen empfohlen, der eine einfach strukturierte Datei hat und keine intensiven Auswertungen mit SPSS plant, sonst wird auch dem Anfaenger die VARIABLE LIST- und INPUT FORMAT-Karte empfohlen.

Die DATA LIST-Karte ist eine anschauliche Moeglichkeit zur Beschreibung eines exemplarischen Falls einer Datei. Der Aufbau der DATA LIST-Karte ist einem Ablochschema, das meistens zur Beschreibung einer Datei erstellt wird, aehnlich. Auf der DATA LIST-Karte werden die Namen der einzulesenden Variablen aufgefuehrt; diese Namen muessen eindeutig sein. Den Namen folgen die ihnen zugeordneten Angaben ueber Spaltenposition und Variablentyp.

Allgemeines Format

```
1               16
DATA LIST       FIXED [ (n) ] [/m1] Variablenliste
                Anfangsspalte[-Endspalte] [ (Variablentyp) ]
                [Variablenliste Anfangsspalte . . .]
                [/m2 Variablenliste . . . ]
```

Als erste Angabe wird durch das Schluesselwort FIXED[1] angegeben, dass die Daten mit festem Format codiert sind. Danach folgt in Klammern eingeschlossen die Zahl der Karten pro Fall. Umfasst ein Fall nur eine Karte, kann diese Angabe entfallen. m1, m2 usw. sind die Nummern der Karten innerhalb des exemplarischen Falls, die nachfolgend beschrieben werden. Wird nur eine Karte beschrieben, kann sowohl der vorausgehende Schraegstrich als auch die Kartennummer entfallen. Es folgt der Name der ersten Variablen, die von der vorliegenden Karte eingelesen werden soll. Danach folgt durch Leerzeichen oder Komma getrennt die Spaltenposition dieser Variablen. Nimmt die Variable nur eine Spalte ein, ist diese Angabe ausreichend. Nimmt die Variable zwei oder mehrere Spalten ein (sie muessen zusammenhaengend sein), folgt nach der Angabe der Nummer der Anfangsspalte - durch Bindestrich getrennt - die Nummer der Endspalte dieser Variablen.

Beispiele

```
1               16
DATA LIST       FIXED ALTER 7-8
DATA LIST       FIXED(2)/ 1 STATUS 13 PKW 17-19
```

Standardmaessig wird angenommen, dass die Variablen numerisch sind, weiter dass deren Werte entweder ganze Zahlen sind oder Dezimalpunkte explizit gelocht enthalten. Fuer solche Variablen muessen keine weiteren Angaben gemacht werden. Fuer alphanumerische Variablen muss nach der Spaltenposition in Klammern eingeschlossen der Buchstabe "A" aufgefuehrt werden; fuer numerische Variablen mit impli-

---

[1] Da die INPUT FORMAT-Karte fuer formatfrei codierte Daten (Schluesselwort FREEFIELD) sehr einfach ist, gibt es kein Aequivalent fuer die DATA LIST-Karte. Siehe Kap. 2.1.2. Das Schluesselwort BINARY der DATA LIST-Karte wird in Kap. 5.1.2 beschrieben. Bei der CDC-Version kann das Schluesselwort FIXED entfallen.

zitem Dezimalpunkt folgt in Klammern eingeschlossen die Zahl der Stellen rechts vom Dezimalpunkt, der dann nicht auf den Datenkarten abgelocht sein muss. Alle nachfolgenden Variablen der vorliegenden Karte werden analog beschrieben.

Beispiel

```
1              16
DATA LIST      FIXED(2)/ 1 GES 11 (A) ALTER 29-30 EINKOM 34-40 (2)
```

Umfasst ein Fall mehrere Karten, folgen nach einem Schraegstrich die weiteren analogen Angaben. Es muessen nicht alle Karten eines Falls eingelesen werden, doch muessen die eingelesenen Karten in ihrer relativen Reihenfolge auf der DATA LIST-Karte beschrieben werden.

Beispiel

```
1              16
DATA LIST      FIXED(6)/ 1 GES 3 (A) EINKOM 20-27 (2) BESCHAEF 41-43/
               4 FAMSTAND 7 KINDER 8-9
```

Alle Variablen, die von einer Karte eingelesen werden sollen, muessen eingelesen sein, bevor auf der naechsten Karte fortgefahren werden soll, jedoch muss innerhalb einer Karte nicht unbedingt in der relativen Reihenfolge der Spaltenpositionen gelesen werden. Es koennen sogar mehrmals die gleichen Spaltenpositionen gelesen und verschiedenen Variablennamen zugewiesen werden.

Gilt fuer einige Variablen, dass sie benachbarte Spalten auf der gleichen Karte einnehmen, dass sie die gleiche Feldbreite (Zahl der benutzten Spalten) haben und vom gleichen Typ sind, kann der Codierungsaufwand fuer die DATA LIST-Karte verringert werden.

In diesem Fall koennen die Variablen durch eine definierende Variablenliste aufgefuehrt werden. Danach folgt die Nummer der Anfangsspalte der ersten Variablen, ein Bindestrich, dann die Nummer der Endspalte der letzten Variablen der vorhergehenden Liste. Falls notwendig, wird der Variablentyp in Klammern eingeschlossen aufgefuehrt. Die Gesamtzahl der angegebenen Spalten muss ein ganzzahliges Vielfaches der Variablenzahl sein.

Beispiel

```
1              16
DATA LIST      FIXED(3)/ 1 NUMMER 1-4 GES,STATUS,V1 TO V8 5-24
               BESCHAEF 25-27 ALTER,WOHN 28-31 LOHN,ERSPAR,SCHULD
               32-46 (2)
```

Status: Immer erforderlich, ausser wenn die Eingabe der Daten ausschliesslich ueber SPSS-Dateien erfolgt, oder wenn alternativ die VARIABLE LIST-Karte und die INPUT FORMAT-Karte verwendet wird.

Beschraenkungen: Es koennen nicht mehr als 500 (1000) Variablen durch die DATA LIST-Karte definiert werden.

3 Datenmodifikationen und Datenselektionen

SPSS bietet ueber die Anforderung von statistischen Auswertungen hinaus noch eine Reihe von Moeglichkeiten, die es von den ueblichen Programmen abhebt. So koennen Aenderungen von Eingabedaten, wie Umpolen von Skalen, Zusammenfassen von Kategorien einer Variablen, Kombinationen von mehreren Variablen zu einer zusammengefassten Variablen, Transformationen mit nichtlinearen Funktionen und vieles mehr durch einfache Anweisungen durchgefuehrt werden. Dieser Komfort ist von besonderer Bedeutung, da Organisation und Umorganisation der Daten in der Regel einen aehnlich umfangreichen Arbeitsaufwand erfordern als die statistische Auswertung selbst.

Die Datenmodifikationskarten COMPUTE und IF berechnen neue Variablen bzw. modifizieren existierende Variablen durch logische und arithmetische Anweisungen. Die RECODE-Karte ersetzt ausgewaehlte Werte existierender Variablen, und die COUNT-Karte zaehlt existierende Variablen fallweise aus und weist den ausgezaehlten Wert einer Ergebnisvariablen zu. Die LAG-Karte verschiebt Variablen fallweise. Die WEIGHT-Karte erlaubt, Faelle zu gewichten.

Sollen Auswertungen nur fuer einen Teil der Faelle durchgefuehrt werden, so kann dies einmal durch Einfuehrung einer Unterdateistruktur in Verbindung mit der RUN SUBFILES-Karte geschehen. Dabei muessen die Faelle einer Unterdatei aber unmittelbar hintereinander liegen. Wenn Faelle ausgewaehlt werden sollen, die ueber die ganze Datei verstreut sind, so kann dies determiniert durch die SELECT IF-Karte und zufaellig durch die SAMPLE-Karte geschehen.

Fuer jede dieser Karten gibt es eine Variante, die mit einem Stern versehen wird, also *COMPUTE, *IF, *LAG, *RECODE, *COUNT, *SELECT IF, *SAMPLE und *WEIGHT. Gelten die Modifikationen und Selektionen, die durch die Karten COMPUTE, IF, LAG, RECODE, COUNT, SELECT IF, SAMPLE und WEIGHT bewirkt werden, fuer die Dauer des gesamten Laufs, so gelten die mit einem Stern versehenen Karten nur fuer die unmittelbar nachfolgende Prozedur. Die Modifikations- und Selektionskarten ohne Stern werden als <u>permanente</u> Karten bezeichnet, die Karten mit Stern als <u>temporaere</u> Karten. Die permanenten Karten duerfen nur vor der ersten Prozedurkarte liegen, die temporaeren Karten duerfen sowohl vor der ersten Prozedurkarte, als auch vor allen nachfolgenden Prozedurkarten eingefuegt werden.

Die Ergebnisvariablen der COMPUTE-, IF-, LAG- und COUNT-Karten, ebenso die ihrer temporaeren Varianten koennen zuvor definierte Variablen oder "neue", der existierenden Variablenliste automatisch "rechts" hinzugefuegte Variablen sein. "Neue" Variablen entstehen dadurch, dass Ergebnisvariablen mit noch nicht vergebenen Variablennamen benannt werden. Fuer "neue" Ergebnisvariablen koennen ebenso wie fuer eingelesene Variablen durch VAR LABELS-, VALUE LABELS-, MISSING VALUES- und PRINT FORMATS-Karten Etiketten, fehlende Werte usw. definiert werden. Diese Variablen koennen wie eingelesene Variablen auf nachfolgenden Prozedurkarten aufgefuehrt werden.

Ausser den Ergebnisvariablen muessen alle anderen Variablen, die auf den Datenmodifikations- und -selektionskarten aufgefuehrt werden, zuvor definiert sein; entweder durch DATA LIST, VARIABLE LIST, ADD DATA LIST, ADD VARIABLES oder durch eine vorhergehende COMPUTE-, *COMPUTE-, IF-, *IF-, LAG-, *LAG-, COUNT- oder *COUNT-Karte.

Beispiel

```
1              16
VARIABLE LIST  V1 TO V100
  .
  .
COMPUTE        DIF1 = V41 - V91
COMPUTE        DIF2 = V42 - V92
  .
  .
COMPUTE        DIF10 = V50 - V100
VAR LABELS     DIF1, ............../
  .
  .
FREQUENCIES    GENERAL = V41 TO V50, V91 TO DIF10
READ INPUT DATA
  .
  .
FINISH
```

Es gelten folgende wenig restriktive Beschraenkungen:

- Die drei intern erzeugten Variablen SEQNUM, SUBFILE und CASWGT duerfen weder umcodiert werden, noch als Ergebnisvariablen verwendet werden. Sie duerfen jedoch in den logischen Ausdruecken der IF bzw. SELECT IF-Karten oder rechts vom Gleichheitszeichen in den COMPUTE-, IF und LAG-Karten gebraucht werden.
- Nicht mehr als 400 Variablennamen koennen implizit oder explizit auf saemtlichen RECODE-, *RECODE-, COUNT- und *COUNT-Karten eines Laufs aufgefuehrt werden.[1]
- Eine bestimmte RECODE-, *RECODE-, COMPUTE-, *COMPUTE-, IF-, *IF-, COUNT- oder *COUNT-Karte und ihre Fortsetzungskarten duerfen nicht mehr als 250 Elemente (Variablennamen, Schluesselwoerter, Werte, Klammern, Gleichheitszeichen, mathematische, relationale und logische Operatoren) enthalten. Diese Beschraenkung kann umgangen werden, indem eine umfangreiche Karte in mehrere unabhaengige Karten aufgespalten wird, die jeweils mit dem entsprechenden Schluesselwort im Kennungsfeld beginnen.
- Fuer die Gesamtzahl der Datenmodifikations- und -selektionskarten gibt es ebenfalls Beschraenkungen, die allerdings durch die ALLOCATE-Karte aufgehoben werden koennen.

3.1 Datenmodifikationen

3.1.1 Die RECODE-Karte

Die RECODE-Karte ermoeglicht, Werte numerischer oder alphanumerischer Variablen durch "neue" Werte zu ersetzen. Insbesondere ermoeglicht sie, kontinuierliche in diskrete und alphanumerische in numerische Variablen umzuwandeln. Durch das Schluesselwort BLANK kann

---

[1] Bei der M-Version 800 Variablen.

auch bei numerischen Variablen zwischen Leerzeichen und Null unterschieden werden.

```
Allgemeines Format
1              16
RECODE         Variablenliste (Wertliste=neuer Wert)
                              (Wertliste=neuer Wert) . . .
               [/Variablenliste . . . ]
```

Die Angaben bestehen aus einem Variablennamen oder einer Variablenliste, gefolgt von ein oder mehreren, jeweils in Klammern eingeschlossenen Wertzuweisungen. Eine Wertzuweisung besteht aus einem oder mehreren, durch Komma oder Leerzeichen getrennten, existierenden Werten der Variablen, der (die) durch den "neuen" Wert rechts vom Gleichheitszeichen ersetzt wird (werden). Umcodierungen fuer weitere Variablen koennen, durch einen Schraegstrich getrennt, folgen.

Ersetzen einzelner Werte numerischer Variablen

```
1              16
RECODE         ITEM3 (99=1) (100=2) (101,102,144=3)/
               ITEM10 TO ITEM20 (1,5,2,68=2)/
               ITEM5,ITEM8,ITEM9 (25,26=1),(30=2)/
               ITEM1,ITEM2(1,2=1) (3,4=2) (ELSE=3)
```

Durch das Schluesselwort ELSE koennen alle Variablenwerte, die nicht explizit in den Wertelisten aufgefuehrt werden, geschlossen angesprochen werden. Soll eine Folge numerischer Werte durch einen einzigen Wert ersetzt werden, dann kann analog folgende Notation benutzt werden:

```
1              16
RECODE         BERUF (32 THRU 64=1)
```

Das Schluesselwort THRU zeigt an, dass alle Werte zwischen 32 und 64 einschliesslich durch den Wert 1 ersetzt werden.

```
1              16
RECODE         WAHL (1,5,22,37 THRU 68=2)
RECODE         ALTER (0 THRU 9=1) (10 THRU 19=2)
               (20 THRU 29=3) (30 THRU 49=4)
```

Sind der kleinste bzw. groesste Wert einer numerischen Variablen nicht bekannt, so koennen sie auf der RECODE Karte durch die Schluesselwoerter LOWEST bzw. HIGHEST oder deren Abkuerzungen LO und HI substituiert werden.

```
1              16
RECODE         FRAGE01 (LOWEST THRU 25=1) (26 THRU 50=2)
               (51 THRU HIGHEST=3)
```

Bei numerischen Variablen kann, im Gegensatz zu alphanumerischen Variablen, nicht unmittelbar zwischen dem Leerzeichen und der Null unterschieden werden. Soll bei einer numerischen Variablen zwischen diesen beiden Zeichen unterschieden werden, muss das Leerzeichen durch das Schluesselwort BLANK der RECODE-Karte umcodiert werden. Ist zum Beispiel das Leerzeichen zur Kennzeichnung fehlender Werte codiert worden und soll die Nullochung gleichzeitig einen zulaessigen Wert darstellen, dann bietet sich folgende Moeglichkeit an:

```
1              16
RECODE         SKALA (BLANK=999)
MISSING VALUES SKALA (999)
```

Jedes Leerzeichen der Variablen SKALA wird zu 999 umcodiert und dann durch die MISSING VALUES-Karte als fehlend erklaert. Da die Null das Leerzeichen in der internen Darstellung einschliesst, sind folgende Anweisungen nicht aequivalent:

```
1              16
RECODE         SKALA (BLANK=-1) (0=1)
RECODE         SKALA (0=1) (BLANK=-1)
```

Sollen Werte alphanumerischer Variablen ersetzt werden, werden die alten und neuen Werte alphanumerischer Variablen durch Hochkomma eingefasst. Alphanumerische Variablen koennen als Werte beliebige Kombinationen von Buchstaben, Sonderzeichen und Ziffern haben.

```
1              16
RECODE         VARA('X','Y','B','5'='A')
```

Sollen alphanumerische Variablen in numerische Variablen umgewandelt werden, muessen nur die alten Werte durch Hochkommas[1] eingefasst werden.

```
1              16
RECODE         VARA ('X','Y','B','5'=1) ('2'=2) ('3'=3)/
               VARB('NJ'=1) ('NY'=2) ('LA','SF'=3)
```

Das Schluesselwort CONVERT bewirkt, dass die Werte '0' bis '9' einer alphanumerischen Variablen in ihr numerisches Aequivalent umgewandelt werden, weiter dass '-' durch die Zahl 11, '&' durch die Zahl 12 und das Leerzeichen sowie alle anderen Buchstaben und Sonderzeichen durch die Zahl 13 ersetzt werden.[2]

```
1              16
RECODE         VARA(CONVERT)
```

Man beachte, dass das Druckformat durch das Einfuegen einer neuen PRINT FORMATS-Karte nach der Umwandlung alphanumerischer Variablen geaendert werden muss.

Die Ergebnisse von Umcodierungen werden keinesfalls weiter umcodiert. Das folgende Beispiel vertauscht gerade die beiden Codes 1 und 2.

```
1              16
RECODE         SEXUS(1=2) (2=1)
```

Die RECODE-Karte hat keinen Einfluss auf die mit der VALUE LABELS-Karte festgelegten Wertetiketten. Gegebenenfalls muss daher mit einer neuen VALUE LABELS-Karte die Etikettierung der Werte geaendert werden.

---

[1] Bei der CDC-Version durch Anfuehrungszeichen (").

[2] Bei der CDC-Version werden auch alphanumerische Variablen, die Dezimalzahlen enthalten, sinngemaess umgewandelt. Fuehrende Leerzeichen, + und - werden nicht separat, sondern als zur Zahl gehoerig interpretiert. Andere alphanumerische Zeichen werden in Leerzeichen umgewandelt (siehe Schluesselwort BLANK).

3.1.2 Die COMPUTE-Karte

Allgemeines Format

```
1             16
COMPUTE       Ergebnisvariable = arithmetischer Ausdruck
```

Fuer jeden Fall der Datei wird der arithmetische Ausdruck berechnet und der errechnete Wert der Ergebnisvariablen zugewiesen.

<u>Arithmetische Ausdruecke</u> setzen sich zusammen aus numerischen Konstanten, definierten numerischen Variablen, arithmetischen Operatoren, eingebauten mathematischen Funktionen und Klammern. Im einfachsten Fall kann der arithmetische Ausdruck nur aus einer Konstanten oder einem Variablennamen bestehen. Es gibt folgende arithmetische Operatoren: + (Addition), - (Subtraktion), * (Multiplikation), / (Division) und ** Exponentiation. In den arithmetischen Anweisungen sind folgende mathematische Funktionen zulaessig:

SQRT	Quadratwurzel	X=SQRT(A)
LN	Natuerlicher Logarithmus	X=LN(A)
LG10	Dekadischer Logarithmus	X=LG10(A)
EXP	Exponentialfunktion	X=EXP(A+B)
SIN	Sinusfunktion	X=SIN(A+B)
COS	Cosinusfunktion	X=COS(A)
ATAN	Arcustangensfunktion	X=ATAN(A)
RND	Rundet zu ganzen Zahlen	X=RND(A+B/6)
ABS	Absoluter Wert	X=ABS(A)
TRUNC	Schneidet die Dezimalzahl zur ganzen Zahl ab	
MOD10	Das Ergebnis ist der Rest einer Division durch 10	

NORMAL(sd) erzeugt normalverteilte Zufallszahlen mit der Standardabweichung sd und dem Mittelwert 0. <ab 7>

UNIFORM(n) erzeugt gleichverteilte Zufallszahlen im Intervall [0,n]. Die Intervallgrenzen sind ausgeschlossen. <ab 7>

YRMODA(j,m,t) transformiert die Parameter j=Jahr, m=Monat, t=Tag in eine Tagesnummer. Dem 15. Oktober 1582 wird dabei eine Eins zugewiesen. Die Parameter duerfen Variablen, Konstanten und in Klammern eingeschlossene arithmetische Ausdruecke sein. Bei Jahren im 20. Jahrhundert reichen die beiden letzten Ziffern. Fuer m sind Zahlen zwischen 1 und 13, fuer t zwischen 0 und 31 zugelassen. <ab 8>

JULIAN(m,t,j) Siehe YRMODA. Die Reihenfolge der Parameter ist vertauscht. Einschraenkend duerfen keine arithmetischen Ausdruecke verwendet werden. m darf zwischen 1 und 12 und t zwischen 1 und 31 liegen. <nur CDC>

POISSON(m) erzeugt Poisson-verteilte Zufallszahlen mit dem Mittelwert m. <nur CDC>

ACCUM(arg) akkumuliert Variablen oder arithmetische Ausdruecke. Das Argument der Funktion wird fuer jeden Fall berechnet und zu der Summe der vorhergehender Faelle addiert. Fehlende Werte muessen zuvor auf 0 oder -0 umcodiert werden. <nur CDC>

LAG:[1] Der Wert einer Variablen wird um einen Fall zurueckgesetzt. Der Wert einer so gebildeten Variablen ist im ersten Fall jeder Unterdatei null bzw. der durch ASSIGN MISSING angegebene Wert. Auf einer COMPUTE-Karte darf die LAG-Funktion nicht zusammen mit anderen Operationen auftreten. <nur CDC>

Die Argumente der Funktionen folgen, in Klammern eingeschlossen, den mnemotechnischen Kuerzeln der Funktionen. Die Argumente koennen beliebige - mathematisch zulaessige - arithmetische Ausdruecke sein.

---

[1] Bei allen anderen Versionen siehe die LAG-Karte.

Beispiele

```
1              16
COMPUTE        SUMME = TEIL1 + TEIL2 + TEIL3
COMPUTE        IQ = ROHWERT * 1.7 + 97.43
COMPUTE        ARCSIN = 2*ATAN(ARGUMENT/(1 + SQRT(1 - ARGUMENT**2)))
```

Mit der dritten Anweisung wird aus einem Argument der zugehoerige Arcussinus berechnet.

Beispiele <nur CDC>

```
1              16
COMPUTE        KUMEIN = ACCUM(EINKOM)
COMPUTE        BSP1 = LAG(BSP)
COMPUTE        BSP2 = LAG(LAG(BSP))
COMPUTE        DAUER = JULIAN(EM,ET,EJ) - JULIAN(AM,AT,AJ)
```

Aus den aufgefuehrten Elementen koennen beliebige arithmetische Ausdruecke gebildet werden. Es gelten die ueblichen Klammer- und Rechenregeln der Mathematik. Man beachte insbesondere:

- Alle Variablen eines arithmetischen Ausdrucks muessen zuvor definiert sein.
- Zwei Operationszeichen duerfen nicht unmittelbar aufeinander folgen.

```
Falsch:  VARX = VARA * -2.0
Richtig: VARX = VARA * (-2.0)
```

- Kein Operationszeichen darf implizit angenommen werden.

```
Falsch:  VARX = A(B+C)
Richtig: VARX = A*(B+C)
```

- Die Zahl der oeffnenden Klammern muss gleich sein der Zahl der schliessenden Klammern. Die Klammern werden von innen nach aussen aufgeloest.
- Mit fehlenden Werten wird genauso gerechnet wie mit gueltigen Werten. Ist die Ergebnisvariable jedoch auf einer ASSIGN MISSING-Karte genannt, wird der dort angegebene Wert uebernommen, falls eine der Variablen des arithmetischen Ausdrucks einen fehlenden Wert hat.
- Der Wert einer Ergebnisvariablen ist nicht definiert, wenn unzulaessige Operationen wie "Division durch Null" oder "Logarithmus aus einer negativen Zahl" auftreten. Falls die Ergebnisvariable in einer ASSIGN MISSING-Karte genannt ist, wird bei unzulaessigen Operationen der dort genannte Wert eingesetzt; anderenfalls wird ohne Fehlermeldung der Wert Null zugewiesen. Die SQRT-Funktion berechnet bis Version 7 die Quadratwurzel aus dem Absolutwert.

Die_Funktion_NORMAL_<ab_7>

Die Funktion NORMAL kann u.a. zur Erzeugung von Variablen mit vorgegebener Korrelation genutzt werden.

Beispiel

```
1              16
COMPUTE        A = NORMAL(1)
COMPUTE        B = 0.9*A + NORMAL(SQRT(1-0.9**2))
```

Die Korrelation zwischen den Variablen A und B ist naeherungsweise 0.9. Entsprechend dem Modell der einfachen linearen Regression fuer standardisierte Variablen wird die Varianz der abhaengigen Variablen B zu 81% (100*0.9**2) durch A aufgeklaert. Der Rest ist Residualvarianz.

Die_Funktion_UNIFORM_<ab_7>

Zwei wichtige Anwendungen der Funktion UNIFORM sind das Ziehen von geschichteten Zufallsstichproben und das Erstellen von Zufallsstichproben zur Kreuzvalidierung z.B. bei Diskriminanzanalysen.

In einer Erhebung mit 10000 Faellen seien 4000 Probanden maennlichen (Code 'M') und 5800 weiblichen Geschlechts (Code 'W'). Fuer die restlichen 200 Probanden fehlt die Angabe des Geschlechts (Code ' '). Es soll eine Zufallsstichprobe von 500 Probanden mit einem Anteil von 48% maennlichen und 52% weiblichen Probanden gezogen werden. Absolut muessen also 240 maennliche Porbanden aus 4000 und 260 weibliche Probanden aus 5800 gezogen werden. Entsprechend muessen relativ 6% (240/4000) maennliche und 4.48% (260/5800) weibliche Probanden gezogen werden.

Beispiel

```
1             16
SELECT IF     (SEX NE ' ')
IF            (SEX EQ 'M') ZUFALL = 0.06
IF            (SEX EQ 'W') ZUFALL = 0.045
SELECT IF     (UNIFORM(1) LE ZUFALL)
```

In einer Diskriminanzanalyse sollen 60% der Faelle zur Berechnung der Koeffizienten verwendet werden, die restlichen 40% der Faelle sollen zur Kreuzvalidierung nur klassifiziert werden. Die vorliegende Stichprobe wird im Verhaeltnis 100/40 = 2.5 durch folgende Anweisungen zufaellig aufgeteilt.

Beispiel

```
1             16
COMPUTE       TEIL = TRUNC(UNIFORM(2.5))
RECODE        TEIL(2=1)
DISCRIMINANT  GROUPS = SEX(1,2)/VARIABLES = ITEM1 TO ITEM20/
              SELECT = TEIL(1)
OPTIONS       5
```

Die durch die Funktion UNIFORM erzeugten gleichverteilten Zufallszahlen liegen zwischen 0 und 2.5. Ungefaehr 40% der Zufallszahlen liegen zwischen 0 und 1. Durch die Funktion TRUNC werden die Zahlen zu ganzen Zahlen 0, 1 oder 2 abgeschnitten. Die RECODE-Anweisung hat zur Folge, dass in der Variablen TEIL zufaellig verteilt naeherungsweise 40% Nullen und 60% Einsen vorliegen. Der SELECT-Parameter der Prozedur DISCRIMINANT bewirkt, dass nur die Faelle, fuer die die Variable TEIL den Wert 1 hat, zur Berechnung der Diskriminanzfunktionskoeffizienten verwendet werden.

Die_Funktion_YRMODA_<ab_8>_<nicht_CDC>

Durch die Funktion YRMODA kann z.B. aus gegebenem Aufnahme- und Entlassungsdatum eine Aufenthaltsdauer in Tagen berechnet werden.

Beispiel

```
1              16
COMPUTE        DAUER = YRMODA(EJ,EM,ET) - YRMODA(AJ,AM,AT)
```

Fuer die Parameter m (Monat) und t (Tag) sind auch die Zahl 13 bzw. 0 zugelassen. Mit m=13 wird der Januar des nachfolgenden Jahres, mit t=0 der letzte Tag des vorausgehenden Monats angesprochen. Im nachfolgenden Beispiel werden alle Einzahlungen ausgewaehlt, die am Monatsletzten erfolgt sind.

Beispiel

```
1              16
SELECT IF      (YRMODA(EJ,(EM+1),0) EQ YRMODA(EJ,EM,ET))
```

3.1.3 Die IF-Karte

Die IF-Karte fuehrt arithmetische Operationen fuer ausgewaehlte Faelle durch.

Allgemeines Format

```
1              16
IF             (logischer Ausdruck) Ergebnisvariable = arithmetischer
               Ausdruck
```

Der logische Ausdruck wird fuer jeden Fall der Datei geprueft. Die Zuweisung "Ergebnisvariable = arithmetischer Audruck" wird genau dann ausgefuehrt, wenn der logische Ausdruck wahr ist. Fuer die Zuweisung gelten die gleichen Konventionen wie fuer die COMPUTE-Karte. Der logische Ausdruck wird in Klammern eingeschlossen.

Ein logischer Ausdruck besteht aus ein oder mehreren Relationen, eine Relation wiederum aus zwei durch einen Vergleichsoperator verbundenen arithmetischen Ausdruecken. Allgemein gilt

1. arith. Ausdruck Vergleichsoperator 2. arith. Ausdruck

wobei wenigstens einer der beiden arithmetischen Ausdruecke eine Variable enthalten muss. Im uebrigen gelten die bei der COMPUTE-Karte beschriebenen Konventionen fuer arithmetische Ausdruecke. Es gibt folgende Vergleichsoperatoren:

Symbol	Symbol fuer	Relation
GT	GREATER THAN	Groesser als
LT	LESS THAN	Kleiner als
EQ oder =	EQUAL	Gleich[1]
NE	NOT EQUAL	Ungleich
GE	GREATER OR EQUAL	Groesser als oder gleich
LE	LESS OR EQUAL	Kleiner als oder gleich

Besteht ein logischer Ausdruck aus mehreren Relationen, dann muessen die Relationen jeweils durch genau einen der logischen Operatoren AND oder OR verbunden werden.

AND - der resultierende logische Ausdruck ist wahr, wenn die den

[1] Das Symbol "=" ist erst ab Version 8 zulaessig.

Operator einschliessenden Relationen wahr sind.
OR - der resultierende logische Ausdruck ist wahr, wenn wenigstens eine der den Operator einschliessenden Relationen wahr ist.

Der dritte logische Operator NOT kann einem beliebigen logischen Ausdruck vorausgehen; er kehrt den Wert des logischen Ausdrucks um. Der logische Ausdruck muss dabei in Klammern eingeschlossen werden.

Die Berechnung eines logischen Ausdrucks unterliegt folgenden Regeln: Zuerst werden die arithmetischen Ausdruecke berechnet, wobei die Reihenfolge der Operationen innerhalb der arithmetischen Ausdruecke den Konventionen der COMPUTE-Karte folgen. Dann werden die Vergleichsoperationen und schliesslich die logischen Operationen durchgefuehrt. Die Abfolge der logischen Operationen erfolgt von links nach rechts, falls sie nicht durch Klammern explizit geaendert wird. Die logischen Operatoren AND und OR werden dabei als gleichrangig betrachtet. Die Klammern werden von innen nach aussen aufgeloest.

Vergleichsoperatoren und logische Operatoren muessen von den arithmetischen Ausdruecken durch wenigstens ein Leerzeichen abgesetzt werden. Die IF-Karte kann fortgesetzt werden, allerdings darf sie nur eine Anweisung - logischer Ausdruck und Zuweisung - enthalten.

Beispiele[1]

```
1              16
IF             (IQ LE 100) INTELLIG=1
IF             (IQ GT 100 AND IQ LE 115) INTELLIG=2
IF             (IQ GT 115 AND IQ LE 130) INTELLIG=3
IF             (IQ GT 130) INTELLIG=4
IF             (VARA*VARB GT 2*(VARC-1)) NEUVAR=1
IF             (VARA*VARB EQ 2*(VARC-1)) NEUVAR=2
IF             (VARA*VARB LT 2*(VARC-1)) NEUVAR=3
IF             (VARA GT VARB AND VARA GT VARC) VARD=1
IF             (VARA GT VARB OR VARA GT VARC) VARD=1
IF             (VARA GT 4 AND VARA LT 7) VARD=1
IF             (NOT(VARA GT 4 and VARA LT 7)) VARD=1
IF             (VARA EQ 9 OR VARA GT 0 AND VARA LT 5) VARA=1
IF             (VARA EQ 9 OR (VARA GT 0 AND VARA LT 5)) VARD=1
```

Die Notation eines logischen Ausdrucks mit mehreren Relationen kann durch die Verwendung impliziter Operanden und/oder Operatoren vereinfacht werden, wenn der gleiche Operand oder Vergleichsoperator wenigstens zweimal vorkommt. Auf die explizite Notation eines Operanden kann in jeder nachfolgenden Relation verzichtet werden, solange der Operand sich nicht aendert.

```
1              16
IF             (VARA EQ 0 OR VARA EQ 1 OR (VARA GE 5 AND VARA LE 9))
               GRUPPE = 1
```

Der logische Ausdruck kann abgekuerzt werden zu:

```
1              16
IF             (VARA EQ 0 OR EQ 1 OR (GE 5 AND LE 9)) GRUPPE = 1
```

Die Notation des logischen Ausdrucks kann weiter abgekuerzt werden, wenn die gleiche Regel auf die Vergleichsoperatoren GE, LE, GT, LT, NE, EQ angewendet wird. Auf die explizite Notation eines

---
[1] Weitere Beispiele enthaelt Kap. 2.7.4.

Vergleichsoperators kann in jeder nachfolgenden Relation verzichtet werden, solange der Vergleichsoperator sich nicht aendert.

```
1              16
IF             (VARA EQ 0 OR 1 OR (GE 5 AND LE 9)) GRUPPE = 1
```

Geht in einen arithmetischen Ausdruck der Zuweisung einer IF-Karte ein fehlender Wert ein, erhaelt die Ergebnisvariable einen Wert entsprechend den Regeln der COMPUTE-Karte. Liegt ein fehlender Wert im logischen Ausdruck vor, ist der Ausdruck fuer diesen Fall logisch falsch. Die Ergebnisvariable erhaelt keinen Wert. Ist die zugehoerige Ergebnisvariable auf einer ASSIGN MISSING-Karte aufgefuehrt, wird der entsprechende Wert zugewiesen.

3.1.4 Die COUNT-Karte

Die Prozedur FREQUENCIES zaehlt Variablen aus, die COUNT-Karte Faelle. Fuer jeden Fall der Datei stellt die COUNT-Karte fest, wie haeufig die spezifizierten Werte in den aufgefuehrten Variablen vorkommen. Das Ergebnis der Auszaehlung wird fuer den jeweiligen Fall der Ergebnisvariablen zugewiesen.

Allgemeines Format

```
1              16
COUNT          Ergebnisvariable = Variablenliste(Werteliste)
                                  [Variablenliste(Werteliste) . . .]
               [/Ergebnisvariable = . . . ]
```

Die Angaben setzen sich zusammen aus einer Ergebnisvariablen, gefolgt von einem Gleichheitszeichen. Dem Gleichheitszeichen schliessen sich eine oder mehrere Variablenlisten an, mit jeweils einer in Klammern eingeschlossenen Werteliste. Die Wertelisten bestehen aus einem oder mehreren durch Leerzeichen oder Kommas getrennten Werten und/oder aus Intervallen, die wie bei der RECODE-Karte durch das Schluesselwort THRU aufgefuehrt werden. Auszaehlungen fuer weitere Variablen koennen durch Schraegstrich getrennt, folgen. Die Werte koennen sowohl numerisch als auch alphanumerisch sein. Wie die RECODE-Karte kennt die COUNT-Karte die Schluesselwoerter BLANK, HIGHEST und LOWEST (auch die Abkuerzungen HI und LO).

Beispiele

In einem Test werden 7 Fragen mit vorgegebenen Antworten gestellt. Es koennen ein oder mehrere Antworten richtig sein. FREQUENCIES gibt fuer jede einzelne Testfrage die Verteilung aller Antworten:

```
1              16
FREQUENCIES    GENERAL = TEST1 TO TEST7
```

Die nachfolgende Konstellation zaehlt durch die COUNT-Karte fuer jeden Probanden die Zahl der richtigen Antworten aus und weist das Ergebnis der Variablen ANTWORT zu. Bei der Testfrage 1 ist die Antwort 3 richtig, bei der Testfrage 5 die Antworten 3 und 8 usw. Durch LIST CASES wird die Zahl der richtigen Antworten fuer jeden Probanden ausgedruckt, durch FREQUENCIES erhaelt man die Verteilung aller richtigen Antworten.

```
1              16
COUNT          ANTWORT=TEST1(3),TEST2(7),TEST3(4),TEST4(1),TEST5(3,8)
               TEST6(4,6,9),TEST7(1 THRU 5)
VAR LABELS     ANTWORT, ZAHL DER RICHTIGEN ANTWORTEN/
LIST CASES     CASES = 237/VARIABLES = ANTWORT
FREQUENCIES    GENERAL = ANTWORT

1              16
COUNT          WOCHEN=SPIEGEL,STERN,QUICK,CAPITAL(1)/
               TAGES=FAZ,WELT,FR,SD,SN(2)/
               PUBORGAN=SPIEGEL,STERN,QUICK,ZEIT(1)FAZ,WELT,FR,SD(2)
VAR LABELS     WOCHEN, ZAHL DER GELESENEN WOCHENZEITSCHRIFTEN/
               TAGES,  ZAHL DER GELESENEN TAGESZEITSCHRIFTEN/
               PUBORGAN, ZAHL DER GELESENEN PUBLIKATIONSORGANE

1              16
VALUE LABELS   VFB,WERDER,HSV,BAYERN,FCK,HERTHA (0) NICHTMITGLIED
               (1) PASSIVES MITGLIED (2) AKTIVES MITGLIED
CCUNT          MITGLIED=VFB,WERDER,HSV,BAYERN,FCK,HERTHA(1,2)

1              16
CCUNT          SKALA=ITEM1 TO ITEM50(3 THRU HIGHEST)/
               NLEER=V1 TO V8 (BLANK)
```

3.1.5 Die LAG-Karte <ab 7> <nicht CDC>

Die LAG-Karte[1] ermoeglicht, Variablen um ein oder mehrere Beobachtungen zu verschieben, so dass eine Ergebnisvariable Werte enthaelt, die von vorhergehenden Faellen einer Ausgangsvariablen stammen.

Beispiel

	C	C(t-1)	C(t-2)	C(t-3)
1950	68.96	-	-	-
1951	74.44	68.96	-	-
1952	81.18	74.44	68.96	-
1953	90.06	81.18	74.44	68.96
.	.	.	.	.
.	.	.	.	.
.	.	.	.	.
.	.	.	.	.
1966	206.50	199.49	187.53	177.90
1967	207.69	206.50	199.49	187.53
1968	215.08	207.69	206.50	199.49

Lag-Variablen haben grosse Bedeutung in Langzeitstudien, insbesondere bei oekonomischen Untersuchungen, wo haeufig Funktionen wie z.B.: die Investionen sind abhaengig vom Zinssatz und den Investionen des Vorjahres, untersucht werden. Weitere Anwendungen der LAG-Karte sind z.B. die Ueberpruefung der Fallnummern.[2]

Allgemeines Format

```
1              16
LAG            Variablenliste = Variablenname
               [/ ... ]
```

---

[1] Statt der LAG-Karte gibt es bei der CDC-Version die LAG-Funktion.
[2] Siehe Kap. 2.7.4: Datenpruefung und Datenkorrektur.

Rechts vom Gleichheitszeichen steht der Name einer existierenden Variablen. Die Variablenliste links vom Gleichheitszeichen besteht aus ein oder mehreren Namen existierender oder neu zu berechnender Variablen. Die Werte der Ausgangsvariablen werden den Ergebnisvariablen, um jeweils eine Beobachtung verschoben, zugewiesen.

Beispiel

```
1              16
LAG            V1 = V0
```

In diesem Beispiel werden die Werte der Variablen V0 der Variablen V1 zugewiesen, wobei der erste Wert von V0 zum zweiten Wert von V1 wird, der zweite Wert von V0 wird zum dritten Wert von V1 usw.

Die Variable V0 wird um zwei Beobachtungen verschoben durch:

Beispiel

```
1              16
LAG            V1 = V0
LAG            V2 = V1
```

oder

```
1              16
LAG            V1, V2 = V0
```

Das Schluesselwort TO ist in der Liste der Ergebnisvariablen zulaessig.

Beispiel

```
1              16
LAG            V1 TO V8 = V0/ BSP1 TO BSP3 = BSP
```

In diesem Beispiel enthaelt die Variable V1 die Werte von V0 um eine Beobachtung verschoben, die Variable V2 die Werte von V0 um 2 Beobachtungen verschoben, usw.

Bei neuen Ergebnisvariablen gelten fuer die TO-Konvention die Regeln definierender Variablenlisten. Bei existierenden Variablen wird die Konvention reflexiver Variablenlisten eingeschraenkt. Unzulaessig sind Listen wie A TO X oder wie V1 TO V3, die implizit z.B. V1, V2, A, B, C, V3 bedeuten. Zulaessig sind nur Listen, deren Variablennamen aus einer Folge gleicher Buchstaben bestehen und mit einer Zahl enden.

Lag-Variablen erzeugen automatisch fehlende Werte; bei einem Lag, fuer den ersten Fall, bei zwei Lags, fuer den ersten und zweiten Fall, usw. Diese fehlenden Werte erhalten Markierungen, entweder durch eine ASSIGN MISSING-Karte oder durch die MISSING VALUES-Karte. Dabei wird entweder der Wert der unteren Intervallgrenze der MISSING VALUES-Angaben genommen oder, falls kein Intervall festgelegt ist, der erste Wert. Sind fuer die Lag-Variablen keine Angaben auf einer ASSIGN MISSING-Karte oder einer MISSING VALUES-Karte aufgefuehrt, werden fuer diese fehlenden Werte Null eingesetzt.

Liegen durch SUBFILE LIST definierte Unterdateien vor, so wird das Verschieben der Variablenwerte bei jeder Unterdatei neu begonnen.

3.1.6 Die ASSIGN MISSING-Karte

Es ist offensichtlich, dass ein arithmetischer oder logischer Ausdruck nicht ohne weiteres ausgewertet werden kann, falls eine der Variablen in diesen Ausdruecken in einem oder mehreren Faellen einen fehlenden Wert hat. Die ASSIGN MISSING-Karte bietet eine einfache Moeglichkeit, dieses Problem zu loesen.

Allgemeines Format

```
1              16
ASSIGN MISSING Variablenliste (fehlender Wert)[/Variablenliste . . .]
```

Die Variablenlisten der ASSIGN MISSING-Karte bestehen aus Ergebnisvariablen von vorhergehenden COMPUTE-, IF-, COUNT- oder LAG-Karten. In Klammern eingeschlossen folgt den Listen ein Wert, der ausserhalb des zulaessigen Wertebereichs der zuvor aufgefuehrten Variablen liegen muss. Dieser Wert wird den Ergebnisvariablen fuer jeden Fall zugewiesen, wenn eine oder mehrere Variablen der zugehoerigen arithmetischen oder logischen Ausdruecke einen fehlenden Wert haben. Dieser Wert gilt nachfolgend als "fehlender Wert" der neu erzeugten bzw. geaenderten Ergebnisvariablen; zuvor als fehlend erklaerte Werte fuer die Ergebnisvariablen sind nicht mehr gueltig. Wenn einer durch IF-Karte(n) neu erzeugten Variablen kein Wert zugeordnet wird, weil keine der angegebenen Bedingungen zutrifft, so erhaelt sie als Vorbesetzung ebenfalls den in der ASSIGN MISSING-Karte genannten Wert. Falls die ASSIGN MISSING-Karte nicht verwendet wird, so wird mit den Werten, die fehlende Daten bezeichnen, genau ihrem numerischen Wert entsprechend gerechnet.

Beispiel

```
1              16
MISSING VALUES EINKOM1, EINKOM2(-1)
COMPUTE        EINKOM3=EINKOM1+EINKOM2
ASSIGN MISSING EINKOM3(-1)
```

Die ASSIGN MISSING-Karte darf nur fuer Ergebnisvariablen von COMPUTE-, IF-, LAG- oder COUNT-Karten benutzt werden. Eine neu erzeugte Variable kann nicht gleichzeitig in einer MISSING VALUES-Karte und einer ASSIGN MISSING-Karte aufgefuehrt werden.

Haeufig sollen neue Variablen als Summe oder als Mittelwerte von mehreren existierenden Variablen berechnet werden, z.B. wie folgt:

Beispiel

```
1              16
MISSING VALUES ITEM1 TO ITEM70(999)
COMPUTE        MITTEL=0
DO REPEAT      ITEM = ITEM1 TO ITEM70
COMPUTE        MITTEL = MITTEL + ITEM
END REPEAT
COMPUTE        MITTEL = MITTEL/70
ASSIGN MISSING MITTEL(999)
```

In diesem Beispiel werden formal richtige Massnahmen durch die MISSING VALUES- und ASSIGN MISSING-Karte getroffen, damit keine fehlenden Werte in die Mittelwertberechnung eingehen. Allerdings hat diese Konstellation zur Folge, dass schon bei einem fehlenden Wert in einem Fall der zugehoerige Mittelwert als "fehlend" markiert wird. Will man jedoch die gesamte Information der Daten zur Mittelwertberechnung ausschoepfen, gehe man analog zu folgendem Beispiel vor.

Beispiel

```
1              16
MISSING VALUES ITEM1 TO ITEM70(999)
COUNT          NENNER = ITEM1 TO ITEM70 (999)
COMPUTE        NENNER = 70 - NENNER
COMPUTE        MITTEL=0
DO REPEAT      ITEM = ITEM1 TO ITEM70
IF             (ITEM NE 999) MITTEL = MITTEL + ITEM
END REPEAT
IF             (NENNER GT 0) MITTEL = MITTEL/NENNER
IF             (NENNER EQ 0) MITTEL = 999
MISSING VALUES MITTEL(999)
```

3.1.7 Die WEIGHT-Karte

Allgemeines Format

```
1              16
WEIGHT         Variablenname
```

Die WEIGHT-Karte nennt den Namen einer Variablen, deren Werte fuer jeden Fall der Datei den zugehoerigen Gewichtungsfaktor angibt. Diese Variable kann als Teil der codierten Daten eingelesen oder durch eine Reihe von COMPUTE- und IF-Karten erzeugt werden. Die Gewichtungsfaktoren koennen beliebige positive ganze Zahlen oder positive Dezimalzahlen sein.[1] Die Werte dieser Variablen werden der automatischen Variablen CASWGT zugewiesen.[2]

Beispiel

```
1              16
VAR LABELS     GESCHL GESCHLECHT/
VALUE LABELS   GESCHL (1) WEIBLICH (2) MAENNLICH/
IF             (GESCHL EQ 1) GEWICHT=1
IF             (GESCHL EQ 2 AND ALTER LE 20) GEWICHT=1.5
IF             (GESCHL EQ 2 AND ALTER GT 20) GEWICHT=2.5
WEIGHT         GEWICHT
```

Soll eine gewichtete, permanent gespeicherte SPSS-Datei als ungewichtete Datei bearbeitet werden, so kann mit folgenden Steuerkarten die Gewichtung der Datei temporaer, oder in Verbindung mit einer SAVE FILE-Karte permanent, aufgehoben werden. Der Variablenname ist dabei beliebig.

```
1              16
COMPUTE        SCHEIN=1.0
WEIGHT         SCHEIN
```

Man beachte, dass die Gewichtung nicht kumulativ ist. Einer gewichteten Datei koennen neue Gewichte zugeordnet werden mit dem Ergebnis, dass sie die existierenden Gewichte ersetzen; es werden nicht die existierenden Gewichte mit den neuen Gewichten multipliziert.

---

[1] Zur Beschreibung der Auswirkungen von Dezimalzahlen als Gewichtungsfaktoren vergleiche Nie et al. (1975).

[2] Einschraenkend kann die Variable CASWGT erst nach dem naechsten Durchgang durch die Daten zur Datenselektion oder Datenmodifikation herangezogen werden.

3.2 Datenselektionen

3.2.1 Die SELECT IF-Karte

Die SELECT IF-Karte[1] waehlt zur weiteren Bearbeitung genau die Faelle aus, fuer die der logische Ausdruck wahr ist.

```
Allgemeines Format
1              16
SELECT IF      (logischer Ausdruck)
```

Der logische Ausdruck der SELECT IF-Karte wird in Klammern eingeschlossen; er muss den gleichen Regeln entsprechen wie der logische Ausdruck der IF-Karte.

Beispiele

```
1              16
SELECT IF      (GESCHL EQ 2 AND ALTER GT 20)
FREQUENCIES    GENERAL= V1 TO V30
1              16
SELECT IF      (KLASSE EQ '7A' OR '7B' OR '8A' OR '9A')
DISCRIMINANT   GROUPS= GESCHL(1,2)/VARIABLES = V1 TO V30
```

Die SELECT IF-Karte wird besonders haeufig in ihrer temporaeren Form benoetigt.

```
1              16
 .
 .
*SELECT IF     (GESCHL EQ 1)
FACTOR         VARIABLES = SKALA1 TO SKALA21
 .
 .
*SELECT IF     (GESCHL EQ 2)
FACTOR         VARIABLES = SKALA1 TO SKALA21
```

Mehrere SELECT IF- und/oder *SELECT IF-Karten wirken vor einer Prozedur, als ob deren logische Ausdruecke mit dem logischen Operator AND verknuepft waeren. Bei der Version 6 erfolgt die Verknuepfung mehrerer SELECT IF-Karten durch das logische Oder.

3.2.2 Die SAMPLE-Karte

Die SAMPLE-Karte bewirkt, dass eine Zufallsstichprobe relativer oder absoluter Groesse aus der Menge aller Faelle gezogen wird.

```
Allgemeines Format
1              16
SAMPLE         Faktor | n1 FROM n2
```

Wird die erste Form der SAMPLE-Karte verwendet, dann ist der Faktor eine positive Dezimalzahl kleiner 1.0. Dieser Faktor gibt den relativen Umfang der Zufallsstichprobe, bezogen auf die Fallzahl der

---

[1] Bei der CDC-Version gibt es eine REJECT IF-Karte mit gleicher Syntax wie die SELECT IF-Karte, aber umgekehrter Bedeutung.

gesamten Datei an. Zu beachten ist, dass der angegebene Prozentsatz nicht exakt erreicht werden muss.

Mit der zweiten Form[1] der SAMPLE-Karte koennen Zufallsstichproben mit vorgegebenem absoluten Umfang gezogen werden. n2 ist dabei die Zahl der Faelle in der Gesamtdatei, n1 ist die Zahl der zufaellig auszuwaehlenden Faelle. Falls SELECT IF-Karten der SAMPLE-Karte vorangehen, muss die hierdurch bewirkte Reduktion der Faelle in der Datei bei der Angabe der Groesse n2 beruecksichtigt werden.

Soll die Zufallsstichprobe reproduzierbar sein, verwende man die SEED-Karte oder speichere die Teilstichprobe permanent als SPSS-Datei.

Beispiele

```
1             16
SAMPLE        0.25
SAMPLE        500 FROM 10000
```

Im ersten Beispiel werden ungefaehr 25 Prozent der Faelle aus der Gesamtdatei zufaellig ausgewaehlt. Im zweiten Beispiel werden genau 500 aus 10000 Faellen ausgewaehlt.

3.2.3 Die SEED-Karte <ab 7>

Zufallsstichproben, die durch eine SAMPLE- oder *SAMPLE-Karte gezogen werden, sind nicht reproduzierbar, da der zugrundeliegende Pseudozufallszahlengenerator aus der aktuellen Tageszeit einen Startwert erhaelt. Will man mit einer bestimmten Zufallsstichprobe mehrere Auswertungen durchfuehren, empfiehlt es sich, durch eine SAVE FILE-Karte eine bestimmte Ziehung in einer SPSS-Datei permanent zu speichern oder durch eine SEED-Karte den Startwert des Zufallszahlengenerators als eine Konstante vorzugeben. Wird diese Konstante zusammen mit dem gleichen Prozentsatz auf der SAMPLE- oder *SAMPLE-Karte in nachfolgenden Prozeduren des gleichen Laufs oder in spaeteren Laeufen wieder angegeben, dann erhaelt man eine identische Stichprobe.

Allgemeines Format

```
1             16
SEED          positive ungerade ganze Zahl | PRINT
              | STANDARD | "Zeichenkonstante"
```

Durch das Schluesselwort PRINT wird die Ausgangskonstante des Zufallszahlengenerators ausgedruckt, falls SPSS den Startwert selbst setzt. Die ausgedruckte Konstante kann nachfolgend als Startwert verwendet werden.

Die beiden letzten Angabemoeglichkeiten sind nur bei der CDC-Version zulaessig. Durch STANDARD wird eine Konstante gewaehlt, die zu besonders "guten" Zufallszahlen fuehrt.

---
[1] Diese Form der SAMPLE-Karte gilt erst ab Version 8.

Beispiele

```
1              16
SAMPLE         0.10
SEED           PRINT
1              16
SEED           47114711
SAMPLE         0.25
1              16
SEED           7111945
*SAMPLE        0.10
FREQUENCIES    GENERAL = V1 TO V20
SEED           7111945
*SAMPLE        0.10
CROSSTABS      TABLES = V21 TO V30 BY GES
```

Die SEED-Karte kann an beliebiger Stelle im Steuerkartensatz eingefuegt werden, ausgenommen sind die Positionen, die schon bei der LIST ERRORS-Karte genannt wurden.

3.3 Weitere Möglichkeiten

Fuer die abkuerzende Schreibweise bei gleichartigen Datenmodifikationen gibt es die DO REPEAT- und END REPEAT-Karten. Zur Bereitstellung von Speicherplatz bei umfangreichen Datenmodifikationen gibt es die ALLOCATE-Karte. Bei der CDC-Version gibt es darueberhinaus die Anweisungen DO IF, ELSE IF, ELSE und END IF zur bedingten Verarbeitung von Datentransformationen, ausserdem die RENAME VARS-Karte.

3.3.1 Die DO REPEAT- und END REPEAT-Karte

Haeufig muessen Folgen aehnlicher Transformationen codiert werden, wie in folgenden Beispielen:[1]

Beispiele

```
1              16
COMPUTE        GEWINN1 = PREIS1 - KOSTEN1
COMPUTE        GEWINN2 = PREIS2 - KOSTEN2
  .
  .
COMPUTE        GEWINN50 = PREIS50 - KOSTEN50
ASSIGN MISSING GEWINN1 TO GEWINN50 (-999)


1              16
COMPUTE        V1 = (V1 - 2.81)/5.47
COMPUTE        V2 = (V2 - 3.12)/7.84
COMPUTE        V3 = (V3 - 1.23)/2.45
  .
  .
COMPUTE        V23 = (V23 - 4.71)/6.88
ASSIGN MISSING V1 TO V23 (999)
```

---
[1] Ein weiteres Beispiel enthaelt Kap. 3.1.6.

```
1              16
COMPUTE        CHANGE1 = 0
IF             (PRAE1 EQ POST1) CHANGE1 = 1
COMPUTE        CHANGE2 = 0
IF             (PRAE2 EQ POST2) CHANGE2 = 1
 .
 .
COMPUTE        CHANGE99 = 0
IF             (PRAE99 EQ POST99) CHANGE99 = 1
ASSIGN MISSING CHANGE1 TO CHANGE99 (9)
```

```
1              16
COMPUTE        L1 = 0
IF             (LEHRER EQ 1) L1 = 1
COMPUTE        L2 = 0
IF             (LEHRER EQ 2) L2 = 1
 .
 .
COMPUTE        L10 = 0
IF             (LEHRER EQ 10) L10 = 1
ASSIGN MISSING L1 TO L10 (-1)
```

Die DO REPEAT- und END REPEAT-Karten erlauben, algebraisch identische Transformationen einfacher zu codieren.

```
Allgemeines Format
1              16
DO REPEAT      Platzhaltername = Substitutionsliste
               [/Platzhaltername = Substitutionsliste/ . . . . . ]
END REPEAT
```

Folgen von Anweisungen, die sich nur in ein oder mehreren Variablen oder Konstanten unterscheiden, werden durch Abbilder dieser Anweisungen ersetzt. Die ursprueglichen Variablen oder Konstanten werden dabei durch die Namen der Platzhalter ersetzt. Die Platzhalter und die zu substituierenden Variablen oder Konstanten werden auf der DO REPEAT-Karte definiert. Die END REPEAT-Karte zeigt das Ende der Schleife an. Die zuvor aufgefuehrten Beispiele vereinfachen sich zu:

```
1              16
DO REPEAT      KOSTEN = KOSTEN1 TO KOSTEN50/
               PREIS = PREIS1 TO PREIS50/
               GEWINN = GEWINN1 TO GEWINN50
COMPUTE        GEWINN = PREIS - KOSTEN
ASSIGN MISSING GEWINN(-999)
END REPEAT
```

```
1              16
DO REPEAT      VAR    = V1 TO V23/
               MITTEL = 2.81,3.12,1.23 ........ 4.71/
               STD    = 5.47,7.84,2.45 ........ 6.88/
COMPUTE        VAR    = (VAR - MITTEL)/ STD
ASSIGN MISSING VAR(999)
END REPEAT
```

Durch die DO REPEAT-Karte werden dem Platzhalternamen VAR die Variablen V1 bis V23 und den Platzhalternamen MITTEL und STD jeweils 23 Konstanten zugeordnet. Die nachfolgende COMPUTE-Karte ist ein Abbild der 23 Anweisungen in der nichtreduzierten Schreibweise des Beispiels weiter oben. Auf der ASSIGN MISSING-Karte wird statt V1 TO V23 (999) einfach VAR (999) angegeben. SPSS interpretiert die Karten die durch DO REPEAT und END REPEAT eingefasst sind, wie die 23 COMPUTE-Karten und die ASSIGN MISSIGN-Karte in der ausfuehrlicheren Notation.

```
1              16
DO REPEAT      PRAE = PRAE1 TO PRAE99/ POST = POST1 TO POST99/
               CHANGE = CHANGE1 TO CHANGE99/
COMPUTE        CHANGE = 0
IF             (PRAE EQ POST) CHANGE = 1
ASSIGN MISSING CHANGE (9)
END REPEAT
```

```
1              16
DO REPEAT      L = L1 TO L10/ CODE = 1 TO 10/
COMPUTE        L = 0
IF             (LEHRER EQ CODE) L = 1
ASSIGN MISSING L (-1)
END REPEAT
```

Die Namen der Platzhalter muessen in der Datei eindeutig sein. Diese Namen haben jedoch nur Bedeutung bis zur zugehoerigen END REPEAT-Karte; nachfolgend stehen sie nicht mehr als Bezeichner zur Verfuegung. Die Substitutionslisten koennen Variablen oder Wertelisten sein.[1] Alle Substitutionslisten einer DO REPEAT-Karte muessen die gleiche Zahl von Variablen bzw. Werten explizit oder implizit enthalten. Die Variablen koennen existierende oder neu zu berechnende Variablen sein. Das Schluesselwort TO ist sowohl in Variablenlisten als auch in Wertelisten zulaessig. Fuer neu zu errechnende Variablen gilt das Schluesselwort TO wie bei einer definierenden Variablenliste.[2] In Wertelisten ist das Schluesselwort TO nur fuer aufsteigende Folgen ganzer Zahlen zulaessig; z.B. 1 TO 10, -6 TO 8. Darueberhinaus sind folgende Regeln zu beachten:

- In einem Lauf koennen mehrere DO REPEAT-Karten enthalten sein. Sie duerfen jedoch nicht geschachtelt werden; d. h. zwischen DO REPEAT- und END REPEAT-Karten duerfen keine weiteren DO REPEAT- und END REPEAT-Karten enthalten sein.
- DO REPEAT-Karten heben die Beschraenkungen, denen die COMPUTE-, IF-, RECODE-, COUNT-Karten usw. unterliegen, nicht auf.
- Eine einzelne Anweisung zwischen einer DO REPEAT- und einer END REPEAT-Karte darf maximal 250 Elemente enthalten.
- Zwischen DO REPEAT und END REPEAT sind saemtliche permanenten und temporaeren Datentranformations- und -selektionskarten zulaessig, ausserdem die MISSING VALUES- und ASSIGN MISSING-Karten.[3] Die WEIGHT- und SAMPLE-Karten sind jedoch nicht erlaubt.

Neue Variablen in verschiedenen Variablenlisten der DO REPEAT-Karte stehen nachfolgend in der Reihenfolge zur Verfuegung, wie sie erzeugt werden, und nicht notwendigerweise in der Folge, wie sie auf der DO REPEAT-Karte aufgefuehrt werden.

```
1              16
DO REPEAT      VAR = V1 TO V20/ A = A1 TO A20/ B = B1 TO B20
COMPUTE        A = 0
IF             (VAR GT 0 AND LE 9) A = 1
IF             (VAR GT 9) A = 2
COMPUTE        B = V77 + V99 + VAR
ASSIGN MISSING A,B (-1)
END REPEAT
```

---

[1] Wertelisten sind erst ab Version 7 zulaessig.
[2] Siehe Kap. 1.3.3: Konventionen fuer Variablenlisten.
[3] LAG und *LAG erst ab Version 8.

Die errechneten Variablen werden in der Reihenfolge A1, B1, A2, B2, ... erzeugt und implizit gespeichert. Die Reihenfolge wird zu A1, A2 . . . . A20, B1, B2 . . . . B20, falls folgende Konstellation codiert wird:

```
1              16
DO REPEAT      VAR = V1 TO V20/ A = A1 TO A20/
COMPUTE        A=0
IF             (VAR GT 0 AND LE 9) A = 1
IF             (VAR GT 9) A = 2
ASSIGN MISSING A(-1)
END REPEAT
DO REPEAT      VAR = V1 TO V20/ B = B1 TO B20
COMPUTE        B = V77 + V99 + VAR
ASSIGN MISSING B(-1)
END REPEAT
```

3.3.2 Die Karten DO IF, ELSE IF, ELSE und END IF <nur CDC>

Durch DO IF und END IF koennen auf einfache Weise Gruppen von Datentransformationen in Abhaengigkeit von logischen Ausdruecken durchgefuehrt werden. Zu DO IF gibt es ausserdem noch die Karten ELSE und ELSE IF. Fuer die logischen Ausdruecke gelten die Regeln wie bei IF und SELECT IF. Eine Transformationsgruppe wird ausgefuehrt, wenn der logische Ausdruck der vorangehenden DO IF- bzw. ELSE IF-Karte wahr ist.

Allgemeines Format

```
1              16
DO IF          (logischer Ausdruck)
 .
 Gruppe von Datentransformationen
 .
[ELSE IF       (logischer Ausdruck)
 .
 Gruppe von Datentransformationen
 .          ]
[ELSE
 .
 Gruppe von Datentransformationen
 .          ]
END IF
```

Zwischen DO IF und END IF duerfen alle Transformations- und -selektionskarten verwendet werden, ausser der SAMPLE-Karte. DO IF - END IF sind zwischen DO REPEAT und END REPEAT zulaessig und umgekehrt. DO IF - END IF koennen jedoch nicht innerhalb einer anderen DO IF - END IF-Gruppe auftreten. Zu allen Karten gibt es die temporaeren Varianten: *DO IF, *ELSE, *ELSE IF und *END IF.

Beispiel

```
1              16
DO IF          (ALTER LT 30)
 .
 .
END IF
DO IF          (ALTER GE 30 AND LT 60)
 .
 .
END IF
DO IF          (ALTER GE 60)
 .
 .
END IF
```

Die ELSE IF-Karten vereinfachen die Notation, falls mehr als zwei Transformationsgruppen bedingt bearbeitet werden sollen. Das erste Beispiel vereinfacht sich zu:

Beispiel

```
1              16
DO IF          (ALTER LT 30)
 .
 .
ELSE IF        (ALTER GE 30 AND LT 60)
 .
 .
ELSE IF        (ALTER GE 60)
 .
 .
END IF
```

Durch ELSE kann eine zweite Tansformationsgruppe aufgefuehrt werden, die genau dann durchgefuehrt wird, wenn der Ausdruck von DO IF logisch falsch ist.

Beispiel

```
1              16
DO IF          (GESCH = "W")
 .
 .
ELSE
 .
 .
END IF
```

Fehlende Werte werden in den logischen Ausdruecken von DO IF und ELSE IF wie alle uebrigen Werte verarbeitet. So werden im vorgehenden Beispiel Faelle mit fehlenden Werten in der Variablen GESCH den maennlichen Probanden zugeschlagen.

Enthalten Variablen in den logischen Ausdruecken fehlende Werte, sollte statt mit ELSE durch ELSE IF explizit zwischen den Fallgruppen unterschieden werden. Fuer Ergebnisvariablen in DO-Gruppen koennen durch ASSIGN MISSING Werte fuer die Fallgruppen mit fehlenden Werten festgelegt werden.

Beispiel

```
1              16
DO IF          (GESCH = "W")
COMPUTE        V1 =
  .
  .
ELSE IF        (GESCH = "M")
COMPUTE        V1 =
  .
  .
END IF
ASSIGN MISSING V1 TO V10 (999)
```

3.3.3 Die ALLOCATE-Karte <nicht CDC>

Neben dem festen, durch den Benutzer nicht beeinflussbaren Anteil am Hauptspeicher zur Speicherung des SPSS-Programms, benoetigen die Statistikprozeduren Platz[1] zum Speichern der Daten und der Zwischenergebnisse. Dieser Speicherplatz kann von aussen ueber die Aufrufkarte fuer das SPSS-Programm vom Benutzer variiert werden. Standardmaessig wird 1/8 dieses veraenderbaren Speicherplatzes zur Erfassung der COMPUTE-, IF-Karten usw. reserviert. Wird mehr oder weniger als dieser standardmaessig festgelegte Speicherplatz benoetigt, kann dieser Anteil durch die ALLOCATE-Karte veraendert werden. Der Speicherbedarf fuer Transformationen und Umcodierungen ist von einer Vielzahl von Faktoren abhaengig, z.B. von der Zahl der Transformationen, der Zahl der enthaltenen Variablen, der Zahl der Operatoren usw. Da die Berechnung dieses Bedarfs muehsam ist und eine plausible standardmaessige Zuordnung erfolgt, wird empfohlen, diesen Speicherplatz nur zu erhoehen, falls durch eine entsprechende Fehlermeldung anzeigt wird, dass er nicht ausreichend ist, oder auf Null zu setzen, falls keine Transformationen im Kartensatz enthalten sind.

Allgemeines Format

```
1              16
ALLOCATE       TRANSPACE = n
```

n ist eine ganze Zahl zwischen 0 und der entweder standardmaessig oder durch den Benutzer festgelegten Zahl von Bytes des veraenderbaren Arbeitsspeicher.

Die ALLOCATE-Karte muss vor den Anweisungen liegen, auf die sie sich beziehen soll. Ein Steuerkartensatz kann mehrere solcher Karten enthalten; insbesondere kann durch zwei ALLOCATE-Karten der Speicherplatz zuerst erhoeht und nachfolgend wieder herabgesetzt werden, allerdings erst nach wenigstens einer Prozedurkarte.

---

[1] Vergleiche Kap. 2.3.7: Beschraenkungen der Statistikprozeduren.

Beispiel

```
1              16
VARIABLE LIST
 .
 .
ALLOCATE       TRANSPACE = 50000
COMPUTE
 .
 .
FREQUENCIES
 .
 .
ALLOCATE       TRANSPACE = 0
CROSSTABS
```

3.3.4 Die RENAME VARS-Karte. <nur CDC>

Allgemeines Format

```
1              16
RENAME VARS    Variablenliste =  Liste neuer Namen/
               [Variablenliste = . . . /. . . ]
```

RENAME VARS ermoeglicht, Variablennamen zu aendern. Die vor dem Gleichheitszeichen aufgefuehrten Variablen erhalten der Reihe nach die nach dem Gleichheitszeichen aufgefuehrten Namen. In beiden Listen kann das Schluesselwort TO verwendet werden. RENAME VARS kann wiederholt in beliebiger Stellung, auch nach Prozeduraufrufen, verwendet werden. Die automatischen Variablen SEQNUM, SUBFILE und CASWGT koennen nicht umbenannt werden.

Beispiele

```
1              16
RENAME VARS    V17 AB BA = LEHRER POSITIV NEGATIV
RENAME VARS    VAR001 TO VAR200 = V1 TO V200
```

RENAME VARS dient insbesondere dazu, mehrfaches Auftreten von identischen Variablennamen beim Einlesen von SPSS-Dateien durch MERGE FILES oder GET ARCHIVE zu bereinigen. In der Liste der alten Variablennamen bezieht man sich in diesem Fall durch eine Referenznummer der Form (n) auf das n-te Auftreten des Namens in der Menge aller Variablen. n gleich 1 kann entfallen.

Beispiel

```
1              16
MERGE FILES    FILE = JAN1972  VARIABLES = EINK BERUF FIRMA KINDER
                         STATUS FRAGE1 TO FRAGE40/
               FILE = OKT1979  VARIABLES = EINK BERUF FIRMA KINDER
                         STATUS FRAGE1 TO FRAGE60/
OPTIONS        4
RENAME VARS    EINK TO STATUS = EINK72 BERUF72 FIRMA72 KINDER72
               STATUS72/
               FRAGE41 TO FRAGE60 = FRAGE81 TO FRAGE100/
               EINK(2) TO FRAGE40(2) = EINK79 BERUF79 FIRMA79
               KINDER79 STATUS79 FRAGE41 TO FRAGE80/
```

3.3.5 Ordnung der Datenmodifikations- und -selektionskarten

Alle Transformations- und Selektionsanweisungen werden fuer jeden Fall der Datei in der Reihenfolge durchgefuehrt, wie die Transformationskarten liegen. Die permanenten Modifikations- und Selektionskarten muessen vor der ersten Prozedurkarte liegen; ihre Angaben gelten bis zum Ende des Laufs. Die temporaeren, mit einem Stern (*) versehenen Modifikations- und Selektionskarten gelten nur fuer die unmittelbar nachfolgende Prozedur; sie koennen vor der ersten und allen weiteren Prozedurkarten aufgefuehrt werden.

Beispiel

```
1              16
 .
SELECT IF
COMPUTE
IF
VAR LABELS
 .
VALUE LABELS
 .
 .
*IF
CROSSTABS
 .
 .
*SELECT IF
*IF
T-TEST
```

Die Datenmodifikations- und Datenselektionskarten werden sequentiell, nicht simultan abgearbeitet. Zwar sind die nachfolgenden IF-Anweisungen formal richtig, aber logisch falsch, da sie unabhaengig von den urspruenglichen Auspraegungen der Variablen VARA alle Werte gleich 2 setzen.

```
1              16
IF             (VARA EQ 0) VARA=1
IF             (VARA NE 0) VARA=2
```

Logisch richtig ist folgende Reihenfolge:

```
1              16
IF             (VARA NE 0) VARA=2
IF             (VARA EQ 0) VARA=1
```

Einfacher und gleichbedeutend ist:

```
1              16
RECODE         VARA(0=1) (ELSE=2)
```

Derartige Fehler sind durch die Definition der Ergebnisvariablen als "neue" Variable zu vermeiden.

```
1              16
IF             (VARA EQ 0) GRUPPE=1
IF             (VARA NE 0) GRUPPE=2
```

4 SPSS-Dateien

Bis zu diesem Kapitel wurde davon ausgegangen, dass die Daten und die SPSS-Steuerkarten auf Lochkarten vorliegen. Diese Form der Datenhaltung ist insbesondere fuer den EDV-Anfaenger anschaulich und unproblematisch. Jedoch zeigt sich in der Praxis sehr schnell, dass es komfortabler und oekonomischer ist, die Daten, die Datendefinitionen und die Datenmodifikationen als SPSS-Datei auf Platte oder Band zu speichern, falls eine Reihe von SPSS-Laeufen fuer verschiedene Auswertungen mit demselben Datensatz geplant sind. Dies gilt insbesondere dann, wenn die zu bearbeitende Datei umfangreich ist. Die Erstellung einer SPSS-Datei wird in der Regel sinnvoll, falls die Daten und Datendefinitionen mehr als 500 bis 1000 Lochkarten einnehmen.

In manchen Faellen, beipielsweise wenn mehr als 400 Variablen[1] durch RECODE-Karten umcodiert werden sollen oder bei der Erweiterung der Ausgangsdatei durch errechnete Daten (z.B. Faktorenwerte, Residuen usw.), um Teile der Ausgangsdaten und die errechneten Daten zusammen zu verarbeiten, ist es nur schwer zu umgehen, eine SPSS-Datei zu erstellen. Die Erstellung einer SPSS-Datei wird ebenfalls notwendig, wenn Dateien mit mehr als 500 Variablen[2] verarbeitet werden sollen.

Bei SPSS-Dateien werden die Daten in der internen Maschinendarstellung gespeichert, so dass sie unmittelbar zugriffsbereit sind und nicht jedesmal neu anhand der Formatangaben entschluesselt werden muessen. Dadurch kann sich bei grossen Datensaetzen eine erhebliche Ersparnis an Rechenzeit ergeben. Zugleich wird in einer SPSS-Datei ausser den Daten auch der ganze Datendefinitionsteil mit den Etiketten gespeichert (alle Informationen der in Kap 2.1 und 2.2 beschriebenen Karten) und falls vorhanden, die Datenmodifikationen, wie sie in Kapitel 3 beschrieben sind. Deshalb brauchen nachfolgend in der Regel nur noch neben weiteren Datenmodifikationskarten die eigentlichen Prozedurkarten eingegeben werden.

Das Arbeiten mit SPSS-Dateien ist einfach. Der Anfaenger muss sich nur vergegenwaertigen, dass seine Daten nicht mehr auf Lochkarten vorliegen, sondern in einer Datei neben vielen anderen Dateien auf Magnetplatte oder Magnetband. Deshalb muessen dem Betriebssystem[3] sowohl beim Erstellen der Datei, als auch beim Lesen der Datei zusaetzliche Angaben auf Kommandokarten gemacht werden. Solche Angaben sind zum Beispiel: der <u>externe</u> Dateiname, der Typ des Datentraegers (Platte oder Band), der Name des Datentraegers. <u>Interne</u> Dateinamen fuer SPSS-Dateien sind die auf der FILE NAME-, SAVE FILE- bzw. SAVE ARCHIVE-Karte angegeb nen Namen; sie haben nur fuer das SPSS-System

---

[1] In einem Lauf duerfen maximal 400 (bei der M-Version 800) Variablen auf RECODE-Karten genannt werden. Um die RECODE-Karten nicht auswertungsabhaengig in den Steuerkartensatz einfuegen zu muessen, recodiert man die ersten 400 (800) Variablen, speichert die Datei mit SAVE FILE ab und liest diese Datei mit GET FILE ein. Man braucht nun nur die RECODE-Karten fuer die noch nicht umcodierten Variablen einzufuegen. Mit SAVE FILE kann die vollstaendig umcodierte Datei abgespeichert werden.

[2] Siehe Kap. 4.4: ARCHIVE-Dateien.

[3] Das Betriebssystem ist ein Programmkomplex, das allen Anwenderprogrammen uebergeordnet ist.

Bedeutung. Externe Dateinamen werden auf Kommandokarten aufgefuehrt und haben Bedeutung fuer das uebergeordnete Betriebssystem. Sie muessen, um die Zuordnung Benutzer - Datei eindeutig zu machen, in der Regel mit einem vom Rechenzentrum festgelegten Kuerzel und der Arbeitsnummer des Benutzers beginnen, z.B. 'U.H01.TEST1' oder in Verbindung mit der Arbeitsnummer angegeben werden.

Der interne Dateiname kann deshalb in der Regel nicht mit dem externen Dateinamen voll uebereinstimmen. Es ist jedoch sinnvoll, eine Beziehung herzustellen, z.B. indem man auf der SAVE FILE-Karte TEST1 angibt und auf der Kommandokarte U.H01.TEST1.

Die Angaben auf den Kommandokarten sind maschinenabhaengig. Man schlage deshalb, nachdem man den Abschnitt 4.1 durchgearbeitet hat, die zum Maschinentyp des lokalen Rechenzentrums gehoerenden Abschnitte in Kapitel 7 nach.

4.1 Erstellen, Verarbeiten und Ändern von SPSS-Dateien

Um eine SPSS-Datei zu erstellen, muss lediglich eine SAVE FILE-Karte in den ueblichen Steuerkartensatz eingefuegt werden.

Eine existierende SPSS-Datei wird durch eine GET FILE-Karte eingelesen. Der gespeicherte Datendefinitionsteil mit DATA LIST, VARIABLE LIST, INPUT MEDIUM, INPUT FORMAT, N OF CASES, SUBFILE LIST, VAR LABELS, VALUE LABELS, MISSING VALUES und PRINT FORMATS entfaellt, ebenso die Datenkarten und die READ INPUT DATA-Karte. Falls die Daten beim Erstellen der SPSS-Datei statt von Karten von Band oder Platte eingelesen wurden, entfallen auch die Kommandokarten fuer das Betriebssystem zum Einlesen der BCD- bzw. Binaerdatei.

Fuer jede SPSS-Datei muss, gleich ob Eingabe- oder Ausgabedatei, auf Kommandokarten dem Betriebssystem der externe Dateiname und eventuell weitere Angaben angegeben werden.

4.1.1 Die SAVE FILE-Karte

```
Allgemeines Format
1               16
SAVE FILE       [Dateiname][ Dateietikette]
```

Die SAVE FILE-Karte bewirkt, dass Daten und Datendefinitionen als SPSS-Datei auf Band oder Platte gespeichert werden.[1] Dateiname und Dateietikette sind wahlfrei.[2] Wird kein Dateiname angegeben, dann wird der Name von der FILE NAME-Karte uebernommen. Fehlt diese, wird die Datei mit dem Namen 'NONAME' gespeichert. Der Dateiname dient zur Identifikation der Datei durch SPSS und nicht fuer das uebergeordnete Betriebssystem. Der Name wird beim spaeteren Einlesen der Datei auf der GET FILE-Karte aufgefuehrt. Die SAVE FILE-Karte muss am Ende des Steuerkartensatzes liegen, ggf. unmittelbar vor der FINISH-Karte.

---

[1] Bei der CDC-Version kann die Datei durch das Schluesselwort COMPRESSED zur Speicherplatzersparnis in einer komprimierten Form abgespeichert werden. COMPRESSED[(Dateiname[Dateietikette])]

[2] Bei der TR440-Version kann die SPSS-interne Benennung nur auf der FILE NAME-Karte erfolgen. Auf der SAVE FILE-Karte kann ein externer Dateiname stehen; siehe Kap. 7.4.

Beschraenkung: Es werden nur die letzten 200 Werteetiketten pro Variable in einer SPSS-Datei gespeichert.[1]

Eine SPSS-Datei ist nur dann ordnungsgemaess auf Band oder Platte gespeichert, wenn sowohl SPSS als auch das Betriebssystem entsprechende Meldungen bringen. Die Meldung von SPSS sieht beispielsweise wie folgt aus. Es ist zu beachten, dass auch die abschliessende FINISH-Karte ausgedruckt wird.

```
                      SAVE FILE      EMMA

FILE EMMA     HAS BEEN SAVED WITH   31 VARIABLES..

SEQNUM    SUBFILE   CASWGT    ID        RS1       RS2       RS3       RS4       RS5       RS6
RS7       RS8       RS9       RS10      RS11      RS12      RS13      RS14      RS15      RS16
RS17      RS18      RS19      RS20      RS21      SEX       ALTER     FACH      EINK      STATUS
GESAMT

                                THE SUBFILES ARE..

                                          NO OF
                                NAME      CASES

                                EMMA         26

                      FINISH
```

Die Meldung des Betriebssystems, dass die Datei ordnungsgemaess gespeichert ist, ist maschinenspezifisch und steht an anderer Stelle der Druckausgabe. Es wird empfohlen, sich diese Meldung durch einen Berater des Rechenzentrums erlaeutern zu lassen.

Beispiel

```
1              16
RUN NAME       SPEICHERN EINER SPSS-DATEI
VARIABLE LIST
INPUT FORMAT
N OF CASES
VAR LABELS
 .
 .
VALUE LABELS
 .
 .
MISSING VALUES
Prozedurkarte
READ INPUT DATA
+----------------+
|  Datenkarten   |
+----------------+
weitere Prozedurkarten
SAVE FILE      KURS KURSDATEN VOM 10.12.1977
FINISH
```

---
[1] Bei Version 6 werden die ersten 199 Etiketten und die letzte Etikette gespeichert.

4.1.2 Die GET FILE-Karte

```
Allgemeines Format
1              16
GET FILE       [Dateiname]
```

Die GET FILE-Karte bewirkt, dass eine existierende SPSS-Datei von Band oder Platte eingelesen wird. Die Angabe des Dateinamens ist wahlfrei. Er sollte mit dem bei der Erstellung der Datei festgelegten SPSS-internen Dateinamen uebereinstimmen.[1] Der GET FILE-Karte duerfen nur die Ablaufkarten EDIT, NUMBERED, KEYPUNCH, PRINT BACK, PAGESIZE oder RUN NAME vorausgehen.

Beispiele

```
1              16
GET FILE       KURS
FREQUENCIES    GENERAL=V6 TO V10
FINISH
```

```
1              16
RUN NAME       VERSUCH MIT EINER SPSS-DATEI
GET FILE       KURS
FREQUENCIES
OPTIONS
CROSSTABS
STATISTICS
PEARSON CORR
FINISH
```

```
1              16
EDIT
RUN NAME       EDIT-LAUF
GET FILE       TEST
 .
 .
 .
FINISH
```

4.1.3 Speichern der Datenmodifikationen und -selektionen

Werden durch COMPUTE, IF, COUNT, LAG oder RECODE neue Variablen erzeugt oder existierende Variablen modifiziert, dann kann durch eine SAVE FILE-Karte die erweiterte bzw. geaenderte Datei permanent auf Band oder Platte gespeichert werden. Die Eingabedatei kann eine BCD-, Binaer- oder SPSS-Datei sein. Wird den errechneten Variablen Datendefinitionsinformation gegeben, so werden auch diese Informationen gespeichert.

Beispiel

```
1              16
VARIABLE LIST  V1 TO V10
 .
 .
COMPUTE        NEU1 = V4 + V5
COMPUTE        NEU2 = 1
```

---
[1] Bis Version 7 ist die Angabe des Dateinamens notwendig.

```
IF              (VAR10 EQ 1) NEU2 = V6 + V7
RECODE          V2 (1 THRU 10 = 1) (10 THRU 20 = 2)
VAR LABELS      NEU1, . . . . ./
ASSIGN MISSING  NEU1,NEU2 (0)
 .
 .
SAVE FILE       TEST
FINISH
```

Neben den eingelesenen Variablen V1 TO V10 werden auch die durch COMPUTE definierten Variablen NEU1 und NEU2 in der SPSS-datei gespeichert. Die Variable V2 wird in ihrer umcodierten Form uebernommen.

Beispiel

```
1              16
GET FILE       ORIGINAL
 .
 .
COMPUTE
RECODE
 .
 .
SAVE FILE      MODIFDAT
FINISH
```

Die SELECT IF-Karte waehlt diejenigen Faelle zur nachfolgenden Bearbeitung aus, fuer die der aufgefuehrte logische Ausdruck wahr ist. Diese Selektion der Faelle kann durch eine SAVE FILE- oder SAVE ARCHIVE-Karte permanent gespeichert werden. Das gleiche gilt fuer eine SAMPLE-Karte.

4.1.4 Aenderung des Datendefinitionsteils

Soll der in einer SPSS-Datei gespeicherte Datendefinitionsteil geaendert oder ergaenzt werden, koennen zwischen der GET FILE-Karte und der ersten Prozedurkarte folgende Karten eingefuegt werden: FILE NAME, VALUE LABELS, PRINT FORMATS, VAR LABELS und MISSING VALUES. Aenderungen und Ergaenzungen koennen gezielt fuer einzelne Variablen der Datei durchgefuehrt werden; fuer die restlichen Variablen bleiben die existierenden Informationen erhalten. Abgesehen von der VALUE LABELS-Karte, bei der Teilmengen der Etiketten fuer eine Variable ersetzt werden koennen, muessen die Informationen fuer eine Variable in ihrer Gesamtheit geaendert werden. Die Definiton fehlender Werte fuer eine Variable oder Variablengruppe in einer gespeicherten SPSS-Datei kann durch "()" aufgehoben werden. Der geaenderte Datendefinitionsteil gilt temporaer fuer die Dauer des Laufs bzw. permanent, wenn eine SAVE FILE-Karte eingefuegt wird.

Beispiel

```
1              16
RUN NAME       MODIFIZIEREN EINER SPSS-DATEI
GET FILE       TEST
VAR LABELS     V17, FAMILIENEINKOMMEN
VALUE LABELS   V20 (1) GENAU (2) UNGENAU
MISSING VALUES V10 TO V20 (0)/ V21 TO V25 ()
FREQUENCIES    GENERAL=V10 TO V25
SAVE FILE
FINISH
```

4.1.5 Einige Bemerkungen zu Band- und Plattendateien

Bei der Benutzung von SPSS ist es nicht unbedingt notwendig, andere externe Datentraeger als Lochkarten zu verwenden. Bei grossen Datenmengen ist es jedoch effizienter, die Daten permanent auf Magnetplatten oder Magnetbaendern zu speichern. Werden Daten von Platten oder von Baendern eingelesen oder auf diese Speichermedien ausgegeben, sind, wie schon erwaehnt, weitere maschinenspezifische Informationen fuer das Betriebssystem notwendig, die in Kapitel 7 beschrieben werden. Jedoch gelten auch in diesem Fall Konventionen, die an allen Rechenzentren beachtet werden muessen.

Magnetbaender koennen in den Rechenzentren durch Antrag fuer eine beschraenkte Dauer fuer den jeweiligen Benutzer reserviert werden. Die Baender sind eindeutig durch eine Bandnummer oder einen Bandnamen gekennzeichnet. Durch diese Nummern oder Namen, die auf den Kommandokarten aufgefuehrt sind, werden die Baender dann bei der Verarbeitung angesprochen.

Plattenspeicherplatz ist in der Regel nicht unbeschraenkt verfuegbar. Es muessen deshalb besonders sorgfaeltig Konventionen ueber die Namen der Dateien, Loeschungstermine und Hoechstumfang der gespeicherten Dateien beachtet werden. Haeufig kann zwischen verschiedenen Platten gewaehlt werden. Diese den Benutzern zur Verfuegung stehenden Platten haben lokale Namen.

Der Vorteil von Plattendateien gegenueber Banddateien liegt im schnellen und direkten Zugriff; ausserdem koennen mehrere Jobs gleichzeitig eine Plattendatei lesen. Baender hingegen muessen vom Operateur auf ein Geraet gelegt werden und koennen immer nur von einem Programm bearbeitet werden. Aufgrund des in der Regel begrenzten Plattenspeicherplatzes sollten permanente Plattendateien aber nur fuer kleinere oder haeufig benutzte Dateien angelegt werden. Zur langfristigen Datenhaltung und zur Datensicherung - insbesondere groesserer Dateien - sollten Magnetbaender benutzt werden.

Zur Datensicherung noch folgende Empfehlung: Bei Dateihaltung auf Baendern ist es moeglich - aber wegen unzureichender Datensicherung nicht sinnvoll - eine SPSS-Datei von einem Band einzulesen, zu modifizieren und auf das gleiche Band zurueckzuschreiben. Dagegen ist zu empfehlen, fuer SPSS-Dateien zwei Baender im Wechsel als Ein- und Ausgabeband zu benutzen.

Der erfahrene Benutzer von SPSS sollte sich ausserdem Informationen ueber sogenannte Dienstprogramme beschaffen, die an allen Rechenzentren verfuegbar sind. Dienstprogramme sind von lokalen Rechenzentren zur Verfuegung gestellte Programme fuer einfache und haeufig vorkommende Funktionen. Diese Programme koennen durch wenige Kommandokarten aufgerufen werden. Diese Programme sind meistens von Rechenzentrum zu Rechenzentrum verschieden, obwohl sie aehnliche Funktionen haben. Es gibt Dienstprogramme zum Einrichten, Umbenennen, Loeschen von Plattendateien, Dienstprogramme zum Listen, Zaehlen, Duplizieren von Datenkarten, Dienstprogramme zum Uebertragen von Karten in BCD-Form auf Platten oder Baender; ausserdem Dienstprogramme, die Informationen ueber Anzahl, Umfang und Aufbau von Platten- bzw. Banddateien zusammenstellen.

4.2 Umordnen, Erweitern, Verkleinern von SPSS-Dateien

Obwohl eine SPSS-Datei zur laengerfristigen Speicherung von Daten vorgesehen ist, wird es haeufig noetig, Dateiaenderungen vorzunehmen. Zur Aenderung bzw. Erweiterung einer existierenden SPSS-Datei wird die "alte" SPSS-Datei mit GET FILE eingelesen. Nachfolgend werden die gewuenschten Dateimodifikationen aufgefuehrt und die modifizierte Datei durch eine SAVE FILE-Karte mit neuem Namen wieder abgespeichert. Durch die SAVE FILE-Karte werden dabei sowohl die komplette Eingabedatei, als auch die Ergaenzungen zusammen in der neuen Datei gespeichert. Die alte Datei kann geloescht werden, sobald festgestellt ist, dass die neue Datei ordnungsgemaess gespeichert ist. Aus Gruenden der Datensicherung sollte zuvor die neue SPSS-Datei jedoch wenigstens einmal eingelesen werden.

Durch die Dateimodifikationskarte REORDER VARS koennen die Variablen umgeordnet werden, durch DELETE VARS oder KEEP VARS koennen Variablen ausgeschlossen werden, und durch DELETE SUBFILES koennen Unterdateien aus einer existierenden oder im gleichen Lauf zu erstellenden SPSS-Datei entfernt werden. Die ADD DATA LIST-, ADD VARIABLES-, ADD CASES- und ADD SUBFILES-Karten ergaenzen eine SPSS-Datei durch zusaetzliche Faelle, die MERGE FILES-Karte vereinigt wenigstens zwei existierende SPSS-Dateien; diese Karten bewirken echte Dateierweiterungen.

4.2.1 Die REORDER VARS-Karte

```
Allgemeines Format
1               16
REORDER VARS    Variablenliste
```

Die REORDER VARS-Karte legt durch die Ordnung ihrer Variablenliste die Reihenfolge der Variablen in der durch SAVE FILE erstellten SPSS-Datei fest. Die REORDER VARS-Karte ist nur im Zusammenhang mit einer SAVE FILE-Karte zulaessig und muss dieser Karte unmittelbar vorausgehen.[1] Variablen, die nicht auf der REORDER VARS-Karte aufgefuehrt werden, folgen in der SPSS-Datei direkt den aufgefuehrten Variablen in der gleichen Reihenfolge wie in der Eingabedatei.

Beispiel

```
1               16
REORDER VARS    A,X,Y,Z,B,C,D,U,W
SAVE FILE
FINISH
```

4.2.2 Die ADD CASES- und ADD SUBFILES-Karten

```
Allgemeines Format
1               16
ADD CASES       n
ADD SUBFILES    Unterdateiname(n1)[,Unterdateiname(n2) . . . . .]
```

---

[1] Bis Version 7 gilt die Einschraenkung: Werden SORT CASES und REORDER VARS im gleichen Lauf benutzt, muessen beide der SAVE FILE-Karte vorausgehen. Die Reihenfolge untereinander ist beliebig.

Einer existierenden SPSS-Datei koennen durch eine ADD CASES-Karte bzw. durch eine ADD SUBFILES-Karte weitere Faelle bzw. Unterdateien hinzugefuegt werden, die auf Karten oder im BCD-, Binaercode auf Band oder Platte vorliegen.

Durch eine ADD CASES-Karte koennen einer existierenden SPSS-Datei ohne Unterdateistruktur Faelle hinzugefuegt werden, bzw. der letzten Unterdatei, falls eine Unterdateistruktur vorliegt.

Durch die ADD SUBFILES-Karte koennen einer existierenden SPSS-Datei vollstaendige Unterdateien hinzugefuegt werden, jedoch darf die Maximalzahl von 100 Unterdateien nicht ueberschritten werden. Die Unterdateiliste der ADD SUBFILES-Karte entspricht den Konventionen der SUBFILE LIST-Karte, insbesondere muessen die ersten vier Zeichen der Unterdateinamen eindeutig sein. Hat die existierende Systemdatei keine Unterdateistruktur, werden deren Faelle zur ersten Unterdatei und deren Dateiname zum ersten Unterdateinamen.

Die neuen Faelle bzw. Unterdateien muessen die gleichen Variablen mit gleichem Variablentyp in der gleichen Reihenfolge wie in der existierenden Datei enthalten. Hat die existierende Datei durch Transformationsanweisungen erzeugte Variablen, muessen diese Variablen auch in den hinzuzufuegenden Faellen bzw. Unterdateien enthalten sein. Sie brauchen jedoch nur als Leerstellen auf den hinzuzufuegenden Karten zu existieren bzw. koennen mit Hilfe des T-Formats[1] als Scheinvariablen eingegeben werden. Fuer die vergroesserte Datei muessen dann mit den gleichen Transformationsanweisungen die Berechnungen wiederholt werden.

ADD CASES bzw. ADD SUBFILES folgt unmittelbar der GET FILE-Karte. Danach folgt die notwendige INPUT FORMAT-Karte, eventuell auch die INPUT MEDIUM-Karte. Eine SAVE FILE-Karte bewirkt, dass beide Dateien als eine SPSS-Datei permanent gespeichert werden.

Die ADD CASES- und ADD SUBFILES-Karten schliessen einander aus; ausserdem schliessen diese beiden Karten die ADD VARIABLES- oder ADD DATA LIST-Karten aus.

Beispiele

```
1              16
GET FILE       PERSONEN
ADD CASES      257
INPUT FORMAT   FIXED(F3.0,70F1.0,T4,10F1.0)

1              16
GET FILE       EUROPA
ADD SUBFILES   AUSTRIA(375),SWISS(420)
INPUT MEDIUM   DISK
INPUT FORMAT   FIXED(80F1.0/40F2.0/20F4.0)
RUN SUBFILES   (AUSTRIA) (SWISS)
FREQUENCIES    GENERAL=ALL
 .
 .
 .
SAVE FILE
FINISH
```

[1] Siehe Kap 2.1.2: Die INPUT FORMAT-Karte: Grundlegende Elemente.

4.2.3 Die DELETE SUBFILES- und "DELETE CASES"-Karten

```
Allgemeines Format
1              16
DELETE SUBFILES Unterdateiliste
```

Die DELETE SUBFILES-Karte bewirkt, dass die aufgefuehrten Unterdateien einer existierenden SPSS-Datei geloescht werden. Die DELETE SUBFILES-Karte folgt unmittelbar der GET FILE-Karte. Die geloeschten Unterdateien stehen nachfolgenden Prozeduren in diesem Lauf nicht zur Verfuegung. Durch eine SAVE FILE-Karte kann die modifizierte Datei permanent gespeichert werden. Das Schluesselwort TO ist fuer die Unterdateiliste nicht zulaessig.[1]

Beispiel

```
1              16
GET FILE       TEST
DELETE SUBFILES UD1, UD5, UD8, UD12
 .
 .
 .
FINISH
```

Es gibt keine "DELETE CASES"-Karte. Die Wirkung, dass Faelle in einer existierenden SPSS-Datei geloescht werden, erreicht man durch eine SELECT IF- bzw. *SELECT IF-Karte in Verbindung mit einer SAVE FILE-Karte.

4.2.4 Die ADD DATA LIST- und ADD VARIABLES-Karten

Einer existierenden SPSS-Datei koennen durch ADD DATA LIST oder ADD VARIABLES weitere Variablen hinzugefuegt werden, die auf Karten oder als BCD- oder Binaerdateien auf Band oder Platte vorliegen.

```
Allgemeines Format
1              16
ADD DATA LIST  Angaben
ADD VARIABLES  Angaben
```

Die Angaben entsprechen den Konventionen der DATA LIST- bzw. VARIABLE LIST-Karten. Die ADD DATA LIST- bzw. ADD VARIABLES- und INPUT FORMAT-Karten schliessen einander aus. Dabei ist zu beachten:

- die Summe der Variablen in der existierenden SPSS-Datei und der zu ergaenzenden Datei darf 500 (bei der M-Version 1000) nicht ueberschreiten, falls die SPSS-Datei durch eine GET FILE-Karte eingelesen wird. Wird die SPSS-Datei durch eine GET ARCHIVE-Karte eingelesen, koennen bis zu 5000 Variablen zusammengefuehrt werden.
- Zahl und Reihenfolge der Faelle muessen in beiden Dateien uebereinstimmen.
- Falls eine Unterdateistruktur vorliegt, muessen auch Zahl und Reihenfolge der Unterdateien uebereinstimmen.

ADD DATA LIST bzw. ADD VARIABLES folgt unmittelbar der GET FILE- oder GET ARCHIVE-Karte. Danach folgen wie ueblich die Datendefinitionskarten fuer die zu ergaenzenden Variablen. Die INPUT

---

[1] Bei der CDC-Version ist TO zulaessig.

FORMAT-Karte ist dabei nur im Zusammenhang mit ADD VARIABLES notwendig. Eine N OF CASES- bzw. SUBFILE-LIST-Karte ist nicht zulaessig, da die Fallzahl bzw. die Unterdateistruktur von der existierenden SPSS-Datei uebernommen wird.

Eine SAVE FILE- oder SAVE ARCHIVE-Karte bewirkt, dass beide Dateien als eine SPSS-Datei permanent gespeichert werden.

Beispiel

```
1              16
GET FILE       TEST
ADD VARIABLES  FRAGE1 TO FRAGE54
INPUT FORMAT   FIXED(4F2.0,50F1.0)
INPUT MEDIUM   DISK
VAR LABELS     FRAGE1, . . . . .
 .
 .
 .
VALUE LABELS
 .
 .
 .
MISSING VALUES
FREQUENCIES    GENERAL=FRAGE1 TO FRAGE54
 .
 .
 .
SAVE FILE      TOTAL - ALLE DATEN VOM 17.11.77
FINISH

1              16
RUN NAME       HINZUFUEGEN VON AGGREGIERTEN VARIABLEN
GET FILE       TEST
ADD DATA LIST  BINARY(2)/ 1 AGG1 TO AGG20 1-20/ 2 AGG21 TO AGG40
               1-20/
```

Sind in der existierenden SPSS-Datei und in der ergaenzenden Datei eindeutig zuordenbare Identifikationsnummern fuer jeden Fall definiert, kann durch folgende exemplarische Kartenkonstellation die korrekte Zuordnung der Faelle geprueft werden:

Beispiel

```
1              16
*IF            (ALTNUM EQ NEUNUM) PRUEFVAR = 1
*IF            (ALTNUM NE NEUNUM) PRUEFVAR = -1
FREQUENCIES    GENERAL=PRUEFVAR
```

4.2.5 Die DELETE VARS- und KEEP VARS-Karten

Allgemeines Format

```
1              16
DELETE VARS    Variablenliste
KEEP VARS      Variablenliste
```

Die DELETE VARS-Karte bewirkt, dass die aufgefuehrten Variablen beim Erstellen einer SPSS-Datei durch eine SAVE FILE-Karte ausgelassen werden. Es werden nur die nicht aufgefuehrten Variablen abgespeichert. Die KEEP VARS-Karte hat abzuleitende Bedeutung, d.h. es werden nur die Variablen abgespeichert, die in der Variablenliste dieser Karte aufgefuehrt wurden.

Beim Loeschen von Variablen in einer SPSS-Datei wird man diejenige der beiden Karten waehlen, mit der man die geringste Zahl von Variablen in der Variablenliste auffuehren muss. Nach der DELETE VARS- oder der KEEP VARS-Karte muss eine SAVE FILE-Karte folgen. Waehrend des Laufs, in dem die KEEP VARS- bzw. DELETE VARS-Karte benutzt wird, sind noch saemtliche Daten der eingelesenen Datei verfuegbar.

Beispiel

```
1              16
GET FILE       TEST
 .
 .
 .
 .
DELETE VARS    A,D,I,U TO X,VAR490 TO VAR500
SAVE FILE      DELTEST
FINISH
```

4.2.6 Die MERGE FILES-Karte

Die MERGE FILES-Karte[1] erlaubt, aus zwei bis fuenf existierenden SPSS-Dateien oder ARCHIVE-Dateien alle oder Teilmengen der Variablen zu einer einzigen SPSS-Datei zusammenzufassen. Dabei ist zu beachten:

- Zahl und Reihenfolge der Faelle muessen in allen Dateien uebereinstimmen.
- Falls Unterdateistruktur vorliegt, muessen auch Zahl und Reihenfolge der Unterdateien uebereinstimmen.
- Sind die Faelle der Dateien gewichtet, muessen auch die Gewichte uebereinstimmen (intern erzeugte Variable CASWGT).
- Die zwei bis fuenf Eingabedateien koennen einzeln oder zusammen mehr als 500 Variablen enthalten, jedoch darf die Zahl der Variablen in der Ausgabedatei 500 nicht ueberschreiten.[2]

Allgemeines Format

```
1              16
MERGE FILES    FILE = Dateiname VARIABLES = Variablenliste | ALL/
               FILE = Dateiname VARIABLES = Variablenliste | ALL
               [/ . . .]
```

Die Schluesselwoerter FILE geben die Namen der angesprochenen Eingabedateien an. Das nachfolgend aufgefuehrte Schluesselwort VARIABLES nennt die Variablen, die aus der zugehoerigen Eingabedatei entnommen werden sollen. Die Variablenliste entspricht den ueblichen Konventionen. Das Schluesselwort ALL kann benutzt werden, falls alle Variablen der zugehoerigen Datei in die Ausgabedatei aufgenommen werden sollen. Die Zahl der durch die Schluesselwoerter VARIABLES implizit oder explizit festgelegten Variablen darf 500 nicht ueberschreiten. Die Namen der Dateien sollten, muessen aber nicht eindeutig sein.

---

[1] Die MERGE FILES- und GET ARCHIVE-Karten haben bei der CDC-Version von SPSS dieselbe Wirkung. Bei ARCHIVE-Dateien, die durch die SPSS-Versionen H (6.0, 6.1) und M (1.0, 1.1) erstellt wurden, beachte man Option 1 der GET ARCHIVE-Karte.

[2] Bei der M-Version 1000 Variablen. Dateien mit mehr als 500 (1000) Variablen koennen jedoch durch die GET ARCHIVE- und SAVE ARCHIVE-Karten bearbeitet werden.

Die Reihenfolge der Variablen in der Ausgabedatei wird erstens durch die Reihenfolge, in der die Eingabedateien auf der MERGE FILES-Karte genannt werden, und zweitens durch die Reihenfolge, in der die angesprochenen Variablen in den Eingabedateien enthalten sind, bestimmt. Wird eine Variable mit dem gleichen Namen implizit oder explizit in mehr als einer Variablenliste angesprochen, wird diese Variable aus der ersten Eingabedatei entnommen und in nachfolgenden Eingabedateien ignoriert.[1] Die intern erzeugten Variablen SEQNUM, SUBFILE und CASWGT koennen nicht aufgefuehrt werden; sie werden vielmehr automatisch aus der erstgenannten Eingabedatei entnommen.

Die MERGE FILES-Karte nimmt die Position der GET FILE-Karte ein. Die durch eine MERGE FILES-Karte zusammengestellte Datei kann nachfolgend analog wie eine durch GET FILE-Karte eingelesene SPSS-Datei behandelt werden; d.h. nachfolgend koennen SPSS-Prozeduren und Datentransformationen durchgefuehrt werden, Datendefinitionen modifiziert und ergaenzt werden; insbesondere kann die zusammengestellte Datei durch eine SAVE FILE-Karte permanent gespeichert werden.

Beispiele

```
1              16
MERGE FILES    FILE=TEST1 VARIABLES=V20 TO V99,ITEM112 TO ITEM135/
               FILE=TEST2 VARIABLES=SKALA1 TO SKALA30/ FILE=TEST3
               VARIABLES=PRAE20 TO PRAE40,POST20 TO POST40

1              16
RUN NAME       ZUSAMMENFASSEN ZWEIER SPSS-DATEIEN
MERGE FILES    FILE=BRD VARIABLES=ALL/
               FILE=DDR VARIABLES=DDR1 TO DDR200
  .
  .
  .
SAVE FILE      BRDDDR
FINISH
```

4.3 Erstellen und Einlesen von SCSS-Dateien

Dem interaktiven Statistiksystem SCSS koennen Daten und Datendefinitionen direkt im Dialog uebergeben werden oder mit SPSS durch die SAVE SCSS-Karte. Bei der letztgenannten Moeglichkeit werden wie ueblich die Daten und die Datendefinitionen zusammengestellt und statt mit SAVE FILE als SPSS-Datei mit SAVE SCSS als SCSS-Datei gespeichert.[2] SAVE SCSS erstellt eine Datei, die aus technischen Gruenden anders aufgebaut ist als eine SPSS-Datei. Die GET SCSS-Karte erlaubt, eine existierende SCSS-Datei in SPSS einzulesen.

Sollen Daten sowohl mit SPSS als auch mit SCSS bearbeitet werden, ist es ausreichend und zur Gewaehrleistung der Datenintegritaet sinnvoll, nur eine Systemdatei zu speichern. Da eine SCSS-Datei von beiden Systemen gelesen werden kann, ist die Speicherung einer SCSS-Datei zu empfehlen.

---

[1] Fuer die CDC-Version siehe die GET ARCHIVE-Karte.

[2] Die SAVE SCSS-Karte hiess in Version 7 SAVE TRANSPOSE.

4.3.1 Die SAVE SCSS-Karte <ab 7>

```
Allgemeines Format
1              16
SAVE SCSS
```

Das Angabenfeld der SAVE SCSS-Karte bleibt leer. Die SAVE SCSS-Karte steht wie die SAVE FILE-Karte unmittelbar vor der FINISH-Karte. Enthaelt ein Steuerkartensatz eine SAVE SCSS-Karte, dann duerfen die Karten: SORT CASES, REORDER VARS, SAVE FILE, SAVE ARCHIVE nicht im Lauf enthalten sein.

Beim Erstellen einer SCSS-Datei muessen wie beim Speichern einer SPSS-Datei durch SAVE FILE zusaetzliche Angaben auf Kommandokarten gemacht werden.

SAVE SCSS ist auch im Zusammenhang mit GET ARCHIVE zulaessig. Dabei werden jedoch nur die aktiven Variablen gespeichert.

```
Beispiel
1              16
SAVE SCSS
FINISH
```

Man beachte:

- Neben den in Kap. 1.3.1 aufgefuehrten reservierten Woertern sind die vier Schluesselwoerter AGAINST, ON, SPSS und SPSS0001 nicht als Variablennamen zulaessig.
- Die Variablennamen duerfen keine Sonderzeichen enthalten.
- Alphanumerische Variablen werden beim Abspeichern ausgeschlossen.
- Es werden nur Eitketten, die ganzzahligen Werten zugeordnet sind, uebernommen.
- SCSS kennt keine Unterdateistruktur. Bei vorhandener Unterdateistruktur wird aus der internen SPSS-Variablen SUBFILE eine diskrete SCSS-Variable mit dem Namen SUBFILE erzeugt. Deren Werte werden die Unterdateinamen als Etiketten zugeordnet. Die zwei anderen internen Variablen SEQNUM und CASWGT werden ebenfalls in der SCSS-Datei gespeichert.

4.3.2 Die GET SCSS-Karte <ab 8>

Die GET SCSS-Karte liest eine existierende SCSS-Datei ein. Die GET SCSS-Karte hat eine vergleichbare Funktion wie die GET FILE-Karte. Entsprechend nimmt diese Karte die gleiche Stellung im SPSS-Steuerkartensatz ein wie die GET FILE-Karte.

```
Allgemeines Format
1              16
GET SCSS       [VARIABLES = Variablenliste]
               [MIS = RECODE | LEAVE | STOP]
```

Die Anweisungen VARIABLES und MIS sind wahlfrei. Durch die Anweisung VARIABLES werden die Variablen aufgefuehrt, die aus der SCSS-Datei uebernommen werden sollen. Ohne diese Anweisung werden alle Variablen der SCSS-Datei uebernommen. Statt der Variablenliste kann auch das Schluesselwort ALL verwendet werden.

Beispiel

```
1              16
GET SCSS       VARIABLES = ALTER BERUF SEX GRUPPE TO EINK
               FRAGE1 TO FRAGE50
```

Werden Variablen durch SCSS recodiert, dann wird in der SCSS-Datei neben der recodierten Form, die Rohform der Variablen gespeichert. Durch GET SCSS werden standardmaessig alle Variablen der SCSS-Datei in ihrer recodierten Form uebernommen. Die Rohform der Variablen erhaelt man, wenn den Namen auf der Anweisung VARIABLES ein "$"-Zeichen vorangestellt wird. Falls das Schluesselwort TO verwendet wird, muessen beide Variablen mit dem Zeichen "$" beginnen. Alle implizit angesprochenen Variablen werden ebenfalls alls $-Variablen angesehen. Es koennen gewoehnliche Namen und $-Namen gemischt aufgefuehrt werden. Die Variablennamen der durch GET SCSS entstehenden SPSS-Datei enthalten nachfolgend nicht das Zeichen "$". Sollen alle Variablen der SCSS-Datei in ihrer Rohform uebernommen werden, kann abkuerzend das Schluesselwort $ALL verwendet werden.

Beispiele

```
1              16
GET SCSS       VARIABLES = $ALTER $BERUF SEX GRUPPE TO EINK
               FRAGE1 TO FRAGE50
1              16
GET SCSS       VARIABLES = $ALL
```

Durch die Anweisung VARIABLES koennen darueberhinaus Variablen umbenannt werden. Diese Moeglichkeit wird z.B. notwendig, falls sowohl die recodierte Form als auch die Rohform von SCSS-Variablen uebernommen werden soll oder die SCSS-Namen mit in SPSS reservierten Woertern uebereinstimmen.[1] Eine Variable wird durch folgende Zuweisung umbenannt: SPSS-Name = SCSS-Name.

Beispiel

```
1              16
GET SCSS       VARIABLES = $ALTER RALTER = ALTER
               $BERUF SEX GRUPPE TO EINK FRAGE1 TO FRAGE50
```

Falls die SCSS-Datei gewichtet ist, werden die Rohwerte der Gewichtungsvariablen automatisch als Werte fuer die Gewichtungsvariable CASWGT von SPSS uebernommen, unabhaengig davon, ob die Gewichtungsvariable in der Variablenliste aufgefuehrt wird.

Die Anweisung MIS legt fest, wie fehlende Werte von SCSS, die in SPSS nicht darstellbar sind, behandelt werden. Es koennen alternativ die drei Parameter RECODE, LEAVE und STOP durch die Anweisung MIS aufgefuehrt werden. Fehlt die Anweisung MIS, dann werden standardmaessig die fehlenden Werte so behandelt, als ob der Parameter RECODE angegeben waere.

Der Parameter RECODE bewirkt, dass ein fehlender Wert von SCSS, der in SPSS nicht darstellbar ist, in den ersten fuer SPSS zulaessigen fehlenden Wert der entsprechenden Variablen umcodiert wird. Falls die Variable einen Bereich von fehlenden Werten hat, wird der fuer SPSS nicht zulaessige Wert in die untere Schranke dieses Bereichs umcodiert.

---

[1] Siehe Kap. 1.3.1: Allgemeines Format der SPSS-Steuerkarten.

Der Parameter LEAVE belaesst die problematischen fehlenden Werte von SCSS unveraendert. Sie werden nicht umcodiert und von SPSS nicht als fehlende Werte erkannt. Es werden jedoch entsprechende Warnungen ausgedruckt.

Der Parameter STOP bewirkt, dass alle problematischen fehlenden Werte von SCSS und der durch Angabe des Parameters RECODE sich ergebende fehlende Wert fuer SPSS ausgedruckt wird. Der Lauf wird abgebrochen, nachdem alle Daten der SCSS-Datei gelesen sind. Die zeitaufwendige Umwandlung der SCSS-Datei in eine SPSS-Datei wird jedoch nicht durchgefuehrt.

4.4 ARCHIVE-Dateien

Waehrend es selten vorkommt, dass in einem Lauf mehr als 500[1] Variablen benoetigt werden, kann bei umfangreichen Untersuchungen die Zahl der erfassten und berechneten Variablen diese Zahl uebersteigen. Die GET ARCHIVE- und SAVE ARCHIVE-Karten ermoeglichen, sogenannte ARCHIVE-Dateien, die bis zu 5000 Variablen enthalten, zu erstellen und wieder einzulesen. Hauptzweck der ARCHIVE-Dateien ist es, eine einheitliche Datenspeicherung zu erreichen, die alle Variablen, die zu einer Untersuchung gehoeren, erfasst. ARCHIVE-Dateien haben nahezu die gleiche Struktur wie normale SPSS-Dateien; sie koennen durch folgende Moeglichkeiten geschaffen werden:

- durch Verknuepfen von zwei oder mehreren SPSS-Dateien;
- durch Erweitern einer existierenden SPSS-Datei durch ADD VARIABLES oder ADD DATA LIST;
- durch Berechnen neuer Variablen durch die COMPUTE-, IF-, LAG- oder COUNT-Karten. Eingabedatei ist eine existierende SPSS-Datei.

Die drei genannten Moeglichkeiten koennen beliebig kombiniert angewendet werden. Fuehren sie zu einer Datei mit mehr als 500 bzw. 1000 Variablen, muss die GET ARCHIVE-Karte statt der GET FILE- bzw. MERGE FILES-Karte benutzt werden. Die GET ARCHIVE-Karte nimmt die Position der GET FILE- bzw. MERGE FILES-Karte ein. Die GET ARCHIVE-Karte muss insbesondere dann benutzt werden, wenn eine schon existierende ARCHIVE-Datei eingelesen werden soll. Eingabedateien koennen eine bis maximal fuenf SPSS- oder ARCHIVE-Dateien sein.

Bei ARCHIVE-Dateien muss zwischen aktiven und latenten Variablen unterschieden werden. Alle Variablen der auf der GET ARCHIVE-Karte aufgefuehrten Eingabedateien bilden einen Pool von latenten Variablen. Die Variablen, die durch das Schluesselwort VARIABLES auf der GET ARCHIVE-Karte genannt sind, werden zu aktiven Variablen, ausserdem die Variablen, die waehrend des Laufs durch ADD VARIABLES oder ADD DATA LIST hinzugefuegt oder als Ergebnisvariablen von COMPUTE, IF, LAG oder COUNT neu definiert werden. Es duerfen niemals mehr als 500 bzw. 1000 aktive Variablen angegeben werden. Nur aktive Variablen koennen in die Statistikprozeduren eingehen oder in Datenmodifikations- und Datendefinitionskarten aufgefuehrt werden. Jedoch koennen alle Variablen durch eine SAVE ARCHIVE-Karte am Ende des Laufs in einer ARCHIVE-Datei gespeichert werden.

---

[1] Bei der M-Version koennen bis zu 1000 Variablen definiert werden.

4.4.1 Die GET ARCHIVE-Karte

Allgemeines Format

```
1                16
GET ARCHIVE      FILE = Dateiname [VARIABLES = Variablenliste |
                 ALL] [/FILE = Dateiname [VARIABLES = Variablenliste
                 | ALL] . . . . . . . ]
```

Das Schluesselwort FILE nennt den Namen einer existierenden SPSS- oder ARCHIVE-Datei. Der Name muss eindeutig sein. Dem Dateinamen folgt das Schluesselwort VARIABLES und eine Liste von Variablen der zugehoerigen Eingabedatei, die waehrend des Laufes aktive Variablen sein sollen. Die Variablenliste entspricht den allgemeinen Konventionen. Die Variablen muessen in der Reihenfolge, wie sie in der zugehoerigen Eingabedatei enthalten sind, aufgefuehrt werden. In dieser Reihenfolge sind sie dann als aktive Variablen verfuegbar. Sollen alle Variablen der Eingabedatei aktiv sein, kann statt der Variablenliste das Schluesselwort ALL angegeben werden. Soll keine Variable einer Datei aktiv sein, entfaellt das Schluesselwort VARIABLES und die zugehoerige Liste. Wird mehr als eine Eingabedatei angesprochen, folgen durch Schraegstrich getrennt die weiteren analogen Angaben.

Jede aktive Variable muss einen eindeutigen Namen haben. Existiert der gleiche Variablenname in mehr als einer Eingabedatei, wird die zugehoerige Variable aus der erstgenannten Datei entnommen und in den anderen Dateien ignoriert.[1] Die intern erzeugten Variablen CASWGT, SEQNUM und SUBFILE werden ebenfalls der zuerst genannten Datei entnommen.

Beispiel

```
1                16
GET ARCHIVE      FILE = FRANCE VARIABLES = FR1 TO FR200 /
                 FILE = BRD/ FILE = BENELUX/ FILE = ITALY
ADD VARIABLES    BRIT1 TO BRIT200
```

Die OPTIONS-Karte <ab 8>

1: Als Folge eines Programmfehlers in den SPSS-Versionen H (6.0 und 6.1) und M (1.0 und 1.1) muessen ARCHIVE-Dateien, die mit diesen SPSS-Versionen erstellt wurden und mit der Version H (8.0) bzw. M (8.0) eingelesen werden sollen, anders verarbeitet werden als ARCHIVE-Dateien von neueren SPSS-Versionen. Option 1 sichert, dass ARCHIVE-Dateien, die mit den genannten aelteren Versionen erstellt wurden, richtig eingelesen werden. Zum Einlesen von ARCHIVE-Dateien die mit neueren Versionen erstellt wurden, entfaellt die OPTIONS-Karte. Es koennen Dateien, die durch die genannten aelteren Versionen erstellt wurden und Dateien von neueren Versionen nicht gleichzeitig durch GET ARCHIVE eingelesen werden. In diesem Fall muessen zuerst die aelteren Dateien mit Option 1 eingelesen und erneut mit SAVE ARCHIVE abgespeichert werden, bevor sie zusammen mit neueren Dateien verarbeitet werden koennen.

1: <nur CDC> gleichnamige Variablen werden beim zweiten Auftreten

---

[1] Bei der CDC-Version kann auf gleich benannte Variablen aus verschiedenen ARCHIVE-Dateien zugegriffen werden. Der Modus wird dabei durch eine OPTIONS-Karte bestimmt. Die nicht eindeutigen Namen muessen vor dem ersten Prozeduraufruf durch RENAME VARS umbenannt werden.

ignoriert, dies wird jeweils protokolliert.
2: <nur CDC> wie 1, nur die Anzahl gleichnamiger Variablen wird protokolliert.
3: <nur CDC> alle gleichnamigen Variablen werden aufgenommen, dies wird jeweils protokolliert.
4: <nur CDC> wie 3, nur die Anzahl gleichnamiger Variablen wird protokolliert.

4.4.2 Die SAVE ARCHIVE-Karte

Eine ARCHIVE-Datei wird durch die SAVE ARCHIVE-Karte erzeugt und auf Band oder Platte gespeichert.

```
Allgemeines Format
1              16
SAVE ARCHIVE   [Name   Etikette fuer die ARCHIVE-Ausgabedatei/]
               FILE = Dateiname [VARIABLES = Variablenliste | ALL]
               [/FILE = Dateiname [VARIABLES = Variablenliste | ALL]
```

Der Dateiname[1] und die Dateietikette fuer die ARCHIVE-Ausgabedatei sind wahlfrei. Alternativ koennen sie auf einer zuvor eingefuegten FILE NAME-Karte aufgefuehrt werden. Die weiteren Angaben entsprechen formal denen der GET ARCHIVE-Karte. Die Schluesselwoerter FILE und VARIABLES geben an, welche Variablen aus welchen Eingabedateien in die zu erstellende ARCHIVE-Datei aufgenommen werden sollen. Die SAVE ARCHIVE-Karte wirkt folgendermassen:

- Variablen der Eingabedateien werden nur dann in der Ausgabedatei gespeichert, wenn sie explizit oder implizit durch das Schluesselwort VARIABLES genannt werden. Eingabedateien, aus denen keine Variablen gespeichert werden sollen, sollten nicht aufgefuehrt werden.
- Unabhaengig von der Reihenfolge, in der die Eingabedateien auf der SAVE ARCHIVE-Karte aufgefuehrt werden, wird die Ausgabedatei folgendermassen aufgebaut:[2]

  - Die drei intern erzeugten Variablen SEQNUM, SUBFILE und CASWGT werden als erste Variablen gespeichert. Sie werden aus der auf der GET ARCHIVE-Karte zuerst genannten Datei entnommen.
  - Als naechste Variablen werden die auf der SAVE ARCHIVE-Karte aufgefuehrten Variablen der ersten Eingabedatei gespeichert und zwar in der relativen Reihenfolge, wie sie in dieser Datei enthalten sind. Die Reihenfolge der Eingabedateien ist durch die GET ARCHIVE-Karte festgelegt. Danach folgen analog die Variablen der zweiten Eingabedatei usw.
  - Schliesslich werden alle neuen Variablen gespeichert, und zwar in der Reihenfolge, in der sie gebildet wurden. Zuerst alle Variablen, die durch ADD VARIABLES oder ADD DATA LIST eingelesen wurden, dann alle neu definierten Ergebnisvariablen.
  - Wird die durch GET ARCHIVE zuerst genannte Datei auf der SAVE ARCHIVE-Karte nicht aufgefuehrt, werden dieser Eingabedatei nur die Variablen SEQNUM, SUBFILE und CASWGT entnommen. Wird eine

---

[1] Bei der CDC-Version kann COMPRESSED[(Name[Etikette])] angegeben werden, wodurch eine dichter gepackte ARCHIVE-Datei erzeugt wird.
[2] Bei der CDC-Version werden die Variablen der Eingabedateien in der Reihenfolge der Dateien auf der SAVE ARCHIVE-Karte und nicht in der Reihenfolge abgespeichert, wie die Dateien auf der GET ARCHIVE-Karte genannt sind.

andere Eingabedatei auf der SAVE ARCHIVE-Karte nicht genannt, werden keine Variablen aus dieser Datei gespeichert.
- Mehrere Eingabedateien koennen zwar Variablen mit gleichem Namen enthalten, aber alle auf der SAVE ARCHIVE-Karte explizit oder implizit aufgefuehrten Variablennamen muessen eindeutig sein.

- Aktive, z.B. durch RECODE modifizierte Variablen, werden, falls sie durch SAVE ARCHIVE aufgefuehrt werden, modifiziert gespeichert.
- Alle neuen, durch Datenmodifikationskarten berechneten oder durch ADD VARIABLES eingelesenen Variablen werden automatisch in der ARCHIVE-Ausgabedatei gespeichert, falls sie nicht zuvor durch DELETE VARS oder KEEP VARS geloescht wurden. DELETE VARS oder KEEP VARS haben nur auf diese neuen Variablen Einfluss.[1]
- Nicht mehr als 5000 Variablen koennen in einer ARCHIVE-Datei gespeichert werden.

Beispiel

```
1              16
SAVE ARCHIVE   EUROPA/ FILE = FRANCE VARIABLES = ALL/
               FILE = BRD VARIABLES = ALL/
               FILE = BENELUX VARIABLES = ALL/
               FILE = ITALY VARIABLES = ALL
FINISH
```

4.4.3 Die LIST ARCHINFO-Karte

Allgemeines Format

```
1              16
LIST ARCHINFO  VARLIST | COMPLETE
```

Die Karte dient zum Ausdrucken der Datendefinitionen von Dateien, die auf einer GET ARCHIVE-Karte aufgefuehrt sind. Mit dem Schluesselwort VARLIST erhaelt man eine Liste aller Variablen in der Reihenfolge, wie sie in den Eingabedateien enthalten sind. Pro Zeile werden 10 Variablennamen gedruckt. Bei der Benutzung von COMPLETE werden Variablennamen, Codes fuer fehlende Werte, Druckformate und relative Positionen aller Variablen in den Eingabedateien gedruckt, Variablenetiketten und Werteetiketten nur fuer aktive Variablen.

Pro Variable wird wenigstens eine Druckzeile, fuer 50 Variablen also wenigstens eine Druckseite benoetigt. Mit VARLIST und COMPLETE erzeugte Ausdrucke enthalten Angaben ueber jede auf einer GET ARCHIVE-Karte aufgefuehrte Eingabedatei. Alle Variablen werden erfasst, aktive aber mit einem Stern (*) besonders bezeichnet. Die Angaben werden fuer jede Eingabedatei getrennt ausgedruckt. Im letzten Teil des Ausdrucks werden die durch ADD VARIABLES oder ADD DATA LIST eingegebenen oder mittels Datentransformationen erzeugten Variablen aufgelistet.

LIST ARCHINFO kann an beliebiger Stelle nach der GET ARCHIVE-Karte eingefuegt werden. Die ausgedruckten Informationen entsprechen dem Verarbeitungsstand, der vor der LIST ARCHINFO-Karte erreicht war, d.h. nach der LIST ARCHINFO-Karte durchgefuehrte Datentransformationen werden nicht beruecksichtigt. Wird im Zusammenhang mit GET ARCHIVE eine LIST FILEINFO-Karte benutzt, werden nur Informationen ueber die aktiven Variablen ausgegeben.

---

[1] Bei der CDC-Version koennen DELETE VARS und KEEP VARS auch fuer alle anderen Variablen eingesetzt werden.

4.4.4 Beschraenkungen bei ARCHIVE-Dateien

- Mit GET ARCHIVE duerfen maximal 5 Dateien angesprochen werden.
- Die Gesamtzahl der Variablen darf 5000 nicht uebersteigen.
- Die Anzahl aktiver Variablen darf 500 bzw. 1000 nicht ueberschreiten.
- In einer Ausgabedatei werden fuer jede latente Variable maximal 33 Werteetiketten gespeichert, alle uebrigen dagegen ausgelassen.
- Weder REORDER VARS noch SORT CASES koennen im Zusammenhang mit SAVE ARCHIVE benutzt werden. Diese Moeglichkeiten koennen nur im Zusammenhang mit SAVE FILE verwendet werden.

4.5 Ordnung der Dateimodifikationskarten

Relative Position	Kennungsfeld	
1	VARIABLE LIST[1] | DATA LIST | GET FILE | MERGE FILES| GET ARCHIVE | GET SCSS	
2	ADD DATA LIST | ADD VARIABLES | ADD CASES | ADD SUBFILES	
3	DELETE SUBFILES	
4	SUBFILE LIST	um Unterdateien neu zu definieren
5	SELECT IF	um Faelle zu loeschen
6	Prozedurkarte . .	
7	KEEP VARS | DELETE VARS	
8	REORDER VARS	
9	SAVE FILE | SAVE ARCHIVE | SAVE SCSS	
10	FINISH	wahlfrei <ab 8>

Keine Karte mit hoeherer relativer Position darf einer Karte mit niedrigerer Position vorausgehen. Bei gleichen Positionsnummern ist die Reihenfolge beliebig.

[1] Die "ADD"-Karten sind nicht mit VARIABLE LIST bzw. DATA LIST zulaessig.

BCD- und Binärdateien

5

Sind die Daten gelocht, koennen sie direkt von Karten durch SPSS eingelesen und bearbeitet werden. Diese grundlegende Form der Dateneingabe war Ausgangspunkt fuer den in Kapitel 2 beschriebenen Aufbau eines SPSS-Jobs. In Kapitel 4 wurden die komfortablen Moeglichkeiten der Datenhaltung beschrieben, die sich ergeben, falls die Daten und der zugehoerige Datendefinitionsteil in einer SPSS-Datei gespeichert werden. Ausgangspunkt war auch dabei, dass die Daten primaer auf Lochkarten erfasst wurden.

SPSS-Dateien koennen direkt nur mit SPSS erstellt und gelesen werden. Es gibt jedoch zwei wichtige Gruende, die es notwendig machen, dass SPSS noch andere Typen von Dateien lesen und erstellen kann, die auf Band oder Platte speicherbar sind. Einmal soll auf die Rohdaten und auf errechnete Daten nicht nur mit SPSS, sondern auch mit anderen Programmsystemen zugegriffen werden. Bei einer groesseren Datenmenge ist es dann fehleranfaellig und nicht rationell, Daten immer wieder von Lochkarten einzulesen. Der zweite Grund ist, dass die Daten haeufig dem Auswerter auf Magnetband geliefert werden, oder dass er von anderen Programmen zusammengestellte Daten mit SPSS weiterbearbeiten moechte.

SPSS verarbeitet neben SPSS-Dateien folgende auf Band oder Platte speicherbaren Dateitypen: BCD-Dateien und Binaerdateien. Bei beiden Dateitypen ist der Datendefinitionsteil nicht wie bei SPSS-Dateien mit eingeschlossen.

<u>BCD-Dateien</u> stellt man sich einfacherweise als Abbild von Lochkarten auf Band oder Platte vor. Diese Dateien koennen erstellt werden, indem man:

- die Daten, statt mit dem Kartenlocher auf Lochkarten, an einem interaktiven Arbeitsplatz direkt auf Platte erfasst.
- Lochkarten mit einem Dienstprogramm[1] auf Band oder Platte uebertraegt.
- Daten durch FORTRAN-, ALGOL-, COBOL-, PL/1- oder ASSEMBLER-Programme formatiert auf Band oder Platte ausgibt.
- Daten mit der SPSS-Prozedur WRITE CASES (Schluesselwort FIXED) auf Band oder Platte ausgibt.
- Saemtliche Daten, die die Statistikprozeduren von SPSS ausgeben und die nicht Teil der Druckausgabe sind, werden ebenfalls als BCD-Dateien erstellt. (Ausnahme: Prozedur AGGREGATE). Im BCD-Code werden z.B. durch die Prozedur FACTOR Faktorenwerte, durch die Prozedur REGRESSION, Residuen ausgegeben.

BCD-Dateien auf Band oder Platte werden mit den gleichen Formatelementen (F, A, X, T, /, G, D, E) der INPUT FORMAT-Karte bzw. mit den gleichen Angaben der DATA LIST- bzw. ADD DATA LIST-Karte gelesen wie Lochkarten. "Logische Karten" auf Band oder Platte werden als Saetze bezeichnet. Die Laenge (Zahl der Positionen/Spalten) von Saetzen koennen auf Band oder Platte mehr oder weniger als 80 sein. Dateien dieser Art werden auch als Oktaden- oder Character-Dateien bezeichnet.

---

[1] Vgl. Kap. 4.1.5: Einige Bemerkungen zu Band- und Plattendateien.

Binaerdateien enthalten die Daten im internen Code, in dem die Maschine direkt rechnet.[1] Binaerdateien koennen direkt nur von Programmen erstellt bzw. gelesen werden. Sie werden entweder durch FORTRAN-, PL/1-, COBOL- oder ASSEMBLER-Programme oder durch die SPSS-Prozeduren WRITE CASES bzw. AGGREGATE erstellt. Zum Einlesen von Binaerdateien in SPSS ist auf den INPUT FORMAT-, DATA LIST- und ADD DATA LIST-Karten das Schluesselwort BINARY anzugeben.

Der Vorteil von Binaerdateien ist, dass sie schneller als BCD-Dateien von der Maschine eingelesen werden, ihr Nachteil ist, dass die meisten anderen Statistiksysteme das Einlesen solcher Dateien nicht vorsehen. Ausserdem koennen sie nicht direkt von einem Maschinentyp auf einen anderen uebertragen werden.

Wird eine Datei ausschliesslich mit SPSS bearbeitet, sollten SPSS-Dateien als sekundaerer Datenspeicherung der Vorzug vor BCD- oder Binaerdateien gegeben werden.

Ausser den drei genannten Dateitypen: SPSS-Dateien, BCD-Dateien und Binaerdatein, kann SPSS noch die Dateien des Statistiksystems OSIRIS direkt einlesen, ausserdem Dateien mit Daten mit binaeren, gepackt dezimalen, ungepackt dezimalen und Gleitpunktzahlen in ihrer maschinen-internen Darstellung.[2] Zum Einlesen von OSIRIS-Dateien ist die OSIRIS VARS-Karte vorgesehen.[3]

5.1 Einlesen von BCD- und Binärdateien

Der SPSS-Steuerkartensatz, um BCD- oder Binaerdateien von Band oder Platte einzulesen, entspricht dem, um Daten von Lochkarten einzulesen. Die einzigen Aenderungen sind:

- Die Datenkarten und die READ INPUT DATA-Karte entfallen.[4]
- Da die Daten nicht mehr in Form von Lochkarten in den SPSS-Job eingebettet sind, muss auf Kommandokarten dem Betriebssystem der externe Dateiname der BCD- bzw. Binaerdatei und eventuell weitere Angaben uebergeben werden.
- Bei Binaerdateien muessen auf der DATA LIST- bzw. INPUT FORMAT-Karte das Schluesselwort BINARY und entsprechende Angaben aufgefuehrt werden. Fuer BCD-Dateien gelten wie bei der Eingabe der

---

[1] Sie enthalten Gleitpunktzahlen und Zeichenketten in ihrer maschinen-internen Darstellung mit 32 (bzw. 36, 48, 60) Bits. Binaer ist ein Codierungsschema, das ausschliesslich innerhalb des Rechners benutzt wird, um Werte von Variablen zu speichern und zu manipulieren. In Binaerdateien werden die Werte jeder Variablen als "Computerwort" mit fester Laenge gespeichert, unabhaengig wie klein oder gross der Wert tatsaechlich ist oder wieviele signifikante Stellen rechts vom Dezimalpunkt sind. Binaerdateien haben den Vorteil, dass der Benutzer sich nicht um die Groesse der Werte, deren Datentyp und ihre Satz- und Spaltenposition kuemmern muss. Die feste Laenge jedes Wortes und die interne Darstellung ermoeglichen es, jeder einzulesenden Variablen einfach durch ihre relative Position innerhalb eines Satzes den entsprechenden Wert in jedem Fall zuzuordnen.

[2] Die zuletzt genannten Datentypen erst ab Version 7.

[3] Vergleiche dazu Seite 657-661 in Nie et al. (1975).

[4] Bis Version 7 ist die READ INPUT DATA-Karte erforderlich.

Daten von Karten das Schluesselwort FIXED und analoge Angaben. Die Satzlaenge kann allerdings groesser und kleiner 80 sein.

Beispiel

```
1              16
RUN NAME       SPIEGELFRAGEBOGEN
 .
 .
INPUT MEDIUM   TAPE
 .
 .
FREQUENCIES    GENERAL = ALL
READ INPUT DATA
CROSSTABS      TABLES = MOTIV1 TO MOTIV7 BY GESCHL
FINISH
```

5.1.1 Die INPUT FORMAT-Karte: Weiterfuehrende Elemente

In Kapitel 2.1.2 wurden der allgemeine Aufbau und die grundlegenden Elemente der INPUT FORMAT-Karte beschrieben. Die dort dargestellten Formatelemente F, A, X, T und der Schraegstrich erweisen sich in der Regel als ausreichend. Neben diesen Elementen sind in der Formatliste zum Schluesselwort FIXED noch die drei FORTRAN-aequivalenten Formatelemente G, D und E und ab Version 7 von SPSS die Formatelemente B, R, C und Z zulaessig, die das Einlesen von Dateien mit binaeren, gepackt dezimalen, ungepackt dezimalen und Gleitpunktzahlen in der Maschinen-internen Darstellung erlauben.[1]

Daten, die durch diese Formatelemente eingelesen werden koennen, koennen nur durch Programme, die in einer der Programmiersprachen FORTRAN, PL/1, COBOL oder ASSEMBLER geschrieben sind, erzeugt werden (Ausnahme: Z-Format). Die nachfolgende Tabelle stellt den vier Formatcodes die Deklarationen dieser Programmiersprachen gegenueber, mit denen die Attribute fuer die entsprechenden Daten in diesen Sprachen festgelegt werden.

Format-code	FORTRAN	PL/1	COBOL	ASSEMBLER	Allge. Format
B	INTEGER INTEGER*2	BIN FIXED(31) BIN FIXED(15)	COMPUTATIONAL	Vollwort Halbwort	rBw.d
C		DEC FIXED	COMPUTATIONAL-3	gepackt dezimal	rCw.d
R	REAL REAL*8	DEC FLOAT	COMPUTATIONAL-1 COMPUTATIONAL-2	Gleitpunkt-Zahlen	rRw
Z		PICTURE	DISPLAY	ungepackt dezimal	rZw.d

Das B-Format wird notwendig, um Festpunktdaten zu lesen.

Allgemeines Format: rBw.d

[1] Nicht bei der CDC-Version.

r ganzzahliger Wiederholungsfaktor.
B Formatcode.
w Feldbreite in Bytes, nicht in Ziffern. Fuer w ist nur 2 oder 4 zulaessig.
d Zahl der Ziffern, nicht Bytes oder Bits rechts vom Dezimalpunkt.

Das C-Format liest Felder mit gepackten Dezimalzahlen.

Allgemeines Format: rCw.d

r ganzzahliger Wiederholungsfaktor.
C Formatcode.
w Feldbreite in Bytes, nicht in Ziffern.
d Zahl der Ziffern, nicht Bytes rechts vom Dezimalpunkt. Der Wert von d darf nicht die Zahl der Ziffern im Feld uebertreffen, d.h. d <= 2*w-1.

Das R-Format liest Felder mit Gleitpunktzahlen einfacher oder doppelter Genauigkeit in ihrer maschinen-internen Darstellung.

Allgemeines Format: rRw

r ganzzahliger Wiederholungsfaktor.
R Formatcode.
w Feldbreite in Bytes. Zulaessig fuer w sind 4 (einfache Genauigkeit) oder 8 (doppelte Genauigkeit). Zu beachten ist, dass mit R8 gelesene Daten beim Einlesen in SPSS zu einfach genauen Daten abgeschnitten werden. Da der Dezimalpunkt bei Gleitpunktzahlen implizit festgelegt ist, gibt es kein "d"-Feld.

Das Z-Format liest Felder mit ungepackten Dezimalzahlen.

Allgemeines Format: rZw.d

r ganzzahliger Wiederholungsfaktor.
Z Formatcode.
w Feldbreite in Bytes.
d Zahl der Ziffern rechts vom Dezimalpunkt. Ein im Feld explizit vorhandener Dezimalpunkt geht der Angabe durch "d" vor.

Das Schluesselwort BINARY

```
 Allgemeines Format
1             16
INPUT FORMAT  BINARY [ (Formatliste) ]
```

Die Konventionen fuer die INPUT FORMAT-Karte bei Binaerdateien sind einfach: Auf der VARIABLE LIST-Karte werden die einzulesenden Variablen benannt. Damit wird implizit die Zahl der Variablen festgelegt. In der Formatliste werden die Positionen der Variablen in einem exemplarischen Fall der Eingabedatei angegeben.[1] Sollen alle Variablen in der Eingabedatei eingelesen werden, entfaellt diese Formatliste.

---

[1] Bei der CDC-Version ist keine Formatliste zulaessig. Wenn das Schluesselwort BINARY verwendet wird, muss die Datei genauscviele Worte je Satz haben, wie Variablen angegeben werden. Zusaetzlich sind Kommandokarten fuer den Record Manager erforderlich.

Beispiel

```
1              16
VARIABLE LIST  AGG1 TO AGG20
INPUT FORMAT   BINARY
INPUT MEDIUM   DISK
```

Soll nur eine Teilmenge der Variablen einer Binaerdatei eingelesen werden, muss eine in Klammern eingeschlossene Formatliste dem Schluesselwort BINARY folgen. Zulaessig sind die vier Formatelemente V, S, Pn und der Schraegstrich.

Der V-Formatcode zeigt an, dass eine Variable aus der Binaerdatei eingelesen werden soll. Fuer jeden Variablennamen auf der VARIABLE LIST- oder ADD VARIABLES-Karte muss ein "V" in der Formatliste existieren. Fuer zwei oder mehrere benachbarte einzulesende Variablen kann durch einen Wiederholungsfaktor die Codierung vereinfacht werden.

Der S-Formatcode zeigt an, dass eine Variable der Binaerdatei beim Einlesen uebergangen werden soll. Ein Wiederholungsfaktor kann fuer benachbarte Variablen benutzt werden.

Der Pn-Formatcode zeigt an, dass bei der n-ten Variablen gelesen oder weitergelesen werden soll. Die zuvorliegenden Variablen des Satzes werden ignoriert.

Der Schraegstrich "/" hat analoge Funktion wie bei Daten mit festem Format. Er wird benutzt, um Saetze zu ueberspringen. Da Binaerdateien in der Regel nur einen Satz pro Fall enthalten, wird dieses Formatelement selten benoetigt.

Beispiele

```
1              16
INPUT FORMAT   BINARY (6S,24V)
INPUT FORMAT   BINARY (V,S,V,5S,20V)
INPUT FORMAT   BINARY (10(2S,V))
INPUT FORMAT   BINARY (V,S,3(V,2S))
INPUT FORMAT   BINARY (P15,2V,4S,V)
```

Eine Folge verschiedener Formatelemente kann zu einer Gruppe zusammengefasst werden, indem diese Folge durch Klammern eingefasst wird. Wiederholt sich eine solche Gruppe, kann durch einen Wiederholungsfaktor vor der linken Klammer die Codierung vereinfacht werden.

5.1.2 Die DATA LIST-Karte: Das Schluesselwort BINARY <nicht CDC>

```
Allgemeines Format
1              16
DATA LIST      BINARY [(n)] [/m1] Variablenliste
               Anfangsposition[-Endposition] [ . . . ]
```

Die Konventionen fuer die DATA LIST-Karte bei Binaerdateien sind analog wie bei BCD-Dateien (Schluesselwort FIXED). Da bei Binaerdateien alle Werte als Computerworte mit fester Laenge gespeichert sind, die die notwendigen Informationen ueber den Typ der Variablen und die Stellung des Dezimalpunktes implizit enthalten, ergeben sich folgende Vereinfachungen: Angaben ueber den Typ der Variablen, ueber die Stellung des Dezimalpunktes, ueber die Spaltenposition entfallen. Es muessen nur die Variablennamen und die relative Position der Variablen in der Datei angeben werden, d.h. Zahl der Saetze pro Fall, Nummer des nachfolgend beschriebenen Satzes, relative Positionen der Variablen in dem vorliegenden Satz.

Da bei Binaerdateien haeufig ein Satz einen Fall umfasst, entfallen meistens auch die Angaben ueber die Zahl der Saetze und die Satznummern. Nehmen einige Variablen benachbarte Positionen in einem Satz ein, koennen die Variablen durch eine definierende Variablenliste der ueblichen Form aufgefuehrt werden. Danach folgt die relative Position der ersten Variablen dieser Liste, ein Bindestrich, danach die relative Position der letzten Variablen dieser Liste.

Beispiel

```
1              16
DATA LIST      BINARY NUM 1 V20 TO V50 21-50 ITEM01 70 ITEM05 75 GES,
               ALTER, BERUF 90-92
```

5.2 Erstellen von BCD- und Binärdateien

BCD- und Binaerdateien koennen innerhalb des SPSS-Systems durch die Prozedur WRITE CASES und als zusaetzliche Ausgabe durch einige Statistikprozeduren erstellt werden. Die Prozedur WRITE FILEINFO reproduziert die in einer SPSS-Datei enthaltenen Datendefinitionskarten ebenfalls im BCD-Code. Durch die RAW OUTPUT UNIT-Karte kann die Nummer der logischen Einheit bzw. der logische Dateiname fuer BCD- und Binaerausgabedateien geaendert werden.

5.2.1 Die WRITE CASES-Karte

Zuvor wird ein Lauf mit der Prozedur CONDESCRIPTIVE empfohlen, um Informationen ueber den Wertebereich (Minimum, Maximum) der Variablen in der Datei zu erhalten, um die Formatliste der WRITE CASES-Karte korrekt codieren zu koennen.

Allgemeines Format

```
1              16
WRITE CASES    (Formatliste) Variablenliste | BINARY Variablenliste
```

Die Prozedur WRITE CASES ermoeglicht die durch die Variablenliste aufgefuehrten Variablen im BCD-Code auf Karten, Band oder Platte oder binaer auf Band oder Platte auszugeben.[1] Fuer BCD-Ausgabedateien muss zuerst eine in Klammern eingeschlossene Formatliste aufgefuehrt werden, fuer Binaerdateien nur das Schluesselwort BINARY; danach folgt in beiden Faellen eine Variablenliste. Diese Variablenliste entspricht den ueblichen Konventionen und kann sowohl eingelesene Variablen, als auch durch COMPUTE IF usw. berechnete oder durch RECODE modifizierte Variablen enthalten, ausserdem die drei intern erzeugten Variablen SEQNUM, SUBFILE oder CASWGT.

Die in Klammern eingeschlossene Formatliste entspricht im wesent-

---

[1] Zur Nummer der logischen Ausgabeeinheit bzw. zum logischen Dateinamen siehe die RAW OUTPUT UNIT-Karte; zur Angabe des Ausgabemediums usw. siehe Kap. 7: Kommandokarten.

lichen den Konventionen der Formatliste der INPUT FORMAT-Karte. Der T-Formatcode ist allerdings nicht erlaubt. Insbesondere ist zu beachten: Die Formatliste beschreibt exemplarisch einen Fall der Ausgabedatei. Die Zuordnung Formatelement - Variablenname erfolgt von links nach rechts. Einer alphanumerischen Variablen muss ein A-Formatcode, einer numerischen Variablen ein F-Formatcode zugeordnet werden. Schraegstrich und X-Formatcode haben analoge Bedeutung wie bei der INPUT FORMAT-Karte. Bei dem F-Formatcode sollte insbesondere beachtet werden, dass der Dezimalpunkt nicht explizit mit ausgegeben wird, dass die Stellen rechts vom Dezimalpunkt wie ueblich gerundet werden, fuer die Stellen links vom Dezimalpunkt jedoch einschliesslich Vorzeichen ausreichend Stellen im Format vorgesehen werden muessen. Die Formatliste der WRITE CASES-Karte kennt ausserdem die beiden im wesentlichen aequivalenten Formatelemente, das <u>H-Format</u> und das <u>Hochkomma</u>,[1] die in der Formatliste der INPUT FORMAT-Karte nicht zulaessig sind. Es wird hier nur das Hochkomma beschrieben: Sollen alphanumerische Zeichenkonstanten (das Hochkomma selbst ist hierbei ausgeschlossen) mit ausgegeben werden, dann werden sie in Hochkomma eingeschlossen und explizit in der Formatliste mit aufgefuehrt.

Die Satzlaenge wird bei BCD-Dateien durch den Aufbau der Formatliste bestimmt, d.h. die Satzlaenge kann kleiner bzw. groesser als 80 Bytes (Spalten) sein.

Beispiele

```
1              16
WRITE CASES    (A4,F2.0,10A2,15F3.1) V1 TO V27
WRITE CASES    (10F8.4/20A4/10F3.0) X1 TO X40
WRITE CASES    (F3.0,2X,10A1,65F1.0) Y1 TO Y76
WRITE CASES    ('DATEI01',F3.0,6F10.0) SE(NUM,A,B,C,X,Y,Z
WRITE CASES    BINARY V1 TO V200
WRITE CASES    (' ',50F2.0) V1 TO V50
```

Im vierten Beispiel wird in den Spalten 1-7 der ausgegebenen Karten (Saetze) durchgehend fuer alle Faelle die Zeichenkonstante DATEI01 ausgegeben.

Als Ausgabemedium fuer die Prozedur WRITE CASES kann hilfsweise auch der Schnelldrucker festgelegt werden.[2] In diesem Fall muss ein in Hochkomma eingefasstes Leerzeichen als erstes Zeichen zur Steuerung des Zeilenvorschubs mit ausgegeben werden (siehe sechstes Beispiel).

Die OPTIONS-Karte

1: Fallweiser Ausschluss fehlender Werte. Standardannahme: alle Faelle werden in der Ausgabedatei eingeschlossen.
2: <nur CDC> Eine Diskrepanz zwischen der Zahl der Formatelemente und der Zahl der Variablen wird toleriert.
3: <nur CDC> Der Dezimalpunkt wird mit ausgegeben.
4: <nur CDC> Die Binaerausgabe wird ohne eine end-of-record-Marke nach jedem Fall geschrieben (kann dann nur von SPSS wieder eingelesen werden, spart Speicherplatz).
5: <nur CDC> Eine end-of-file-Marke wird nach dem letzten Fall geschrieben.

---

[1] Bei der CDC-Version das Anfuehrungszeichen (").
[2] Siehe Kap. 7: Kommandokarten.

Beschraenkungen

1: Ein Wiederhclungsfaktor in der Formatliste darf nicht groesser als 255 sein.
2: Die Variablenliste darf nicht mehr als 250 Elemente[1] - Variablennamen und das Schluesselwort TO - enthalten.

5.2.2 Die WRITE FILEINFO-Karte

Die WRITE FILEINFO-Karte ermoeglicht, Teile oder die Gesamtheit der Datendefinitionen einer existierenden SPSS-Datei im BCD-, EBCDI-Code auf Karten, Band oder Platte auszugeben.[2] Sie ermoeglicht, im Zusammenhang mit der WRITE CASES-Karte SPSS-Dateien, die in der Regel maschineninkompatibel sind, von einer EDV-Anlage auf eine Anlage anderen Typs zu uebertragen und dort neu zu erstellen.

Allgemeines Format

```
1               16
WRITE FILEINFO VARIABLES = Variablenliste | ALL/ Schluesselwort(e)
               [/ CHAR = BCD | EBCD] [/NUMBERED]
```

Das Schluesselwort VARIABLES, das als erstes aufgefuehrt werden muss, nennt alle oder eine Teilmenge der Variablen der existierenden SPSS-Datei, fuer die Datendefinitionskarten ausgegeben werden sollen. Die Variablenliste entspricht den ueblichen Konventionen. Nachfolgend gibt eine beliebige Kombination der in der Tabelle aufgefuehrten Schluesselwoerter an, welche Datendefinitionskarten ausgegeben werden sollen.

Schluesselwort	Produzierte Datendefinitionskarten
FILENAME	FILE NAME-Karte
VARLIST	VARIABLE LIST-Karte
SUBFLIST	SUBFILE LIST-Karte
NCASES	N OF CASES-Karte
MISVALS	MISSING VALUES-Karte
PRNTFMTS	PRINT FORMATS-Karte
VARLABS	VAR LABELS-Karte
VALLABS	VALUE LABELS-Karte
DOCUMENTS	DOCUMENT-Karte
ALL	alle zuvor aufgefuehrten Karten

Die Schluesselwoerter CHAR und NUMBERED sind wahlfrei. NUMBERED bewirkt, dass die Karten (Saetze) in den Spalten 73-80 numeriert werden. CHAR gibt an, in welchem Code die Datei - BCD- oder EBCDI-Code - ausgegeben werden soll. Wird CHAR nicht aufgefuehrt, wird die Datei im Standardcode der entsprechenden Anlage ausgegeben.

Beispiele

```
1               16
WRITE FILEINFO VARIABLES=ALL/ VARLIST, NCASES, MISVALS, VARLABS,
               VALLABS/ CHAR=BCD/ NUMBERED/
WRITE FILEINFO VARIABLES=ALL/ALL/
```

---

[1] Bei der M-Version 500.
[2] Zur Nummer der logischen Ausgabeeinheit siehe die RAW OUTPUT UNIT-Karte; zur Angabe des Ausgabemediums siehe Kap. 7.

5.2.3 Die RAW OUTPUT UNIT-Karte

Programme benutzen intern Nummern (Nummern von logischen Einheiten) bzw. Dateinamen, um sich auf Eingabe- und Ausgabedateien zu beziehen. Wird das Programm zur Ausfuehrung gebracht, muessen Kommandokarten dem uebergeordneten Betriebssystem sagen, welches Ein-, Ausgabemedium, z.B. Drucker, Stanzer, welche besondere Band- oder Plattendatei jeder logischen Einheit bzw. jedem logischen Dateinamen entsprechen soll. Die zusaetzliche Ausgabe bestimmter Prozeduren wie in Kapitel 5.2.4 beschrieben, wird standardmaessig auf der logischen Einheit 9 ausgegeben.[1]

Allgemeines Format

```
1              16
RAW OUTPUT UNIT n
```

n ist die Nummer der logischen Einheit. Fuer n sind zulaessig die Ziffern 9 oder 15 bis 20.[2] Die Angabe der RAW OUTPUT UNIT-Karte gilt bis eine weitere RAW OUTPUT UNIT-Karte eingelesen wird. Soll in einem Lauf von mehreren Prozeduren Ausgabe erzeugt werden, die in getrennte Dateien geschrieben werden soll, muss vor jeder Prozedur-Karte eine entsprechende RAW OUTPUT UNIT-Karte eingefuegt werden.

Beispiel

```
1               16
WRITE CASES     (F6.0,10F2.0) SEQNUM,V1 TO V10
RAW OUTPUT UNIT 15
PEARSON CORR    V20 TO V40
OPTIONS         4
NONPAR CORR     V20 TO V40
OPTIONS         4
RAW OUTPUT UNIT 16
FACTOR          VARIABLES = ITEM01 TO ITEM50/FACSCORE/
STATISTICS      ALL
FINISH
```

Die Prozedur WRITE CASES schreibt im Beispiel auf die standardmaessig zugeordnete logische Einheit. Die zwei Korrelationsmatrizen der Prozeduren PEARSON CORR und NONPAR CORR werden auf der logischen Einheit 15 und die Faktorenwerte auf der logischen Einheit 16 ausgegeben.

---

[1] Bei der TR440- und UNIVAC-Version auf der logischen Einheit 7.
[2] Bei der SIEMENS-Version sind zusaetzlich die Nummern 6 (Schnelldrucker) und 7 (Lochkartenstanzer) zulaessig.
Bei der TR440-Version ist statt n auch ein Schluesselwort oder eine Dateiangabe zulaessig; siehe Kap. 7.4.1.
Bei der CDC-Version kann statt n ein Dateiname angegeben werden. Sonst wird durch Anhaengen der maximal 2-stelligen Zahl n der Dateiname TAPEn gebildet.

5.2.4 BCD- und Binaerausgabe der Statistikprozeduren

Folgende Statistikprozeduren ermoeglichen, neben der ueblichen Druckausgabe Verrechnungsergebnisse auf Karten, Band oder Platte auszugeben.[1]

Prozedur	Ausgabe	Option	Format
AGGREGATE	Anhaeufungsdateien		Siehe 6.1
CANCORR	Korrelationsmatrix	8	(8F10.7)
	Kanonische Werte	CANVAR	s.Druckausgabe
CONDESCRIPTIVE	z-Werte	3	(F6.0,F2.0,A4,F4.2,8F8.5)
DISCRIMINANT	Gruppenfallzahlen Mittelwerte und Kovarianzmatrizen	15	(5E16.6)
	Diskriminanzwerte	17	s.Druckausgabe
	Wahrscheinlichkeiten	18	s.Druckausgabe
	Gruppennummern	19	s.Druckausgabe
FACTOR	Korrelationsmatrix	5	(8F10.7)
	unrotierte Faktorenmatrix und Kommunalitaeten	6	
	Faktorenwerte	FACSCORE	(8F10.6)
	Faktorenwerte	11/FACSCORE	s.Druckausgabe
	Faktorenwertkoeffizienten	7	(8F10.7)
	Mittelwerte und Standardabweichungen	8	(8F10.4)
FREQUENCIES	gesamte Druckausgabe	4	
MANOVA	Mittelwerte Kovarianzmatrizen	8	(8F10.5)
	Mittelwerte Korrelationsmatrizen	10	(8F10.5)
	Fehlerkorr.-matrizen	11	(8F10.5)
	Fehlerkovarianzmatrizen	12	(8F10.5)
NONPAR CORR	Korrelationsmatrizen	4	(8F10.7)
ONEWAY	Gruppenhaeufigkeiten	4	(8F10.0)
	Mittelwerte und		(8F10.4)
	Standardabweichungen		(8F10.4)
PARTIAL CORR	Korrelationsmatrizen	4	(8F10.7)
PEARSON CORR	Korrelationsmatrizen	4	(8F10.7)
REGRESSION	Korrelationsmatrizen	8	(8F10.7)
	Mittelwerte und Standardabweichungen	15	(8F10.4)
	Residuen	11/RESID	(8F10.6)[2]
	Y'-Werte	12/RESID	(8F10.6)
RELIABILITY	Kovarianzmatrix	8	(4E20.13)
	Mittelwerte	11	(5E16.7)
SPECTRAL	Auto-, Kreuzkovarianzen	9-17	(5E16.7)
SURVIVAL	Sterbetafeln	8-9	s.Druckausgabe
TETRACHORIC	Korrelationsmatrix	4	(8F10.7)
	Mittelwerte und Standardabweichungen	8	(8F10.4)

Diese Daten koennen nachfolgend von verschiedenen SPSS-Prozeduren oder anderen Programmen wiedereingelesen und weiterverarbeitet werden. Der Nutzen dieser zusaetzlichen Ausgabe besteht einmal darin, bei der nachfolgenden Bearbeitung Rechenzeit zu sparen, z.B. indem

---

[1] Hilfsweise kann auch fuer diese Ausgabe der Drucker als Ausgabemedium angegeben werden; siehe Kap. 7: Kommandokarten.
[2] Siehe auch Option 10 der Prozedur REGRESSION.

eine grosse Korrelationsmatrix durch die Prozedur PEARSON CORR ausgegeben und nachfolgend durch die Prozeduren PARTIAL CORR, REGRESSION, FACTOR, CANCORR oder DISCRIMINANT eingelesen wird, zum anderen dass z.B. Residuen, Faktorenwerte, kanonische Werte oder Diskriminanzwerte mit anderen Verfahren weiterverarbeitet werden.

Obwohl diese zusaetzliche Ausgabe prozedurabhaengig ist, gelten eine Reihe von Gemeinsamkeiten:

- Das Ausgabemedium wird bei allen Prozeduren durch Kommandokarten ueber das Betriebssystem bestimmt.
- Die Ausgabe erfolgt bei allen Prozeduren standardmaessig ueber die logische Einheit 9; bei der TR440- und UNIVAC-Version auf der logischen Einheit 7, bei der CDC-Version ueber den logischen Dateinamen BCDOUT. Diese Einheiten koennen durch die RAW OUTPUT UNIT-Karte geaendert werden.
- Die Ausgabe erfolgt grundsaetzlich in BCD-Form. Ausgenommen ist die Prozedur AGGREGATE, wo die Ausgabe im Binaercode erfolgt.
- Die Satzlaenge betraegt grundsaetzlich 80 Bytes (Kartenimage).
- Die Ausgabe wird durch Schluesselwoerter und/oder Optionen erzeugt.
- Werden mehrere Unterdateigruppen durch die ausgebende Prozedur bearbeitet, werden fuer jede Gruppe in entsprechender Reihenfolge Daten ausgegeben.
- Auch symmetrische Matrizen werden als vollstaendige, quadratische Matrizen ausgegeben. Ausgenommen sind die Prozeduren RELIABILITY und DISCRIMINANT.
- Jeder Vektor und jede Zeile einer Matrix beginnen mit einem neuen Satz (Karte).
- Die Reihenfolge der Variablen in den Matrizen und Vektoren entspricht der Reihenfolge der Variablen in den Listen der Prozedurkarten.

5.3 Eingabe von Matrizen: Die READ MATRIX-Karte

Um Rechenzeit zu sparen, erlauben die Prozeduren ONEWAY, PARTIAL CORR, REGRESSION, FACTOR, CANCORR, DISCRIMINANT, RELIABILITY und MANOVA die Eingabe von Matrizen und/oder Vektoren, z.B. Korrelationsmatrizen, Mittelwerte, Standardabweichungen anstelle von Rohdaten.[1] Das Einlesen von Matrizen wird durch die Angabe von Optionen auf der zur jeweiligen Prozedurkarte gehoerenden OPTIONS-Karte erreicht. Diese Optionsnummern werden in den Kapiteln der Statistikprozeduren aufgefuehrt. Bei der Prozedur DISCRIMINANT koennen in einem Lauf sowohl Rohdaten als auch Matrizen eingelesen werden.[2]

Liegen die Matrizen und Vektoren auf Lochkarten vor, folgen der Prozedurkarte und den zugehoerigen STATISTICS- und OPTIONS-Karten eine READ MATRIX-Karte und nachfolgend die Matrizen. Falls die Matrizen von Band oder Platte eingelesen werden, kann die READ MATRIX-Karte entfallen.[3]

----

[1] Da die Funktionsweise von SPSS bei der Eingabe von Matrizen von der bei Rohdateneingabe sich wesentlich unterscheidet, wird dem ungeuebten Benutzer empfohlen, diese Moeglichkeit nur dann zu benutzen, wenn es zwingend notwendig ist.

[2] Ab Version 8, nicht bei der CDC-Version.

[3] Bis Version 7 ist die READ MATRIX-Karte erforderlich.

Es gibt zwei verschiedene Formen, um Matrizen und Vektoren einzugeben.

Die erste Eingabeform richtet sich nach den Prozedurkarten; dabei wird die Zahl der einzugebenden Matrizen und deren Aufbau durch die Variablenlisten der zugehoerigen Prozedurkarte bestimmt, d.h. fuer jede Variablenliste auf einer Prozedurkarte wird jeweils eine Eingabematrix erwartet. Die Zahl und die Reihenfolge der Variablen in den Matrizen richtet sich nach der Zahl und der Reihenfolge der Variablen in den Listen der Prozedurkarten. Die VARIABLE LIST-Karte fuehrt dabei alle in diesem Lauf vorkommenden Variablen genau einmal auf. Die Reihenfolge der Variablen auf der VARIABLE LIST-Karte ist dabei belanglos, falls nicht das Schluesselwort TO auf der Prozedurkarte benutzt wird. In diesem Fall wird angenommen, dass die Abfolge dieser Variablen der Abfolge auf der VARIABLE LIST-Karte entspricht.

Ausserdem muessen folgende Konventionen beruecksichtigt werden:

- Einige Prozeduren benoetigen eine N OF CASES-Karte zur Berechnung der Signifikanztests. Die Zahl der Faelle sollte dabei der Zahl der Faelle in der Ausgangsdatei entsprechen.
- Die INPUT FORMAT-Karte entfaellt grundsaetzlich. Als Eingabeformate der Matrizen und/oder Vektoren werden Standardformate erwartet, die den Ausgabeformaten der relevanten Statistikprozeduren entsprechen.[1]
- Die OPTIONS-Karte muss zumindest die gewuenschte Eingabeform angeben; einige Optionen sind jedoch bei Eingabe von Matrizen und/oder Vektoren nicht zulaessig.[2]
- VALUE LABELS-, COMPUTE-, SELECT IF-Karten usw. koennen bei Eingabe von Matrizen und/oder Vektoren nicht benutzt werden.
- Eingabe von Matrizen, Vektoren und Rohdaten innerhalb desselben SPSS-Aufrufs sind nicht moeglich (ausser bei DISCRIMINANT). Matrizen und Vektoren koennen nicht als SPSS-Datei gespeichert werden.
- Werden Matrizen und Vektoren fuer eine Prozedur eingelesen, richtet sich die Abfolge der Daten nach den Angaben der Prozedurbeschreibung.
- Der Verarbeitungsmodus fuer Unterdateien funktioniert analog der Eingabe von Rohdaten.

Beispiel

```
1              16
VARIABLE LIST  V1,V7,V12,V20 TO V28,V30 TO V40
INPUT MEDIUM   DISK
N OF CASES     259
PARTIAL CORR   V20 TO V28,V35 TO V39 BY V7(1)/
               V25 TO V40 BY V1,V12(1,2)
OPTIONS        4
READ MATRIX
FINISH
```

Es werden zwei Korrelationsmatrizen erwartet; zuerst eine (15,15)-Matrix, dann eine (17,17)-Matrix.

Die zweite Eingabeform richtet sich nach der VARIABLE LIST-Karte; dabei wird pro SPSS-Lauf genau eine Matrix oder eine Folge von Matrizen bei Unterdateistruktur bzw. eine zusammengehoerige Gruppe von Matrizen und Vektoren (z.B Faktormatrix und Kommmunalitaeten)

---

[1] Siehe Kap. 5.2.4: BCD- und Binaerausgabe der Statistikprozeduren. Eine Ausnahme bildet lediglich die Prozedur RELIABILITY.
[2] Siehe die Einzelbeschreibungen der Statistikprozeduren.

erwartet. Die Anzahl und die Reihenfolge der Variablennamen auf der VARIABLE LIST-Karte muss der tatsaechlichen Anzahl und Reihenfolge der Variablen in den Eingabedaten entsprechen. Nachfolgende Prozedurkarten koennen beliebige Teilmengen dieser Variablen in beliebiger Reihenfolge auswaehlen.

Beispiel

```
1              16
VARIABLE LIST  V1 TO V100
INPUT MEDIUM   DISK
N OF CASES     337
PARTIAL CORR   V20 TO V30 BY V1,V7,V10(1)/
               V35,V37 TO V48,V50,V60 BY V95 TO V99(1)
OPTIONS        4,6
READ MATRIX
FINISH
```

Auch im nachfolgenden Beispiel wird nur eine Matrix der Dimension (100,100) erwartet.

Beispiel

```
1              16
VARIABLE LIST  V1 TO V100
INPUT MEDIUM   DISK
N OF CASES     450
FACTOR         VARIABLES = V1 TO V60
OPTIONS        3,9
READ MATRIX
PARTIAL CORR   V20 TO V30 BY V1,V7,V10(1)/
               V35,V37 TO V48,V50,V60 BY V95 TO V99(1)
OPTIONS        4,6
READ MATRIX
FINISH
```

Die Statistikprozeduren

6

6.1 AGGREGATE

Die Prozedur AGGREGATE berechnet deskriptive Statistiken fuer Gruppen von Faellen. Diese Ergebnisse koennen sowohl ueber den Drucker als auch auf Band oder Platte ausgegeben werden.

Die Prozedurkarte

```
1              16
AGGREGATE      GROUPVARS=Variablenliste/ VARIABLES=Variablenliste
                /AGGSTATS = Schluesselwortliste
               [/ RMISS = Wert ] [/VARIABLES = ... ]
```

GROUPVARS ist die erste Anweisung auf der Prozedurkarte. Diese Anweisung darf nur einmal, alle anderen Anweisungen wiederholt aufgefuehrt werden. GROUPVARS nennt ein bis vier Gruppierungsvariablen. Die Eingabedatei muss nach den Werten dieser Variablen sortiert sein.[1] Diese Variablen definieren die Gruppen, fuer die deskriptive Statistiken berechnet und in eine Datei ausgegeben werden. Ein Fall wird immer dann ausgegeben, wenn eine der Gruppierungsvariablen ihren Wert aendert. Dabei werden ein Fall fuer "echte" Anhaeufungsdateien und n Kopien des gleichen Falls fuer "verteilende" Anhaeufungsdateien ausgegeben. n ist dabei die Zahl der Faelle der jeweiligen Gruppe. Standardmaessig wird eine echte, durch Option 4 eine verteilende Anhaeufungsdatei ausgegeben.

Die Anweisung VARIABLES nennt die Variablen, fuer die Statistiken berechnet werden sollen. Die Reihenfolge dieser Variablennamen legt die Reihenfolge der Variablen in der Ausgabedatei fest. Alphanumerische Variablen werden aus den Berechnungen ausgeschlossen.

Die Anweisung AGGSTATS legt durch ein oder mehrere Schluesselwoerter deskriptive Statistiken fest, die fuer jede Gruppe berechnet werden sollen. Es sind folgende deskriptive Statistiken verfuegbar:

Folge	Schluesselwort	Funktion
1	VALIDN	Zahl der Faelle mit nichtfehlenden Werten
2	SUM	Summe
3	MEAN	Mittelwert
4	SD	Standardabweichung
5	MAX	Maximaler Wert
6	MIN	Minimaler Wert
7	SKEW	Schiefe
8	KURT	Exzess
9	PCTGT(n)	Prozentsatz groesser als n
10	PCTLT(n)	Prozentsatz kleiner als n
11	PCTBTN(n1,n2)	Prozentsatz zwischen n1 und n2

[1] Siehe die Prozedur SORT CASES.

Die Funktionen PCTGT(n), PCTLT(n) und PCTBTN(n1,n2) berechnen den Prozentsatz der Faelle jeder Gruppe die groesser, kleiner als der Wert n ist bzw. zwischen den Werten n1 und n2 liegen. Die Intervallgrenzen sind dabei eingeschlossen. Abgesehen von der Statistik 'VALIDN' werden alle Statistiken fuer jede Variable der vorhergehenden Anweisung VARIABLES berechnet. Die Nummern 1 bis 11 in der Tabelle bestimmen die Reihenfolge, in der die aggregierten Daten je Variable ausgegeben werden, unabhaengig von der Reihenfolge der Schluesselwoerter auf der Anweisung AGGSTATS.

Angaben ueber fehlende Werte in den Gruppierungsvariablen werden grundsaetzlich ignoriert; alle Werte dieser Variablen werden als gueltig angesehen. Faelle mit fehlenden Werten in den Gruppierungsvariablen sollten daher sinnvollerweise zuvor durch SELECT IF ausgeschlossen werden. Als Voreinstellung fuer die Variablen einer Anweisung VARIABLES gilt: Fehlende Werte werden fuer jede Variable gesondert ausgeschlossen.

Es kann vorkommen, dass in einigen Gruppen nur fehlende Werte fuer bestimmte Variablen vorliegen. In der Konsequenz koennen dann alle Statistiken ausser VALIDN nicht berechnet werden. Da die Ausgabedatei fuer jede Aggregationsstatistik einen Wert haben muss, wird standardmaessig fuer nichtberechenbare Statistiken der Wert 0.0 eingesetzt. Ein anderer Wert kann durch die Anweisung RMISS angegeben werden. Er sollte ausserhalb des gueltigen Wertebereiches der Variablen liegen. Wird die Datei durch SPSS wieder eingelesen, muss dabei dieser Wert auf der MISSING VALUES-Karte angegeben werden.

Die Ausgabedateien der Prozedur AGGREGATE sind Bineardateien.[1] Waehrend diese Dateien bequem und effizient durch SPSS weiterverarbeitet werden koennen, werden sie von anderen Statistikprogrammen meist nicht akzeptiert. Sie sind ausserdem nicht direkt visuell lesbar und koennen nicht direkt auf Anlagen verschiedener Hersteller bearbeitet werden. Diese Einschraenkungen koennen, falls notwendig, folgendermassen umgangen werden: Die Binaerdatei wird durch SPSS eingelesen und als BCD-Datei durch WRITE CASES wieder ausgegeben.

Jeder Fall der Ausgabedatei wird in Saetzen von 80 Bytes ausgegeben.[2] Jeder Satz enthaelt maximal 20 Werte (Woerter). Die Struktur eines exemplarischen Falls kann aus der Zusammenstellung entnommen werden, die durch AGGREGATE immer ausgedruckt wird. Aufgrund dieser Zusammenstellung koennen die Datendefinitionskarten geschrieben werden, um die Datei durch SPSS weiterzuverarbeiten.

Neben den durch AGGSTATS und VARIABLES festgelegten Variablen wird automatisch eine Variable ausgegeben, die jedem Fall eine Gruppennummer gibt. Durch die Option 3 koennen ausserdem fuer jeden Fall die aktuellen Werte der Gruppierungsvariablen ausgegeben werden.

Die OPTIONS-Karte

1: Saemtliche Werte gehen in die Berechnungen der Statistiken ein, auch dann, wenn diese Werte durch eine MISSING VALUES-Karte als fehlend bezeichnet sind.
2: Fallweiser Ausschluss fehlender Werte: Hat wenigstens eine Varia-

---

[1] Siehe Kap. 5: BCD- und Binaerdateien.

[2] Bei der CDC-Version wird jeder Fall der Datei als ein Satz ausgegeben. Beim Wiedereinlesen muss deshalb auf der INPUT FORMAT-Karte nur das Schluesselwort BINARY angegeben werden.

ble einer VARIABLES-Anweisung einen fehlenden Wert, wird dieser Fall aus den Berechnungen fuer diese Variablenliste ausgeschlossen. Diese Vorgehensweise gilt fuer jede Anweisung VARIABLES gesondert.

3: Zu jedem Fall der Ausgabedatei werden die zugehoerigen Werte der Gruppierungsvariablen ausgegeben.
4: Die Anhaeufungsdatei wird als verteilende Datei ausgegeben.
5: <nur CDC> Die binaere Ausgabedatei wird ohne end of record (end of section) nach jedem Fall geschrieben.
6: <nur CDC> Nach den Daten wird eine end of file-Marke geschrieben.
7: <nur CDC> Es wird nur Druckausgabe und keine Binaerdatei erzeugt.
8: <nur CDC> Es wird keine Druckausgabe, sondern nur die Binaerdatei erzeugt; durch die STATISTICS-Karte angeforderte Druckausgabe wird dennoch gedruckt.
9: <nur CDC> Es wird keine Binaerdatei, sondern eine BCD-Datei ausgegeben. Das Ausgabeformat wird protokolliert. Es koennen Ausgabesaetze mit mehr als 80 Zeichen entstehen. Solche Dateien duerfen nicht direkt auf Karten ausgestanzt werden.

Die STATISTICS-Karte

1: Fuer jede Gruppe werden die automatisch erzeugte Gruppenidentifikationsnummer, die Zahl der enthaltenen Faelle und die aktuellen Werte der Gruppierungsvariablen ausgedruckt.
2: Neben den Informationen, die unter der Statistik 1 aufgefuehrt sind, wird jeder Fall der aggregierten Datei mit den Werten fuer alle Variablen ausgedruckt. Achtung: Diese Statistik ist sehr ausgabeintensiv.[1]
3: Erzeugt die gleiche Druckausgabe wie die Statistik 2, allerdings nur fuer die ersten 10 aggregierten Faelle.

Werden sowohl Statistik 2 und 3 angefordert, wird Statistik 3 ausgefuehrt. Ohne STATISTICS-Karte werden nur die Abschlusstabelle, die den Inhalt eines exemplarischen Falls der Ausgabedatei beschreibt, und die Zahl der Faelle in jeder Anhaeufungsgruppe ausgedruckt.

Beispiel

```
1              16
SORT CASES     SCHICHT FAMILIE
AGGREGATE      GROUPVARS = SCHICHT FAMILIE/ VARIABLES = EINKOM ERSPAR
               AUTO BUECHER GERAETE ZIMMER KINDER/
               AGGSTATS = VALIDN SUM MEAN/ RMISS = -1
```

Beschraenkungen

1: Maximal koennen 4 Gruppierungsvariablen angegeben werden.
2: Eine VARIABLES-Anweisung kann maximal 100 Variablen auffuehren.
3: Die Folge der Anweisungen VARIABLES, AGGSTATS, RMISS kann maximal 25 mal aufgefuehrt werden.
4: Die Zahl aller durch die Anweisungen VARIABLES implizit oder explizit aufgefuehrten Variablen darf 500 nicht uebersteigen.

---

[1] Bei "SPSS,LO=ONLINE" und "SPSS,LO=ABRV" der CDC-Version werden bei den Statistiken 2 und 3 folgende Groessen nicht gedruckt: SKEW, KURT, PCTGT, PCTLT und PCTBTN.

6.2 ANOVA

ANOVA rechnet Varianzanalysen fuer faktorielle Versuchsplaene mit maximal 5 Faktoren (unabhaengigen Variablen), wobei bis zu 5 Kovariaten (konkomitante Variablen) mit in die Berechnungen eingehen koennen. Eine vollstaendige Kovarianzanalyse leistet ANOVA nicht; dafuer sei die Prozedur MANOVA oder die Prozedur REGRESSION bei Benutzung von Dummy-Variablen empfohlen. ANOVA erfordert keine sortierten und tabellierten Eingabedaten, sondern verrechnet Rohdaten in der ueblichen Form. Zellen koennen ungleich besetzt oder auch leer sein. Ueber Optionen ist eine multiple Klassifikationsanalyse zu erreichen. ANOVA ist ungeeignet:

- fuer Messwiederholungen oder multiple abhaengige Variablen.
- Abhaengigkeit zwischen Faktoren (unabhaengigen Variablen) und Kovariaten.
- geschachtelte oder nichtfaktorielle Designs.

Zwar berechnet ANOVA auch einfaktorielle Varianzanalysen, jedoch liegt fuer diese Problemstellung die spezielle Prozedur ONEWAY vor; sie bietet zusaetzliche Statistiken und a priori- und a posteriori-Kontraste und erlaubt ferner Trendtests fuer mindestens ordinalskalierte unabhaengige Variablen.

Die Prozedurkarte

```
1             16
ANOVA         Abhaengige Variablen BY unabh. Variablen (min,max)
              [WITH Kovariaten]
              [/abhaengige Variablen BY . . .]
```

Die Prozedurkarte muss enthalten: mindestens eine abhaengige Variable und mindestens eine unabhaengige Variable (Faktor). Die unabhaengigen Variablen duerfen nur ganzzahlige Werte haben. Wahlweise kann eine Liste der Kovariaten hinzukommen. Die Liste der unabhaengigen Variablen muss ferner die Angabe des niedrigsten und hoechsten zu beruecksichtigenden Wertes in Klammern enthalten. Diese Angabe muss nicht den codierten Werten entsprechen. Wenn jedoch die niedrigsten und hoechsten abgelochten Werte den (min,max)-Bereich ueberschreiten, werden sie automatisch von allen Berechnungen ausgeschlossen. Andererseits erfordert eine zu grosszuegige Handhabung der (min,max)-Werte mehr Speicherplatz, als unbedingt notwendig waere. Eine Wertebereichsangabe durch (min,max) bezieht sich auf alle vor ihr stehenden Variablen bis zur vorhergehenden Angabe.

Beispiele

```
1             16
ANOVA         EINKOM BY AUSBILD (1,9) GESCHL (1,2)
ANOVA         LEISTG BY BELEUCHT, LAERM, ALTER (-1,1)
ANOVA         EINKOM, AUSBIL BY GESCHL (1,2) RELIGION (1,9)
ANOVA         EINKOM BY AUSBILD (1,9)
ANOVA         LEISTG BY BELEUCHT TO ALTER (-1,1)
```

Bis zu fuenf abhaengige Variablen koennen in einer Liste von abhaengigen Variablen angegeben werden. Im folgenden Beispiel

```
1             16
ANOVA         EINKOM, AUSBIL BY GESCHL (1,2) RELIGION (1,9)
```

werden zwei getrennte zweifaktorielle Analysen berechnet: zuerst fuer die abhaengige Variable EINKOM und die unabhaengigen Variablen GESCHL und RELIGION, danach fuer AUSBIL BY GESCHL, RELIGION.

ANOVA erlaubt die Beruecksichtigung von bis zu fuenf metrischen Variablen als Kovariaten. Die Hereinnahme von Kovariaten in den Versuchsplan wird durch das Schluesselwort WITH aufgerufen. Die Begrenzung auf 5 Kovariaten bezieht sich auf jeweils eine Analyseliste.

Beispiel

```
1             16
ANOVA         NOTE BY LERNPROG (1,3) WITH INTELLIG, LEISTNIV/
              C BY X TO Z (1,4) WITH D TO G
```

Die OPTIONS-Karte

1: Saemtliche Faelle sollen in die Berechnungen eingehen, unabhaengig davon, ob sie durch eine MISSING VALUES-Karte als fehlend bezeichnet sind.
2: Unterdrueckt die Werteetiketten in der Druckausgabe.

Die Optionen 3 bis 6 steuern die Behandlung von Wechselwirkungseffekten. Voreinstellung: Alle Wechselwirkungseffekte sollen untersucht werden.

3: Alle Wechselwirkungen zwischen zwei oder mehr Faktoren sollen ignoriert werden. Nur Haupteffekte erscheinen in der Tabelle.
4: Wechselwirkungen zwischen drei und mehr Faktoren sollen ignoriert werden. Die zugehoerigen Quadratsummen gehen in die Fehlerquadratsumme ein.
5: Wechselwirkungen zwischen mindestens vier unabhaengigen Variablen sollen ignoriert werden. Fehlerquadratsummenberechnung analog 4.
6: Die Wechselwirkung zwischen allen fuenf unabhaengigen Variablen soll ignoriert werden. Fehlerquadratsummenberechnung analog 4.

Bei Versuchsanlagen mit ungleichen Zellenbesetzungen sind i.a. die Haupteffekte und Wechselwirkungen voneinander abhaengig, so dass entscheidend ist, in welcher Reihenfolge die verschiedenen Effekte behandelt werden. Die Option 7 bis 10 steuern die Reihenfolge, in der die Kovariaten, Haupteffekte und Wechselwirkungen in die Analyse eingehen sollen. Voreinstellung: Zuerst wird die erste Kovariate, dann die zweite Kovariate usw. eingebracht, dann werden simultan alle Haupteffekte zu den Faktoren eingebracht (der ausgedruckte Effekt ist der zusaetzliche Beitrag zu allen Kovariaten und allen anderen Faktoren), dann simultan die Wechselwirkungen zwischen zwei Faktoren, dann simultan die Wechselwirkungen zwischen drei Faktoren usw., schliesslich die Wechselwirkung zwischen allen Faktoren. Ausser bei Option 9 wird innerhalb der Gruppe der Kovariaten stets hierachisch vorgegangen, so dass die Kovariaten der Reihe nach aufgenommen werden; d.h. der Effekt der zweiten Kovariaten wird bezueglich der ersten Kovariaten angepasst, usw.

7: Die Effekte der Kovariaten werden bezueglich aller vorhergehenden Kovariaten und aller Haupteffekte der Faktoren angepasst. Die Haupteffekte werden, wenn Option 10 nicht angegeben wird, bezueglich aller Kovariaten und aller anderen Haupteffekte angepasst. Wird Option 10 angegeben, werden die Haupteffekte nur bezueglich der vorhergehenden Haupteffekte und der Kovariaten angepasst.

Die Wechselwirkungen werden bezueglich der Kovariaten, der Haupteffekte und aller Wechselwirkungen der gleichen oder niedrigeren Ordnung angepasst.

8: Wenn gleichzeitig Option 10 angegeben wird, werden die Haupteffekte bezueglich aller vorhergehenden Haupteffekte, sonst bezueglich aller Haupteffekte angepasst. Die Kovariaten werden bezueglich aller vorhergehenden Kovariaten und aller Haupteffekte angepasst. Wechselwirkungen: wie bei Option 7.

9: Regressionsmethode: jeder einzelne Effekt wird bezueglich aller Effekte angepasst, d.h. Kovariaten, Haupteffekte und Wechselwirkungen werden simultan aufgenommen. Hierbei muss der minimale Wert fuer die unabhaengigen Variablen tatsaechlich auftreten. Der Wert "min" darf also nicht so gewaehlt werden, dass leere Zellen entstehen.

10: Hierachische Methode fuer die Haupteffekte: wenn zusaetzlich eine der Optionen 7 oder 8 angegeben wird, dann gilt das dort Beschriebene. Sonst werden die Kovariaten bezueglich aller vorhergehenden Kovariaten angepasst, die Haupteffekte bezueglich aller Kovariaten und der vorhergehenden Haupteffekte und die Wechselwirkungen bezueglich aller Kovariaten, aller Haupteffekte und der Wechselwirkungen gleicher oder niedriger Ordnung.

11: <ab 8> Die Druckausgabe wird auf eine Zeilenbreite von 80 Zeichen beschraenkt.

Die STATISTICS-Karte

1: Multiple Klassifikationsanalyse. Es werden Kategorienmittelwerte als Abweichungen vom Gesamtmittelwert ausgedruckt. In den Ausdruck werden aufgenommen:
- nicht bereinigte Effekte fuer jeden Faktor.
- vom Einfluss der uebrigen Faktoren bereinigte Effekte.
- vom Einfluss der uebrigen Faktoren und aller Kovariaten bereinigte Effekte.
- Eta- und Beta-Werte.

Wenn Option 9 angegeben wird, wird Statistik 1 ignoriert.

2: Unstandardisierte partielle Regressionskoeffizienten fuer die Kovariaten. Die Regressionsgewichte werden bei der Einbeziehung der Kovariaten in die Gleichung errechnet. Daher haengt ihr Wert vom benutzten Versuchsplan ab (vgl. Optionen 7 bis 10 bzw. die dazu gehoerenden Voreinstellungen).

3: <ab 8> Es werden die Haeufigkeiten und Mittelwerte fuer die Zellen gedruckt. Diese Mittelwerte sind nicht bezueglich der Kovariaten adjustiert. Diese Statistik ist fuer Option 9 nicht verfuegbar.

Beschraenkungen

1: Maximal fuenf abhaengige Variablen, maximal fuenf unabhaengige Variablen (Faktoren) und fuenf Kovariaten duerfen in einer ANOVA-Liste aufgefuehrt werden. Nur ganzzahlige Variablen duerfen als unabhaengige Variablen angegeben werden.

2: Maximal fuenf ANOVA-Listen auf einer ANOVA-Prozedurkarte.

3: E + C < Stichprobenumfang. Dabei ist E = V1*V2*V3 ... wobei V1 etc. die Anzahl der Auspraegungsgrade der 1., 2., 3., ... unabhaengigen Variablen ist. C ist die Anzahl der Kovariaten.

Literatur

Ferguson (1966)
Kirk (1968)
Winer (1962)
Hays & Winkler (1971)
Rao (1973)

============== Beispielausdruck zu ANOVA ============================

```
ANOVA         EINKOM BY SCHULAB(1,7) WITH WOCA
STATISTICS    1
COMMENT       ES GELTEN DIE VOREINGESTELLTEN OPTIONEN:
                    KOVARIATEN - ALLE ANDEREN AUSPARTIALISIEREN
                    FAKTOREN   - KOVARIATEN UND ANDERE FAKTOREN
                                 AUSPARTIALISIEREN
              WECHSELWIRKUNGEN - KOVARIATEN, FAKTOREN UND ALLE
                                 ANDEREN WECHSELWIRKUNGEN
                                 AUSPARTIALISIEREN
              STATISTIK 1: MULTIPLE KLASSIFIKATIONSANALYSE
```

```
FILE    VERBA    (CREATION DATE = 05/13/76)   DATEN AUS VERBA'S STUDIE IN DEN USA
SUBFILE   ORT1        ORT2

* * * * * * * * * * A N A L Y S I S   O F   V A R I A N C E * * * * * * * * * *
              EINKOM    JAEHRLICHES FAMILIENEINKOMMEN
           BY SCHULAB   SCHULABSCHLUSS
         WITH WOCA      DAUER DES AUFENTHALTS IN DER GEMEINDE
* * * * * * * * * * * * * * * * * * * * * * * * * * * * * * * * * * * * * * * *
```

SOURCE OF VARIATION	SUM OF SQUARES	DF	MEAN SQUARE	F	SIGNIF OF F
COVARIATES	25.020	1	25.020	0.119	0.999
WOCA	25.020	1	25.020	0.119	0.999
MAIN EFFECTS	7228.375	6	1204.729	5.716	0.001
SCHULAB	7228.375	6	1204.729	5.716	0.001
EXPLAINED	7253.395	7	1036.199	4.917	0.001
RESIDUAL	41097.328	195	210.756		
TOTAL	48350.723	202	239.360		

```
 220 CASES WERE PROCESSED.
  17 CASES (  7.7 PCT) WERE MISSING.
```

6.3 BREAKDOWN

Die Prozedur BREAKDOWN ermoeglicht neben den Prozeduren ONEWAY und ANOVA die Analyse von Modellen der einfachen und mehrfachen Varianzanalyse. Entsprechend den Modellen dieser Verfahren liegen eine abhaengige metrische Variable und eine oder mehrere unabhaengige diskrete Variablen vor. Diese unabhaengigen Variablen definieren Teilstichproben. Fuer die gesamte Stichprobe und jede Teilstichprobe werden berechnet: die Summe, der Mittelwert, die Standardabweichung, die Varianz und die zugehoerige Fallzahl. Teststatistiken werden nur fuer Modelle mit einer unabhaengigen Variablen berechnet. Neben der standardmaessigen tabellarischen Ausgabe dieser Groessen kann durch die Anweisung CROSSBREAK eine Ausgabeform aehnlich der der Prozedur CROSSTABS gewaehlt werden.

Die Prozedurkarte fuer den allgemeinen Modus

```
1              16
BREAKDOWN      TABLES = abhaengige Variablen BY unabh. Variablen
               [BY unabh. Variablen BY . . .]
               [/abhaengige Variablen BY . . .]
```

Die Anweisung TABLES fuehrt die varianzanalytischen Modelle auf: bei einer einfachen Varianzanalyse, die abhaengige Variable und nach dem Schluesselwort BY die unabhaengige Variable. Bei Modellen der mehrfachen Varianzanalysen folgen die weiteren unabhaengigen Variablen jeweils nach einem Schluesselwort BY. Es koennen nach einem Schraegstrich weitere Modellanweisungen folgen.

Beispiel

```
1              16
BREAKDOWN      TABLES = EINK BY BERUF/ EINK BY ALTER BY SEX
```

Die kontinuierliche Variable 'Einkommen' wird im ersten Modell nach der Variablen 'Beruf' aufgebrochen, im zweiten Modell nach der gruppierten Variablen 'Alter' und der Variablen 'Geschlecht'.

Mehrere abhaengige oder unabhaengige Variablen in einer Variablenliste bedeuten nur eine Vereinfachung der Notation; es koennen keine komplexeren Modelle formuliert werden.

Beispiele

```
1              16
BREAKDOWN      TABLES = ZUFRIED GESUND KONTAKTE BY BERUF
BREAKDOWN      TABLES = ZUFRIED GESUND KONTAKTE BY BERUF STATUS
```

Im ersten Beispiel werden drei, im zweiten Beispiel sechs einfache Varianzanalysen berechnet.

Bei ganzzahligen Variablen koennen durch die zusaetzliche Anweisung VARIABLES fuer die zu verarbeitenden Variablen Wertebereiche angegeben werden. Den Variablen folgen in Klammern eingeschlossen der minimale und maximale Wert des zu beruecksichtigenden Wertebereichs der vorhergehenden Variablen. Diese zusaetzliche Angabe bewirkt bei Dateien mit grosser Fallzahl eine Ersparnis an Rechenzeit. Die Wertebereiche fuer die unabhaengigen Variablen sollten keine Luecken aufweisen, da sonst Speicherplatz verschwendet wird. Fuer die abhaengigen Variablen duerfen anstelle von Werten die Schluesselwoerter LOWEST und HIGHEST oder die Abkuerzungen LO und HI angegeben werden. Diese zweite Verarbeitungsform wird Ganzzahlmodus genannt.

Die Prozedurkarte fuer den Ganzzahlmodus

```
1              16
BREAKDOWN      VARIABLES = Variablenliste (min,max)
                    [Variablenliste (min,max)...]/
               TABLES | CROSSBREAK = abh. Variablen
                    BY unabh. Variablen[BY unabh. Variablen BY . . .]
               [/abhaengige Variablen BY . . .]
```

Die Anweisung VARIABLES fuehrt alle nachfolgend benoetigten Variablen auf. Die Anweisung TABLES bzw. CROSSBREAK legt die gewuenschten Modelle fest. Die implizite Nennung von Variablen durch die TO-Konvention richtet sich hierbei nach der Variablenfolge der Anweisung VARIABLES.

Beispiel

```
1              16
BREAKDOWN      VARIABLES = EINK(LO,HI) BERUF(1,30)
                    ALTER(1,8) SEX(1,2)/
               TABLES = EINK BY BERUF/ EINK BY ALTER BY SEX
```

Wird im Ganzzahlmodus das Schluesselwort TABLES durch CROSSBREAK ersetzt, werden bei mehr als einer unabhaengigen Variablen statt der standardmaessigen Druckausgabe Kreuztabellen aehnlich wie bei der Prozedur CROSSTABS gedruckt. Die Zellen dieser Tabellen enthalten den jeweiligen Mittelwert usw.

In Verbindung mit der Anweisung CROSSBREAK koennen durch die Statistiken 3 bis 12 zusaetzlich fuer die unabhaengigen Variablen Assoziationsmasse wie z.B. der Chi-Quadrat-Wert errechnet werden. Diese Statistiken entsprechen in identischer Reihenfolge den Statistiken 1 bis 10 der Prozedur CROSSTABS.

Mit der Anweisung CROSSBREAK stehen keine statistischen Masse fuer den Zusammenhang zwischen der abhaengigen Variablen und den unabhaengigen Variablen zur Verfuegung. Die Statistiken 1 und 2 werden nicht berechnet.

Die OPTIONS-Karte

1: Einschluss aller fehlenden Werte.
2: Ausschluss fehlender Werte nur beim Fehlen der jeweiligen abhaengigen Variablen. Voreinstellung: Ausschluss eines Falles aus einer Tabelle, wenn ein Wert einer beliebigen Variablen fehlt.
3: Etiketten werden nicht ausgedruckt.
4: (Nur fuer den allgemeinen Modus): Ausdruck der Tabellen in Form eines modifizierten Baumdiagramms. Von links nach rechts werden die berechneten Werte in der ersten Spalte von der Gesamtgruppe, in der zweiten nach der Aufschluesselung nach der ersten unabhaengigen Variablen usw. gedruckt.
5: (nur Ganzzahlmodus) Keine Fallzahlen in den Zellen.
6: (nur Ganzzahlmodus) Keine Summen.
7: (nur Ganzzahlmodus) Keine Standardabweichungen.
8: (nur Ganzzahlmodus) Unterdruecken der Werteetiketten.

Die STATISTICS-Karte

Beide Statistiken beziehen sich nur auf die jeweils erste unabhaengige Variable jedes Modells.

1: Einfache Varianzanalyse und Eta-Statistik fuer jede abhaengige Variable.
2: Test auf Linearitaet der Kovariation von unabhaengiger und abhaengiger Variablen mit Angabe der linearen und nichtlinearen Varianzanteile, F-Test des nichtlinearen Anteils und Berechnung des einfachen und quadrierten Pearson'schen Korrelationskoeffizienten. Statistik 2 setzt Statistik 1 voraus.

Beschraenkungen

1: Maximal 200 Variablen im allgemeinen Modus; maximal 100 Variablen im Ganzzahlmodus. Jede Benutzung einer Variablen zaehlt.
2: Maximal 250 Tabellen.
3: Maximal 5 Klassifikationsvariablen (BY) pro Tabelle.
4: Maximal 30 vollstaendige Tabellenlisten pro Prozeduraufruf.
5: Es koennen maximal 200 Werteetiketten gedruckt werden. Sind mehr Etiketten vorhanden, erscheinen sie nicht in der Druckausgabe.

============== Beispielausdruck zu BREAKDOWN =======================

```
                    BREAKDOWN      TABLES = MITG BY WODA BY KOMWAHL

***** GIVEN WORKSPACE ALLOWS FOR   372 CELLS AND    2 DIMENSIONS FOR SUBPROGRAM BREAKDOWN *****



                                                                                      05/13/76         PAGE    4

FILE   VERBA    (CREATION DATE = 05/13/76)   DATEN AUS VERBA'S STUDIE IN DEN USA
SUBFILE   ORT1        ORT2

- - - - - - - - - - - - - - - - -  D E S C R I P T I O N   O F   S U B P O P U L A T I O N S  - - - - - - -
CRITERION VARIABLE   MITG        ANZAHL VON MITGLIEDSCHAFTEN IN VEREINEN
    BROKEN DOWN BY   WODA        DAUER DES AUFENTHALTS IN DER GEMEINDE
                BY   KOMWAHL     HAEUFIGKEIT DER STIMMABGABE BEI KOMMUNAL
- - - - - - - - - - - - - - - - - - - - - - - - - - - - - - - - - - - - - - - - - - - - - - - - - - - - - -

VARIABLE                  CODE      VALUE LABEL         SUM          MEAN    STD DEV   VARIANCE          N

FOR ENTIRE POPULATION                                 120.0000       0.5634   0.8806    0.7754      (   213)

WODA                        1.      < 3 JHR            9.000         0.184    0.486     0.236       (    49)
   KOMWAHL                4         WAEHLE NIE         0.0           0.0      0.0       0.0         (    13)
   KOMWAHL                3         WAEHLE KAUM        2.000         0.333    0.816     0.667       (     6)
   KOMWAHL                2         FEHLE MANCHMAL     4.000         0.211    0.419     0.175       (    19)
   KOMWAHL                1         ALLE WAHLEN        3.000         0.273    0.647     0.418       (    11)

WODA                        2.      4-10 JHR          14.000         0.519    0.700     0.490       (    27)
   KOMWAHL                4         WAEHLE NIE         3.000         0.375    0.518     0.268       (     8)
   KOMWAHL                3         WAEHLE KAUM        3.000         0.750    0.957     0.917       (     4)
   KOMWAHL                2         FEHLE MANCHMAL     7.000         0.778    0.833     0.694       (     9)
   KOMWAHL                1         ALLE WAHLEN        1.000         0.167    0.408     0.167       (     6)

WODA                        3.      > 10 JHR          97.000         0.708    0.979     0.958       (   137)
   KOMWAHL                4         WAEHLE NIE         5.000         0.172    0.384     0.148       (    29)
   KOMWAHL                3         WAEHLE KAUM        3.000         0.250    0.452     0.205       (    12)
   KOMWAHL                2         FEHLE MANCHMAL    16.000         0.485    0.619     0.383       (    33)
   KOMWAHL                1         ALLE WAHLEN       73.000         1.159    1.181     1.394       (    63)

  TOTAL CASES =      220
MISSING CASES =        7 OR    3.2 PCT.
```

6.4 CANCORR

Das Verfahren der kanonischen Korrelation ist eine Erweiterung der multiplen Regression. Anstelle der Verknuepfung eines Variablensatzes mit einer Variablen bei der multiplen Regression tritt bei der kanonischen Korrelation die Analyse der Beziehungen zwischen zwei Variablensaetzen. Hierzu werden aus den beiden Variablensaetzen zwei Saetze von so vielen Linearkombinationen (in z-Wert-Form, sog. kanonische Variable) gebildet, wie der kleinere Satz Variablen enthaelt, und ebenso viele kanonische Korrelationen (einfache Korrelationen zwischen den kanonischen Variablen) errechnet. Die Linearkombinationen werden dabei so gewaehlt, dass die kanonischen Korrelationen (bzw. die durch sie erklaerte Varianz: Quadrat der kanonischen Korrelation gleich Eigenwert) maximiert und in absteigender Groesse angeordnet werden.

Die Prozedur druckt standardmaessig: Die Eigenwerte, die kanonischen Korrelationen mit Signifikanztests (Wilk's Lambda plus Chi-Quadrat-Testwert mit Freiheitsgraden und Irrtumswahrscheinlichkeit) und die kanonischen Werte (Gewichte der Ausgangsvariablen auf den kanonischen Variablen in z-Wertform) fuer die beiden Variablensaetze.[1]

Die Prozedurkarte

```
1              16
CANCORR        VARIABLES = Variablenliste/ RELATE = [ (n,p,t) ]
               erster Variablensatz WITH zweiter Variablensatz
               [/CANVAR | CANVAR = mdrp]
               [/RELATE = ...]
```

Durch die Anweisung VARIABLES werden alle Variablen aufgefuehrt, die in irgendeine der nachfolgenden kanonischen Analysen eingehen sollen. Die Variablenliste wird mit einem Schraegstrich beendet.

Nach der Anweisung RELATE und ggf. den wahlfreien Parametern werden zunaechst alle Variablen des ersten Variablensatzes, nach dem Schluesselwort WITH die Variablen des zweiten Satzes aufgefuehrt. Dabei ist es belanglos, welcher der beiden Variablensaetze die unabhaengigen bzw. abhaengigen Variablen enthaelt: Eine Vertauschung der Variablensaetze fuehrt zu identischen Ergebnissen. Die RELATE-Liste endet mit einem Schraegstrich.

Die wahlfreien Parameter, die in Klammern nach RELATE angegeben werden koennen, bedeuten:

- n = Maximalzahl zu berechnender kanonischer Korrelationen (Voreinstellung: n=5).
- p = Grenze der Irrtumswahrscheinlichkeit einer kanonischen Korrelation fuer den Abbruch der Berechnung weiterer Korrelationen (Voreinstellung: p=.05; d.h. es werden keine kanonischen Korrelationen errechnet, die nicht auf dem 5-Prozent-Niveau signifikant sind).
- t = Toleranzniveau fuer den eigenstaendigen Beitrag einer Variablen zu einer kanonischen Korrelation. Dadurch werden Variablen, die sich gemaess dem gewaehlten t-Wert als Linearkombinationen

---

[1] Die Prozedur MANOVA ermoeglicht ebenfalls Kanonische Analysen; dort werden weitere Signifikanztests und Statistiken ausgedruckt.

anderer Variablen darstellen lassen, identifiziert. Diese Variablen sollten aus der Berechnung ausgeschlossen werden (siehe hierzu Option 6). Je groesser der angegebene t-Wert (Maximum=1), desto eher wird eine Variable als Linearkombination anderer Variablen bezeichnet (Voreinstellung: t=.00001). Der t-Wert wirkt sich auch auf die Rechengenauigkeit aus: Je kleiner der t-Wert ist, desto eher koennen sich Rundungsfehler einstellen. Unbegrenzte Verkleinerung des t-Werts ist demnach kein geeignetes Mittel, eine Variable aus den weiteren Berechnungen nicht auszuschliessen.

Soll nur ein Parameter geaendert werden, so muessen alle vor ihm stehenden Parameter mit aufgefuehrt werden. Die Parameter werden durch Kommata getrennt.

Beispiele: t scll auf .001 bzw. n auf 10 gesetzt werden.

```
16
RELATE=(5,.05,.001) EINST1 TO EINST7 WITH VERHALT1 TO
VERHALT5
RELATE=(10) V1 TO V5 WITH V6 TO V9
```

Ausgabe von kanonischen Werten

Die wahlfreie Anweisung CANVAR bewirkt die Berechnung der kanonischen Werte und ihre Ausgabe als BCD-Datei. Weiter wird eine Ausgabeeinteilung ausgedruckt, die den Benutzer ueber Werteanzahl pro Fall und deren Position in den Saetzen (Karten) informiert. Durch Statistik 4 werden die kanonischen Werte ausserdem noch in die Druckausgabe aufgenommen. Die Anweisung CANVAR kann in zwei Formen aufgefuehrt werden:

```
16
[/CANVAR | CANVAR = mdrp]
```

Die erste Form ist generell verwendbar, die zweite dagegen ist nur in Verbindung mit Option 2 moeglich. Fuer Faelle mit fehlenden Daten werden die Werte geschaetzt. Dabei gibt mdrp den maximalen Anteil der Daten an, die bei einem Fall fehlen duerfen, ohne dass der Fall aus der Berechnung der Werte ausgeschlossen wird. Fehlen mehr Werte, wird der Fall aus der Werteberechnung ausgeschlossen und erhaelt zur Kennzeichnung einen Wert von 999.0. Fuer die Berechnung der geschaetzten Werte eines Falles werden standardmaessig die Mittelwerte der betreffenden Variablen, auf denen die Daten des Falles fehlen, benutzt. Falls Option 10 gewaehlt wird, wird das Produkt der vorhandenen Werte extrapoliert.

Die OPTIONS-Karte

1: Die als fehlend definierten Werte werden in die Berechnung einbezogen.
2: Paarweiser Auschluss fehlender Werte (Voreinstellung: Fallweiser Ausschluss). Die Angabe von Option 2 kann zu Korrelationen fuehren, die auf unterschiedlichen Fallzahlen beruhen und u.U. zu nicht interpretierbaren Ergebnissen fuehren.
3: Berechnung der Kovarianz- anstelle der Korrelationsmatrix. Falls alle Analysevariablen eine Standardabweichung von 1.0 haben, sind beide Matrizen aequivalent, die Berechnung der Kovarianzmatrix erspart dann Rechenzeit.

4: Eingabe der Korrelationsmatrix (siehe Kap. 5.3). Die Eingabeform richtet sich nach der CANCORR-Karte. Die Optionen 1, 2, 3, 5, 8 und 10 sind nicht zulaessig.
5: Keine Berechnung einer Mittelwert-Abweichungsmatrix. Option 5 ist moeglich, wenn alle Variablen einen Mittelwert von 0 haben. Diese Option erspart Rechenzeit.
6: Fortsetzung der Berechnungen, falls sich in einem Variablensatz lineare Abhaengigkeiten von Variablen finden. Lineare Abhaengigkeiten ergeben sich, wenn eine Variable eine Linearkombination einiger oder aller anderen Variablen ist. In diesem Fall kann die Korrelationsmatrix nicht invertiert und die kanonische Analyse ohne Option 6 nicht durchgefuehrt werden. Bei Option 6 werden die Freiheitsgrade fuer den Chi-Quadrat-Test nicht entsprechend reduziert.
7: Fortsetzung der Berechnung bei nicht positiv-definiter Matrix. Das kann bei Spezifikation von Option 2 eintreten und zeigt an, dass die Korrelationskoeffizienten auf unterschiedlichen Fallzahlen beruhen und inkonsistent sind. In diesem Fall wird die Berechnung standardmaessig abgebrochen. Durch die Angabe von Option 7 werden inkonsistente Koeffizienten auf 0 gesetzt und die Berechnung dann weitergefuehrt. Dies fuehrt zu einer korrekten Loesung der Analyse, die dann allerdings nur noch approximativ dem urspruenglichen Problem entspricht.
8: Ausgabe der Korrelationsmatrix als BCD-Datei aller durch VARIABLES angegebenen Variablen (siehe Kap. 5.2.4).
9: Eingabe der Korrelationsmatrix (siehe Kap. 5.3). Die Eingabeform richtet sich nach der VARIABLE LIST-Karte. Option 9 kann nur zusammen mit Option 4 benutzt werden.
10: <nicht CDC> Extrapolierte Schaetzung bei der Berechnung der kanonischen Werte bei Faellen mit fehlenden Werten (Voreinstellung: Schaetzung der kanonischen Werte aus allen Variablen, wobei fuer fehlende Werte der Mittelwert der Variablen eingesetzt wird). Option 10 kann nur in Verbindung mit Option 2 gewaehlt werden.
18: <nur CDC> Mittelwerte und Standardabweichungen werden mit der Korrelationsmatrix eingelesen.
19: <nur CDC> Die zur Berechnung der kanonischen Variablen benoetigten COMPUTE-Karten werden als BCD-Datei ausgegeben.
20: <nur CDC> Bei der Berechnung der Korrelationsmatrix bzw. Kovarianzmatrix werden fehlende Werte durch den entsprechenden Mittelwert ersetzt.

Die STATISTICS-Karte

1: Ausdrucken von Mittelwerten und Standardabweichungen aller in der Variablenliste der CANCORR-Karte aufgefuehrten Variablen.
2: Ausdrucken der Korrelationsmatrix (wie Statistik 1).
3: Ausdrucken der Korrelationsmatrix, falls in der Matrix nichtberechenbare Korrelationen (symbolisiert durch einen Wert von 99.0) auftreten. Statistik 2 setzt Statistik 3 ausser Kraft.
4: Ausdruck der kanonischen Werte der Faelle (fehlende Werte=999.0). Diese Statistik wird nur ausgefuehrt, wenn auf der Prozedurkarte die Anweisung CANVAR angegeben wurde. Diese Statistik ist sehr ausgabeintensiv.

Beschraenkungen

1: Maximal 250 Variablen nach VARIABLES.
2: Nicht mehr als 200 Variablen in den RELATE-Listen. Jede Nennung

einer Variablen zaehlt.
3: Die Anweisung CANVAR darf maximal 50 mal aufgefuehrt werden.
4: Die Anweisung CANVAR darf nicht bei Matrixeingabe verwendet werden.

Literatur

Anderson (1958)
Dempster (1969)
Rao (1973)
Cooley & Lohnes (1971)
Gaensslen & Schuboe (1976)
Van der Geer (1971)

============== Beispielausdruck zu CANCORR ==========================

---------------- CANONICAL CORRELATION ---------- RELATE LIST

NUMBER	EIGENVALUE	CANONICAL CORRELATION	WILK S LAMBDA	CHI-SQUARE	D.F.	SIGNIFICANCE
1	0.20726	0.45526	0.73784	1.82420	6	0.935
2	0.06926	0.26317	0.93074	0.43065	2	0.806

COEFFICIENTS FOR CANONICAL VARIABLES OF THE SECOND SET

	CANVAR 1	CANVAR 2
Z3	-0.94155	0.23334
Z4	0.20202	0.41748
Z5	-0.17928	0.79651

COEFFICIENTS FOR CANONICAL VARIABLES OF THE FIRST SET

	CANVAR 1	CANVAR 2
Z1	-0.18957	1.32675
Z2	1.11616	-0.74189

6.5 CONDESCRIPTIVE

Die Prozedur berechnet deskriptive statistische Kennwerte fuer kontinuierliche Variablen. Bei allen berechneten Statistiken wird angenommen, dass die Variablen numerisch codiert, mehr oder weniger kontinuierlich sind und Intervallskalenniveau haben.

Ausserdem koennen die Variablen in z-Wert-Form als BCD-Datei ausgegeben werden. Diese Variablen haben einen Mittelwert von 0 und eine Standardabweichung von 1. Die Formel fuer diese Transformation lautet:

$$z = (X-M)/SD$$

X ist der Originalwert der Variablen, M ihr Mittelwert und SD ihre Standardabweichung.

Die Prozedurkarte

```
1              16
CONDESCRIPTIVE Variablenliste | ALL
```

Alle Variablen der Datei bzw. die durch die Variablenliste genannten Variablen gehen in die Berechnungen ein.

Beispiel

```
1              16
CONDESCRIPTIVE ALTER TO EINKOMM, ERZIEHG, V11 TO V20
STATISTICS     1,5,7,8
OPTIONS        4
```

Die OPTIONS-Karte

1: Bewirkt, dass saemtliche Faelle in die Berechnung der Statistiken einbezogen werden, auch dann, wenn durch eine MISSING VALUES-Karte Werte als fehlend bezeichnet sind. Voreinstellung: Fehlende Werte werden aus den Berechnungen ausgeschlossen.
2: Unterdrueckt den Ausdruck von Variablenetiketten. Voreinstellung: Variablenetiketten werden, soweit vorhanden, gedruckt.
3: Die in z-Werte transformierten Variablen werden als BCD-Datei ausgegeben (siehe Kap. 5.2.4). Fuer jeden Fall werden ein oder mehrere Saetze im Format (F6.0,F2.0,A4,F4.2,8F8.5) jeweils ohne Dezimalpunkt mit folgendem Inhalt ausgegeben: SEQNUM, Kartennummer, SUBFILE, CASWGT, 1. z-Wert, 2. z-Wert usw. Die Reihenfolge der Variablen in der Datei entspricht der Reihenfolge der Variablen auf der CONDESCRIPTIVE-Karte. Die z-Werte liegen im Intervall (-99.00,99.00). Ausreissern wird die untere oder obere Intervallgrenze zugewiesen. Bei der standardmaessigen Behandlung fehlender Werte erhalten diese Werte dabei den Wert 999.00000. Ist Option 1 angegeben, gehen fehlende Werte als zulaessige Werte in die Transformationen ein.
4: Ein Register der Variablen[1] - alphabetisch und in der Reihenfolge der Variablen in der Datei - wird ausgedruckt, das die Seite an-

---

[1] Bei "SPSS,LO=ONLINE" der CDC-Version ist Option 4 nicht verfuegbar.

gibt, auf der die Statistiken zu einer Variablen in der Druckausgabe zu finden sind.

Die STATISTICS-Karte

Ohne STATISTICS-Karte werden alle Statistiken, die nachfolgend angegeben werden, berechnet. ACHTUNG: Es gibt keine Statistiken mit der Nummer 3 und 4.

1 Mittelwert	2 Standardfehler	5 Standardabweichung
6 Varianz (biasfrei)	7 Exzess[1]	8 Schiefe
9 Spannweite	10 Minimum	11 Maximum
12 Summe <ab 7>	13 Variationskoeffizient <nur CDC>	
14 Konfidenzintervall fuer den Mittelwert <nur CDC>		

Beschraenkungen

Nicht mehr als 250 Variablennamen und/oder Schluesselwoerter koennen auf der Prozedurkarte aufgefuehrt werden. Dies ist keine Beschraenkung der Anzahl der Variablen, da durch die Schluesselwoerter ALL und TO viele Variablen angesprochen werden koennen.

Literatur

Bartel (1971)
Clauss & Ebner (1975)
Froehlich & Becker (1971)
Kaiser (1972)
Kriz (1973)
Mittenecker (1971)
Pfanzagl (1960)
Sachs (1974)
Walker & Lev (1975)
Weber (1972)

============== Beispielausdruck zu CONDESCRIPTIVE ==================

```
VARIABLE  V1

MEAN            2.677        STD ERROR      0.773        STD DEV      7.253
VARIANCE       52.607        KURTOSIS       1.771        SKEWNESS    -1.176
RANGE          38.614        MINIMUM      -24.459        MAXIMUM     14.155
SUM           235.606

VALID OBSERVATIONS -     88          MISSING OBSERVATIONS -      0
```

---

[1] Schiefe und Exzess werden ab Version 7 als Fisher's G-Masszahlen (Schaetzungen der Kumulantenquotienten) berechnet.

6.6 CROSSTABS

Die Prozedur berechnet zwei- bis n-dimensionale Haeufigkeitsverteilungen (Kontingenztafeln) fuer diskrete, alphanumerische oder numerische Variablen. Neben den absoluten Haeufigkeiten koennen fuer jede einzelne Zelle die relativen Haeufigkeiten bezogen auf die Zeile, bezogen auf die Spalte und bezogen auf die gesamte Tabelle berechnet werden, ausserdem eine Reihe von Signifikanztests und Assoziationsmassen. Die Prozedur nutzt voll die Moeglichkeiten der Variablen- und Werteetikettierung durch die VAR LABELS- und VALUE LABELS-Karten. Eine platzsparende Alternative zu CROSSTABS ist die Prozedur SUMMARY TABLES. Fuer Kontingenztabellen mit Mehrfach-Antwort-Variablen eignet sich die Prozedur MULT RESPONSE.

Die Prozedurkarte fuer den allgemeinen Modus

```
1              16
CROSSTABS      TABLES = Variablenliste BY Variablenliste
                        [BY Variablenliste]
               [/Variablenliste BY Variablenliste [ BY ...]]
```

Durch die Anweisung TABLES werden die gewuenschten Kreuztabellen angefordert. Die Variablenlisten werden durch das Schluesselwort BY getrennt. Im einfachsten Fall, in dem zwei Variablenlisten durch BY getrennt sind, wird jede vor BY genannte Variable mit jeder Variablen nach BY kreuztabelliert. Tritt das Schluesselwort BY mehrmals auf, so werden mehrdimensionale Kreuztabellen erstellt. Weitere Tabellendefinitionen koennen, durch Schraegstrich getrennt, folgen. Es koennen Kreuztabellen mit alphanumerischen, dezimalen und ganzzahligen Werten verrechnet werden. Diese Verarbeitungsform heisst deshalb allgemeiner Modus.

Beispiele

```
1              16
CROSSTABS      TABLES=ALTER, GESCHL, EINKOM BY ERZIEH, BERUF
CROSSTABS      TABLES=ALTER TO BERUF BY EINKOM TO ERZIEH/ALTER BY IQ
```

Im ersten Beispiel werden sechs 2-dimensionale Tabellen berechnet; ALTER, GESCHL und EINKOM werden nacheinander als Zeilenvariablen mit den Spaltenvariablen ERZIEH und BERUF kreuztabelliert. Im zweiten Beispiel wird ALTER zur ersten Zeilenvariablen und bildet fuer alle Variablen, die zwischen EINKOM und ERZIEH liegen, eine eigene Tabelle. Dieser Vorgang wiederholt sich fuer alle zwischen ALTER und BERUF liegenden Zeilenvariablen.

Bei ganzzahligen Variablen koennen durch die zusaetzliche Anweisung VARIABLES fuer die zu verarbeitenden Variablen Wertebereiche angegeben werden. Den Variablen folgen in Klammern eingeschlossen der minimale und maximale Wert des zu beruecksichtigenden Wertebereichs der vorhergehenden Variablen. Diese zusaetzliche Angabe bewirkt bei Dateien mit grosser Fallzahl eine Ersparnis an Rechenzeit. Die angegebenen Wertebereiche sollten keine Luecken aufweisen, da sonst Speicherplatz verschwendet wird. Diese zweite Verarbeitungsform wird Ganzzahlmodus genannt. Bei dieser Verarbeitungsform koennen zusaetzliche Assoziationsmasse berechnet, die beim allgemeinen Modus nicht verfuegbar sind.

Die Prozedurkarte fuer den Ganzzahlmodus

```
1              16
CROSSTABS      VARIABLES = Variablenliste (min,max)
                  [Variablenliste(min,max) . . . ] /
               TABLES = Variablenliste BY Variablenliste [BY ...]
                  [/Variablenliste BY Variablenliste [ BY ...]]
```

Die Anweisung VARIABLES fuehrt alle fuer die Kreuztabellen benoetigten Variablen auf. Die Anweisung TABLES legt die gewuenschten Tabellen fest. Die implizite Nennung von Variablen durch die TC-Konvention richtet sich hierbei nach der Variablenfolge der Anweisung VARIABLES.

Beispiel

```
1              16
CROSSTABS      VARIABLES=ALTER(0,1) GESCHL(1,2) EINKOMM(0,9)
               FRAGE1 TO FRAGE6, FRAGE9, FRAGE13(1,5)/
               TABLES=ALTER BY FRAGE1 TO FRAGE13/GESCHL BY EINKOMM
```

Fuer jede der acht Variablen FRAGE1 TO FRAGE6, FRAGE9, FRAGE13 wird eine zweidimensionale Kreuztabelle mit der Variablen ALTER als Zeilenvariable berechnet.

```
1              16
CROSSTABS      VARIABLES=ALTER(0,1) GESCHL(1,2) EINKOMM(0,9)
               FRAGE1 TO FRAGE6 FRAGE9 FRAGE13 (1,5)/
               TABLES=ALTER GESCHL BY FRAGE1 FRAGE5 FRAGE9 BY EINKOMM
```

Fuer jeden Wert der Variablen EINKOMM wird fuer alle Kombinationen der anderen Variablen je eine Tabelle gedruckt. Allgemein gilt: die angeforderten dreidimensionalen Tabellen werden in so viele zweidimensionale Tabellen zerlegt, wie die nach dem letzten BY genannte Variable Auspraegungen hat. Entsprechend wird fuer hoeherdimensionale Modelle verfahren.

Die OPTIONS-Karte

1: Saemtliche Faelle werden in die Berechnung der Kreuztabellen und Statistiken einbezogen, auch dann, wenn durch eine MISSING VALUES-Karte Werte als fehlend bezeichnet sind. Voreinstellung: Fehlende Werte werden aus den Berechnungen ausgeschlossen.
2: Variablen- und Werteetiketten werden unterdrueckt. Voreinstellung: Etiketten werden, soweit vorhanden, gedruckt.
3: Die auf die Zeile bezogenen relativen Haeufigkeiten werden unterdrueckt.
4: Die auf die Spalte bezogenen relativen Haeufigkeiten werden unterdrueckt.
5: Die auf die gesamte Tabelle bezogenen relativen Haeufigkeiten werden unterdrueckt.
6: (Nur fuer den Ganzzahlmodus) Werteetiketten werden unterdrueckt, Variablenetiketten jedoch ausgedruckt.[1]
7: (Nur fuer den Ganzzahlmodus) Fehlende Werte werden in die Tabel-

---

[1] Bei der CDC-Version gelten die Optionen 6 und 8 auch fuer den allgemeinen Modus.

len aufgenommen, jedoch nicht in die Berechnung eingeschlossen. Sie werden in den Tabellen mit dem Buchstaben "M" bezeichnet und nicht in den relativen Haeufigkeiten fuer Zeilen und Spalten aufgefuehrt.

8: (Nur fuer den Ganzzahlmodus) Bewirkt, dass die Werte der Zeilenvariablen in umgekehrter Reihenfolge ausgedruckt werden. Es wird beim hoechsten Wert begonnen und beim niedrigsten aufgehoert. Die Reihenfolge der Werte der Spaltenvariablen und die Abfolge der Tabellen bleiben davon unberuehrt.

9: Es wird ein Register ausgedruckt, das alle Tabellen auffuehrt und fuer jede Tabelle die Seite angibt, auf der sie beginnt.[1]

10: <ab 8> BCD-Ausgabe eines Satzes mit Haeufigkeit und Werten der Variablen fuer jede Kombination von nichtfehleden Werten.

11: <ab 8> (Nur fuer den Ganzzahlmodus) BCD-Ausgabe wie bei Option 10, jedoch fuer alle entsprechend den Angaben (min,max) moeglichen Wertekombinationen. Falls Option 1 nicht gewaehlt wurde, werden fehlende Werte nicht beruecksichtigt.

12: <ab 8> Keine Druckausgabe, nur BCD-Ausgabe zu den Optionen 10 und 11.

13: <nur CDC> Keine Tabellen, nur die Statistiken werden gedruckt.

14: <nur CDC> Die Einteilungslinien in den Kreuztabellen werden unterdrueckt. Bei "SPSS,LO=ONLINE" werden umgekehrt diese Linien mit Option 14 gedruckt.

Die STATISTICS-Karte

Alle statistischen Kennwerte gelten fuer zweidimensionale Tabellen (auch wenn hoeherdimensionale Kontingenztabellen verlangt werden) und werden unter den (ggf. einzelnen) zweidimensionalen Tabellen ausgedruckt. Ausnahme: Partielles Gamma und Gamma nullter Ordnung bei Statistik 8, die nur unter der jeweils letzten Tabelle einer Kreuztabellierung ausgedruckt werden.

1: Chiquadrat-Test; fuer 2*2-Tabellen wird bei Stichproben mit mehr als 20 Faellen die Yates-Korrektur, bei kleineren Stichproben Fisher's exakter Test durhcgefuehrt.

2: Phi-Koeffizient fuer (2*2)-Tabellen bzw. Cramer's V fuer groessere Tabellen.

3: Kontingenzkoeffizient

4: symmetrisches und asymmetrisches Lambda

5: symmetrischer und asymmetrischer Unsicherheitskoeffizient

6: Kendall's tau b

7: Kendall's tau c

8: Gamma (fuer den Ganzzahlmodus zusaetzlich partielles Gamma und Gamma nullter Ordnung fuer mehr als zwei Dimensionen)

9: Somer's D, symmetrisch und asymmetrisch.

10: Eta (nur fuer numerische Daten)

11: <ab 7> Pearson'scher Produkt-Moment-Korrelationskoeffizient.

Beschraenkungen fuer den allgemeinen Modus

1: Es koennen nicht mehr als 200 Variablen aufgefuehrt werden.

2: Die Zahl der Auspraegungen einer Variablen darf 250 nicht ueberschreiten.

3: Es koennen nicht mehr als 20 Tabellendefinitionen aufgefuehrt werden.

---

[1] Bei "SPSS,LO=ONLINE" der CDC-Version ist Option 9 nicht verfuegbar.

4: Die maximale Dimension einer Tabelle ist 10.
5: Unter Option 7 duerfen je Variable hoechstens 20 verschiedene Codes fuer fehlende Werte auftreten.

Beschraenkungen fuer den Ganzzahlmodus

1: Es koennen maximal 100 Variablen durch die Anweisung VARIABLES genannt werden.
2: Es koennen maximal 100 Variablen durch die Anweisung TABLES genannt werden.
3: Variablen mit alphanumerischen und Dezimalwerten sowie Variablen, die mehr als 200 Auspraegungen haben, koennen im Ganzzahlmodus nicht verwendet werden.
4: Es koennen maximal 20 Tabellendefinitionen aufgefuehrt werden.
5: Die maximale Dimension einer Tabelle ist 8.
6: Variablen mit mehr als 20 Codes zur Bezeichnung fehlender Werte koennen nicht verwendet werden.

Literatur

Benninghaus (1974)

============== Beispielausdruck zu CROSSTABS ======================

```
KREUZTABELLEN FANAL1 LEHRERFRAGEBOGEN                                          02/27/76        PAGE   15

FILE   FANAL1   (CREATION DATE = 02/27/76)   LEHRERFRAGEBOGEN ZUR BEURTEILUNG FEHLERORIENTIERTER TESTS

* * * * * * * * * * * * * * * * * *   C R O S S T A B U L A T I O N   O F   * * * * * * * * * * * * * * * * * *
   LEHRSEX   GESCHLECHT DES LEHRERS                              BY  LEHRALT   ALTER DES LEHRERS
* * * * * * * * * * * * * * * * * * * * * * * * * * * * * * * * * * * * * * * * * * * * * * * * *  PAGE  1 OF  1

                     LEHRALT
           COUNT  I
           ROW PCT IUNTER 30 30 - 40  41 - 50  UEBER 51   ROW
           COL PCT I          JAHRE    JAHRE     JAHRE    TOTAL
                   I      1.I      2.I      3.I      4.I
LEHRSEX    --------I--------I--------I--------I--------I
                1. I    19  I    29  I    10  I    10  I    68
  MAENNLICH        I  27.9  I  42.6  I  14.7  I  14.7  I  58.1
                   I  44.2  I  60.4  I  71.4  I  83.3  I
                  -I--------I--------I--------I--------I
                2. I    24  I    19  I     4  I     2  I    49
  WEIBLICH         I  49.0  I  38.8  I   8.2  I   4.1  I  41.9
                   I  55.8  I  39.6  I  28.6  I  16.7  I
                  -I--------I--------I--------I--------I
           COLUMN       43       48       14       12      117
            TOTAL     36.8     41.0     12.0     10.3    100.0

CHI SQUARE =     7.68672 WITH   3 DEGREES OF FREEDOM   SIGNIFICANCE =  0.0530
CRAMER'S V =    0.25632
CONTINGENCY COEFFICIENT =    0.24829

NUMBER OF MISSING OBSERVATIONS =      24
```

6.7 DISCRIMINANT

Die Prozedur DISCRIMINANT kann angewendet werden, wenn einerseits ein Satz von quantitativen unabhaengigen Variablen (= beschreibende oder diskriminierende Variablen) fuer jeden Fall erhoben wurde, und wenn andererseits eine damit zusammenhaengende Klassifikationsvariable oder gleichwertig eine Gruppeneinteilung der Faelle vorliegt. In einer ersten Phase, der Analysephase, wird ein diskriminanzanalytisches Modell entwickelt, mit dem jeder Fall aufgrund seiner Werte in den diskriminierenden Variablen in die Gruppen eingeordnet (klassifiziert) werden kann. In einer zweiten Phase, der Zuordnungsphase, kann das entwickelte Modell angewendet und erprobt werden. Es koennen einerseits dieselben Faelle klassifiziert werden, anhand derer das Klassifikationsmodell entwickelt wurde, andererseits koennen auch neu hinzugenommene Faelle klassifiziert werden. Wenn von den neuen Faellen die tatsaechliche Gruppenzugehoerigkeit bekannt ist, werden Statistiken zur Beurteilung der Klassifikationsguete berechnet.

Unabhaengig von der Konstruktion des diskriminanzanalytischen Modells werden in der Analysephase auch Statistiken angeboten, mit denen die Gruppenunterschiede der diskriminierenden Variablen beurteilt werden koennen. Am wichtigsten sind dabei univariate F-Werte zu den einzelnen diskriminierenden Variablen und die Ergebnisse der multivariaten einfaktoriellen Varianzanalyse. Zur Beurteilung der diskriminierenden Variablen sind aber auch die Gewichtskoeffizienten der Klassifikationsfunktionen nach Fisher und die Gewichts- oder Strukturkoeffizienten der kanonischen Diskriminanzfunktionen nuetzlich.

Bei der Konstruktion der Pruefgroessen werden unterschiedliche Annahmen als gegeben vorausgesetzt. Die weitestgehende Voraussetzung, die etwa fuer Wilks' Lambda und die zugehoerigen F- und Chiquadrat-Approximationen gefordert wird, verlangt, dass die Werte Zufallsziehungen aus multivariaten Normalverteilungen zu den Gruppen mit jeweils gleicher Kovarianzmatrix sind. Die Homogenitaet der Kovarianzmatrizen kann durch Statistik 7 geprueft werden, waehrend die uebrigen Voraussetzungen durch die Prozedur nicht beurteilt werden koennen.

Wenn der Benutzer ueber den diskriminierenden Beitrag einiger unabhaengiger Variablen unsicher ist, kann er (aehnlich wie bei REGRESSION) ein exploratorisches, schrittweises Vorgehen waehlen. Dabei werden nicht alle unabhaengigen Variablen zur Trennung der Gruppen herangezogen, sondern zunaechst die am besten trennenden Variablen. Auch koennen ab Version 8 die Variablen, deren urspruenglicher Beitrag zur Trennung durch andere, spaeter aufgenommene Variablen uebernommen werden kann, am Ende wieder aus dem Kreis der diskriminierenden Variablen entfernt werden. Weil das schrittweise Vorgehen fuer den Praktiker sehr attraktiv ist, muss besonders darauf hingewiesen werden, dass die routinemaessig ausgedruckten Signifikanztests bei der schrittweisen Diskriminanzanalyse nicht gueltig sind. Wie man zeigen (oder ausprobieren) kann, gibt es unter 30 mit reinen Zufallszahlen besetzten Variablen immer zwei oder drei Variablen, denen im schrittweisen Vorgehen eine signifikante Trennung in beliebige, willkuerliche Gruppen attestiert wird.

Die Prozedurkarte

```
1               16
DISCRIMINANT    GROUPS = Variablenname(min,max) | SUBFILES /
                VARIABLES = Variablenliste/
                SELECT = Variable (Wert)/
                ANALYSIS = Variablenliste (Einschlussniveau)... /
                METHOD = DIRECT|WILKS|MAHAL|MAXMINF|MINRESID|RAO /
                TOLERANCE = t /
                MAXSTEPS = m /
                FIN = F-ein /
                FOUT = F-aus /
                PIN = P-ein /
                POUT = P-aus /
                VIN = V-ein /
                FUNCTIONS = nf, cp, sig /
                PRIORS = EQUAL | SIZE | Werteliste /
                ANALYSIS = Variablenliste (Einschlussniveau)... /
                METHOD = ... / ...
```

Nur die Angaben zu GROUPS und VARIABLES sind erforderlich, alle uebrigen Angaben sind wahlfrei. Die Angaben zu GROUPS, VARIABLES und SELECT gelten fuer den ganzen Prozeduraufruf, waehrend die uebrigen Angaben sich nur auf die jeweils vorausgehende ANALYSIS-Angabe beziehen.

Durch die an erster Stelle aufzufuehrende <u>GROUPS-Angabe</u> werden die zu untersuchenden Gruppen festgelegt, entweder durch Angabe einer ganzzahligen Variablen mit dem in Klammern angegebenen Wertebereich oder durch das Schluesselwort SUBFILES. In beiden Faellen ist damit implizit auch die Gruppenzahl angegeben. Wird SUBFILES angegeben, bildet jede Unterdatei eine Gruppe. Sollen Unterdateien zu Gruppen zusammengefasst werden, dann sollte eine neue ganzzahlige Variable als Transformation der Variablen SUBFILE erzeugt und als Gruppierungsvariable verwendet werden. Eine RUN SUBFILES-Karte dagegen veranlasst die Berechnung von verschiedenen Diskriminanzanalysen, in die nur einzelne Unterdateien als Gesamtstichproben eingehen. Da mindestens zwei Gruppen fuer eine Diskriminanzanalyse vorhanden sein muessen, ist eine RUN SUBFILES-Karte mit der Angabe EACH zusammen mit dem Schluesselwort SUBFILES auf der DISCRIMINANT-Karte nicht zulaessig.

Das an zweiter Stelle aufzufuehrende Schluesselwort <u>VARIABLES</u> gibt alle in eine der geplanten Diskriminanzanalysen eingehenden unabhaengigen Variablen an, waehrend das Schluesselwort <u>ANALYSIS</u> die unabhaengigen Variablen fuer die einzelnen Analysen festlegt. Die Variablenlisten entsprechen den ueblichen Konventionen. Die Analyseliste bezieht sich auf Variablenanzahl und -abfolge der Variablenliste der Prozedurkarte, nicht auf die der Datei. Wird das Schluesselwort ANALYSIS weggelassen, so wird eine Analyse mit allen durch das Schluesselwort VARIABLES ausgewaehlten Variablen durchgefuehrt.

Durch die <u>SELECT-Angabe</u> <ab 8> koennen aus der Gesamtstichprobe fuer die Analysephase Faelle ausgeschlossen werden, an denen in der Klassifikationsphase das Zuordnungsmodell erprobt und der Anteil der Fehlklassifikationen unverzerrt geschaetzt werden kann. Erprobt man naemlich das Zuordnungsmodell an denselben Daten, an denen es auch konstruiert wurde, faellt der Anteil der Fehlklassifikationen zu optimistisch aus; der Schaetzfehler vergroessert sich noch, wenn schrittweise Variablenauswahl verwendet wurde.

Beispiel

```
1              16
SEED           47114711
COMPUTE        KREUZVAL = TRUNC (UNIFORM (1.667))
DISCRIMINANT   GROUPS = DIAGNOSE (1,4)/
               VARIABLES = AMP1 TO AMP64/
               SELECT = KREUZVAL (0)/
               ANALYSIS = AMP1, AMP10 TO AMP13, AMP44/
               ...
OPTIONS        5
```

Alle die Faelle werden in der Analysephase einbezogen, die in der nach SELECT genannten Variablen den bezeichneten Wert haben. Alle uebrigen Faelle werden nur in die Klassifikationsphase einbezogen. Im Beispiel wird eine Variable KREUZVAL durch Kombination der Funktionen UNIFORM und TRUNC so berechnet, dass die Faelle mit dem Wert Null in KREUZVAL eine Zufallsstichprobe mit etwa 60 % des Umfangs der Gesamtstichprobe sind. Nur sie werden zur Konstruktion des Zuordnungsmodells herangezogen. Die restlichen etwa 40 % der Faelle bilden die Kreuzvalidierungsstichprobe zur Schaetzung der Fehlklassifikations-Wahrscheinlichkeit. Die Variable KREUZVAL darf nicht durch *COMPUTE temporaer, sondern muss durch COMPUTE permanent erzeugt werden.

Soll eine Diskriminanzanalyse mit schrittweisem Einschluss der unabhaengigen Variablen durchgefuehrt werden, so ist bei ANALYSIS die Angabe von Einschlussniveaus (jeweils in Klammern) erforderlich. Hierfuer gelten folgende Regeln:

- Erlaubt sind ganzzahlige Werte von 0-99.
- Wird kein Einschlussniveau angegeben, so wird als Wert 1 angenommen.
- Ein Einschlussniveau gilt fuer alle vor ihm stehenden Variablen bis zum vorhergehenden Einschlussniveau.
- Variablen mit hoeherem Einschlussniveau werden vor Variablen mit niedrigerem in die Diskriminanzfunktion aufgenommen.
- Variablen mit gleichem geradzahligen Einschlussniveau werden an der durch die Einschlussniveaugroesse bestimmten Stelle simultan in die Diskriminanzfunktion eingebracht, Variablen mit gleichem, ungeradzahligen Einschlussniveau dagegen schrittweise.
- Variablen mit einem Einschlussniveau von 0 werden nicht in die Diskriminanzfunktion aufgenommen, jedoch werden ihre Aufnahmekennwerte errechnet.
- Variablen mit einem Einschlussniveau groesser als 1 verbleiben nach ihrer Einfuehrung in der Diskriminanzfunktion, auch wenn sich im nachhinein die Gruppentrennung wieder verschlechtert. Variablen mit einem Einschlussniveau von 1 werden in jedem Schritt auf ihren ausreichenden Beitrag zur Gruppentrennung ueberprueft und ggf. wieder aus der Diskriminanzfunktion ausgeschlossen.
- <ab 8> Variablen, denen sowohl ein gerades Einschlussniveau als auch das Einschlussniveau 1 zugeordnet wird, werden zunaechst aufgenommen, jedoch koennen sie wieder entfernt werden, wenn das Niveau 1 erreicht wurde (Rueckwaerts-Methode).

Beispiele

```
               16
               ANALYSIS=W1,W2,W3/...
               ANALYSIS=V1,V2(2),V3,V4(3),V5,V6,V7/ ...
               ANALYSIS=U1 TO U8(2), U1 TO U8(1)/ ...
```

Bei einer schrittweisen Analyse werden die Variablen W1 bis W3 (angenommenes Einschlussniveau 1) nacheinander entsprechend ihrem Beitrag zur Gruppentrennung in die Diskriminanzfunktionen aufgenommen. Im zweiten Beispiel werden zuerst nacheinander, entsprechend ihrem Beitrag, die Variablen V3 und V4 beruecksichtigt, danach simultan die Variablen V1 und V2. V1 bis V4 bleiben in jedem Fall in der Diskriminanzfunktion. Zuletzt werden nacheinander nach ihrem Beitrag die Variablen V5 bis V7 beruecksichtigt. Falls der Beitrag zur Gruppentrennung einer dieser Variablen durch die Beruecksichtigung weiterer Variablen absinkt, wird sie wieder aus der Diskriminanzfunktion herausgenommen. Im dritten Beispiel werden zunaechst alle Variablen U1 bis U8 aufgenommen, dann werden sie je nach berechnetem F TO REMOVE und spezifiziertem F-aus wieder entfernt.

Sollen alle unabhaengigen Variablen simultan aufgenommen werden, laesst man die METHOD-Angabe entfallen, oder man schreibt explizit METHOD = DIRECT. Alle weiteren Methodenangaben beziehen sich auf das schrittweise Vorgehen und unterscheiden sich nur im Auswahlkriterium fuer den Einschluss der jeweils naechsten Variablen. Es wird jeweils die Variable gewaehlt, die zum Extremwert folgender Kriterien fuehrt:

- WILKS zum kleinsten Wilks'schen Lambda (=groessten multivariaten F-Wert) (beruecksichtigt alle Gruppenunterschiede und die Homogenitaet der Gruppen, kann am schnellsten berechnet werden und wird normalerweise gewaehlt),
- MAHAL zur groessten Mahalanobis-Distanz zwischen den zwei Gruppen, die am naechsten zusammenliegen (beste Trennung der am schlechtesten trennbaren Gruppen),
- MAXMINF zum groessten paarweisen multivariaten F-Wert fuer die zwei Gruppen mit dem kleinsten F-Wert (ist bei gleichgrossen Gruppen gleichbedeutend mit MAHAL),
- MINRESID zur kleinsten durchschnittlichen ungeklaerten Varianz beim Versuch, alle Paare von Gruppen zu trennen (fuehrt auch zur besten Trennung schlecht trennbarer Gruppen),
- RAO zum groessten Anstieg der generalisierten Distanz (= Rao's V) (verhindert besonders gut die Aufnahme von kollinearen unabhaengigen Variablen).

Die Toleranz einer Variablen (spezifische Varianz; ihr durch die uebrigen Variablen nicht erklaerter Varianzanteil innerhalb der Gruppen) ist dann klein, wenn sie mit den uebrigen Variablen kollinear ist. Bei kollinearen Variablen koennen die Diskriminanzfunktionen nicht oder nur fehlerhaft bestimmt werden. Unterschreitet eine Variable den bei TOLERANCE angegebenen Wert (Voreinstellung: 0.001), wird sie deshalb nicht zu den diskriminierenden Variablen hinzugenommen. Dies gilt ab Version 8 auch fuer METHOD = DIRECT. Ab Version 8 werden auch die Variablen nicht aufgenommen, deren Minimaltoleranz den angegebenen Wert nicht erreicht; die Minimaltoleranz ist die kleinste Toleranz irgendeiner diskriminierenden Variablen, wenn die betrachtete Variable in die diskriminierenden Variablen eingeordnet waere.

Beim schrittweisen Vorgehen wird zwar die Reihenfolge, in der diskriminierende Variablen aufgenommen bzw. ausgeschlossen werden, in erster Instanz durch die Einschlussniveaus bei ANALYSIS und in zweiter Instanz durch das bei METHOD gewaehlte Kriterium bestimmt, doch gibt es ueber den Toleranztest hinaus noch eine Reihe weiterer Parameter, durch die die Aufnahme einer Variablen ermoeglicht bzw. der Ausschluss verhindert werden kann.

Durch MAXSTEPS wird die Anzahl der Schritte beim schrittweisen Vorgehen eingeschraenkt. Weil dies nur eine Vorkehrung gegen moegliche unendliche Schleifen ist, kann die Voreinstellung <ab 8> m= Anzahl der Variablen mit Einschlussniveau groesser als 1 + doppelte Anzahl der Variablen zum Einschlussniveau 1 (<bis 7> m = doppelte Anzahl der Variablen) beibehalten werden.

Der Parameter F-ein bei FIN (Voreinstellung: 1.0) ist der minimale Wert von F TO ENTER, mit dem eine Variable noch aufgenommen wird. Ab Version 8 wird diese Pruefung nur fuer Variablen mit ungeradem Einschlussniveau durchgefuehrt.

Der Wert F-aus bei FOUT (Voreinstellung: 1.0) ist der minimale Wert fuer F TO REMOVE, mit dem der Ausschluss von Variablen mit Einschlussniveau 1 verhindert wird.

Die Werte bei PIN und POUT (Voreinstellung jeweils: 1.0) setzen entsprechende Schranken fuer das den F-Werten F-ein und F-aus entsprechende Signifikanzniveau. Werden P-ein und P-aus angegeben, wird die Pruefung von F-ein und F-aus vollstaendig durch die Pruefung der P-Werte ersetzt, bei der die Freiheitsgrade zu den F-Werten mitberuecksichtigt werden.

Wird METHOD = RAO gewaehlt, kann ueber VIN ein minimaler Zuwachs V-ein (Voreinstellung: 0.0) des V-Kriteriums fuer die Aufnahme einer Variablen gefordert werden. Da die Veraenderung von Rao's V fuer den Einschluss einer Variablen annaehernd einer Chi-Quadrat-Verteilung (Freiheitsgrade = Anzahl der Gruppen minus 1) entspricht, kann anhand einer Chi-Quadrat-Tabelle ein Minimalwert ausgewaehlt werden, der einem gewuenschten Niveau statistischer Signifikanz entspricht. Da die Aenderung von V negativ sein kann (wenn sich durch Einschluss der betreffenden Variablen die Gruppentrennung verschlechert), kann es notwendig sein, einen negativen Wert fuer VIN anzugeben, wenn man erreichen will, dass alle Variablen selegiert werden. In diesem Fall sollten auch FIN und FOUT auf 0.0 gesetzt werden.

Durch die FUNCTIONS-Angabe kann die Anzahl der kanonischen Diskriminanzfunktionen (die Werte heissen discriminant scores) beschraenkt werden. Hierzu muss erlaeutert werden, dass zwei verschiedene Klassifikationsansaetze bei DISCRIMINANT angeboten werden. Die Anzahl der Funktionen des ersten Typs, der Fisher'schen Klassifikationsfunktionen, ist stets gleich der Anzahl zu trennender Gruppen. Ein Fall wird der Gruppe zugeordnet, in deren Klassifikationsfunktion er den hoechsten Wert hat. Die Funktionen des zweiten Typs, die Diskriminanzfunktionen, stehen jedoch im Vordergrund. Sie werden so ausgewaehlt, dass die erste Funktion (eine Linearkombination der diskriminierenden Variablen) den maximal moeglichen Beitraq zur Gruppentrennung liefert, die zweite Funktion orthogonal zur ersten wiederum maximalen Beitrag liefert usw. Sind die Diskriminanzfunktionen derart festgelegt, koennen die mittleren Diskriminanzfunktionswerte fuer die einzelnen Gruppen bestimmt werden. Der Satz von Funktionswerten fuer das Gruppenmittel bzw. der dadurch bestimmte Punkt im Achsensystem der Diskriminanzfunktionen wird auch als Gruppenzentroid bezeichnet. Fuer jeden Fall wird ein generalisierter Abstand zu jedem Gruppenzentroid berechnet. Dieser Abstand ist bei Zugehoerigkeit zur Gruppe chiquadratverteilt. Aus der Chiquadratverteilung wird die Wahrscheinlichkeit P(X/G) bestimmt, mit der die Werte des Falls bei Zugehoerigkeit zur Gruppe auftreten. Setzt man die Wahrscheinlichkeitsdichten zu den verschiedenen Gruppen zueinander ins Verhaeltnis, erhaelt man die a posteriori-Wahrscheinlichkeiten P(G/X) fuer alle Gruppen. Die Klassifikation wird beim zweiten Typ so durchgefuehrt, dass der Fall der Gruppe mit der groessten Wahrscheinlichkeit zugeordnet wird.

Es ist nicht immer erforderlich, alle bei g Gruppen moeglichen g-1 Diskriminanzfunktionen zu verwenden. Dies ist eine aehnliche Situation wie bei der Faktorenanalyse, und das Problem, die Anzahl der zu verwendenden Diskriminanzfunktionen zu bestimmen, aehnelt dem faktorenanalytischen Problem der Bestimmung der Faktorenzahl.

Durch drei Spezifikationen nach dem Schluesselwort FUNCTIONS kann die Zahl der Diskriminanzfunktionen eingeschraenkt werden:

- nf: Maximalzahl zu berechnender Diskriminanzfunktionen (Voreinstellung: Anzahl der Gruppen minus 1)
- cp: Angabe des als ausreichend erachteten kumulierten Prozentsatzes der Eigenwerte (Voreinstellung: 100.0).
- sig: Maximal zulaessiges Signifikanzniveau fuer die zusaetzlichen Funktionen (Voreinstellung: 1.0).

Sollen die Standardparameter ueberschrieben werden, so muessen die Werte fuer den zu aendernden Parameter und alle in der Reihenfolge vorausgehenden Parameter angegeben werden, auch wenn die Voreinstellungen erhalten bleiben sollen; die angegebenen Werte werden durch Kommata getrennt; nf ist ganzzahlig, cp und sig sind Dezimalzahlen.

Die PRIORS-Angabe dient zur Anpassung der Zugehoerigkeitswahrscheinlichkeit der Faelle an die Gruppengroessen in der Population, aus der die zu klassifizierenden Faelle stammen:

- EQUAL (Voreinstellung) bezeichnet gleiche Zugehoerigkeitswahrscheinlichkeiten zu allen Gruppen.
- SIZE bezeichnet die Schaetzung von Gruppenzugehoerigkeitswahrscheinlichkeiten aus den Gruppengroessen in der Analysestichprobe.
- Es kann eine Liste von a priori Zugehoerigkeitswahrscheinlichkeiten (Dezimalzahlen zwischen 0 und 1) aufgefuehrt werden. Ihre Anzahl und Abfolge muss der Gruppenzahl und der Gruppenabfolge entsprechen.

Beispiel (5 Gruppen)

```
               16
               PRIORS= .30,2*.25,.05,.15
```

2*.25 bezeichnet die zweimalige Auffuehrung des Wertes .25.

Die PRIORS-Angabe kann sinnvoll sein, wenn die zu klassifizierenden Faelle aus einer Population mit stark unterschiedlichen Gruppengroessen stammen, oder wenn die Folgen einer Fehlklassifikation fuer die verschiedenen Gruppen unterschiedlich wichtig sind. Die Gesamt-Fehlklassifikationswahrscheinlichkeit wird minimiert; sie ist das Mittel der mit den a priori-Wahrscheinlichkeiten gewichteten Fehlklassifikationswahrscheinlichkeiten zu den einzelnen Gruppen. Daher werden die Fisher'schen Klassifikationsfunktionen (bis Version 7 wurde dafuer PRIORS nicht beruecksichtigt) und der aus den Diskriminanzfunktionen gebildete Klassifikationsansatz so ausgerichtet, dass die Fehlklassifikationswahrscheinlichkeit fuer die Gruppen mit hoher a priori-Wahrscheinlichkeit besonders klein wird.

Matrix-Ausgabe und -Eingabe

Durch die Option 15 koennen in Abhaengigkeit von den gewaehlten Statistiken und den anderen Optionen die dabei berechneten Groessen wie Mittelwerte, Varianzen und Kovarianzmatrizen je Gruppe oder gepoolt innerhalb der Gruppen ausgegeben werden. Die dabei erhaltene BCD-Ausgabe kann in einem spaeteren Lauf mit Option 16 als Eingabe verwendet werden. Dies ist vor allem dann nuetzlich, wenn spaeter erhobene Daten aufgrund der Ergebnisse aus einer Analysestichprobe klassifiziert werden sollen. Dazu ist es guenstig, zusaetzlich zum

Matrix-Material aus der Analysestichprobe neue Rohdaten einzulesen, was ab Version 8 <nicht CDC> moeglich ist.

Beispiel 1

```
1              16
VARIABLE LIST  V1 TO V70, GRUPPE
INPUT FORMAT   FIXED(35F1.0/36F1.0)
COMPUTE        WERT1 = V2+V7+V19+V32
COMPUTE        WERT2 = V1+V4+V36-V14-V23
COMPUTE        WERT3 = V3+V8+V57-V69
DISCRIMINANT   GROUPS = GRUPPE (1,3)/
               VARIABLES = WERT1 TO WERT3/
               ANALYSIS = WERT1 TO WERT3(2)/WERT1,WERT2(1)/
               METHOD = WILKS
OPTIONS        5,15
READ INPUT DATA
              .
              . Datenkarten
              .
END INPUT DATA
```

Im Beispiel 1 werden Variablen eingelesen, transformiert und einer Diskriminanzanalyse unterzogen. Dabei werden die berechneten Matrizen in BCD-Form ausgegeben. Um das Matrix-Material permanent, z.B. auf Platte, abzuspeichern, sind zusaetzliche Kommandokarten (siehe Kap. 7) erforderlich. Im Beispiel 2 wird dieses Matrix-Material wieder eingelesen, fuer die Klassifikationsphase werden neue Daten hinzugenommen.

Beispiel 2 <ab 8> <nicht CDC>

```
1              16
VARIABLE LIST  V1 TO V70, GRUPPE
INPUT FORMAT   FIXED(35F1.0/36F1.0)
COMPUTE        WERT1 = V2+V7+V19+V32
COMPUTE        WERT2 = V1+V4+V36-V14-V23
COMPUTE        WERT3 = V3+V8+V57-V69
INPUT MEDIUM   CARD
READ INPUT DATA
              .
              . neue Datenkarten
              .
END INPUT DATA
INPUT MEDIUM   DISK
DISCRIMINANT   GROUPS = GRUPPE (1,3)/
               VARIABLES = WERT1 TO WERT3/
               ANALYSIS = WERT1 TO WERT3/
               METHOD = DIRECT
OPTIONS        5,6,7,16
READ MATRIX
```

Im Beispiel 2 werden die neuen Datenkarten in die Steuerkarten eingeordnet, die erforderlichen Matrizen werden von Platte geholt. Die Analysemethode wird geringfuegig abgeaendert, weil die schrittweise Methode nicht mehr angemessen erscheint. Es waere allerdings nicht moeglich gewesen, durch Option 14 die Verwendung der Kovarianzmatrizen der einzelnen Gruppen zu fordern statt der gepoolten Kovarianzmatrix, weil nur letztere im Matrix-Material aus Beispiel 1 enthalten ist.

Die OPTIONS-Karte

1: Einschluss aller Faelle mit fehlenden Werten in der Analysephase, vorausgesetzt, sie erfuellen die GROUPS-Spezifikation. In der Klassifikationsphase werden alle Faelle ohne Beruecksichtigung ihrer Gruppenzugehoerigkeit eingeschlossen, falls nicht Option 9 angegeben wird.
2: In der Klassifikationsphase werden alle Faelle mit fehlenden Werten eingeschlossen. Falls die Gruppenangabe fehlt, wird der Fall als unklassifiziert behandelt. Fehlen Werte der Diskriminationsvariablen, wird fuer sie der Mittelwert der betreffenden Variablen eingesetzt. Option 2 ist mit Option 1 inkompatibel.
3: Unterdrueckung der Druckausgabe fuer die einzelnen Schritte.[1]
4: Unterdrueckung der zusammenfassenden Abschlusstabelle.
5: Ausdruck der Ergebnisse der Klassifikation. In einer Tabelle wird die Klassifikation der Faelle in alle Gruppen und bei bekannter Gruppenzugehoerigkeit der Faelle der Prozentsatz richtiger Klassifikationen angegeben.
6: Fuer jeden Fall werden Diskriminanzwerte (Werte eines Falles auf den Diskriminanzfunktionen) und Informationen zur Gruppenzugehoerigkeit ausgedruckt. Angegeben werden: Unterdateinamen und laufende Nummer, Zahl der fehlenden Werte des Falles (nur fuer die tatsaechlich beruecksichtigten Variablen), Nummer der Gruppe, zu der der Fall tatsaechlich gehoert, Nummer der naechstliegenden Gruppe (G), die Wahrscheinlichkeit fuer einen Fall aus Gruppe G, so weit vom Zentroiden entfernt zu sein (P(X/G)), die Zugehoerigkeitswahrscheinlichkeit des Falles zu Gruppe G: (P(G/X)), falls die Zugehoerigkeitswahrscheinlichkeit zur zweitnaechsten Gruppe groesser als .0005 ist: Nummer der zweitnaechsten Gruppe und Zugehoerigkeitswahrscheinlichkeit, Diskriminanzwerte (fuenf pro Zeile; falls mehr als fuenf Diskriminanzfunktionen vorliegen, ergeben sich mehr als eine Zeile pro Fall). Vorsicht, Option 6 ist sehr ausgabeintensiv!
7: Bildausgabe der Faelle (eine pro Analyse). Falls nur eine Diskriminanzfunktion vorliegt, wird ein Histogramm der Verteilung der Faelle entlang der Funktion gedruckt. Fuer zwei oder mehr Diskriminanzfunktionen wird eine bivariate Verteilung fuer die beiden ersten Funktionen erstellt. Jeder Fall wird durch ein Symbol fuer seine Gruppe dargestellt: 1-9 fuer die ersten 9 Gruppen, 0 fuer Gruppe 10, A-Z fuer Gruppe 11 bis 36, + = . und / fuer die Gruppen 37 bis 40. Ab Gruppe 41 wiederholen sich die Zeichen in der gleichen Reihenfolge. Im Histogramm werden die Gruppenzentroide durch Sterne unter der Horizontalachse, in der bivariaten Verteilung durch Sterne in der Flaeche markiert.[2]
8: Separater Bildausdruck fuer jede Gruppe (wie Option 7). Da fuer jede Gruppe einmal alle Daten abgearbeitet werden muessen, koennen sich bei grossen Fallzahlen sehr lange Rechenzeiten ergeben.
9: Unterdrueckung auch der Klassifikationsphase fuer die Faelle, die durch die GROUPS-Spezifikation aus der Analysephase ausgeschlossen wurden. Dies bezieht sich auf die Berechnung von Diskriminanzwerten, Klassifikation, Bildausdruck und Druckausgabe von Werten und Klassifikationen.
10: Nur bei ein oder zwei Diskriminanzfunktionen (bei mehr Funktionen wird <bis 7> Option 10 ignoriert, <ab 8> werden nur die ersten beiden geplotted): Ausdruck einer Territoriums-Karte (Gruppen-

---

[1] Bei "SPSS,LO=ONLINE" der CDC-Version unterbleibt standardmaessig der Ausdruck bei den einzelnen Schritten; durch Option 3 wird er erzwungen.
[2] Bei "SPSS,LO=ONLINE" und "SPSS,LO=ABRV" sind die Optionen 7, 8 und 10 nicht verfuegbar.

flaechen). Bei einer Diskriminanzfunktion bestehen die "Flaechen" aus einer Zeile unter der Horizontalachse der Histogramme aus Option 7 oder 8. Jede Druckposition in der Zeile enthaelt das Symbol fuer die Gruppe, in die ein Fall klassifiziert wuerde, wenn er im Zentrum der Druckposition laege. Bei zwei Diskriminanzfunktionen wird eine bivariate Verteilung gedruckt, mit einem Gruppensymbol auf jeder Druckposition (wie oben gelten die Werte fuer das Zentrum der Druckposition) und Sternen fuer die Gruppenzentroide. <ab 8> werden nur die Grenzen von Gebieten gleicher Klassifikation gekennzeichnet.

11: Ausdruck der unstandardisierten Koeffizienten der Diskriminanzfunktion und der Konstanten fuer die Berechnung von Diskriminanzwerten aus den Rohdaten.

12: Ausdruck der Klassifikationsfunktionen einschliesslich der Konstanten zur Errechnung von Klassifikationswerten aus Rohdaten. <Ab 8> sind die a priori-Wahrscheinlichkeiten beruecksichtigt.

13: Varimaxrotation der Diskriminanzfunktionen und Ausdruck standardisierter Koeffizienten. Wenn Option 11 angegeben wurde, werden auch unstandardisierte rotierte Koeffizienten gedruckt. Wenn Statistik 10 gewaehlt wurde, wird die Strukturmatrix rotiert.

14: <ab 8> Anstelle der gepoolten Innerhalb-Gruppen-Kovarianzmatrix werden die Kovarianzmatrizen der einzelnen Gruppen fuer die Berechnung der Gruppenzugehoerigkeitswahrscheinlichkeit benutzt.

15: Ausgabe von Matrizen und Vektoren als BCD-Datei (siehe Kap. 5.2.4). Bei Angabe von Option 14 werden auch Mittelwerte und Kovarianzmatrizen der Einzelgruppen errechnet. Ausgegeben werden: Identifikationsgroessen, Fallzahlen, Mittelwerte und Kovarianzmatrizen je Gruppe. Die Ausgabe erfolgt <ab 8> 80-spaltig ohne Numerierung.

16: Eingabe von Matrizen, die mit Option 15 ausgegeben wurden bzw. diesen Matrizen entsprechen. Die Eingabeform richtet sich nach der DISCRIMINANT-Karte (siehe Kap. 5.3). <Bis 7 und bei CDC> ist dabei keine Klassifikation moeglich; ausserdem werden die Statistiken 6, 7, 8 und die Optionen 1, 5 bis 9, 14 und 17 bis 19 ignoriert.

Zu 17 bis 19: Ausgaben als BCD-Datei mit 80 Spalten. Da sich das Ausgabeformat von Option zu Option aendert, werden entsprechende Informationen in der Druckausgabe aufgefuehrt (siehe Kap. 5.2.4).

17: Ausgabe von Diskriminanzwerten.
18: Ausgabe von Zugehoerigkeitswahrscheinlichkeiten zu allen Gruppen.
19: Ausgabe der Nummer der tatsaechlichen Gruppe und der Nummern der Gruppen, denen ein Fall zugeordnet wurde.

Die Prozedur tritt in die Klassifikationsphase ein, wenn eine der Optionen 5 bis 8, 17 bis 19 gewaehlt wird.

Die STATISTICS-Karte

1: Die Mittelwerte aller diskriminierenden Variablen fuer jede Gruppe und fuer die Gesamtgruppe. Hier umfasst die Gesamtgruppe alle Faelle ausser denen, die wegen fehlender Werte nicht zugeordnet wurden.
2: Standardabweichungen (wie Statistik 1).
3: Gepoolte Innerhalb-Gruppen-Kovarianzmatrix.
4: Gepoolte Innerhalb-Gruppen-Korrelationsmatrix.
5: Matrix der F-Werte (Signifikanztest der Mahalanobis-Distanzen) fuer den Vergleich aller Paare von Gruppen wird ausgedruckt; nur in Verbindung mit dem schrittweisen Vorgehen moeglich.
6: Fuer jede diskriminierende Variable werden eine einfaktorielle

Varianzanalyse auf Gleichheit der Gruppenmittelwerte durchgefuehrt und die zugehoerigen F-Werte ausgedruckt.

7: Test auf Gleichheit der Kovarianzmatrizen der Gruppen. Durchgefuehrt wird der F-Test auf den M-Wert nach Box[1] fuer die diskriminierenden Variablen.

8: Die Kovarianzmatrizen der Gruppen fuer die diskriminierenden Variablen (und in Verbindung mit Option 14 auch fuer die Diskriminanzfunktionen) werden ausgedruckt.

9: Die Gesamtkovarianzmatrix (aller Faelle) wird ausgedruckt.

10: <ab 8> Die Strukturmatrix wird ausgedruckt: gepoolte Innerhalb-Gruppen-Korrelationen zwischen Diskriminanzfunktionen und diskriminierenden Variablen.

Beschraenkungen

Paarweiser Ausschluss fehlender Werte ist nicht moeglich.

Literatur

Cooley & Lohnes (1971)
Overall & Klett (1972)
Tatsuoka (1971)
Hope (1968)
Rao (1973)
Van der Geer (1971)

---

[1] Vergleiche Cooley & Lohnes (1971), S.229.

============== Beispielausdruck zu DISCRIMINANT ====================

VARIABLE ENTERED ON STEP NUMBER 4.. RS1

				DEGREES OF FREEDOM		SIGNIFICANCE
WILKS' LAMBDA	0.38513	APPROXIMATE F	6.78520	4	17.00	0.002
RAO'S V	31.92998	CHANGE IN V	4.04469	1		0.044

F MATRIX - DEGREES OF FREEDOM: 4, 17

	GROUP 1
GROUP 2	6.78511

-------- VARIABLES IN THE ANALYSIS ---------

VARIABLE	ENTRY CRITERION	F TO REMOVE
RS1	1.43607	1.43607
RS4	3.58897	5.82004
RS5	7.51192	9.05247
RS6	8.41762	17.80043

----------- VARIABLES NOT IN THE ANALYSIS ------------

VARIABLE	TOLERANCE	F TO ENTER	ENTRY CRITERION
RS2	0.78844	0.02378	0.02308
RS3	0.95124	0.03766	0.01866

F LEVEL INSUFFICIENT FOR FURTHER COMPUTATION

SUMMARY TABLE

STEP NUMBER	VARIABLE ENTERED	REMOVED	F TO ENTER OR REMOVE	NUMBER INCLUDED	WILKS' LAMBDA	SIG.	RAO'S V	CHANGE IN RAO'S V	SIG. OF CHANGE
1	RS6		8.41762	1	0.70379	0.009	8.41761	8.41761	0.004
2	RS4		3.58897	2	0.59197	0.007	13.78541	5.36780	0.021
3	RS5		7.51192	3	0.41767	0.001	27.88528	14.09987	0.000
4	RS1		1.43607	4	0.38513	0.002	31.92998	4.04469	0.044

CLASSIFICATION FUNCTION COEFFICIENTS

	GROUP 1 MAENNLICH	GROUP 2 WEIBLICH
RS1	3.46585	2.90465
RS4	3.84810	5.15763
RS5	3.29917	1.80782
RS6	0.92380	2.53739
CONSTANT	-35.93051	-39.26184

CASE SUBFIL	CASE SEQNUM	MISSING VALUES	ACTUAL GROUP		HIGHEST PROBABILITY GROUP	P(X/G)	P(G/X)	2ND HIGHEST GROUP	P(G/X)	DISCRIMINANT SCORES FUNC 1
	1.	0	2		2	0.875	0.573	1	0.427	-0.065
	2.	0	2		2	0.972	0.992	1	0.008	1.096
	3.	0	2		2	0.972	0.992	1	0.008	1.096
	4.	0	2	****	1	0.999	0.974	2	0.026	-1.085
	5.	0	2		2	0.999	0.906	1	0.094	0.447
	8.	0	1		1	0.989	0.988	2	0.012	-1.279
	9.	0	2		2	1.000	0.963	1	0.037	0.704
	10.	0	2		2	1.000	0.964	1	0.036	0.709
	11.	0	2		2	0.994	0.985	1	0.015	0.936
	12.	0	2		2	0.926	0.999	1	0.001	1.774
	13.	0	1		1	0.989	0.987	2	0.013	-1.274
	14.	0	2		2	0.984	0.989	1	0.011	1.030
	15.	0	2		2	1.000	0.973	1	0.027	0.788
	17.	0	2		2	0.994	0.985	1	0.015	0.936
	18.	0	2		2	0.867	0.560	1	0.440	-0.079
	19.	0	1		1	0.953	0.994	2	0.006	-1.449
	20.	0	1		1	0.994	0.985	2	0.015	-1.225
	22.	0	1		1	0.999	0.974	2	0.026	-1.085
	23.	0	1	****	2	0.900	0.617	1	0.383	-0.018
	24.	0	1		1	0.973	0.779	2	0.221	-0.469
	25.	0	1		1	0.948	0.713	2	0.287	-0.378
	26.	0	1		1	0.995	0.977	2	0.023	-1.111

6.8 FACTOR

Faktorenanalyse ist der zusammenfassende Ausdruck fuer eine Vielfalt von Verfahren, die alle das Ziel haben, die Zusammenhaenge innerhalb einer groesseren Gruppe von Variablen zu analysieren. Wegen der Allgemeinheit der Faktorenanalyse ist es schwierig, eine umfassende Beschreibung ihrer Funktion und Anwendung zu geben. Das hauptsaechliche Ziel der Verwendung der Faktorenanalye durch Sozialwissenschaftler besteht darin, eine kleinere Zahl von Basisvariablen, Dimensionen, Clusters oder Faktoren zu finden, auf die sich eine groessere Anzahl von Items oder Variablen reduzieren laesst. Andererseits kann die Faktorenanalyse dabei helfen, den Grad zu bestimmen, in dem eine gegebene Variable oder verschiedene Variablen Teil eines gemeinsamen (allgemeinen) Faktors sind, der ihnen zugrunde liegt.

Die Prozedurkarte

```
1               16
FACTOR          VARIABLES = Variablenliste
                [/TYPE = Argument]
                [/ITERATE = Wert]
                [/STOPFACT = Wert]
                [/DIAGONAL = Wert,Wert,k*Wert,.....,Wert]
                [/NFACTORS = Wert]
                [/MINEIGEN = Wert]
                [/ROTATE = Argument]
                [/DELTA = Wert | Startwert,Inkrement,Endwert]
                [/FACSCORE [= Anteil]]
                [/VARIABLES = Variablenliste
                [ . . . ]
```

Die Anweisung VARIABLES nennt die Variablen, die in die Faktorenanalyse eingehen sollen. Diese Anweisung ist immer notwendig; alle anderen Anweisungen sind wahlfrei. Die Anweisung VARIABLES muss zuerst aufgefuehrt werden, alle anderen Anweisungen in beliebiger Reihenfolge.

Die Anweisung TYPE gibt die Methode der Faktorenextraktion an. Zulaessig sind die unten aufgefuehrten Parameter. PA2 ist Voreinstellung, wenn die Anweisung TYPE weggelassen wird.

PA1	Hauptkomponentenanalyse
PA2	Hauptachsenfaktorenanalyse mit Kommunalitaeteniteration
RAO	RAO'S kanonische Faktorenanalyse
ALPHA	Alpha-Faktorenanalyse
IMAGE	Image-Faktorenanalyse
BYPASS	Siehe multiple Variablenlisten (weiter unten)

Die Anweisung NFACTORS legt die Zahl der zu extrahierenden Faktoren fest. Wird die Zahl der Faktoren gleich der Zahl der Variablen gesetzt, wird die vollstaendige Faktorenloesung berechnet. Wird NFACTORS gleich Eins gesetzt, dann wird die eventuell nachfolgende Rotation uebergangen. Wird NFACTORS weggelassen, dann gilt das Eigenwertkriterium. NFACTORS ist notwendig, wenn die Faktorenmatrix und der Kommunalitaetenvektor eingelesen werden.

Die Anweisung MINEIGEN bezeichnet die untere Grenze der Eigenwertgroesse, bis zu der Faktoren extrahiert werden. Voreinstellung ist:

MINEIGEN=1. Grundsaetzlich wird die Anweisung MINEIGEN durch die explizite Angabe der Anweisung NFACTORS unwirksam. Die Anweisungen NFACTORS und MINEIGEN sollten bei den Extraktionsmethoden RAO, ALPHA und IMAGE nur bei ausreichendem Verstaendnis des statistischen Hintergrunds benutzt werden.

Die Anweisung ITERATE legt die Maximalzahl der zulaessigen Iterationen fest, um die End-Kommunalitaeten zu berechnen. Voreinstellung ist: ITERATE=25.

Die Anweisung STOPFACT spezifiziert die obere Grenze des Differenzbetrages zwischen zwei aufeinanderfolgenden Kommunalitaetenschaetzungen, bei deren Unterschreitung die Iteration abgebrochen wird. Der Wert darf zwischen 0.0000001 und 1. liegen. Voreinstellung ist: STOPFACT=0.001.

Die Parameter ITERATE, STOPFACT sind nur bei den Methoden PA2, RAO und ALPHA sinnvoll und zulaessig.

Die Anweisung DIAGONAL aendert die Diagonalelemente der Korrelationsmatrix. Die Anweisung DIAGONAL ist sinnvoll und zulaessig nur fuer die Methode PA1. Standardmaessig sind alle Diagonalelemente der Korrelationsmatrix gleich 1. k*Wert bedeutet, dass der Wert k-mal benutzt werden soll.

Die Anweisung ROTATE bezeichnet die Rotationsmethode. Voreinstellung ist: ROTATE = VARIMAX. Zulaessig sind folgende Parameter:

VARIMAX	Varimaxrotation (orthogonale Rotation, die die Spalten der Faktormatrix vereinfacht)
QUARTIMAX	Quartimaxrotation (orthogonale Rotation, die die Zeilen der Faktormatrix vereinfacht)
EQUIMAX	Equimaxrotation (orthogonale Rotation; Kompromiss zwischen Varimax- und Quartimaxrotation)
OBLIQUE	Schiefwinklige Rotation
NOROTATE	Die Rotation der Faktormatrix wird uebergangen.

Die Anweisung DELTA ist sinnvoll und zulaessig nur bei schiefwinkliger Rotation. Der Wert sollte im Intervall (-10,+1) gewaehlt werden und bestimmt den Grad der Korrelation zwischen den Faktoren (der voreingestellte Wert DELTA = 0 erzeugt ziemlich schiefe Faktoren, positive Werte erzeugen sehr schiefe Faktoren und -5 erzeugt fast orthogonale Faktoren). Die zweite Form der Anweisung DELTA ermoeglicht, eine Folge von Werten anzugeben.

Beispiele

```
16
ROTATE=OBLIQUE/DELTA=0.5/
ROTATE=OBLIQUE/DELTA=-1.0,0.1,0.0/
```

Werden bei DELTA mehrere Werte angefordert, wird die Berechnung von Faktorenwertkoeffizienten wegen Speicherplatzbeschraenkungen nicht durchgefuehrt. Werden multiple Variablenlisten in Kombination mit dem Parameter OBLIQUE benutzt, dann darf nur der letzten Variablenliste dieser Parameter zugeordnet werden.

Multiple Variablenlisten

Durch mehrere Anweisungen VARIABLES koennen mehrere Faktorenanalysen bei erheblicher Rechenzeitersparnis durchgefuehrt werden. Die einzige Restriktion hierbei ist, dass alle nachfolgenden Variablenlisten ausschliesslich Teilmengen der ersten Variablenliste enthalten duerfen.

Da die erste Variablenliste auch Teilmenge von sich selbst ist, kann das Verfahren zur Durchfuehrung von Rotationen mit verschiedenen Faktorenanzahlen benutzt werden.

Beispiel
```
1             16
FACTOR        VARIABLES = A TO Z/ NFACTORS =3/
              VARIABLES = A TO Z/ NFACTORS =4/
              VARIABLES = A TO Z/ NFACTORS =5/
```

Multiple Variablenlisten und RUN SUBFILES-Karten, die mehr als einen Durchlauf aufrufen, sind nicht zulaessig.

Die Anweisung TYPE=BYPASS ermoeglicht, bei multiplen Variablenlisten eine grosse Korrelationsmatrix zusammenzustellen, ohne weitere Berechnungen durchzufuehren. Die eigentlichen Faktorenanalysen werden durch die nachfolgenden Variablenlisten angefordert.

Beispiel
```
1             16
FACTOR        VARIABLES=FRAGE1 TO FRAGE80/TYPE=BYPASS/
              VARIABLES=FRAGE1 TO FRAGE25/TYPE=ALPHA/
              ROTATE=EQUIMAX/
              VARIABLES=FRAGE21 TO FRAGE49/TYPE=PA1/
              ROTATE=NOROTATE/
              VARIABLES=FRAGE3 TO FRAGE80/TYPE=PA2/
```

Faktorenanalyse der Kovarianzmatrix

Mit der Prozedur FACTOR ist standardmaessig nur eine Faktorenanalyse auf der Basis von Korrelationsmatrizen moeglich. Es kann jedoch mit der Prozedur CANCORR eine Kovarianzmatrix im passenden Format ausgegeben und anstelle einer Korrelationsmatrix in einem nachfolgenden Lauf durch FACTOR bei Angabe der Option 9 wieder eingelesen werden. Durch dieses Vorgehen kann eine Faktorenanalyse der Kovarianzen oder auch der mittleren Produktsummen berechnet werden.

Faktorenwerte

Durch die Anweisung FACSCORE werden Berechnungen von Faktorenwerten angefordert. Faktorenwerte werden fuer die extrahierten (ggf. rotierten) Faktoren und fuer jeden Fall berechnet. Sie werden standardmaessig im Format (8F10.6) als BCD-Datei ausgegeben (siehe Kap. 5.2.4). Durch Option 11 koennen die Ausgabesaetze zusaetzlich mit laufender Fallnummer, Kartennummer und Dateinamen versehen werden.

Beispiel

```
1              16
FACTOR         VARIABLES=TEST1 TO TEST17/TYPE=PA1/FACSCORE=.25/
               ROTATE=EQUIMAX/
               VARIABLES=TEST1 TO TEST9/FACSCORE/TYPE=IMAGE/
OPTIONS        11
```

Bei der ersten Faktorenanalyse werden fuer die Faelle, bei denen nicht mehr als 25 Prozent der Variablen fehlende Werte haben, die fehlenden Werte durch die Mittelwerte der betreffenden Variablen ersetzt und die so berechneten Faktorenwerte ausgegeben. In allen anderen Faellen wird der Code 999.0 ausgegeben. Dieser Code wird bei der zweiten Faktorenanlyse bei allen Faellen ausgegeben, bei denen auch nur ein Wert fehlt.

Wenn die Faktorenstruktur anhand einer Stichprobe gebildet und die Faktorwerte dazu fuer eine zweite Stichprobe berechnet werden sollen, kann dies dadurch geschehen, dass den Faellen der zweiten Stichprobe durch eine *WEIGHT-Karte das Gewicht 0 und denen der ersten Stichprobe das Gewicht 1 zugeordnet wird.

Die OPTIONS-Karte

1: Saemtliche Faelle werden in die Berechnungen einbezogen, unabhaengig davon, ob die Werte durch eine MISSING VALUES-Karte als fehlend bezeichnet wurden.

2: Paarweiser Ausschluss fehlender Werte. Voreinstellung: Fallweiser Ausschluss fehlender Werte. Ist in einem Fall wenigstens ein Wert als fehlend bezeichnet, dann wird der gesamte Fall aus den Berechnungen ausgeschlossen.

Die Optionen 3, 4, 9 steuern die Eingabe von Matrizen (siehe Kap. 5.3). Dabei sind die Optionen 1, 2, 5, 8, 10 und 11 (bei Option 3) bzw. 1, 2, 5, 6 und 8 bis 11 (bei Option 4) nicht verwendbar. Die Optionen 5 bis 8 und 11 steuern die Ausgabe von BCD-Dateien (siehe Kap. 5.2.4).

3: Eingabe einer Korrelationsmatrix. Die Eingabeform richtet sich nach der ersten Variablenliste der FACTOR-Karte.

4: Die Faktorenmatrix und die Kommunalitaeten werden eingelesen.

5: Die Korrelationsmatrix wird als BCD-Datei ausgegeben.

6: Die unrotierte Faktorenmatrix und nachfolgend die Kommunalitaeten werden als BCD-Datei ausgegeben.

7: Die Matrix der Koeffizienten zur Berechnung der Faktorenwerte wird als BCD-Datei ausgegeben.

8: Die Mittelwerte und Standardabweichungen aller durch die erste Variablenliste aufgefuehrten Variablen werden als BCD-Datei ausgegeben; zuerst alle Mittelwerte, dann alle Standardabweichungen. Werden dazu noch die Optionen 5 und/oder 6 benutzt, werden die Daten in folgender Reihenfolge ausgegeben: Mittelwerte, Standardabweichungen, Korrelationsmatrix, Faktorenmatrix und Kommunalitaeten, jeweils mit einem neuen Satz beginnend.

9: Eingabe einer Korrelationsmatrix. Die Eingabeform richtet sich nach der VARIABLE LIST-Karte. Diese Option kann nur in Verbindung mit Option 3 benutzt werden.

10: <nicht CDC> Produziert extrapolierte Faktorwerte, wenn fehlende Werte zugelassen wurden. Option 10 kann nur in Verbindung mit Option 2 (paarweiser Ausschluss fehlender Werte) benutzt werden.

11: Statt dem Standardformat (8F10.6) werden die Faktorenwerte als BCD-Datei mit folgendem Aufbau ausgegeben: Die Saetze werden in

den Spalten 1-8 mit der laufenden Fallnummer (intern erzeugte Variable SEQNUM), in den Spalten 9-10 mit der Kartennummer, in den Spalten 12-15 mit den ersten vier Buchstaben des FILE- oder SUBFILE-Namens versehen. In den Spalten 21-80 folgen sechs Faktorenwerte im Format (6F10.6). Eine Beschreibung des Aufbaus der Ausgabedatei wird ausgedruckt.
12: <nur CDC> Mittelwerte und Standardabweichungen werden mit der Korrelationsmatrix eingelesen. (Siehe dazu Kap. 5.3).
13: <nur CDC> Die Faktorwerte werden in der Druckausgabe aufgelistet.

Die STATISTICS-Karte

Ohne STATISTICS-Karte erzeugt die Prozedur FACTOR automatisch die Statistiken 4, 5 und 6.

1: Mittelwerte und Standardabweichungen aller durch die Anweisung VARIABLES genannten Variablen.
2: (Produkt-Moment-) Korrelationsmatrix.
3: Inverse und Determinante der Korrelationsmatrix.
4: Kommunalitaeten, Eigenwerte und Anteile der totalen und gemeinsamen Varianz.
5: Unrotierte Faktorenmatrix.
6: Rotierte Faktorenmatrix und Transformationsmatrix (Transformation von der unrotierten zur rotierten Faktorenmatrix).
7: Faktorenwertkoeffizientenmatrix.
8: Plot der rotierten Faktoren bei orthogonaler Rotation.[1] Relative Position jeder Variablen in jedem moeglichen Paar der Faktorenachsen.

Beschraenkungen

1: Maximal 100 Variablen pro VARIABLES-Anweisung.
2: Bei Verwendung multipler Variablenlisten muessen alle Variablen, die in den nachfolgenden Variablenlisten benutzt werden, in der ersten VARIABLES-Liste aufgefuehrt sein.
3: Wenn SUBFILE-Gruppen getrennt bearbeitet werden sollen, darf nur eine VARIABLES-Anweisung aufgefuehrt werden.
4: Bei Matrizeneingabe koennen keine Faktorenwerte berechnet werden.

Literatur

Clauss & Ebner (1975)
Harman (1967)
Ueberla (1971)
Gaensslen & Schuboe (1976)
Pawlik (1971)
Weber (1974)

---

[1] Bei "SPSS,LO=ONLINE" und "SPSS,LO=ABRV" der CDC-Version nicht verfuegbar.

============= Beispielausdruck zu FACTOR =========================

FAKTORENANALYSE

1.VARIABLE LIST

VARIABLES..	LABELS..	MEAN	STANDARD DEV	CASES
WODA	DAUER DES AUFENTHALTS IN DER GEMEINDE	2.4174	0.8397	218
FUERS	ANZAHL EMPFANGENER FUERSORGELEISTUNGEN	2.3843	1.5448	216
SCHULAB	SCHULABSCHLUSS	3.3102	1.3575	216
HAUT	HAUTFARBE DES BEFRAGTEN	1.2682	0.4440	220
MITG	ANZAHL VON MITGLIEDSCHAFTEN IN VEREINEN	0.5500	0.8718	220
EINKOMR	ZUSAMMENGEFASSTES FAMILIENEINKOMMEN	3.4423	2.3419	208

CORRELATION COEFFICIENTS..

	WODA	FUERS	SCHULAB	HAUT	MITG	EINKOMR
WODA	1.00000	-0.05506	-0.15803	-0.07696	0.24163	0.01382
FUERS	-0.05506	1.00000	0.07736	-0.15609	0.11635	0.21641
SCHULAB	-0.15803	0.07736	1.00000	-0.12161	0.22852	0.38975
HAUT	-0.07696	-0.15609	-0.12161	1.00000	-0.05249	-0.25609
MITG	0.24163	0.11635	0.22852	-0.05249	1.00000	0.42115
EINKOMR	0.01382	0.21641	0.38975	-0.25609	0.42115	1.00000

VARIABLE	EST COMMUNALITY	FACTOR	EIGENVALUE	PCT OF VAR	CUM PCT
WODA	1.00000	1	1.88076	31.3	31.3
FUERS	1.00000	2	1.19624	19.9	51.3
SCHULAB	1.00000	3	1.01187	16.9	68.1
HAUT	1.00000	4	0.86999	14.5	82.6
MITG	1.00000	5	0.56870	9.5	92.1
EINKOMR	1.00000	6	0.47241	7.9	100.0

FACTOR MATRIX USING PRINCIPAL FACTOR, NO ITERATIONS

	FACTOR 1	FACTOR 2	FACTOR 3
WODA	0.09680	0.90033	-0.10567
FUERS	0.41715	-0.20704	-0.56368
SCHULAB	0.61723	-0.35866	0.39330
HAUT	-0.44656	0.00205	0.64428
MITG	0.66225	0.42651	0.32350
EINKOMR	0.82365	-0.04403	0.09237

VARIABLE	COMMUNALITY
WODA	0.83113
FUERS	0.53462
SCHULAB	0.65459
HAUT	0.61452
MITG	0.72514
EINKOMR	0.68888

EQUIMAX ROTATED FACTOR MATRIX

	FACTOR 1	FACTOR 2	FACTOR 3
WODA	-0.05089	0.01294	0.91015
FUERS	0.09912	0.71754	-0.09966
SCHULAB	0.76440	0.01322	-0.33182
HAUT	-0.06587	-0.77293	-0.11296
MITG	0.69346	-0.01940	0.49384
EINKOMR	0.76090	0.32377	0.07127

TRANSFORMATION MATRIX

	FACTOR 1	FACTOR 2	FACTOR 3
FACTOR 1	0.86326	0.48264	0.14777
FACTOR 2	-0.09108	-0.13901	0.98609
FACTOR 3	0.49641	-0.86472	-0.07605

6.9 FREQUENCIES

Die Prozedur berechnet und druckt Tabellen mit absoluten Haeufigkeiten, relativen Haeufigkeiten unter Einbeziehung der fehlenden Werte, bereinigte relative Haeufigkeiten - die fehlenden Werte sind ausgeschlossen - und kumulierte bereinigte Haeufigkeiten fuer diskrete Variablen. Ausserdem koennen Histogramme der absoluten und relativen Haeufigkeiten ausgegeben und ueber die STATISTICS-Karte die Berechnung einer Reihe von statistischen Masszahlen abgerufen werden. Die Prozedur verarbeitet sowohl alphanumerische als auch numerische Variablen. Statistiken werden jedoch nur fuer numerische Variablen berechnet. Die Prozedur nutzt voll die Moeglichkeiten der Variablen- und Wertetikettierung durch die VAR LABELS- und VALUE LABELS-Karten. Fuer Haeufigkeitsauszaehlungen von Mehrfach-Antwort-Variablen gibt es die Prozedur MULT RESPONSE.

Die Prozedurkarte fuer den allgemeinen Modus

```
1              16
FREQUENCIES    GENERAL = Variablenliste | ALL
```

Die durch die Variablenliste aufgefuehrten Variablen der Datei gehen in die Berechnungen ein. Sollen alle Variablen der Datei bearbeitet werden, kann statt einer Variablenliste auch das Schluesselwort ALL verwendet werden. Die Verarbeitungsform durch die Anweisung GENERAL wird allgemeiner Modus genannt. Es koennen alphanumerische, ganzzahlige oder dezimale Daten verarbeitet werden.

Beispiel

```
1              16
FREQUENCIES    GENERAL = V1 TO V20 ALTER SEX LEISTUNG TO BILDUNG
```

Bei ganzzahligen Variablen kann statt der Anweisung GENERAL die Anweisung INTEGER verwendet werden. Den Variablen folgen in Klammern eingeschlossen der minimale und maximale Wert des zu beruecksichtigenden Wertebereichs der vorhergehenden Variablen. Diese zusaetzliche Angabe bewirkt bei Dateien mit grosser Fallzahl eine Ersparnis an Rechenzeit. Die angegebenen Wertebereiche sollten keine Luecken aufweisen, da sonst Speicherplatz verschwendet wird. Diese zweite Verarbeitungsform wird Ganzzahlmodus genannt.

Die Prozedurkarte fuer den Ganzzahlmodus

```
1              16
FREQUENCIES    INTEGER = Variablenliste(min,max)
               [Variablenliste(min,max)...]
```

Die Angaben (min,max) muessen nicht genau den codierten niedrigsten bzw. hoechsten Werten entsprechen. Ausserhalb des Bereichs (min,max) liegende Werte werden automatisch aus allen Berechnungen ausgeschlossen.

Beispiel

```
1              16
FREQUENCIES    INTEGER = BILDUNG(1,9) EINKOM(5,12) GESCH(1,2)
OPTIONS        3, 6, 8, 9
STATISTICS     3,4
```

Die OPTIONS-Karte

1: Saemtliche Faelle werden in die Berechnung der Statistiken einbezogen, auch dann, wenn durch eine MISSING VALUES-Karte Werte als fehlend bezeichnet sind. Voreinstellung: Fehlende Werte werden aus den Berechnungen ausgeschlossen.

2: Unterdrueckt den Ausdruck von Werteetiketten. Bei Anwendung von Option 6 irrelevant.

3: Bewirkt, dass die gesamte Ausgabe auf der linken Seite erscheint und somit auf Format DIN-A4 geschnitten und gebunden werden kann.

4: Die gesamte Druckausgabe der Prozedur FREQUENCIES wird nicht ueber den Drucker ausgegeben, sondern auf Band oder Platte abgespeichert (siehe Kap. 5.2.4). Diese Druckausgabe kann dann bei Bedarf beliebig oft durch ein entsprechendes Dienstprogramm abgedruckt werden. Man beachte beim Schreiben entsprechender Kommandokarten, dass das erste Zeichen jedes Satzes ein Zeichen zur Vorschubsteuerung fuer den Drucker enthaelt. Option 4 schliesst Option 3 automatisch ein.

5: Bewirkt, dass die Haeufigkeitstabellen auf engeren Raum zusammengerueckt werden.

6: Bewirkt, dass die Haeufigkeitstabellen der Variablen, die mehr als eine Druckseite beanspruchen, auf engeren Raum geschrieben werden, die anderen normal.

7: Unterdrueckt Haeufigkeitstabellen, druckt nur die durch die STATISTICS-Karte abgerufenen Statistiken aus.

8: Bewirkt, dass Histogramme gedruckt werden.

9: Ein Register der Variablen - alphabetisch und in der Reihenfolge der Variablen in der Datei - wird ausgedruckt, das die Seite angibt, auf der die Statistiken zu einer Variablen in der Druckausgabe zu finden sind.[1]

10: <ab 8> Die Haeufigkeitstabelle wird so angeordnet, dass zuerst die hoechsten Werte der Variablen gedruckt werden.

11: <ab 8> Die Zeilen der Haeufigkeitstabelle werden nach fallenden Haeufigkeiten geordnet. Voreinstellung: steigende Werte.

12: <ab 8> <nicht CDC> Die Zeilen der Haeufigkeitstabelle werden nach steigenden Haeufigkeiten geordnet.

Die STATISTICS-Karte

1 Mittelwert	2 Standardfehler	3 Median
4 Modus	5 Standardabweichung	6 Varianz(biasfrei)
7 Exzess[2]	8 Schiefe	9 Spannweite
10 Minimum	11 Maximum	12 Summe <ab 7>
13 Variationskoeffizient <nur CDC>		
14 Konfidenzintervall fuer den Mittelwert <nur CDC>		

Beschraenkungen

Es duerfen nicht mehr als 500 Variablen explizit oder implizit aufgefuehrt werden.

---

[1] Bei "SPSS,LO=ONLINE" der CDC-Version ist Option 9 nicht verfuegbar, ausser wenn gleichzeitig Option 4 gewaehlt wurde.

[2] Zu Schiefe und Exzess siehe die Prozedur CONDESCRIPTIVE.

Literatur

Bartel (1971)
Ferguson (1966)
Hays & Winkler (1971)
Kriz (1973)
Pfanzagl (1960)
Weber (1972)
Clauss & Ebner (1975)
Froehlich & Becker (1971)
Kaiser (1972)
Mittenecker (1971)
Walker & Lev (1975)

============== Beispielausdruck zu FREQUENCIES ======================

```
                 RUN SUBFILES    ALL
                 FREQUENCIES     INTEGER=HAUSMIT TO RELIG, SEXUS TO BERUF(0,9)

'FREQUENCIES' PROBLEM REQUIRES     564 BYTES OF SPACE

                 READ INPUT DATA
```

```
                                                                      PAGE   12
SYSTEMDATEI ORGAN AUS ROHDATEN ERZEUGEN                               05/12/76

FILE   ORGAN    (CREATION DATE = 05/12/76)   STUDIE UEBER MITGLIEDSCHAFT IN ORGANISATIONEN
SUBFILE   BADENWRT   BAYERN     HESSEN

BERUF     AUSGEUEBTER BERUF
```

CATEGORY LABEL	CODE	ABSOLUTE FREQUENCY	RELATIVE FREQUENCY (PERCENT)	ADJUSTED FREQUENCY (PERCENT)	CUMULATIVE ADJ FREQ (PERCENT)
UNGELERNT	1	37	10.6	15.6	15.6
ANGELERNT	2	67	19.1	28.3	43.9
FACHARBEITER	3	17	4.9	7.2	51.1
MEISTER	4	38	10.9	16.0	67.1
BEAMTER,SELBST	5	49	14.0	20.7	87.8
PROF,MANAGER	6	29	8.3	12.2	100.0
ANDERER	0	113	32.3	MISSING	100.0
	TOTAL	350	100.0	100.0	

VALID CASES   237   MISSING CASES   113

6.10 GUTTMAN SCALE

Die mit der Prozedur GUTTMAN SCALE durchfuehrbare Skalenanalyse ist ein Verfahren, das es gestattet, fuer eine Anzahl von Testitems mit zwei Anwortalternativen (ja-nein, richtig-falsch, geloest-nicht geloest) zu ueberpruefen, ob diese Items einer eindimensionalen Skala angehoeren, d.h. sich lediglich in ihrer Schwierigkeit unterscheiden. Eine sogenannte Guttman-Skala liegt dann vor, wenn bei der Loesung eines Items der Schwierigkeit a (definiert als der Prozentsatz von Faellen, die dieses Item geloest haben) auch alle Items mit geringerer Schwierigkeit geloest werden und umgekehrt, wenn bei Nichtloesen eines Items der Schwierigkeit b alle schwierigeren Items auch nicht geloest werden.

Bezeichnet man Loesen eines Items mit 1 und Nichtloesen mit 0, so hat eine Guttman-Skala bei Anordnung von 4 Items mit von links nach rechts fallender Schwierigkeit im Idealfall den folgenden Typ eines Skalogramms:

Punkte	A	B	C	D
4	1	1	1	1
3	0	1	1	1
2	0	0	1	1
1	0	0	0	1
0	0	0	0	0

Eine Person, die das schwierigste Item A geloest hat, wird dann auch alle leichteren Items loesen und 4 Punkte erhalten. Eine andere Person, die nur 2 Punkte erhaelt, wird entsprechend die beiden leichteren Items C und D loesen, die beiden schwierigeren A und B wird sie hingegen nicht loesen. In jedem realen Fall kommen natuerlich Fehler in der Art vor, dass Personen schwierige Items loesen, hingegen vergleichsweise leichte Items nicht.

Die Prozedur GUTTMAN SCALE ordnet die zu einer Skala gehoerenden Items nach fallender Schwierigkeit oder, nach Wunsch des Benutzers, in einer Tabelle an und gibt fuer jedes Item und jede Punktzahl (Zeile) an, wieviel Faelle, die die betreffende Punktzahl erreicht haben, das betreffende Item geloest (in einer mit 1 ueberschriebenen Spalte) bzw. nicht geloest (in einer mit 0 ueberschriebenen Spalte) haben.

Aus dieser Tabelle kann einerseits die Zahl der Faelle entnommen werden, die die Items der Skala inkonsistent geloest haben. Andererseits koennen aus ihr einige Koeffizienten abgeleitet werden, die durch Angaben auf der STATISTICS-Karte angefordert werden koennen.

Liegen urspruenglich Variablen mit mehr als zwei Werten vor, so koennen auch diese Items einbezogen werden, wenn sie an Trennstellen dichotomisiert werden. Diese Dichotomisierung kann innerhalb der Prozedur GUTTMAN SCALE selbst erfolgen.

Die Skalenwerte (Punktwerte) fuer die einzelnen Faelle koennen nicht direkt ausgegeben werden; sie muessen durch RECODE-, COMPUTE-, IF- oder COUNT-Karten in einem nachfolgenden Lauf gebildet werden.

Die Prozedurkarte

```
1               16
GUTTMAN SCALE   Skalenname=Variablenname (Trennstellen)
                Variablenname(Trennstellen) ... [/Skalenname=...]
```

Der Skalenname ist vom Benutzer anzugeben und wird mit der entsprechenden Ausgabe ausgedruckt. Nach dem Gleichheitszeichen folgen die Namen von maximal 12 einzelnen Variablen.[1] Jeder Variablenname wird unmittelbar von den in Klammern gesetzten ein bis maximal drei Trennstellen gefolgt. Die Dichotomisierung der Variablen mit mehr als zwei Auspraegungen erfolgt so, dass der einer Trennstelle entsprechende Wert und groessere Werte als Loesen, kleinere Werte als Nichtloesen des Items behandelt werden. Fuer jede moegliche Kombination von mehr als einer Trennstellenangabe bei einer Variablen wird eine Analyse durchgefuehrt, also fuer

```
                16
                SKALA1=A(2,4),B(1,3)
```

4 Analysen. Man kann also leicht sehr viel Ausgabe produzieren. Die Angaben fuer eine Skala werden durch Schraegstrich abgeschlossen. Danach koennen Angaben fuer weitere Skalen folgen (maximal 50).

Die OPTIONS-Karte

1: Einschluss aller fehlenden Werte in die Berechnungen. Voreinstellung: Fallweiser Ausschluss fehlender Werte.
2: Unterdrueckung der Variablenetiketten.
3: Unterdrueckung der automatischen Anordnung der Variablen von der schwersten bis zur leichtesten Aufgabe. Hierdurch bleibt die in der Variablenaufzaehlung auf der Prozedurkarte enthaltene Anordnung bestehen. Der Benutzer kann durch Option 3 und eine entsprechende Variablenanordnung auf der Prozedurkarte ueberpruefen, ob Annahmen ueber Itemschwierigkeiten zutreffen.
4: <nur CDC> Komprimierter Ausdruck des Skalogramms; nur die Haeufigkeit positiver Antworten (groesser oder gleich der Trennstelle) wird ausgedruckt. Option 4 ist fuer Skalen mit mehr als 12 Variablen voreingestellt.

Die STATISTICS-Karte

1: Ausgabe der Interkorrelationen der Items (Yule's Q) und der part-whole-korrigierten Trennschaerfen (biseriale Korrelation).
2: Reproduzibilitaet: der Anteil der dem Guttman-Modell entsprechenden Antworten an den insgesamt auf die Items gegebenen Antworten. Als "gut" gelten Werte ueber 0.9.
3: Minimale Rand-Reproduzibilitaet: kleinster Wert fuer die Reproduzibilitaet, der sich bei den vorliegenden Antworthaeufigkeiten haette ergeben koennen.
4: Prozentuale Verbesserung: Differenz der Reproduzibilitaet zur minimalen Rand-Reproduzibilitaet.

---

[1] Bei der CDC-Version maximal 50 Variablen. Die Trennstellen koennen nicht nur einzeln fuer jede Variable, sondern gemeinsam nach einer Variablenliste angegeben werden.

5: Skalierbarkeitskoeffizient: Quotient aus prozentualer Verbesserung und 1 - minimale Rand-Reproduzibilitaet. Als "gut" gelten Werte ueber 0.6.

Beschraenkungen

1: Maximal 50 Skalen pro Prozedurkarte. Nicht eingeschlossen sind die durch mehrfache Trennpunktangaben produzierten zusaetzlichen Skalen. Bei der CDC-Version maximal 12 Skalen mit jeweils maximal 50 Variablen.
2: Maximal 12 Variablen pro Skala.
3: Maximal 3 Trennpunkte pro Variable.
4: Maximal 100 eigenstaendige Variablen in allen Skalen.

Literatur

Edwards (1948)
Fischer (1968)
Goodenough (1944)
Sixtl (1967)
Edwards (1957)
Fischer (1974)
Gulliksen & Messick (1960)
Torgerson (1958)

============== Beispielausdruck zu GUTTMAN SCALE ==================

```
GUTTMAN SCALE   SKALA01 = EINKOMR (5) MITG (1) FUERS (3)
STATISTICS      ALL

                                                                05/13/76

FILE    VERBA    (CREATION DATE = 05/13/76)   DATEN AUS VERBA'S STUDIE IN DEN USA
SUBFILE   ORT1

* * * * * * * * *   G U T T M A N   S C A L E   ( S K A L A 0 1   )   U S I N G   * * * * * * * * *
EINKOMR    ZUSAMMENGEFASSTES  FAMILIENEINKOMMEN              DIVISION POINT =       5.00
MITG       ANZAHL VON MITGLIEDSCHAFTEN IN VEREINEN          DIVISION POINT =       1.00
FUERS      ANZAHL EMPFANGENER FUERSORGELEISTUNGEN           DIVISION POINT =       3.00
* * * * * * * * * * *  RESP = 1 FOR VALUES EQUAL TO DIVISION POINT AND ABOVE  * * * * * * * * * * *

ITEM.. EINKOMR    MITG       FUERS

RESP..  0     1 I  C     1 I  0     1 I  TOTAL
-----I-ERR-----I-ERR-----I-ERR-----I
S    I         I         I         I
K  3 I   0    5I   0    5I   0    5I      5
A    I------ERR I        I         I
L    I         I         I         I
A  2 I  10   10I   5   15I   5   15I     20
0    I         I------ERR I        I
1    I         I         I         I
   1 I  47    4I  35   16I  20   31I     51
     I         I         I------ERRI
     I         I         I         I
   0 I  37    0I  37    0I  37    0I     37
     I---------I---------I---------I
SUMS    94   19   77   36   62   51     113
PCTS    83   17   68   32   55   45
ERRORS   0   14    5   16   25    0      60

   126 CASES WERE PROCESSED
    13 (OR 10.3 PCT) WERE MISSING

STATISTICS..

COEFFICIENT OF REPRODUCIBILITY = 0.8230
MINIMUM MARGINAL REPRODUCIBILITY = 0.6873
PERCENT IMPROVEMENT = 0.1357
COEFFICIENT OF SCALABILITY = 0.4340

CORRELATION COEFFICIENTS..

              EINKOMR    MITG      FUERS

EINKOMR        1.0000    0.4880    0.1791
MITG           0.4880    1.0000   -0.1028
FUERS          0.1791   -0.1028    1.0000
SCALE-ITEM     0.2831    0.1037    0.0060
```

6.11 G3SLS ⟨nur CDC⟩

Die Prozedur G3SLS kann dazu verwendet werden, Parameter in einem simultanen linearen Gleichungssystem zu schaetzen, wobei wahlweise die zweistufige, dreistufige oder Theil's gemischte dreistufige Methode der kleinsten Quadrate verwendet werden kann. Als Spezialfaelle koennen die gewoehnliche Methode der kleinsten Quadrate und die Methode der Instrumentalvariablen behandelt werden. Die Parameter koennen exakten linearen und stochastischen Restriktionen unterworfen werden. Ein F-Test zur Pruefung der gewoehnlichen und der restringierten linearen Hypothese ist verfuegbar. Die Einzelheiten der Prozedurbeschreibung koennen aus Kaikow & Reagan (1976) entnommen werden, hier wird nur das Format der Prozedurkarte dargestellt. Die Prozedur kennt keine OPTIONS- und keine STATISTICS-Karte.

Die Prozedurkarte

```
1              16
G3SLS          [CONSTANT Variablenname/]
               [MATRIX Matrix(Vektor-)name=Werteliste/]
               [STORE Matrix(Vektor-)name=Werteliste mit Indizes/]
               [SYMMETRIC Matrixname=Werteliste unteres Dreieck/]
               [RESTRICT Restriktionsname=Restriktionszahl,
                 entweder: Matrixname,Vektorname[Matrixname,...]
                 oder:     Hypothesenname
                 oder:     Bedingungsname                        /]
               [CONSTRAINTS Bedingungsname=Bedingungsliste/]
               [HYPOTHESIS Hypothesenname=Hypothesenliste/]
               [MIXED Mixed-Name=Restriktionszahl,
                 entweder: Matrixname,Vektorname[Matrixname,...]
                 oder:     Hypothesenname
                 oder:     Bedingungsname
                Matrixname/]
               EQUATION Gleichungsname=Variablenname
                                        WITH Variablenliste/
               [EQUATION .../]
               MODEL [Modellname] EQUATION=Liste von Gleichungsnamen
                 entweder: IDENTITY=Liste von Gleichungsnamen
                 oder:     ENDOG=Liste end.Var.,EXOG=Liste exog.Var.
                [MIXED=Liste von Mixed-Namen]
                [RESTRICT=Liste von Restriktionsnamen]
                [entw.RMONLY oder FTEST=Liste von Restriktionsnamen]
                [NO3SLS] [COEFCOV] [RESIDCOV]
                [CONSTRAINTS=Liste von Bedingungsnamen]
                [HYPOTHESIS=Liste von Hypothesennamen]
```

Literatur

Dhrymes (1971)
Schneeweiss (1971)
Theil (1971)
Johnston (1972)
Schoenfeld (1969,1971)

6.12 INFORM ⟨lokal⟩

Die Prozedur INFORM[1] ist ein multivariates Verfahren zur Analyse nominalskalierter Merkmale. Es wird der Einfluss mehrerer unabhaengiger Variablen (Praediktoren) auf eine abhaengige Variable (Kriterium) untersucht. Die Art des Zusammenhangs und der Abhaengigkeiten innerhalb der Praediktoren spielen dabei keine Rolle.

Gewisse Analogien bestehen zur multiplen Regressionsanalyse und mehrfaktoriellen Varianzanalyse. Gegenueber diesen Techniken zeichnet sich die Informationsanalyse durch ihre Voraussetzungsarmut aus. Sie ist jedoch unschaerfer als die genannten Verfahren, falls diese anwendbar sind.

Grundlage des Verfahrens ist die von Shannon entwickelte Informationstheorie. Der Informationsgehalt des Kriteriums wird in einen nicht erklaerbaren Anteil (Error des Kriteriums) und einen durch die Praediktoren erklaerbaren Anteil zerlegt. Zu diesem erklaerbaren Anteil tragen die einzelnen Praediktoren in unterschiedlicher Weise bei. Dabei koennen Ueberlappungen und Kombinationseffekte auftreten. Gerade diese Anteile, die partiellen Transinformationen und verschiedenen Wechselwirkungen, werden durch die Informationsanalyse deutlich herausgearbeitet.

Neben einer multivariaten Haeufigkeitsauszaehlung kann eine rudimentaere Konfigurationsanalyse gerechnet werden und eine Matrix der Uebergangswahrscheinlichkeiten ausgegeben werden.

Die Prozedurkarte

```
1              16
INFORM         ANALYSIS = Abh.Variable WITH unabh. Variablen [ (n) ]
```

Die Liste der unabhaengigen Variablen (Praediktoren) ist eine Variablenliste der ueblichen Form. n gibt die Ordnung der gewuenschten Wechselwirkungen an.

Beispiele

```
1              16
INFORM         ANALYSIS = RE WITH F, L
INFORM         ANALYSIS = Y WITH X1 TO X5 (4)
```

Im zweiten Beispiel werden alle Wechselwirkungen bis zum vierten Grad berechnet und ausgegeben.

Die OPTIONS-Karte

1: Alle Faelle werden in die Analyse einbezogen; d.h. MISSING VALUES-Definitionen werden ignoriert. Standardmaessig werden Faelle, bei denen eine oder mehrere Variablen fehlende Werte haben, von der Analyse ausgeschlossen.

2: Variablenetiketten werden unterdrueckt. Standardmaessig werden Variablenetiketten ausgegeben. Wertetiketten werden zur Zeit nicht ausgegeben.

---
[1] Programmautor: D. Koegel (Rechenzentrum der Universitaet Koeln).

3: Ausgabe der Informationswerte fuer saemtliche Variablenteilmengen, gebildet aus den Variablen der INFORM-Karte.

Die STATISTICS-Karte

1: Multiple Haeufigkeitsauszaehlung und Signifikanztests aller Zellenbesetzungen; falls die tatsaechliche Zellenbesetzung von der theoretischen um 1 abweicht, wird kein Test durchgefuehrt und dies durch eine 9 gekennzeichnet. Ist die tatsaechliche Besetzung kleiner als die theoretische, so wird die Wahrscheinlichkeit berechnet, dass diese und noch kleinere Besetzungszahlen auftreten. Ist die tatsaechliche Besetzung groesser als die theoretische, so wird die Wahrscheinlichkeit berechnet, dass diese und noch groessere Besetzungen auftreten.
2: Es werden zwei verschiedene Zerlegungen der multiplen Transinformation durchgefuehrt. Wechselwirkungen werden auf der INFORM-Karte angefordert.
3: Ausgabe der "Informationsbaeume", falls die Variablenzahl hoechstens 4 betraegt. Ausgegeben wird eine stufenweise Zerlegung der Kriteriumsinformation in jeweils zwei Bestandteile. Bei 3 Praediktoren erhaelt man damit auch bedingte Wechselwirkungen.
4: Fuer jede Kombination der Praediktorenauspraegungen wird die Wahrscheinlichkeit berechnet, mit der die 1., 2., ... , n-te Kriteriumsauspraegung auftritt. (Uebergangswahrscheinlichkeiten)

Beschraenkungen

1: Ein Kriterium, bis zu neun Praediktoren sind erlaubt.
2: Das Kriterium darf 10, die Praediktoren je 9 Auspraegungen aufweisen.
3: Kriterium und Praediktoren muessen ganzzahlige Wertauspraegungen aufweisen.
4: Die Analyse wird abgebrochen, wenn die Stichprobe zu klein ist. (Anzahl der Faelle ≤2 * Anzahl der Zeilen)

Literatur

Attneave (1965)
Kullback (1968)
Theil (1972)
Krauth & Lienert (1973)
Mittenecker (1973)

6.13 JFACTOR ⟨nur CDC⟩

Die Prozedur JFACTOR stellt drei zusaetzliche faktorenanalytische Methoden zur Verfuegung, die in der Prozedur FACTOR nicht angeboten werden: ungewichtete kleinste Quadrate, verallgemeinerte kleinste Quadrate und die Maximum-Likelihood-Methode. Die Methoden sind in Joereskog & Van Thillo (1971) beschrieben. Routinemaessig werden die folgenden drei Masse fuer die Faktorisierbarkeit berechnet, die in Dziuban & Shirkey (1974) beschrieben sind: Bartlett's Antisphaerizitaetstest, Anti-Image-Test und das Kaiser-Meyer-Olkin-Kriterium fuer Stichprobenadaequatheit.

Die Prozedurkarte hat dieselbe Form wie bei der Prozedur FACTOR mit drei Abweichungen:

- Die Spalten 1-15 muessen das Schluesselwort JFACTOR statt FACTOR enthalten.
- In der TYPE-Spezifikation sind nur die Angaben ULS (unweighted least squares), GLS (generalized least squares) und ML (maximum likelihood) zulaessig.
- Die Angaben bei DIAGONAL werden als Startwerte fuer die Kommunalitaetenschaetzungen und nicht als endgueltige Kommunalitaeten verwendet.

Die Optionen stimmen mit den Optionen bei FACTOR ueberein; allerdings ist Option 4 (Eingabe der Faktorladungsmatrix) nicht verfuegbar. Die Statistiken 1-8 stimmen ueberein, Statistik 9 wird nicht verwendet; durch Statistik 10 wird der Ausdruck der normalisierten Residual-Korrelationsmatrix veranlasst.

6.14 MANOVA ⟨nur CDC⟩

Die Prozedur berechnet alle im allgemeinen linearen Modell ueblichen Signifikanztests und Parameterschaetzungen. Vor allem koennen uni- und multivariate Varianz- und Kovarianzanalysen durchgefuehrt werden, aber auch uni- und multivariate einfache und multiple Regressionsanalysen und Kanonische Analysen. Die Hypothesenpruefungen koennen fuer Faktoren mit festen und zufaelligen Effekten durchgefuehrt werden, es koennen faktorielle (engl.: crossed) oder geschachtelte (engl.: nested) Versuchsanlagen mit gleichen und ungleichen Zellenbesetzungen ausgewertet werden. Die Wirkung der Faktoren kann einerseits pauschal ausgewertet, andererseits aber auch in verschiedene Kontraste (Vergleiche) aufgespaltet werden. Im multivariaten Fall koennen Diskriminanz- und Kanonische Analysen zwischen den abhaengigen Variablen und den Effekten durchgefuehrt werden. Es stehen Moeglichkeiten zur Transformation der abhaengigen Variablen zur Verfuegung, so dass Trendanalysen, Profilanalysen und Analysen fuer Messwiederholungen moeglich sind. Die Pruefung wichtiger Voraussetzungen der Varianzanalyse ist moeglich, so die der Varianzhomogenitaet bzw. die der Homogenitaet der Kovarianzmatrizen, aber auch die Pruefung der Homogenitaet der Regressionskoeffizienten bei der Kovarianzanalyse.

Die Vielzahl der Moeglichkeiten, die MANOVA bietet, drueckt sich in einer im Fall ihrer Ausschoepfung erheblichen Komplexitaet der Prozedurkarte aus. Die Voreinstellungen sind jedoch so gewaehlt, dass in den ueblichen Faellen nur wenige Angaben erforderlich sind. Zunaechst wird die Prozedurkarte in ihrer allgemeinen Form beschrieben, anschliessend werden einige Spezialfaelle an Beispielen erlaeutert.

Die Prozedurkarte

```
1              16
MANOVA         Liste der abhaengigen Variablen
               [BY Faktorenliste (min,max) ][WITH Kovariatenliste]/
               [TRANSFORM [(Variablenliste) ]=Transformationsangabe/]
               [RENAME=Liste neuer Variablennamen/]
               [ANALYSIS=Liste abh. Variablen WITH Kovariatenliste/]
               [PARTITION(Faktorname)=(Liste von Freiheitsgraden)/]
               [CONTRAST(Faktorname)=Kontrastangabe/]
               [PARTITION .../][CONTRAST .../][ ... ]
               [SIGLEVEL=alpha/]
               [PROTATE [(n) | (MAXEIGEN=m) ]=Rotationsangabe/]
               [CROTATE=Rotationsangabe/]
               [DESIGN=Designangabe/]
               [ANALYSIS= ... ] [ ... ]
```

In der Liste der abhaengigen Variablen werden die intervallskalierten Variablen angegeben, die in den Analysen als abhaengige Variablen (Kriterien) verwendet werden sollen. Die Rollen von abhaengigen Variablen und Kovariaten koennen allerdings durch Verwendung der ANALYSIS-Angabe spaeter geaendert werden.

In der Faktorenliste werden die als Faktoren zu verwendenden Variablen benannt. Diese Variablen duerfen nur ganzzahlige Werte haben, der zu verwendende Wertebereich muss jeweils durch eine nachfolgende Angabe (min,max) festgelegt werden. Diese kann auch anschliessend an eine ganze Liste von Variablen gegeben werden und gilt dann fuer alle durch die Liste bezeichneten Faktoren. Anders als etwa bei den Prozeduren FREQUENCIES oder CROSSTABS sollen hier nicht die theoretischen sondern die tatsaechlichen Grenzen angegeben werden, weil sonst leere Zellen entstehen und die Auswertung abgebrochen wird. Aus demselben Grund sollen die Werte der Faktoren lueckenlos besetzt sein; dies kann notfalls durch eine RECODE-Anweisung erreicht werden. Die Faktorenliste entfaellt, wenn nur uni- oder multivariate Regressionsanalysen oder Kanonische Analysen durchgefuehrt werden sollen.

In der Kovariatenliste werden diejenigen intervallskalierten Variablen bezeichnet, die als Kovariaten verwendet werden sollen. Eine Kovariate kann bei Verwendung der ANALYSIS-Angabe spaeter auch als abhaengige Variable verwendet werden.

Die TRANSFORM-Angabe ermoeglicht lineare Transformationen der in Klammern angegebenen abhaengigen Variablen und Kovariaten. Bei einem Aufruf von MANOVA kann nur einmal TRANSFORM verwendet werden. Wenn keine Variablenliste nach TRANSFORM angegeben wird, werden alle abhaengigen Variablen und Kovariaten transformiert. Drei Arten der Transformation sind moeglich:

- Wiederholte Differenzen: TRANSFORM [(Variablenliste)] = REPEATED
  Die erste der zu transformierenden Variablen erhaelt als Wert den Mittelwert aller zu transformierenden Variablen. Der zweiten Variablen wird die Differenz von erster zu zweiter Variablen zugewiesen, usw. Die letzte Variable erhaelt den Wert der vorletzten Variablen minus den der letzten Variablen.
- Orthogonale Polynome: TRANSFORM[(....)]=POLYNOMIAL[(X1,X2,...,Xn)]
  Diese Transformation ermoeglicht Trendanalysen in Messwiederholungsdesigns. Nach POLYNOMIAL kann in Klammern die Metrik angegeben werden; dies geschieht bei n zu transformierenden Variablen dadurch, dass die relative Stellung der Messungen durch n Werte (z.B. Zeitpunkt der Messung oder Dosis eines Medikaments) gekennzeichnet wird. Bei gleichen Abstaenden kann entweder (1,2,....,n) angegeben werden, oder die Angabe der Metrik kann entfallen. Die erste zu transformierende Variable erhaelt als Wert den Mittelwert aller Variablen, die zweite den linearen Trend, die dritte den quadratischen Trend, usw., die n-te Variable den Trend (n-1)-ter Ordnung.
- Beliebige lineare Transformation: TRANSFORM[(....)]=SPECIAL(Matrix)
  Damit kann eine beliebige lineare Transformation durch Angabe einer Koeffizientenmatrix erreicht werden. Beispielsweise erreicht man durch TRANSFORM(V1, V2, V3) = SPECIAL(1 1 -1, 2 0 1, 1 0 -1) folgende Transformationen: V1neu = V1alt + V2alt - V3alt, V2neu = 2*V1alt + V3alt, V3neu = V1alt - V3alt.

Nach RENAME koennen fuer die abhaengigen Variablen und die Kovariaten neue Namen angegeben werden, die dann fuer die Dauer der Prozedur MANOVA die urspruenglichen Namen ersetzen. Dies wird besonders dann sinnvoll sein, wenn die Variablen durch TRANSFORM veraendert wurden. Wurde etwa eine polynomische Transformation gewaehlt, so sollten die Variablennamen MITTEL, LINEAR, QUADRAT, usw. die urspruenglichen Namen (Bsp.: MESS1, MESS2, ...) ersetzen. In der RENAME-Angabe muessen fuer alle abhaengigen Variablen und Kovariaten neue Namen spezifiziert werden, unabhaengig davon, ob sie auch transformiert wurden. Abkuerzend kann ein Stern (*) fuer die Variablen angegeben werden, die ihren alten Namen behalten sollen.

In der ANALYSIS-Angabe koennen die intervallskalierten Variablen umgeordnet und in ihrer Rolle als abhaengige Variablen und Kovariaten ausgetauscht werden. Auch kann fuer die spezielle Analyse ein kleinerer Variablensatz ausgewaehlt werden. Die Faktorenliste wird hiervon nicht beruehrt. Wurde z.B. anfangs A,B,C BY FAKT(1,4) WITH D,E gewaehlt, dann kann auf eine einfaktorielle Kovarianzanalyse mit einer Kovariaten durch ANALYSIS = A WITH C reduziert und umgeordnet werden. Intervallskalierte Variablen, die nicht in die ANALYSIS-Angabe aufgenommen werden, sind nicht endgueltig aus der Analyse ausgeschlossen, da sie fuer spezielle Versuchsanlagen etwa fuer Wechselwirkungen mit Faktoren in der DESIGN-Angabe eingeschlossen werden koennen.

Ueber die PARTITION-Angabe kann das getrennte Behandeln der Kontraste zu einem Faktor verlangt werden. Dies wird im allgemeinen nur im Zusammenhang mit der Anforderung bestimmter Kontraste in der CONTRAST-Angabe sinnvoll sein. Sonst bezieht sich die Aufteilung auf die standardmaessig berechneten Abweichungskontraste. Die Angabe erfolgt im Format PARTITION(Faktorname) = (fg1, fg2, ... fgn), wobei die ganzzahligen Werte fg1, fg2, ... die Anzahl der Freiheitsgrade fuer jeden abzuspaltenden Anteil bestimmen. Die Summe von fg1 bis fgn muss der Anzahl der Freiheitsgrade fuer den Faktor gleich, d.h. gleich max - min fuer diesen Faktor sein.

Die CONTRAST-Angabe gibt die Methode an, nach der die Kontraste (geplanten Vergleiche) fuer einen bestimmten Faktor zu bilden sind. Als Kontrastangabe sind DEVIATION, DIFFERENCE, SIMPLE, HELMERT, POLYNOMIAL[(X1, ... Xk)] oder SPECIAL(matrix) moeglich. Fuer die Faktoren, zu denen keine Kontraste spezifiziert werden, werden DEVIATION-Kontraste gebildet. Die Kontraste vom Typ DIFFERENCE, HELMERT und POLYNOMIAL sind orthogonal, waehrend DEVIATION den Vorteil hat, dass sich als Parameterschaetzungen unmittelbar die Effekte der Faktoren, im Beispiel der zweifaktoriellen Varianzanalyse etwa die Schaetzungen der Koeffizienten alpha(i), beta(j) und (alpha beta)(ij) ergeben. Nachfolgend wird die Bedeutung der einzelnen Kontraste kurz besprochen, wobei die Anzahl der Stufen des Faktors mit k bezeichnet wird:

- DEVIATION (=Voreinstellung). Es werden die Abweichungen der Mittelwerte einer Stufe vom Mittel ueber alle anderen Stufen gebildet. Die Kontratsmatrix hat die Form

Stufe:	1	2	...	k-1	k
Mittel	1/k	1/k	...	1/k	1/k
1.FG	1-1/k	-1/k	...	-1/k	-1/k
2.FG	-1/k	1-1/k	...	-1/k	-1/k
...	...	...	...	...	...
(k-1).FG	-1/k	-1/k	...	1-1/k	-1/k

- DIFFERENCE - Differenz- oder umgekehrte Helmert-Kontraste. Es wird eine Stufe des Faktors mit dem Mittel aller vorhergehenden Stufen verglichen. Die Kontrastmatrix hat die Form:

Stufe:	1	2	3	...	k
Mittel	1/k	1/k	1/k	...	1/k
1.FG	-1	1	0	...	0
2.FG	-1/2	-1/2	1	...	0
...	...	...	...	...	...
(k-1).FG	-1/(k-1)	-1/(k-1)	-1/(k-1)	...	1

- SIMPLE - einfache Kontraste. Es wird eine Stufe mit der letzten Stufe verglichen, was besonders dann sinnvoll ist, wenn die letzte Stufe eine Kontrollgruppe bedeutet. Die Kontrastmatrix hat die Form:

Stufe:	1	2	...	k-1	k
Mittel	1/k	1/k	...	1/k	1/k
1.FG	1	0	...	0	-1
2.FG	0	1	...	0	-1
...	...	...	...	...	...
(k-1).FG	0	0	...	1	-1

- HELMERT. Es wird eine Stufe mit dem Mittel aller nachfolgenden Stufen verglichen. Die Kontrastmatrix hat die Form:

Stufe:	1	2	...	k-1	k
Mittel	1/k	1/k	...	1/k	1/k
1.FG	1	-1/(k-1)	...	-1/(k-1)	-1/(k-1)
...	...	...	...	...	...
(k-2).FG	0	...	1	-1/2	-1/2
(k-1).FG	0	0	...	1	-1

- POLYNOMIAL[(X1,X2,...,Xk)] - orthogonale polynomische Kontraste. Nach POLYNOMIAL kann in Klammern die Metrik angegeben werden, wie dies bei der Angabe TRANSFORM moeglich ist. Wenn beispielsweise die Versuchsgruppen 1, 2 und 3 mit jeweils 2mg, 4mg und 8mg eines pharmazeutischen Praeparates behandelt wurden, wird man zweckmaessigerweise POLYNOMIAL(2,4,8) angeben, wenn nicht eine logarithmische Wirksamkeit erwartet wird. Beim Normalfall der gleichabstaendigen Stufen des Faktors kann die Voreinstellung 1,2,...,k benutzt und die Metrik weggelassen werden. Im Beispiel von 6 Stufen hat die Kontrastmatrix die Form:

Stufe:	1	2	3	4	5	6
Mittel	1/6	1/6	1/6	1/6	1/6	1/6
linear	-5	-3	-1	1	3	5
quadrat.	5	-1	-4	-4	-1	5
kubisch	-5	7	4	-4	-7	5
4.Ordnung	1	-3	2	2	-3	1
5.Ordnung	1	-5	10	-10	5	-1

- SPECIAL(matrix). Hier kann der Benutzer selbst die Elemente der Kontrastmatrix eingeben. Zuerst werden die Koeffizienten fuer das Mittel eingegeben, wobei bei ungleichen Zellenbesetzungen, anders als in den besprochenen Faellen, durchaus auch unterschiedliche Koeffizienten verwendet werden koennen. Danach werden zeilenweise die Koeffizienten fuer die uebrigen Kontraste eingegeben. Meist werden die Kontraste neutral (Summe der Koeffizienten gleich Null) und wechselseitig orthogonal (Produktsumme zweier Kontraste gleich Null) gewaehlt.

Ueber das Schluesselwort PROTATE wird die Rotation der durch die Statistiken 17 und 18 angeforderten Hauptkomponenten ermoeglicht. Dies ist natuerlich nur im Falle mehrerer abhaengiger Variablen sinnvoll. Als Rotationsangabe kann stehen: NOROTATE fuer keine Rotation (=Voreinstellung), VARIMAX, EQUIMAX oder QUARTIMAX. Die Rotation wird normalerweise fuer alle Hauptkomponenten vorgenommen, jedoch kann auch eine kleinere Anzahl von Hauptkomponenten dadurch gewaehlt werden, dass deren Zahl in Klammern hinter PROROTATE angegeben wird. Im Beispiel PROROTATE(2)=VARIMAX werden nur die beiden varianzstaerksten Hauptkomponenten varimax-rotiert. Es koennen auch die Hauptkomponenten, die eine bestimmte Grenze fuer den Eigenwert unterschreiten, aus der Rotation ausgeschlossen werden; beispielsweise werden bei PROROTATE(MINEIGEN=1.5)=EQUIMAX nur die Hauptkomponenten equimax-rotiert, deren Eigenwert mindestens 1.5 ist.

Ueber das Schluesselwort CROTATE wird die Rotation der durch die Statistik 11 angeforderten Korrelationen zwischen den kanonischen Variablen und den abhaengigen Variablen fuer jeden Effekt ermoeglicht. Dies bezieht sich nicht auf die kanonische Analyse, die bei Abwesenheit varianzanalytischer Faktoren im Ansatz der multivariaten Regression berechnet wird. Als Rotationsangabe kann wie bei PROROTATE stehen: NOROTATE, VARIMAX, EQUIMAX oder QUARTIMAX. Es werden alle signifikanten kanonischen Variablen rotiert; ihre Anzahl wird durch die Angabe bei SIGLEVEL bestimmt.

Mit dem Schluesselwort SIGLEVEL wird festgelegt, bis zu welchem Signifikanzniveau alpha die Diskriminanzfunktionen bzw. die kanonischen Variablen ausgedruckt werden. Als Wert alpha kann eine Zahl im Bereich von 0.0 bis 1.0 angegeben werden. Voreingestellt ist der Wert 0.15. Bei der Angabe 1.0 werden alle Diskriminanzfunktionen ausgedruckt.

Durch die DESIGN-Angabe wird das zu analysierende Modell spezifiziert. Wegen der Vielzahl moeglicher Modelle ist daher gerade diese Angabe moeglicherweise recht kompliziert. Die DESIGN-Angabe kann dann entfallen, wenn ein ein- oder mehrfaktorieller Versuchsplan mit (nur im mehrfaktoriellen Fall erforderlich) festen Effekten mit oder ohne Kovariaten ausgewertet wird, oder wenn lediglich uni- oder multivariate einfache oder multiple Regressionen oder kanonische Analysen benoetigt werden. Hier wird nur die Syntax der DESIGN-Angabe beschrieben, im uebrigen wird auf die nachfolgenden Beispiele verwiesen. Die Bestandteile der DESIGN-Angabe werden durch Rueckbezug oder Bezug auf jeweils weiter unten erklaerte Begriffe eingefuehrt; in Klammern werden inhaltliche Erlaeuterungen zwischengeschoben.

Allgemeines Format:

DESIGN = Liste von Pruefungen/

(Durch Komma oder Leerzeichen getrennt. Es ist in dieser Liste keine TO-Konvention erlaubt. Im nichtorthogonalen Fall ist die Reihenfolge wichtig, denn es wird eine hierarchische Auswertung vorgenommen: jeder Effekt wird aus allen nachfolgenden Effekten auspartialisiert, so dass fuer die nachfolgenden Effekte nur der zusaetzliche Beitrag zu allen vorhergehenden Effekten ausgewiesen wird.)

Pruefung kann dabei folgende allgemeine Form haben:

[CONSPLUS] Effekt [=Fehlernummer][AGAINST oder VS Fehlerterm]

(Bei der Verwendung von CONSPLUS (nur einmal in einer DESIGN-Angabe moeglich) wird zu den Parameterschaetzungen jeweils das Gesamtmittel hinzuaddiert. Wird die Fehlernummer 0 angegeben, so unterbleibt die Pruefung des Effekts, sonst sind die Nummern 1 - 10 moeglich, und der Effekt ist als Fehlerterm mit der verwendeten Nummer vereinbart. Wird AGAINST Fehlerterm oder VS Fehlerterm angegeben, dann wird gegen den genannten Fehlerterm geprueft; unterbleibt diese Angabe, dann wird gegen den Innerhalb-Fehlerterm geprueft; existiert dieser nicht, wird gegen den Residual-Fehlerterm geprueft.)

Effekt kann dabei sein:

entweder: CONSTANT
(Geprueft wird der Mittelswerteffekt, der normalerweise nur beruecksichtigt, aber nicht geprueft wird.)
oder: Effektitem
(Haupteffekt einer Variablen wird einbezogen.)
oder: Effekt BY Effekt [BY ..]
(Wechselwirkung; nicht fuer Intervallvariablen untereinander.)
oder: Effektitem W[ITHIN] Effekt
(geschachtelter Effekt.)
oder: Effekt + Effekt
(Zusammenfassung von Effekten.)

Effektitem bedeutet dabei
entweder: Faktorname[(i)]
(Die optional in Klammern angegebene Nummer bezeichnet normalerweise eine der durch PARTITION spezifizierten Gruppen von Kontrasten, nach dem Schluesselwort W[ITHIN] jedoch die Stufe des Faktors, in der geschachtelt ist.)
oder: Intervallvariable
(Alle in der DESIGN-Angabe genannten Intervallvariablen duerfen in der ANALYSIS-Angabe weder als abhaengige Variablen noch als Kovariaten auftreten. Hiermit koennen spezielle Kovarianzanalysen oder Faktor-Kovariaten-Wechselwirkungen (Parallelitaet der Regressionen) untersucht werden.)
oder: (Intervallvariable TO Intervallvariable, ...)

Fehlerterm kann auf folgende Arten angegeben werden:
entweder: W[ITHIN]
(Innerhalb-Fehlerterm)
oder: R[ESIDUAL]
(Residual-Fehlerterm, Zusammenfassung aller im Design moeglichen, aber unter DESIGN nicht genannten Effekte.)
oder: WR oder RW
(Zusammengefasster Innerhalb- und Residual-Fehlerterm.)
oder: Fehlernummer
(Die Nummer eines speziell als Fehlerterm vereinbarten Effektes.)

Beispiele

(1) Univariate zweifaktorielle Varianzanalyse

```
1              16
MANOVA         GEWICHT BY SEXUS(1,2), DIAET(1,3)
STATISTICS     1,2,3,12
```

Es wird eine zweifaktorielle Varianzanalyse mit den Faktoren SEXUS (Stufen: maennlich, weiblich) und DIAET (Stufen: fettarm, kohlenhydratarm, Kontrollgruppe) durchgefuehrt. Als Ergebnis erhaelt man eine Varianzanalysetabelle fuer die Haupteffekte und die Wechselwirkung mit den zugehoerigen Signifikanzpruefungen, Parameterschaetzungen fuer die nicht redundanten Effekte (der letzte nicht ausgedruckte Parameter berechnet sich als negative Summe der jeweils ausgedruckten Parameter) mit Signifikanzniveaus und Vertrauensbereichen, Varianzhomogenitaetstests, Zellenmittelwerte, Standardabweichungen, Haeufigkeiten der Besetzungen und die Kovarianzmatrix fuer die Parameterschaetzungen.

(2) Zusammenfassen von Wechselwirkungs- und Innerhalb-Quadratsumme

```
1              16
MANOVA         GEWICHT BY SEXUS(1,2), DIAET(1,3)/
               DESIGN = SEXUS AGAINST WR, DIAET AGAINST WR
```

Beide Haupteffekte werden gegen Innerhalb + Wechselwirkung getestet, weil der Wechselwirkungseffekt nicht in der DESIGN-Angabe aufgefuehrt wurde, und zu RESIDUAL zugeschlagen wird.

(3) Spezielle orthogonale Kontraste mit Aufteilung der Freiheitsgrade

```
1              16
MANOVA         GEWICHT BY SEXUS(1,2), DIAET(1,3)/
               PARTITION(DIAET) = (1,1)/
               CONTRAST(DIAET) = SPECIAL(1 1 1, 1 1 -2, 1 -1 0)/
               DESIGN = SEXUS, DIAET(1), DIAET(2), SEXUS BY DIAET
```

Durch die PARTITION-Angabe werden die beiden Freiheitsgrade des Faktors DIAET aufgespalten, sodass die Kontraste "fettarm und kohlenhydratarm gegen Kontrollgruppe" und "fettarm und kohlenhydratarm" unabhaengig geprueft werden koennen. In der DESIGN-Angabe wird dagegen nur eine Wechselwirkung aufgefuehrt, deshalb werden hier die beiden Kontraste wieder gemeinsam verwendet.

(4) Polynomische Kontraste mit Aufteilung der Freiheitsgrade

```
1              16
*SELECT IF     (SEXUS EQ 1)
MANOVA         GEWICHT BY KALOR(1,4)/
               PARTITION(KALOR) = (1,1,1)
               CONTRAST(KALOR) = POLYNOMIAL(1,2,3,5)/
               DESIGN = KALOR(1), KALOR(2), KALOR(3)
```

Die Auspraegungen des Faktors KALOR bedeuten 1000 cal, 1500 cal, 2000 cal bzw. 3000 cal taegliche Aufnahme. Deswegen scheint es angemessen, nicht die voreingestellte gleichabstaendige Metrik, sondern die bei POLYNOMIAL angegebene Metrik zu verwenden. Innerhalb der Gruppe der maennlichen Personen werden hier linearer, quadratischer und kubischer Effekt getrennt geprueft.

(5) Ungleiche Haeufigkeiten in den Zellen

```
1              16
MANOVA         GEWICHT BY SEXUS(1,2), DIAET(1,3)/
               DESIGN = SEXUS, DIAET, SEXUS BY DIAET/
               DESIGN = DIAET, SEXUS, SEXUS BY DIAET = 0/
               DESIGN = SEXUS BY DIAET = 0, SEXUS = 0, DIAET/
               DESIGN = SEXUS BY DIAET = 0, DIAET = 0, SEXUS/
STATISTICS     1,2,3,12
```

Liegen ungleiche Zellenbesetzungen vor, ergibt sich im allgemeinen ein nicht-orthogonales Design, d.h. die Faktoren und Wechselwirkungen sind nicht mehr unabhaengig, die Effekte koennen nicht unabhaengig voneinander geschaetzt werden. Deshalb wird die Reihenfolge der Effekte in der DESIGN-Angabe bedeutsam. MANOVA geht hierarchisch vor: In der ersten DESIGN-Angabe wird zunaechst SEXUS geprueft, dann der darueber hinausgehende Anteil von DIAET und schliesslich der durch beide nicht erklaerte Anteil der Wechselwirkung. Der klassische experimentelle Ansatz besteht darin, dass jeder Faktor bezueglich der anderen Faktoren angepasst wird. Aus den Ergebnissen zur zweiten DESIGN-Angabe kann der von SEXUS ueber DIAET hinausgehende Anteil entnommen werden; die Pruefung der Wechselwirkung wird durch "=0" unterdrueckt, weil sie schon in der ersten DESIGN-Angabe durchgefuehrt wurde. Um die Loesungen zur Regressionsmethode zu erhalten, bei der fuer jeden Effekt der ueber alle anderen Effekte hinausgehende Anteil bestimmt wird, wurden die dritte und vierte DESIGN-Angabe angefuegt. Im praktischen Fall wird man sich von vornherein fuer einen Ansatz entscheiden.

(6) Gewichtete und ungewichtete Mittelwerte

```
1              16
MANOVA         GEWICHT BY SEXUS(1,2), DIAET(1,3)/
               DESIGN = CONSPLUS SEXUS/
               DESIGN = CONSPLUS SEXUS, DIAET, SEXUS BY DIAET/
OPTIONS        5
STATISTICS     ALL
```

Wenn ungleiche Zellhaeufigkeiten vorliegen, kann der Mittelwert fuer eine Stufe eines Faktors einerseits als gewichteter Mittelwert, als Mittelwert aller Werte zu dieser Stufe, und andererseits als ungewichteter Mittelwert, als Mittel aller Zellenmittelwerte zu dieser Stufe berechnet werden. Im ersten Fall gibt man in der DESIGN-Angabe den Namen des Faktors mit dem Praefix CONSPLUS an, im zweiten Fall wird das volle Modell angegeben und dem interessierenden Haupteffekt CONSPLUS vorangestellt (s. Beipiel). Das Schluesselwort CONSPLUS darf in einer DESIGN-Angabe nur einmal auftreten.

(7) Teilweise nicht besetzte Zellen

```
1              16
MANOVA         GEWICHT BY KALOR(1,4), DIAET(1,3)/
               DESIGN = KALOR, DIAET, KALOR BY DIAET/
OPTIONS        3
STATISTICS     1,2,3,12
```

Wenn Zellen nicht besetzt sind, koennen Effekte nicht ohne weiteres geschaetzt werden. Durch die Option 3 wird verlangt, dass der letzte Effekt als Differenz von SS(total) zur Summe der uebrigen Quadratsummen gebildet wird. In diesem Fall werden die Parameter fuer diesen Effekt nicht geschaetzt.

(8) Messwiederholungen und geschachtelte Faktoren

```
1              16
*IF            (VPN GT 6) VPN = VPN - 6
MANOVA         GEWICHT BY SEXUS(1,2), ZEITPKT(1,4), VPN(1,6)/
               DESIGN = SEXUS VS 1, ZEITPKT, SEXUS BY ZEITPKT,
               VPN WITHIN SEXUS = 1
```

An jeweils 6 Personen maennlichen und weiblichen Geschlechts wurde nach jedem Monat einer viermonatigen Kur das Gewicht gemessen. Weil die vier Messungen an einer Person nicht unabhaengig sind, ist eine normale Varianzanalyse nicht anwendbar. Deshalb werden die Personen als Stufen eines unter dem Geschlecht geschachtelten Faktors interpretiert. Die Daten muessen fuer MANOVA in diesem Fall anders organisiert werden: Fuer die 2 mal 6 Personen muessen je 4 Faelle fuer die verschiedenen Zeitpunkte erzeugt werden, so dass insgesamt 24 Faelle vorliegen. Waren die maennlichen Personen mit 1 bis 6 und die weiblichen mit 7 bis 12 numeriert, so muss der Bereich 7 bis 12 fuer diese Analyse in 1 bis 6 umcodiert werden, wie es mit der *IF-Karte im Beispiel geschehen kann.

(9) Kovarianzanalyse

```
1               16
MANOVA          GEWICHT BY DIAET(1,3) WITH VORGEW, VORBEFI/
STATISTICS      1,2,3,12
```

Es wird eine univariate Kovarianzanalyse mit einem Faktor und zwei Kovariaten durchgefuehrt. Es wird innerhalb der Zellen eine gemeinsame Regression von GEWICHT auf die Variablen VORGEW (Gewicht am Anfang der Kur) und VORBEFI (Befinden am Anfang der Kur) durchgefuehrt und mit den Residuen eine Varianzanalyse gerechnet. Insofern werden die Kovariaten als konkomitante Variablen behandelt und die Effekte der Kovariaten, die ueber die Wirkung des Faktors hinausgehen, und des Faktors, insoweit er ueber die Wirkung des Faktors hinausgeht, berechnet. Voraussetzung ist fuer die Kovarianzanalyse die Parallelitaet der Regressionen in den Zellen, die wie in Beispiel (10) geprueft werden kann. Wenn starke Kollinearitaet der Kovariaten vermutet wird, kann der Verlust an Genauigkeit durch zwei Massnahmen kompensiert werden:

```
1               16
MANOVA          GEWICHT,VORGEW,VORBEFI BY DIAET(1,3)/
                ANALYSIS = GEWICHT/
                DESIGN = (VORGEW, VORBEFI), DIAET
OPTIONS         15
STATISTICS      1,2,3,12
```

Zum einem wird wegen der Option 15 an kritischen Stellen mit doppelter Genauigkeit gerechnet, zum anderen werden die Kovariaten in die DESIGN-Angabe aufgenommen, was die Genauigkeit verbessert. Wegen des hierarchischen Ansatzes sind bei der zweiten Variante die Regressionseffekte nicht von der Wirkung des Faktors bereinigt. Das Konzept, Kovariaten in die DESIGN-Angabe aufzunehmen, ermoeglicht auch ungewoehnliche Kovarianzanalysen, bei denen z.B. eine Kovariate aus allen, eine andere nur aus einigen Effekten auspartialisiert wird.

(10) Testen der Parallelitaet der Regressionen

```
1               16
MANOVA          GEWICHT, VORGEW BY DIAET(1,3)/
                ANALYSIS = GEWICHT/
                DESIGN = VORGEW, DIAET, VORGEW BY DIAET
```

Ist der Term VORGEW BY DIAET, die Kovariaten-Faktor-Wechselwirkung, signifikant, dann muss davon ausgegangen werden, dass die Koeffizienten der Regression von GEWICHT auf VORGEW innerhalb der einzelnen Zellen unterschiedlich sind. Entscheidend ist, dass die beiden Haupteffekte dabei vorher aufgefuehrt werden.

(11) Individuelle_Pruefung_der_Regressionen_bei_Nicht-Parallelitaet

```
1               16
MANOVA          GEWICHT, VORGEW BY DIAET(1,3)/
                ANALYSIS = GEWICHT/
                DESIGN = VORGEW WITHIN DIAET
```

Jeder einzelne Regressionskoeffizient wird berechnet und geprueft.

(12) Multiple_Regression

```
1               16
MANOVA          GEWICHT WITH ALTER, VORBEFI
```

Eine multiple univariate Regression von GEWICHT auf die beiden Variablen ALTER und VORBEFI wird gerechnet.

(13) Multivariate_Varianzanalyse

```
1               16
MANOVA          GEWICHT,BEFINDEN BY SEXUS(1,2),DIAET(1,3)/
                SIGLEVEL = 1.0/
                PROTATE = VARIMAX/
                CROTATE = VARIMAX/
STATISTICS      ALL
```

Eine zweifaktorielle multivariate Varianzanalyse mit zwei abhaengigen Variablen wird durchgefuehrt. Vier Signifikanzkriterien werden ausgedruckt, Wilks Lambda, Hotellings Spur-Kriterium, Pillais Kriterium und Roys Kriterium des groessten Eigenwerts. Fuer die drei ersten wird auch das Signifikanzniveau aus der F-Approximation ausgedruckt, fuer das letztere gibt es in der Literatur (z.B. in Morrison, 1976) Nomogramme. Bartletts Sphaeritaetstest, der Varianzhomogenitaetstest von Pearson und Hartley, der Roy-Bargmann-Test, Diskriminanzanalysen fuer die Gruppen der Effekte, die zugehoerigen Kanonischen Analysen und Hauptkomponentenanalysen fuer die Fehlerkorrelations- und -kovarianzmatrix werden durchgefuehrt. Bei der Interpretation der Signifikanztests ist zu beachten, dass der Test fuer die Haupteffekte immer den Test fuer die Wechselwirkungen mit einschliesst, so dass bei signifikanter Wechselwirkung die Pruefungen fuer die Haupteffekte nicht mehr interpretiert werden duerfen.

(14) Multivariate_Regression_und_Kanonische_Korrelation

```
1               16
MANOVA          VORGE,VORBEFI WITH ALTER,EXTRAVER,NEUROTIZ
STATISTICS      ALL
```

Es wird eine multivariate Regression der Variablen "Gewicht am Anfang der Kur", "Befinden am Anfang", auf die Variablen Alter und Extraversion und Neurotizismus durchgefuehrt. Damit kann geprueft werden, ob insgesamt ein Zusammenhang zwischen beiden Variablensaetzen vorliegt. Eine Reihe zusaetzlicher Berechnungen wird durchgefuehrt, wobei vor allem die komplette Kanonische Analyse erwaehnenswert ist, die im Gegensatz zur Prozedur CANCORR mit Strukturkoeffizienten und Varianzanteilschaetzungen ausgestattet ist.

(15) Trendanalyse fuer Messwiederholungen

```
1             16
MANOVA        GEW1 TO GEW4 BY SEXUS(1,2)/
              TRANSFORM = POLYNOMIAL(1,2,3,4)/
              RENAME = MITTEL,LINEAR,QUADR,DRITTE/
              ANALYSIS = LINEAR, QUADR, DRITTE/
              DESIGN = CONSTANT AGAINST WR, SEXUS/
              ANALYSIS = MITTEL/
              DESIGN = CONSTANT = 0, SEXUS
```

Es wird die gleiche Versuchsanlage wie in Beispiel (8) ausgewertet, jetzt aber multivariat und speziell auf die Trends hin. Hier entspricht jeder Fall einer Versuchsperson, die Messwiederholungen sind als vier Variablen codiert. Um die durch TRANSFORM veraenderten Variablen mit dem richtigen Etikett zu versehen, wurde die RENAME-Angabe benutzt. Wenn der Effekt SEXUS in der ersten DESIGN-Angabe signifikant ist, dann kann die Hypothese akzeptiert werden, dass die Differenz zwischen weiblichen und maennlichen Personen sich im Verlauf der Messungen geaendert hat. Die Hypothese, dass sich im Mittel das Gewicht im Verlauf der Messungen geaendert hat, wird mit dem Effekt CONSTANT AGAINST WR geprueft. In der zweiten DESIGN-Angabe wird schliesslich anhand des Effektes SEXUS entschieden, ob im zeitlichen Mittel ein unterschiedliches Gewicht bei beiden Geschlechtern besteht.

(16) Profilanalyse

```
1             16
MANOVA        A, B, C BY STATUS(1,4)/
              TRANSFORM = REPEATED/
              RENAME = MITTEL, AMINUSB, BMINUSC/
              ANALYSIS = AMINUSB, BMINUSC/
              SIGLEVEL = 1.0/
              PROTATE = VARIMAX/
              CROTATE = VARIMAX/
              DESIGN = CONSTANT = 0, STATUS/
              ANALYSIS = MITTEL/
              DESIGN = CONSTANT = 0, STATUS/
              PROTATE = NOROTATE/
              ANALYSIS = AMINUSB, BMINUSC/
              DESIGN = CONSTANT AGAINST WR, STATUS = 0
```

Die Einstellung zur Rolle der Frau wurde in drei Skalen A, B und C erhoben. An derselben Stichprobe wurde der Sozialstatus in vier Stufen erfasst. Es werden aehnliche Fragen wie in Beispiel (15) untersucht, lediglich stuetzt sich die Analyse hier nicht auf Trends, sondern auf die Differenzen von aufeinanderfolgenden Skalen. Voraussetzung ist dabei unter anderem, dass die Einheiten der Skalen vergleichbar sind. Mit der ersten DESIGN-Angabe wird geprueft, ob die Profile der vier Status-Gruppen in dem Sinne aehnlich sind, dass die Linienstuecke zwischen aufeinanderfolgenden Skalen parallel sind. Mit der zweiten DESIGN-Angabe wird dann geprueft, ob das mittlere Niveau der Profile fuer die vier Statusgruppen gleich ist. Die letzte DESIGN-Angabe gibt die Antwort auf die Frage, ob die mittleren Antworten in den drei Skalen gleich sind.

Die OPTIONS-Karte

1: Alle Werte der Variablen werden als gueltig betrachtet; die Angaben auf MISSING VALUES- und ASSIGN MISSING-Karten werden fuer diesen Prozeduraufruf ignoriert.
2: Nur Parameterschaetzungen werden gedruckt, keine Signifikanztests.
3: Letzter Effekt der DESIGN-Angabe wird als Residualterm und nicht durch direkte Schaetzung berechnet (die Option ist unzulaessig, wenn Intervallvariablen bei DESIGN auftreten).
4: Der konstante Term (Mittelwert bzw. Mittelwertvektor) wird nicht in das Modell aufgenommen, ausser wenn er bei DESIGN explizit eingefuehrt wird.
5: Parameterschaetzungen werden nur fuer Effekte mit Attribut CONSPLUS gedruckt. Keine Signifikanztests werden durchgefuehrt.
6: Der letzte Parameter wird.als negative Summe der uebrigen Parameterschaetzungen des Effekts gedruckt (unterbleibt bei CONSPLUS).
7: Es werden eingelesen: Die Zellenindizes, Mittelwerte, Zellhaeufigkeiten und Kovarianzmatrizen innerhalb der Zellen: (a) In einem gemeinsamen Kartenstapel fuer jede Zelle 1. soviele Zellenindizes wie in MANOVA Faktoren auftreten (8F10.0) und 2. auf einer neuen Karte beginnend soviele Mittelwerte, wie Intervallvariablen vorliegen (8F10.5) (siehe Kap. 5.3). Den Angaben fuer die letzte Zelle muessen entweder eine (bei bis zu 8 Faktoren) oder zwei Leerkarten (bei 9 oder 10 Faktoren) folgen. (b) Fuer die Zellen von (a) der Vektor der Zellhaeufigkeiten (8F10.0). (c) Die fuer alle Zellen zusammengefasste Kovarianzmatrix innerhalb der Zellen. Sie muss als untere Dreiecksmatrix eingegeben werden. Jede Zeile der Matrix muss auf einer neuen Karte beginnen und im Format (8F10.5) gelocht sein. Bei Verwendung der Matrixeingabe werden die Varianzhomogenitaetstests nicht durchgefuehrt, ebenso sind die TRANSFORM-Angabe und Intervallvariablen in der DESIGN-Angabe nicht erlaubt.
8: BCD-Ausgabe der Zellenindizes, Mittelwerte, Zellhaeufigkeiten und der Kovarianzmatrix innerhalb der Zellen im Format wie in Option 7 erwartet.
9: Eingabe der Zellenindizes, Mittelwerte, Zellhaeufigkeiten, Korrelationsmatrix innerhalb der Zellen und Standardabweichungen innerhalb der Zellen. Das Format ist dasselbe wie bei Option 7, der Vektor der Standardabweichungen, gepoolt fuer alle Zellen, wird anschliessend an die Korrelationsmatrix im Format (8F10.5) eingegeben.
10: BCD-Ausgabe der fuer Option 9 erforderlichen Groessen im in Option 9 verlangten Format.
11: BCD-Ausgabe der Fehler-Korrelationsmatrizen (8F10.5). Fuer jeden Fehlerterm in jedem Design und jeder Unterdatei werden diese ausgegeben. Dies kann eine sehr umfaengreiche Ausgabe bedeuten.
12: BCD-Ausgabe der Fehler-Kovarianzmatrizen (8F10.5).
13: Die spezielle Behandlung orthogonaler Designs wird unterdrueckt. Dies bewirkt bei Kollinearitaet von Kovariaten eine groessere Genauigkeit, verursacht aber laengere Rechenzeiten.
14: Die Berechnungen sollen mit den Rohdaten und nicht mit Mittelwerten durchgefuehrt werden, was bei grossen Designs Ersparnis von Speicherplatz aber laengere Rechenzeiten bedeutet.
15: Innere Produkte werden mit doppelter Genauigkeit berechnet.
16: Es werden keine Parameterschaetzungen ausgedruckt.
17: Knappe Ausgabe im multivariaten Fall. Die Statistiken 5 bis 11 werden ignoriert.

Die STATISTICS-Karte

1: Ausgabe der Zellenmittelwerte, Standardabweichungen und Haeufigkeiten.
2: In einer einzigen quadratischen Matrix werden die Kovarianzen (oberes Dreieck), Varianzen (Diagonale) und Korrelationen (unteres Dreieck) der Parameterschaetzungen ausgegeben.
3: Die Design-Matrix (reduzierte Modell-Matrix) wird ausgegeben.
4: Ausdruck der Korrelationsmatrizen fuer jeden Fehlerterm, bei Kovarianzanalysen sind dabei die Kovariaten auspartialisiert.
5: Ausdruck der Quadratsummen und Produktsummen fuer alle zu pruefenden Effekte (im multivariaten Fall). Kovariaten sind dabei auspartialisiert.
6: Roy-Bargmann-Test (fuer den multivariaten Fall).
7: Gemittelter F-Test (fuer den multivariaten Fall).
8: Ausdruck der Koeffizienten der Diskriminanzfunktionen fuer Rohdaten fuer jeden Effekt.
9: Ausdruck der Koeffizienten der Diskriminanzfunktionen fuer standardisierte Daten fuer jeden Effekt.
10: Ausdruck der Schaetzungen der Effekte der Kanonischen Variablen (im multivariaten Fall).
11: Ausdruck der Kanonischen Korrelationen in der multivariaten Varianzanalyse.
12: Varianzhomogenitaetstests durch Cochran's C und Bartlett-Box-F (im univariaten Fall).
13: Homogenitaet der Kovarianzmatrizen wird (im multivariaten Fall) durch M nach Box geprueft.
14: Ausdruck der Matrix der Quadratsummen und Produktsummen fuer jede Zelle (im multivariaten Fall).
15: Ausdruck der Kovarianzmatrix fuer jede Zelle (im multivariaten Fall).
16: Ausdruck der Korrelationsmatrix fuer jede Zelle (im multivariaten Fall).
17: Fuer jeden Fehlerterm wird eine Hauptkomponentenanalyse der Korrelationsmatrix durchgefuehrt (im multivariaten Fall).
18: Fuer jeden Fehlerterm wird eine Hauptkomponentenanalyse der Kovarianzmatrix durchgefuehrt (im multivariaten Fall).

Beschraenkungen

1: Maximal 10 Faktoren.
2: Maximal 50 Intervallvariablen.
3: Maximal 300 DESIGN-Angaben.

Literatur

Bock (1975)
Gaensslen & Schuboe (1976)
Overall & Klett (1972)
Finn (1974)
Morrison (1976)
Winer (1971)

6.15 MULT RESPONSE ⟨ab 7⟩

Die Prozedur MULT RESPONSE kann Mehrfach-Antwort-Fragen auszaehlen und stellt die Ergebnisse in Haeufigkeitstabellen und Kreuztabellen dar, aehnlich wie die Prozeduren FREQUENCIES und CROSSTABS.

Eine Mehrfach-Antwort-Frage ist eine Frage, auf die die Befragten mit mehr als einer Antwort reagieren koennen. Beispiele fuer solche Mehrfach-Antwort-Fragen sind:

1. Welche Schularten haben Sie bisher besucht?
2. Welche Zeitschriften lesen Sie?

Damit derartige Fragenbogendaten statistisch ausgewertet werden koennen, muessen sie mit einer der beiden Methoden codiert werden:

- Dichotomisierte Variablen: Jeder Antwortmoeglichkeit wird eine Variable und in gleichbleibender Weise je ein Wert fuer das Auftreten dieser Antwort und das Nichtauftreten zugeordnet; im ersten Beispiel etwa 1 = Schulart besucht, 0 = Schulart nicht besucht, 9 = keine Antwort; bei 8 Schularten also 8 Variablen.

- Aufzaehlende Variablen: Jeder Antwortmoeglichkeit wird eine Zahl eindeutig zugeordnet. Fuer das erste Beispiel waere moeglich: 1 = Hauptschule besucht, 2 = Realschule besucht, 3 = Gymnasium besucht, ... , 9 = keine Antwort (Fuellcode). Anschliessend werden soviele Variablen definiert, wie noetig sind, um auch die umfangreichste zu erwartende Kombination von Antworten darzustellen. Die erste Variable erhaelt dann z.B. den Wert zur zuerst besuchten Schulart, die zweite die zur danach besuchten Schulart, usw. Wurden im Einzelfall weniger Antworten gegeben als Variablen definiert wurden, dann wird mit dem Fuellcode ergaenzt. Beide Methoden haben ihre Vor- und Nachteile. Die Verwendung dichotomisierter Variablen ermoeglicht z.B., die Faelle auszuwaehlen, fuer die eine bestimmte Antwortkombination zutrifft. Die Codierung durch aufzaehlende Variablen benoetigt in der Regel weniger Spalten auf den Datenkarten. Auch kann die Reihenfolge der gegebenen Antworten erhalten bleiben, so dass die erste "wichtigste" Antwort als einfache Variable unabhaengig ausgewertet werden kann.

Die Prozedurkarte

```
1                16
MULT RESPONSE    [GROUPS = Gruppenname [Gruppenetikette]
                    (Variablenliste (Werteliste)) [Gruppenname ... ]/]
                 [VARIABLES = Variablenliste (min, max)
                   [Variablenliste ... ]/]
                 [FREQUENCIES = Itemliste/]
                 [TABLES = Itemliste BY Itemliste [ BY Itemliste ...]
                   [/Itemliste BY Itemliste ... ]]
```

Als Angaben koennen bis zu vier verschiedene Schluesselwoerter vorkommen: GROUPS, VARIABLES, FREQUENCIES und TABLES. Ein Aufruf der Prozedur MULT RESPONSE muss wenigstens zwei Schluesselwoerter enthalten, davon eines der beiden ersten und eines der beiden letzten.

Auf das Schluesselwort GROUPS folgt der Name einer Mehrfach-Antwort-Gruppe, unter dem der Benutzer sich spaeter auf die Gruppe beziehen kann, sowie eventuell eine Gruppenetikette, anschliessend in Klammern die Variablen, aus denen sich die Mehrfach-Antwort-Gruppe zusammensetzt. Der Gruppenname muss von allen im Aufruf der Prozedur MULT RESPONSE verwendeten Variablennamen verschieden sein. Die Werteliste enthaelt bei einer Gruppe von dichotomisierten Variablen den auszuwaehlenden Wert (normalerweise den Wert fuer "JA"), bei einer Gruppe von aufzaehlenden Variablen zwei Werte (min, max), die den auszuwaehlenden Wertebereich angeben.

Auf das Schluesselwort VARIABLES folgt die Angabe der einfachen Variablen mit ihrem Wertebereich in gleicher Weise wie bei der Prozedur CROSSTABS. Hier werden die einfachen Variablen angegeben, fuer die Haeufigkeitstabellen und vor allem Kreuztabellen mit Mehrfach-Antwort-Variablen aufgestellt werden sollen.

Beispiel

```
1              16
MULT RESPONSE  GROUPS = SCHULEN, BESUCH VON SCHULARTEN
               (HAUPTSCH REALSCH GYMNAS FHSCH UNI (1))
               ZTSCHR, ZEITSCHRIFTENABONNEMENTS
               (ZTSCH1 TO ZTSCH5 (1,20))/
               VARIABLES = V24, V28 (1,9) SEX(1,2)/ . . . .
```

Bei den Schluesselwoertern GROUPS und VARIABLES muessen alle Mehrfach-Antwort-Gruppen und einfachen Variablen aufgefuehrt sein, die in den anschliessenden Analysen untersucht werden sollen. Fuer die Auswertungsanforderungen durch die Schluesselwoerter FREQUENCIES und TABLES koennen gemischte Listen von Mehrfach-Antwort-Gruppen und einfachen Variablen angegeben werden, die hier "Itemlisten" genannt werden. Das Schluesselwort ALL darf nicht anstelle einer Itemliste stehen. Hingegen kann die TO-Konvention unter folgenden Bedingungen verwendet werden:

- Das Item vor und das nach dem TO muessen von gleichem Typ sein, d.h. entweder muessen beide Mehrfach-Antwort-Gruppen oder beide einfache Variablen sein.
- Die implizite Reihenfolge ist die, die in der GROUPS- bzw. VARIABLES-Liste gegeben wurde, und nicht etwa die der Datei.

Fuer alle Mehrfach-Antwort-Gruppen und einfachen Variablen, die in der Itemliste zum Schluesselwort FREQUENCIES auftreten, werden Haeufigkeitstabellen ausgedruckt. Neben den absoluten Haeufigkeiten der Antworten werden Prozentzahlen bezogen auf die Gesamtzahl der insgesamt gegebenen Antworten und auf die Zahl der gueltigen Faelle berechnet. Wenn durch die OPTIONS-Karte nicht ausdruecklich etwas anderes verlangt wird, werden alle Faelle als gueltig betrachtet fuer die

- bei einfachen Variablen der Wert innerhalb des angegebenen Bereichs (min,max) liegt und nicht einem Code fuer fehlende Werte gleich ist
- bei einer Mehrfach-Antwort-Gruppe aus aufzaehlenden Variablen wenigstens eine Einzelvariable einen Wert hat, der zugleich innerhalb des angegebenen Bereichs (min,max) liegt und keinem der Codes fuer fehlende Werte gleich ist, und
- bei einer Mehrfach-Antwort-Gruppe aus dichotomisierten Variablen wenigstens eine Einzelvariable dem auszuwaehlenden Wert ("ja") gleich ist.

Bei dichotomisierten Variablen werden also auch die Faelle als fehlend betrachtet, bei denen fuer alle Alternativen die Antwort "nein" vorliegt.

Ueber das Schluesselwort TABLES werden 2- bis 5-dimensionale Kreuztabellen angefordert. Die TABLES-Angabe hat aehnlichen Aufbau wie bei der CROSSTABS-Karte. Das Schluesselwort BY wird zur Trennung der verschiedenen Dimensionen einer Kreuztabelle verwendet, verschiedene Tabellendefinitionen werden durch Schraegstrich getrennt. Bestehen Itemlisten aus mehreren Items, dann werden mit den Kombinationen der einzelnen Items der verschiedenen Listen der Reihe nach Tabellen ausgedruckt.

Die von MULT RESPONSE erzeugten Tabellen sind nicht immer leicht zu interpretieren, besonders wenn Mehrfach-Antwort-Gruppen untereinander kreuztabelliert werden, da meist mehr Antworten als Faelle auftreten. Die Prozentzahlen sind, wenn auf der OPTIONS-Karte nicht anders verlangt, auf die Zahl der Faelle bezogen, weshalb sie sich nicht auf 100 summieren. Es empfiehlt sich, mit LIST CASES einen Ausschnitt von 5 - 10 Faellen ausdrucken zu lassen, fuer diese kleine Stichprobe per Hand eine Kreuztabelle aufzustellen, und sich daran das Ergebnis zu veranschaulichen.

Beispiel

```
1              16
MULT RESPONSE  GROUPS = ZEITUNG, LESEN DT. ZEITUNGEN (WELT ZEIT FR
                  STUTTG FAZ SUEDD RMERKUR WESTF LOKAL (2))
                  SPORTART, REGELM. AUSGEUEBTE SPORTARTEN
                  (SPORT1 TO SPORT4 (1,15))
                  URLAUB, URLAUBSZIELE BISHER (UR1 TO UR8 (1,25))/
               VARIABLES = SOZSTAT (1,3) SEXUS (1,2)/
               FREQUENCIES = ZEITUNG TO URLAUB, SOZSTAT/
               TABLES = ZEITUNG TO URLAUB BY SEXUS BY SOZSTAT/
                  ZEITUNG BY URLAUB, SPORTART
```

Es werden die Haeufigkeitsverteilungen der Mehrfach-Antwort-Gruppen ZEITUNG, SPORTART und URLAUB und der einfachen Variablen SOZSTAT berechnet. Bei TABLES werden drei verschiedene Kreuztabellen angefordert, eine 3-dimensionale und zwei 2-dimensionale Tabellen. Die beiden 2-dimensionalen sind zwar in ihrem Aufbau leicht verstaendlich (Zeilen entsprechen den verschiedenen Zeitungen und Spalten den Urlaubszielen bzw. Sportarten, soweit sie genannt wurden), doch schwierig zu interpretieren, weil etwa fuer eine Person, die drei Zeitungen und sechs Urlaubsziele genannt hat, in insgesamt 18 Zellen ein Eintrag gemacht wird. Die Gruppe der 3-dimensionalen besteht aus drei Tabellen je mit den Mehrfach-Antwort-Gruppen ZEITUNG, SPORTART und URLAUB. Fuer jede der drei 3-dimensionalen Tabellen wird zu den Werten 1, 2, 3 von SOZSTAT eine 2-dimensionale Kreuztabelle mit der Mehrfach-Antwort-Gruppe als Zeilenvariable und der Variablen SEXUS als Spaltenvariable ausgedruckt.

Die OPTIONS-Karte

1: Alle Werte der Variablen werden als gueltig betrachtet; die Angaben der MISSING VALUES- und ASSIGN MISSING-Karten ueber fehlende Werte werden fuer diesen Prozeduraufruf ignoriert.
2: Gruppenweiser Ausschluss von Werten fuer dichotomisierte Variablen. Sofern nur eine der Ursprungsvariablen einen fehlenden Wert enthaelt, werden die Werte aller Ursprungsvariablen der Gruppe als fehlend betrachtet.
3: Wie Option 2, nur fuer aufzaehlende Variablen.
4: Werteetiketten werden nur bei dichotomisierten Variablen ausgedruckt, nicht bei aufzaehlenden oder einfachen Variablen.
5: Prozent- und Summenangaben in den Kreuztabellen basieren auf der Zahl der Antworten (Voreinstellung: Zahl der Faelle).
6: Ausdruck wird bei Kreuztabellen auf 75 Zeichen je Zeile begrenzt

11: Haeufigkeitstabellen werden raumsparender gedruckt.
12: Haeufigkeitstabellen werden nur dann raumsparender gedruckt, wenn sie mehr als eine Seite umfassen wuerden, d.h. wenn mehr als 20 Kategorien vorkommen (ausgenommen dichotomisierte Variablen).

Die STATISTICS-Karte

1: Zusaetzlich werden die Zeilenprozente in den Kreuztabellen gedruckt.
2: Zusaetzlich werden die Spaltenprozente in den Kreuztabellen gedruckt.
3: Zusaetzlich werden fuer zweidimensionale Kreuztabellen die auf die gesamte Tabelle bezogenen Prozentangaben gedruckt.

Beschraenkungen

1: Nach GROUPS duerfen maximal 20 Gruppennamen definiert werden.
2: Bei GROUPS und VARIABLES duerfen zusammen hoechstens 100 Variablen verwendet werden; mehrfache Verwendung zaehlt mehrfach.
3: Es duerfen maximal 100 Items, d.h. Mehrfach-Antwort-Gruppen bei GROUPS und einfache Variablen bei VARIABLES, vereinbart bzw. aufgefuehrt werden.
4: Bei TABLES duerfen maximal 10 Tabellengruppen angefordert werden.
5: Die maximale Zahl der Dimensionen bei Kreuztabellen betraegt 5, es duerfen also hoechstens 4 "BY" je Tabellengruppe vorkommen.
6: Bei Kreuztabellen koennen maximal 200 Zeilen und 400 Spalten ausgedruckt werden.

============== Beispielausdruck zu MULT RESPONSE ====================

GROUP INTER WELCHE INFORMATIONEN INTERESSIEREN?
(VALUE TABULATED = 1)

DICHOTOMY LABEL	NAME	COUNT	PCT OF RESPONSES	PCT OF CASES
DEUTSCHE POLITIK	INTER1	15	13.8	57.7
INTERNAT. POLITIK	INTER2	8	7.3	30.8
WIRTSCHAFT	INTER3	15	13.8	57.7
KULTUR	INTER4	18	16.5	69.2
WISSENSCHAFT & FORSCHUNG	INTER5	6	5.5	23.1
PERSOENLICHKEITEN	INTER6	17	15.6	65.4
KRISENHERDE	INTER7	10	9.2	38.5
GESUNDHEIT	INTER8	5	4.6	19.2
SPORT	INTER9	9	8.3	34.6
GESELLSCHAFTSPOLITIK	INTER10	4	3.7	15.4
ANDERES	INTER11	2	1.8	7.7
	TOTAL RESPONSES	109	100.0	419.2

0 MISSING CASES 26 VALID CASES

6.16 NONLINEAR ⟨nur CDC⟩

Der wichtigste Fall der Schaetzung einer abhaengigen Variablen aus einer Reihe von unabhaengigen Variablen ist durch die Prozedur REGRESSION abgedeckt, die allerdings auf ein lineares Schaetzmodell beschraenkt ist, bei dem die Koeffizienten linear in die Regressions-gleichung eingehen, zum Beispiel die multiple, lineare Regression oder die polynomische Regression:

$$y' = b(1)x + b(2)z + b(3)$$
$$y' = b(1)x + b(2)x^2 + b(3)x^3 + b(4)$$

Fuer alle uebrigen Faelle, in denen die Koeffizienten nichtlinear in die Schaetzgleichung "verwickelt" sind, kann durch NONLINEAR der Koeffizientensatz ermittelt werden, der die Schaetzung mit minimaler Summe der quadrierten Schaetzfehler ermoeglicht. Zum Beispiel koennte das Modell aufgestellt worden sein:

$$y' = b(1)x + 3*\exp(b(2)z).$$

Wenn nun Messungen y(i), x(i), z(i) an Faellen i = 1, 2, ... NCASE vorliegen, dann koennen durch NONLINEAR die Werte der Koeffizienten b(1) und b(2) bestimmt werden, fuer die die Fehlerquadratsumme

$$\text{Summe von } (y(i) - y(i)')^2$$

am kleinsten ist. Wahlweise koennen dabei auch die Fehlerquadrate fuer die einzelnen Faelle verschieden gewichtet werden.

Das Modell wird als Funktion auf einer oder auf mehreren MODEL-Karten eingegeben. Zusaetzlich koennen die partiellen Ablei-tungen des Modells nach den Koeffizienten auf einer DERIVATIVES-Karte und einige Steuergroessen auf einer PARAMETERS-Karte angegeben wer-den. Als Erweiterung ist auch die simultane Behandlung mehrerer ab-haengiger Variablen moeglich. Das Problem der nichtlinearen Approximation kann nicht, wie dies beim linearen Regressionsansatz der Fall ist, in einer endlichen Zahl von arithmetischen Operationen geloest werden. Deshalb muss ein iteratives Verfahren herangezogen werden. Dazu stehen die Methoden von Gauss und von Marquardt zur Verfuegung.

Wegen der Komplexitaet der moeglichen Angaben wird die Prozedur NONLINEAR hier nicht vollstaendig beschrieben. Statt dessen wird auf das Skript von Robinson (1977) verwiesen. Hier soll lediglich ein einfaches Beispiel die Anwendung der Prozedur NONLINEAR verdeutli-chen.

Beispiel

```
1               16
NONLINEAR       VARIABLES = Y WITH X, NB = 3
MODEL           YHAT = B(1) + B(2)/(X+B(3))
DERIVATIVES     G(1) = 1.
                G(2) = 1./(X+B(3))
                G(3) = -B(2)/(X+B(3))**2
PARAMETERS      B(1) = 0.
                B(2) = 10.
                B(3) = 2.
OPTIONS         3
STATISTICS      4, 7, 8
```

Fuer den Zusammenhang der Variablen y und x wird das Modell

$$y' = b^{(1)} + \frac{b^{(2)}}{x + b^{(3)}}$$

mit NB= 3 Koeffizienten aufgestellt. Es werden die drei partiellen Ableitungen angegeben und die Startwerte der Koeffizienten mit 0, 10 und 2 gewaehlt. Mit der Option 3 wird unterdrueckt, dass die Prozedur die Richtigkeit der angegebenen Formeln fuer die Ableitungen ueberprueft. Durch Statistik 4 wird eine Zusammenfassung der Iteration, durch Statistik 7 Konfidenzintervalle fuer die Koeffizienten und durch Statistik 8 einige Werte aus der Umgebung der Loesung angefordert.

Literatur

Robinson (1977)

6.17 NONPAR CORR

Die Prozedur berechnet Spearman'sche und/oder Kendall'sche Rangkorrelationskoeffizienten und ihre Irrtumswahrscheinlichkeit. Beide Koeffizienten setzen weder Normalverteilung noch Intervallskalenniveau voraus; die Variablen muessen einzig Ordinalskalenniveau haben. Fuer die Prozedurkarte gelten dieselben Konventionen wie bei der Prozedur PEARSON CORR.

Die Prozedurkarte

```
1              16
NONPAR CORR    Variablenliste [WITH Variablenliste]
               [/Variablenliste . . .]
```

Die OPTIONS-Karte

Option 1 bis 4 haben gleiche Bedeutung wie bei der Prozedur PEARSON CORR. Die Optionen 1 oder 2 verringern die Rechenzeit wesentlich im Vergleich zur Voreinstellung fuer fehlende Werte.

5: Es werden nur Kendall'sche Koeffizienten berechnet. Standardmaessig werden nur Spearman'sche Koeffizienten berechnet.
6: Es werden sowohl Spearman'sche als auch Kendall'sche Koeffizienten berechnet. Werden die Optionen 4 und 6 zusammen benutzt, gehen die Kendall'schen Korrelationsmatrizen den Spearman'schen Matrizen in der Ausgabedatei voraus.
8: <ab 7> Wenn der Arbeitsbereich nicht ausreicht, um alle Faelle in die Berechnung einzubeziehen, wird eine so grosse Zufallsstichprobe gezogen, wie sie eben noch verarbeitet werden kann.

ACHTUNG: Die Prozedur NONPAR CORR kennt keine STATISTICS-Karte.

Beschraenkungen

1: Nicht mehr als 100 Variablennamen duerfen explizit oder implizit auf einer NONPAR CORR-Karte aufgefuehrt werden.
2: Nicht mehr als 25 Teilangaben duerfen auf einer NONPAR CORR-Karte aufgefuehrt werden.

Literatur

Lienert (1973)
Sachs (1974)
Mittenecker (1971)
Siegel (1976)

6.18 NPAR TESTS ⟨ab 7⟩

Die Prozedur NPAR TESTS fuehrt eine Reihe nichtparametrischer (verteilungsfreier) Signifikanztests aus, wie sie bei Siegel (1976) beschrieben sind. Verteilungsfreie Signifikanztests sind anzuwenden, wenn die Verteilungsannahmen anderer Tests (z.B. Normalverteilungsmodell innerhalb der Gruppen bei der Varianzanalyse) nicht zutreffen.

Verteilungsfreie Signifikanztests stellen weniger strenge Bedingungen an die Parameter der Grundgesamtheit (z.B. Mittelwert, Streuung, Linearitaet des Zusammenhangs) und sind daher auch bei nominal- oder rangskalierten Daten anwendbar. In diesem Zusammenhang sei angemerkt, dass der Benutzer des Programmpakets das Skalenniveau zu bestimmen hat, und nicht etwa das SPSS-Programm die einzelnen Variablen auf Adaequatheit bezueglich des vorgesehenen Signifikanztests prueft. Zur Auswahl des geeigneten Verfahrens vergleiche die Uebersicht auf der naechsten Seite.

Die Prozedurkarte

Je nachdem, ob Signifikanztests fuer eine Stichprobe, zwei oder mehrere abhaengige bzw. unabhaengige Stichproben gewaehlt werden, sind bestimmte Anforderungen an die Datenstruktur der Variablen gestellt, die bei den Varablenlisten aufgefuehrt sind. Im folgenden sind deshalb die verschiedenen Varianten der allgemeinen Form der Prozedurkarte zusammengestellt.

Fuer alle Varianten gilt, dass im Angabenfeld bis zu 200 (bei CDC: 100) Signifikanztests in beliebiger Folge aufgefuehrt werden koennen. In den Variablenlisten ist die TO-Konvention oder das Schluesselwort ALL zulaessig. Alphanumerische Variablen muessen vorher in numerische Variablen umcodiert[1] werden. Jeder Signifikanztest wird vom darauffolgenden durch einen Schraegstrich getrennt.

Die Prozedurkarte bei Signifikanztests fuer eine Stichprobe

Bei Signifikanztests fuer eine Stichprobe wird vorausgesetzt, dass die Faelle der Stichprobe durch die Werte einer Variablen beschrieben sind. Auf das Schluesselwort fuer den Signifikanztest mit eventuell zugehoerigen Parametern und das Gleichheitszeichen folgt eine Variablenliste mit eventuell weiteren Parametern. Wird mehr als eine Variable nach dem Schluesselwort fuer den Signifikanztest genannt, wird fuer jede Variable ein Test gerechnet:

```
1               16
NPAR TESTS      BINOMIAL | CHI-SQUARE | K-S | RUNS
                [(Parameter)] = Variablenliste [Parameter]
                [/naechster Signifikanztest ...]
```

Beispiel

```
1               16
NPAR TESTS      RUNS(MEAN) = A TO F/ CHI-SQUARE = TREFFER (1,9)
```

[1] Vgl. Kap. 3.1.1: Die RECODE-Karte.

Übersicht: Signifikanztests der Prozedur NPAR TESTS mit Literaturhinweisen

Stichproben Anzahl	Art	Skalenniveau: nominal (qualitative V.)	ordinal (Rangskala)	metrisch (Intervallskala)
eine		Chi-Quadrat-Test Li: 159-164 Sa: 252-255 Si: 42- 46 We: 501-502 Binomial-Test Li: 143-151 Si: 36- 41	Iterationstest Li: 472 ff Sa: 291-295 Si: 51- 57 We: 546-549	Kolmogorov-Smirnov-Test Li: 459-466 Sa: 256-258 Si: 46- 50
zwei	abhängige	McNemar-Test He: 233-235 Li: 191-195 Sa: 283-285 Si: 60- 65	Vorzeichen-Test He: 247-250 Li: 322-340 Si: 65- 72 We: 528-531 Wilcoxon-Test Li: 322-340 Sa: 244-246 Si: 72- 80 We: 531-534	t-Test für abhängige Stichproben[3] He: 194-196 Sa: 242-244
mehrere	abhängige	Cochran's Q-Test[1] He: 235-237 Li: 197-200 Si: 155-159	Friedman's Varianzanalyse für Rangdaten Li: 345-357 Sa: 422-426 Si: 159-166 We: 534-538 Kendall's Konkordanz-Koeffizient W He: 140-143 Si: 217-225	Varianzanalyse für Meßwiederholungen[4] Wi: 261-308
zwei	unabhängige	Fisher's exakter Test[2] Li: 171-176 Sa: 288-290 Si: 94-101 We: 516-518 Chi-Quadrat-Test He: 212-217 Li: 169-171 Sa: 269-272 Si: 101-108 We: 509-510	Median-Test Si: 108-112 Mann-Whitney U-Test Li: 213-230 Sa: 230-235 Si: 112-123 We: 519-524 Kolmogorov-Smirnov-Test Li: 432 ff Sa: 228-230 Si: 123-131 Wald-Wolfowitz-Test Li: 482 ff Si: 132-140 Moses-Test Li: 418 ff Si: 140-147	t-Test für unabhängige Stichproben bzw. Randomisierungstest[3] He: 192-194 Sa: 209-212 Si: 149-150
mehrere	unabhängige	Chi-Quadrat-Test[2] He: 217-219 Li: 182-188 Sa: 357-366 Si: 167-171 We: 514-515	Median-Test Si: 171-176 Kruskal-Wallis' Varianzanalyse für Rangdaten (H-Test) He: 230-232 Li: 263-271 Sa: 238-240 Si: 176-184 We: 525-528	einfaktorielle Varianzanalyse[5] He: 198-204 Sa: 386-395 We: 235-248 Wi: 149-260

Abkürzung der Literatur:

Si: Siegel (dt. Fassung, 1976), Li: Lienert (1973²), We: Weber (1972), Sa: Sachs (1972), Wi: Winer (1971), He: Heller & Rosemann (1975).

1: auch durch Prozedur RELIABILITY
2: durch Prozedur CROSSTABS
3: durch Prozedur T-TEST
4: durch Prozeduren MANOVA und RELIABILITY
5: durch Prozeduren ONEWAY, ANOVA und MANOVA

Die Prozedurkarte fuer zwei abhaengige Stichproben

Signifikanztests fuer zwei abhaengige Stichproben erfordern die Angabe von wenigstens zwei Variablen, die die beiden Stichproben definieren. Der Test wird zwischen diesen beiden Variablen durchgefuehrt. Bei mehr als zwei Variablen werden die Angaben paarweise zugeordnet und fuer jedes Variablenpaar ein Signifikanztest gerechnet.

```
1               16
NPAR TESTS      MCNEMAR | SIGN | WILCOXON = Variablenliste
                [WITH Variablenliste] [/naechster Signifikanztest ...]
```

Wird lediglich eine Variablenliste angegeben, so werden Signifikanztests zwischen allen Variablen gerechnet.

Beispiel

```
1               16
NPAR TESTS      MCNEMAR = A,B,C,D
```

Das obige Beispiel bewirkt die Berechnung von Tests mit den Variablenpaaren: AB,AC,AD,BC,BD,CD.

Die Option 3 der Prozedur NPAR TESTS ermoeglicht eine andere Kombination von Variablen bei der Berechnung von Tests zwischen zwei abhaengigen Stichproben; sie beschraenkt die Tests auf Paare von aufeinanderfolgenden Variablen der Variablenliste:

Beispiel

```
1               16
NPAR TESTS      MCNEMAR = A,B,C,D
OPTIONS         3
```

Hier werden nur die Variablenpaare AB, BC, und CD untersucht. In gleicher Weise wie bei der Prozedur PEARSON CORR ist bei NPAR TESTS auch die Angabe von zwei Variablenlisten zulaessig, die durch das Schluesselwort WITH verbunden sind.

Beispiel

```
1               16
NPAR TESTS      MCNEMAR = A,B WITH C,D
```

Hier werden Signifikanztests zwischen AC, AD, BC, und BD gerechnet. Auch hier kann die Zuordnung der Variablenpaare mit Hilfe von Option 3 modifiziert werden:

Beispiel

```
1               16
NPAR TESTS      MCNEMAR = A,B WITH C,D
OPTIONS         3
```

Es werden nur die Tests zwischen den Variablen AC und BD gerechnet. Zu beachten ist dabei, dass die Zahl der Variablen auf beiden Seiten des Schluesselworts WITH gleich gross ist.

Die Prozedurkarte fuer mehrere abhaengige Stichproben

```
1               16
NPAR TESTS      COCHRAN | FRIEDMAN | KENDALL = Variablenliste
```

Die Variablenliste besteht aus wenigstens zwei Variablen, die die abhaengigen Stichproben beschreiben. Pro Schluesselwort wird fuer den

Signifikanztest ein Test durchgefuehrt. Option 3 ist hier nicht zulaessig.

Die Prozedurkarte fuer zwei oder mehrere unabhaengige Stichproben

Auf das Schluesselwort fuer einen der Signifikanztests folgt eine Variablenangabe nach folgender Form:

```
1               16
NPAR TESTS      MEDIAN | M-W | K-S | W-W | MOSES | K-W
                [(Parameter)] = abhaengige Variablen BY
                unabh. Variable (Wert1,Wert2)
                [/naechster Signifikanztest ...]
```

Fuer jede abhaengige Variable wird ein Test durchgefuehrt. Die Zuordnung der Faelle zu "ihrer" Stichprobe geschieht entsprechend den Werten des Bereichs (Wert1,Wert2) der unabhaengigen Variablen. Die Werte der unabhaengigen Variablen duerfen nur ganzzahlig sein. Bei Tests fuer zwei unabhaengige Stichproben werden nur dann zwei Gruppen gebildet, wenn zwischen den angegebenen Werten keine weiteren existieren; es sei denn, dass der hoehere Wert zuerst angegeben wird. Bei Tests fuer mehrere unabhaengige Stichproben muss der erste Wert kleiner als der zweite sein und dazwischen noch wenigstens ein Wert existieren.

Binomial-Test <nur CDC>

Fuer dichotome oder zu dichotomisierende Variablen wird geprueft, ob ein Unterschied zwischen den beobachteten und erwarteten Haeufigkeiten der beiden Merkmalsauspraegungen besteht. Sofern die erwarteten Haeufigkeitsanteile nicht gleich gross sind, kann der Anteil vorgegeben werden.

H1: Zwischen beobachteten und erwarteten Haeufigkeiten besteht ein Unterschied.

Allgemeine Form

```
1               16
NPAR TESTS      BINOMIAL[(p)] = Variablenliste (Trennwert) |
                                (Wert1, Wert2)[/ . . .]
```

p steht fuer den Anteil, der in der ersten Merkmalsauspraegung erwartet wird. Die Voreinstellung fuer p ist 0.5. Die beiden Merkmalsauspraegungen einer Variablen werden wie folgt bestimmt:

- Bei zu dichotomisierenden Variablen: durch die Angabe eines Trennwertes, wobei alle Faelle mit Werten kleiner oder gleich dem Trennwert in die eine Kategorie fallen, die uebrigen Faelle in die andere Kategorie.
- Bei dichotomen Variablen: durch Angabe von zwei Werten, die die beiden Merkmalsauspraegungen der Variablen beschreiben.

Beispiel

```
1               16
NPAR TESTS      BINOMIAL = GESCHL(1,2)
```

Fuer die beiden Merkmalsauspraegungen der Variablen GESCHL wird untersucht, ob sich ein Unterschied zur erwarteten Gleichverteilung zeigt.

Ergebnisse: Zahl der Faelle insgesamt und fuer jede Kategorie, erwarteter Haeufigkeitsanteil (p), Irrtumswahrscheinlichkeit bei zweiseitigem Test.

Chi-Quadrat-Test fuer eine Stichprobe

Der Chi-Quadrat-Test prueft, ob sich die beobachteten und die erwarteten Haeufigkeiten bei nominalskalierten Variablen signifikant unterscheiden.

H1: Zwischen beobachteten und erwarteten Haeufigkeiten besteht ein Unterschied.

Allgemeine Form

```
1              16
NPAR TESTS     CHI-SQUARE = Variablenliste [(min,max)]
               [/EXPECTED=EQUAL | f1, f2,...fn] [/ . . .]
```

Fehlt nach der Variablenliste die Angabe des kleinsten und des groessten Wertes, wird jeder Wert (auch nicht ganzzahlige Werte) als Kategorie betrachtet. Die Angabe des kleinsten und groessten Wert dagegen beschraenkt die Zahl der Kategorien: Werte ausserhalb des definierten Bereiches werden ignoriert. Bei Eingabe von Dezimalzahlen werden die Werte auf ganze Zahlen abgeschnitten, z.B. zaehlt 3.86 zur Kategorie 3.

Mit dem Schluesselwort EXPECTED kann das Verhaeltnis der erwarteten Haeufigkeiten pro Wert fuer die Variablen angegeben werden. Die erwarteten Haeufigkeiten sind in der gleichen Anzahl aufzufuehren, wie Wertekategorien in den Daten auftreten bzw. wie sie durch die min-max-Begrenzung definiert werden. Die Reihenfolge der Angaben fuer erwartete Haeufigkeiten muss der Reihenfolge der Wertekategorien (kleinster bis groesster Wert) entsprechen.

Bei mehreren gleichstarken Haeufigkeiten kann das Multiplikationszeichen verwendet werden; erwartet z.B. ein Fachlehrer von 30 Schuelern nach einer Klassenarbeit fuer die Noten 1 bis 6, dass je drei Schueler eine 1 bzw. eine 6 erhalten werden, die uebrigen 24 Schueler gleich haeufig die Noten 2 bis 5, (d.h. fuer 6 Schueler die Note 2, fuer 6 Schueler die Note 3, usw.) so kann die Angabe EXPECTED=3,6,6,6,6,3 auch verkuerzt: EXPECTED=3,4*6,3 geschrieben werden. Weil nur die Proportionen wichtig sind, koennte dies auch durch EXPECTED=10,4*20,10 in Prozentzahlen ausgedrueckt werden. Werden gleiche Haeufigkeiten fuer alle Wertekategorien erwartet, kann EXPECTED=EQUAL codiert werden. Wird das Schluesselwort EXPECTED weggelassen, ist EQUAL voreingestellt.

Beispiel

```
1              16
NPAR TESTS     CHI-SQARE=NOTE(1,6)/EXPECTED=3,4*6,3/
               CHI-SQUARE=WUERFEL(1,6)/EXPECTED=EQUAL
```

Im ersten Test wird die empirische Verteilung der Variablen NOTE daraufhin geprueft, ob sie der oben beschriebenen hypothetischen Verteilung entspricht, wie sie der Fachlehrer erwartet. Im zweiten Test, einer Erfassung der Augenzahl beim Wuerfelspiel, werden die beobachteten Haeufigkeiten der 6 Werte der Variablen WUERFEL auf Abweichung von der erwarteten Gleichverteilung geprueft.

Ergebnisse: 1 x n Kontingenztafel mit den beobachteten und erwarteten Haeufigkeiten, Chi-Quadrat-Wert, Freiheitsgrade und Signifikanzniveau des Chi-Quadrat-Werts.

Kolmogorov-Smirnov-Test fuer eine Stichprobe

Dieser Signifikanztest prueft anhand vom Benutzer definierter theoretischer Verteilungen, ob die beobachteten Werte von intervallskalierten Variablen zur theoretischen Verteilung (z.B. einer Normalverteilung) passen. Je groesser der Wert Z, umso geringer ist die Wahrscheinlichkeit, dass die Daten aus der theoretischen Verteilung stammen.

H1: Es besteht ein Unterschied zwischen der theoretischen kumulierten Verteilung und den beobachteten Daten.

Allgemeine Form

```
1                 16
NPAR TESTS        K-S(UNIFORM | NORMAL | POISSON [Parameter]) =
                  Variablenliste [/ . . .]
```

Als Parameter fuer die theoretischen Verteilungen kann gewaehlt werden:

bei UNIFORM:	kleinster Wert, groesster Wert
bei NORMAL:	arithm. Mittelwert, Standardabweichung
bei POISSON:	arithm. Mittelwert

Wird kein Parameter angegeben, werden die Parameter der theoretischen Verteilung aus der Stichprobe geschaetzt.

Beispiel

```
1                 16
NPAR TESTS        K-S(UNIFORM) = A/
                  K-S(NORMAL 50,10) = F1 TO F5
```

Variable A wird daraufhin geprueft, ob sie als gleichverteilt betrachtet werden kann; fuer die Variablen F1 bis F5 wird untersucht, ob die Stichprobe aus jeweils einer normalverteilten Population mit dem Mittelwert von 50 und einer Standardabweichung von 10 entstammen koennte.

Ergebnisse: Zahl der Faelle, Mittelwert, Standardabweichung, kleinster und groesster Wert, hoechster positiver, negativer und absoluter Unterschied zwischen den kumulierten Verteilungsfunktionen, Kolmogorov-Smirnov Z, Signifikanzniveau fuer Z bei zweiseitigem Test.

Iterationstest (Sequenzanalyse)

Der Iterationstest prueft eine Folge von dichotomen oder zu dichotomisierenden Werten darauf hin, ob es sich um eine Zufallsreihe von Sequenzen handelt. Unter Sequenzen versteht man die Anzahl von Wiederholungen gleicher Werte einer Zahlenreihe; z.B. umfasst die folgende Zahlenreihe 11 Sequenzen:

```
1 1 2 2 2 2 1 2 2 1 1 1 2 1 2 2 2 1 2 2 1 1 1 1 1
 1.    2.    3. 4.   5.  6.7.  8.   9. 10.    11.
```

Wird bei der Eroeffnung eines Ladens das Geschlecht der ersten 100

Besucher notiert, kann der Iterationstest pruefen, ob die Reihenfolge des Eintritts maennlicher und weiblicher Besucher dem Gesetz des Zufalls entspricht. Fuer andere als Variablen mit dichotomen Werten besteht die Moeglichkeit der Dichotomisierung am Mittelwert, Median, Modalwert oder einem beliebigen Trennwert der Stichprobenverteilung.

H1: Es besteht ein Zusammenhang zwischen aufeinanderfolgenden Beobachtungen.

Allgemeine Form
```
1              16
NPAR TESTS     RUNS (MEAN | MEDIAN | MODE | Trennwert)
                    = Variablenliste [/ . . . ]
```

Beispiel
```
1              16
NPAR TESTS     RUNS(1.5) = GESCHL/ RUNS(MEDIAN) = ALTER
```

Im ersten Test wird die Reihenfolge des oben erwaehnten Besucherstroms bezueglich der Variablen GESCHL untersucht, wobei maennlich mit 1 und weiblich mit 2 codiert wurde; der Wert 1.5 wird zur Trennung der Werte eingesetzt. Zum zweiten Test wurde die Reihenfolge der Besucher hinsichtlich ihres Alters erfasst. Es wird eine Dichotomisierung am Median durchgefuehrt. Zu beachten ist, dass alle Werte kleiner als der Trennwert in die eine Kategorie fallen, alle Werte groesser/gleich dem Trennwert der anderen Kategorie zugeordnet werden.

Ergebnisse: Zahl der Faelle, Mittelwert, Standardabweichung, kleinster und groesster Wert, Median und Modalwert, Trennwert, Zahl der Sequenzen, Z-Wert, zweiseitiger Signifikanztest fuer Z.

<u>McNemar-Test</u>

Fuer 2 abhaengige Stichproben kann mit dem McNemar-Test geprueft werden, ob bei dichotomen Variablen eine Veraenderung der Werteverteilung festzustellen ist. Haeufige Anwendung findet dieses Verfahren bei experimentellen Versuchsplaenen mit Vor- und Nachtests.

H1: Die Wahrscheinlichkeit des Wechsels von der ersten zur zweiten Auspraegung unterscheidet sich von der Wahrscheinlichkeit des Wechsels von der zweiten zur ersten Auspraegung.

<u>Achtung</u>: Variablen mit mehr als zwei Merkmalsauspraegungen muessen zuvor z.B. mit RECODE oder *RECODE dichotomisiert werden, anderenfalls werden alle Faelle mit Daten zu dritten und weiteren auftretenden Werten ausgeschlossen. Die Merkmalsauspraegungen beider Variablen, die in einen McNemar-Test eingehen, muessen gleich codiert sein.

Allgemeine Form
```
1              16
NPAR TESTS     MCNEMAR = Variablenliste [WITH Variablenliste][/. . .]
```

Beispiel
```
1              16
NPAR TESTS     MCNEMAR = ENGLISH1, ENGLISH2
```

Nehmen wir an, derselbe Englischtest wird den Schuelern einer Klasse vor und nach der Unterrichtsstunde vorgelegt. Die Testergebnisse sind in Abhaengigkeit vom Lehrziel codiert in "Lehrziel erreicht" oder "Lehrziel nicht erreicht". Der Signifikanztest gibt

Auskunft darueber, ob ein Lernzuwachs stattgefunden hat.

Ergebnisse: 2 x 2 Kontingenztafel, Chi-Quadrat-Wert (mit Yate's Korrektur) mit p-Wert (zweiseitiger Test), bei weniger als 10 Faellen mit geaenderten Werten: Wahrscheinlichkeitsberechnung nach der Binominalverteilung.

Vorzeichen-Test

Bei Daten auf Rangskalenniveau wird fuer die beiden abhaengigen Stichproben geprueft, ob sich die positiven und negativen Differenzen der Werte aus der ersten und zweiten Messung (Messwertpaare) im Mittel aufheben.

H1: Die Anzahl der positiven und negativen Differenzen unterscheidet sich.

Allgemeine Form

```
1               16
NPAR TESTS      SIGN = Variablenliste [WITH Variablenliste][/. . .]
```

Beispiel

```
1               16
NPAR TESTS      SIGN = NOTE1, NOTE2
```

Angenommen, NOTE1 stellt die Englischnote des Winterzeugnisses und NOTE2 die des Sommerzeugnisses dar, so prueft der Vorzeichentest, ob in der Klasse eine signifikante Veraenderung des Notenspiegels stattgefunden hat.

Ergebnisse: Zahl der Faelle, Zahl der positiven und negativen Unterschiede; bei 26 und mehr Faellen mit unterschiedlichen Werten wird der Z-Wert und der p-Wert berechnet, anderenfalls die Wahrscheinlichkeit nach der Binominalverteilung.

Wilcoxon-Test

Dieser Signifikanztest prueft aehnlich wie der Vorzeichen-Test (SIGN) die Unterschiede bei paarweisen Beobachtungen mit Rangskalenniveau. Im Vergleich zum SIGN-Test ist die Teststaerke hier groesser, da bei der Berechnung des Z-Wertes die Groesse der Differenz der Wertepaare beruecksichtigt wird.

H1: Die Mittelwerte der Raenge zu positiven und negativen Differenzen unterscheiden sich.

Allgemeine Form

```
1               16
NPAR TESTS      WILCOXON=Variablenliste [WITH Variablenliste][/. . .]
```

Ergebnisse: Zahl der Faelle, Zahl und Mittelwert der Raenge zu positiven und zu negativen Differenzen, Z-Wert, p-Wert.

Cochran's Q-Test

Dieser Signifikanztest stellt eine Erweiterung des McNemar-Tests bei mehr als zwei voneinander unabhaengigen Stichproben dar (Nominalskalenniveau, dichotome Variablen).

H1: Bei wenigstens einer Variablen weicht das Verhaeltnis der Haeufigkeiten von den uebrigen ab.

```
Allgemeine Form
1                16
NPAR TESTS       COCHRAN = Variablenliste [WITH Variablenliste][/. . .]
```

Mit der Variablenliste wird nur ein Cochran's Q-Test angegeben.

Beispiel

```
1                16
NPAR TESTS       COCHRAN=ENGLISH1 TO ENGLISH5
```

Die Variablen ENGLISH1 bis ENGLISH5 sind das Ergebnis: bestanden/nicht bestanden eines Tests, der in 5 aufeinanderfolgenden Schuljahren durchgefuehrt wurde. Geprueft wird, ob sich irgendwann eine Verschiebung des Anteils der Schueler ergeben hat, die bestanden haben.

Ergebnisse: 2 x k-Kontingenztafel, Cochran's Q-Wert, Freiheitsgrade und Signifikanzniveau.

Friedman's Varianzanalyse fuer Rangdaten

Der Friedman-Test prueft fuer mehrere abhaengige Stichproben, (treatments, Variablen), ob sie die gleiche zentrale Tendenz aufweisen.

H1: Wenigstens eine Variable (treatment, Stichprobe) weicht von den uebrigen ab.

```
Allgemeine Form
1                16
NPAR TESTS       FRIEDMAN = Variablenliste [/ . . .]
```

Mit der Variablenliste wird nur ein Friedman-Test angefordert.

Beispiel

```
1                16
NPAR TESTS       FRIEDMAN = URTEIL1 TO URTEIL6
```

Ergebnisse: Zahl der Faelle, mittlere Rangzahl fuer jede Variable, Friedman's Chi-Quadrat-Wert, Freiheitsgrade und Signifikanzniveau.

Kendall'scher Konkordanzkoeffizient W <nur CDC>

Der Konkordanzkoeffizient W gibt den Grad der Uebereinstimmung zwischen mehreren Beurteilern an. Ein Koeffizient W von 1 bedeutet eine vollstaendige Uebereinstimmung in den Urteilen; ein W von 0 bedeutet keine Uebereinstimmung.

Bei der Erfassung der Daten ist zu beachten, dass die Urteile so angeordnet sein muessen, dass die Beurteilten als Variablen dargestellt werden und die Beurteiler als Faelle.

H1: Zwischen den Beurteilern besteht die Tendenz der Uebereinstimmung in ihren Urteilen.

```
Allgemeine Form
1               16
NPAR TESTS      KENDALL = Variablenliste[/ . . .]
```

Fuer die Variablenliste wird ein Konkordanzkoeffizient ueber alle Faelle berechnet.

Beispiel

```
1               16
NPAR TESTS      KENDALL = ANGEBOT1 TO ANGEBOT8
```

Ergebnisse: Fuer jedes beurteilte Objekt den mittleren Rangplatz, n, die Summe S der mittleren Abweichungsquadrate, Konkordanzkoeffizient W, Chi-Quadrat-Wert, df und Signifikanzniveau.

Median-Test fuer 2 unabhaengige Stichproben

Ueber die Berechnung des gemeinsamen Medians wird geprueft, ob die beiden unabhaengigen Stichproben aus einer Population stammen koennten. Im Gegensatz zum t-Test fuer unabhaengige Stichproben koennen Rangdaten verwendet werden.

H1: Die Mediane der beiden Stichproben sind verschieden.

```
Allgemeine Form
1               16
NPAR TESTS      MEDIAN [(Wert des Medians)] = abhaengige Variablen
                BY unabh. Variable (Wert1,Wert2) [/ . . . ]
```

Zu beachten ist, dass bei der unabhaengigen Variablen nur dann zwei Gruppen gebildet werden, wenn zwischen den angegebenen Werten keine weiteren existieren. Andernfalls sollten ueber die RECODE-Karte geeignete Werte definiert werden, oder der hoehere Wert muss zuerst angegeben werden. Wird kein Wert des Medians angegeben, berechnet das Programm den Median der Stichprobe.

Beispiel

```
1               16
NPAR TESTS      MEDIAN(50) = PROZRNG BY SCHULART(3,1)
```

Ergebnisse: Zahl der Faelle, 2 x 2-Kontingenztabelle der Faelle oberhalb und unterhalb des Medians in jeder Stichprobe, bei N≥30 den Chi-Quadrat-Wert und p-Wert bei zweiseitigem Signifikanztest; bei N<30 den exakten Test nach Fisher.

Mann-Whitney U-Test

Dieser Signifikanztest weist eine groessere Teststaerke auf als der Median-Test, da die Faelle der beiden Stichproben in eine gemeinsame Rangfolge gebracht werden.

H1: Die beiden Stichproben stammen aus Populationen mit verschiedenen Medianen.

```
  Allgemeine Form
1                16
NPAR TESTS       M-W = abhaengige Variablen BY unabh. Variable
                       (Wert1, Wert2) [/ . . . ]
```

Ergebnisse: Zahl der Faelle, mittlerer Rangplatz der abhaengigen Variablen in jeder Gruppe, U-Wert, Z-Wert und p-Wert bei zweiseitigem Signifikanztest, fuer N<30 zusaetzlich die exakte Wahrscheinlichkeit fuer die Signifikanz des U-Wertes.

Kolmogorov-Smirnov-Test fuer 2 unabhaengige Stichproben

Der K-S-Signifikanztest kann grundsaetzlich zur Beantwortung von Fragen in der gleichen Situation wie beim Median-Test und beim Mann-Whitney-U-Test herangezogen werden. Waehrend die genannten Tests bei den zwei Stichproben besonders auf unterschiedlichen Median reagieren, prueft der Kolmogorov-Smirnov-Test auch andere Verteilungsparameter und ist damit empfindlicher fuer Verteilungsunterschiede.

H1: Die beiden Stichproben stammen aus Populationen mit verschiedenen Verteilungsparametern.

```
  Allgemeine Form
1                16
NPAR TESTS       K-S = abhaengige Variablen BY unabh. Variable
                       (Wert1,Wert2) [/ . . . ]
```

Ergebnisse: Zahl der Faelle in beiden Stichproben, hoechster positiver und negativer Unterschiedsbetrag fuer die kumulierten Verteilungen in beiden Stichproben, groesster absoluter Unterschied, Kolmogorov-Smirnov-Z-Wert und Signifikanzniveau.

Wald-Wolfowitz Test

Der W-W Test kann alternativ zum Kolmogorov-Smirnov-Test eingesetzt werden (Rangskalenniveau; zwei unabhaengige Stichproben)

H1: Die beiden Stichproben stammen aus verschiedenen Populationen.

```
  Allgemeine Form
1                16
NPAR TESTS       W-W = abhaengige Variablen BY unabh. Variable
                       (Wert1,Wert2) [/ . . . ]
```

Ergebnisse: Zahl der Faelle in beiden Stichproben, Zahl der Sequenzen, Z-Wert und Signifikanzniveau (bei N < 30 die exakte Wahrscheinlichkeit).

Moses-Test fuer extreme Reaktionen

Der Moses-Test ist ein Pruefverfahren fuer zwei unabhaengige Stichproben und Variablen mit Rangskalenniveau. Er prueft den Unterschied in der Spannweite (range) der Daten beider Stichproben. Eine Stichprobe wird dabei als Kontrollgruppe betrachtet, die andere als Experimentalgruppe.

H1: Die Experimentalgruppe hat eine groessere Spannweite als die Kontrollgruppe.

```
   Allgemeine Form
1                16
NPAR TESTS       MOSES[ (h) ] = abhaengige Variablen BY
                    unabh. Variable (Wert Kontrollgruppe,
                    Wert Experimentalgruppe) [/ . . . ]
```

Da einzelne Extremdaten die Spannweite leicht verzerren koennen, werden durch Voreinstellung je 5 Prozent der Faelle von beiden Seiten der Verteilung der Kontrollgruppe ausgeschlossen. Der auf das Schluesselwort MOSES folgende Wert h ist wahlfrei und hebt die Voreinstellung auf. Der Wert h bestimmt die Anzahl von Faellen, die jeweils am Rand der Kontrollgruppe ausgeschlossen werden sollen.

Ergebnisse: Zahl der Faelle in jeder Gruppe, Spannweite und Signifikanzniveau fuer den gesamten Datensatz und fuer den um h reduzierten Datensatz.

Median-Test fuer mehrere unabhaengige Stichproben

Dieser Test stellt eine Ausweitung des Median-Tests auf mehr als zwei unabhaengige Stichproben bei Rangskalenniveau dar. Berechnung und Ausdruck der Ergebnisse entsprechen daher auch dem Median-Test fuer zwei unabhaengige Stichproben, ebenso das allgemeine Format.

H1: Wenigstens eine Stichprobe entstammt einer Population mit einem anderen Median.

```
   Allgemeine Form
1                16
NPAR TESTS       MEDIAN [ (Wert des Medians) ] = abhaengige Variablen BY
                    unabh. Variable (Wert1,Wert2) [/. . . ]
```

Beispiel

```
1                16
NPAR TESTS       MEDIAN(50) = PROZRNG1 TO PROZRNG5 BY SCHULART (1,4)
```

Mit Wert1 wird die erste Stichprobe definiert und mit Wert2 die letzte. Bei zwei aufeinanderfolgenden Werten, oder wenn Wert1 groesser ist als Wert2, wird der Median-Test fuer zwei unabhaengige Stichproben durchgefuehrt. Wird kein Wert des Medians nagegeben, so wird er aus den Daten berechnet. Im Beispiel werden Prozentraenge verwendet, fuer die der Median 50 bekannt ist.

Kruskal-Wallis H-Test (Rangvarianzanalyse)

Das Verfahren von Kruskal-Wallis stellt eine Ausweitung des Mann-Whitney U-Tests auf mehr als zwei unabhaengige Stichproben dar. Da er die Rangplatzunterschiede der Faelle beruecksichtigt, ist die Teststaerke groesser als beim vorhergehend beschriebenen Median-Test.

H1: Wenigstens eine Stichprobe entstammt einer Population mit einem anderen Median.

Allgemeine Form

```
1                16
NPAR TESTS       K-W = abhaengige Variablen BY
                       unabh. Variable (Wert1,Wert2) [/ . . . ]
```

Ergebnisse: Zahl der Faelle und mittlere Rangplaetze in allen Gruppen, H-Wert (Chi-Quadrat) und Signifikanzniveau einschliesslich korrigiertem H-Wert und korrigiertem Signifikanzniveau.

Die OPTIONS-Karte

1: Einschluss von fehlenden Werten. Voreinstellung: Ausschluss von den Faellen, die wenigstens einen fehlenden Wert in den pro Signifikanztest angesprochenen Variablen aufweisen.
2: Fehlt bei einem Fall ein Wert einer beliebigen Variablen der NPAR TESTS-Prozedur, so wird dieser Fall fuer alle Signifikanztests ausgeschlossen.
3: Bei zwei abhaengigen Stichproben wird die Zuordnung der Variablenpaare auf andere Weise durchgefuehrt (vgl. die allgemeine Beschreibung der NPAR TESTS-Prozedurkarte).
4: Falls der verfuegbare Arbeitsspeicher[1] nicht ausreicht, um alle Faelle in den Signifikanztest einzubeziehen, wird eine Zufallsstichprobe gezogen. Da dieses Verfahren beim Iterationstest nicht sinnvoll waere, ignoriert das Schluesselwort RUNS diese Option.
5: Die Druckausgabe wird auf 75 Zeichen pro Zeile begrenzt (A4-Format).
6: <nur CDC> Variablenetiketten werden unterdrueckt.

Die STATISTICS-Karte

1: Fuer jede Variable wird Mittelwert, kleinster und groesster Wert, Standardabweichung und Zahl der Faelle ausgedruckt.

Beschraenkungen

1: Es duerfen maximal 200 Signifikanztests (CDC: 100) in einer Prozedurkarte aufgefuehrt werden. Jede Testangabe zaehlt dabei einfach, ausser bei CHI-SQUARE, K-S (fuer eine Stichprobe) und RUNS, wo jede ueberpruefte Variable zaehlt.

Literatur

Lienert (1973)
Heller & Rosemann (1974)
Siegel (1956)

[1] Zu den Moeglichkeiten der Veraenderung der Groesse des Arbeitsspeichers siehe Kap. 7.

============== Beispielausdruck zu NPAR TESTS ======================

```
                  NPAR TESTS       MOSES=BRIEFSUM BY KORERF(0,1)/
                                   W-W=  BRIEFSUM BY KORERF(0,1)/
                  OPTIONS          1,4

   GIVEN    2 VARIABLES, WORKSPACE ALLOWS FOR   3498 CASES

- - - - - MOSES TEST OF EXTREME REACTION

   BRIEFSUM    GESAMTZAHL BEIGEFUEGTER SCHREIBEN
  BY KORERF    KORREKTUR ERFORDERLICH

       CONTROL   EXPERIMENTAL                              H =  57
  =          0    =         1      SPAN  1-TAILED P      SPAN  1-TAILED P
          1159             51       910      0.0          861      0.0

- - - - - WALD-WOLFOWITZ RUNS TEST

   BRIEFSUM    GESAMTZAHL BEIGEFUEGTER SCHREIBEN
  BY KORERF    KORREKTUR ERFORDERLICH

  =          0    =         1           RUNS           Z       2-TAILED P
          1159             51             13     -30.657           0.000



                  TASK NAME        AUSWERTUNGEN MIT RANGDATEN UND NOMINALDATEN
                  NPAR TESTS       MEDIAN=BRIEFSUM BY KORERF(0,1)
                  OPTIONS          1,4

   GIVEN    2 VARIABLES, WORKSPACE ALLOWS FOR   3498 CASES

- - - - - MEDIAN TEST

   BRIEFSUM    GESAMTZAHL BEIGEFUEGTER SCHREIBEN
  BY KORERF    KORREKTUR ERFORDERLICH

                            KORERF
                              0          1
                        I----------I----------I        CASES         1210
MEDIAN            ABOVE I      284 I        8 I
BRIEFSUM            1.0 I----------I----------I        CHI-SQR      1.621
                  BELOW I      875 I       43 I
                        I----------I----------I     2-TAILED P      0.203



                  NPAR TESTS       M-W=  BRIEFSUM BY KORERF(0,1)/
                  OPTIONS          1,4

   GIVEN    6 VARIABLES, WORKSPACE ALLOWS FOR   1942 CASES

- - - - - MANN-WHITNEY U TEST

   BRIEFSUM    GESAMTZAHL BEIGEFUEGTER SCHREIBEN
  BY KORERF    KORREKTUR ERFORDERLICH

      KORERF   =          0      KORERF   =            1
      MEAN RANK      NUMBER      MEAN RANK        NUMBER           U
        608.11         1159         546.23            51     26531.5

            Z      2-TAILED P
       -1.337           0.181
```

6.19 ONEWAY

Die Prozedur berechnet einfaktorielle Varianzanalysen (jeweils nur eine unabhaengige Variable), Trends ueber die Kategorien der unabhaengigen Variablen, a priori- und a posteriori-Kontraste. Sowohl Rohdaten als auch Kategorienhaeufigkeiten, Mittelwerte und Standardabweichungen koennen als Eingabedaten verwendet werden.

Die Prozedurkarte

```
1              16
ONEWAY         abhaengige Variablen BY unabh. Variable (min,max)
               [/ POLYNOMIAL = n]
               [/ CONTRAST = Koeffizientenliste]
               [/ RANGES = Testname [(alpha)]]
```

Maximal 20 abhaengige Variablen koennen aufgefuehrt werden. Die Angabe (min,max) bezeichnet den zu beruecksichtigenden Wertebereich der unabhaengigen Variablen. Diese Variable darf nur ganzzahlige Werte haben.

Trendtests werden durch das Schluesselwort POLYNOMIAL angefordert. n muss dabei eine positive Zahl (hoechstens 5) und mindestens um 1 kleiner als die durch die (min,max)-Angabe angegebene Gruppenanzahl sein. Sie bewirkt, dass die Quadratsummen zwischen den Gruppen in lineare, quadratische, kubische usw. Trendkomponenten aufgeteilt werden. Trendtests sind nur sinnvoll, wenn die Kategorien der unabhaengigen Variablen mindestens Ordinalskalenniveau haben.

Tests auf a priori-Mittelwertunterschiede werden (als geplante Vergleiche) durch das Schluesselwort CONTRAST, gefolgt von einer Koeffizientenliste, aufgerufen.

Beispiel

```
1              16
ONEWAY         LEISTG BY LERNPROG(1,8)/ CONTRAST = 1,-.5,-.5/
               CONTRAST = .5,.5,-.5,-.5/ CONTRAST = 0 1 5*0 -1
```

Im Beispiel bewirkt die erste CONTRAST-Angabe einen t-Test zwischen der ersten Gruppe und einer Kombination der Gruppen zwei und drei; die zweite CONTRAST-Angabe einen t-Test zwischen der kombinierten ersten und zweiten und der kombinierten dritten und vierten Gruppe. Die Summe der Koeffizienten muss null sein. Die Wiederholungsschreibweise n*c kann angewendet werden. So wird fuer die dritte CONTRAST-Angabe ein t-Test zwischen der zweiten und achten Gruppe berechnet.

Tests auf a posteriori-Einzelmittelwertunterschiede werden durch das Schluesselwort RANGES aufgerufen. RANGES nennt einen Test und eventuell in Klammern eingeschlossen, das gewuenschte Signifikanzniveau alpha. Die alpha-Angabe kann unterbleiben, die Voreinstellung ist .05. Bis zu 10 RANGES-Angaben sind auf einer ONEWAY-Karte moeglich. Sie muessen jedoch in einer Folge stehen. Es stehen sieben verschiedene Tests fuer alle moeglichen Paare von Gruppenmittelwerten zur Verfuegung.

Testname	zulaessige Alphawerte	Test
LSD	wahlfrei	least significant difference
DUNCAN	.10, .05, .01	Duncan's multiple range test
SNK	.05	Student-Newman-Keuls
TUKEYB	.05	Tukey's alternate procedure
TUKEY	.05	honestly significant difference
LSDMOD	wahlfrei	modified LSD
SCHEFFE	wahlfrei	Scheffe's test

Beispiel

```
1               16
ONEWAY          ABVAR BY UNABVAR(-4,5)/ RANGES=LSD(.01)/ RANGES=SNK/
                RANGES=SCHEFFE(.10)
```

Die OPTIONS-Karte

1: Fehlende Daten werden eingeschlossen.
2: Fallweiser Ausschluss von Faellen mit fehlenden Daten. Voreinstellung: paarweiser Ausschluss.
3: Unterdrueckt Variablenetiketten.
4: Bewirkt, dass Anzahl der Faelle, Mittelwert und Standardabweichung fuer jede Gruppe als BCD-Datei ausgegeben werden (siehe Kap. 5.2.4). Fuer jede abhaengige Variable wird in der angegebenen Reihenfolge je ein Vektor von Fallzahlen, von Mittelwerten und von Standardabweichungen ausgegeben.
6: Die ersten acht Zeichen der Werteetiketten der unabhaengigen Variablen sollen als Gruppenbezeichnung verwendet werden.

Die Optionen 7 und 8 steuern die Eingabe von Vektoren anstelle von Rohdaten (siehe Kap. 5.3).

7: Eingabe von Gruppenhaeufigkeiten, Mittelwerten und Standardabweichungen. Die Eingabeform richtet sich nach der ONEWAY-Karte. Der Aufbau und die Formate der Eingabedatei entsprechen der Ausgabedatei, wie sie durch Option 4 erzeugt wird.
8: Eingabe sind: Gruppenhaeufigkeiten, Mittelwerte, gepoolte Varianz, Freiheitsgrade der gepoolten Varianz. Die Formate fuer die Haeufigkeiten und Mittelwerte entsprechen den Ausgabeformaten von Option 4. Die gepoolte Varianz und die Freiheitsgrade folgen zusammen auf einer neuen Karte. Das Format ist (2F10.4); falls die Spalten 11-20 fuer die Freiheitsgrade leerbleiben, wird df=n-k angenommen. n ist die Anzahl der Faelle in allen Gruppen, k ist die Anzahl der Gruppen. Option 8 rechnet nur a priori- (CONTRAST) und a posteriori- (RANGES) Einzelmittelwertunterschiede.
10: <ab 7> Fuer die a posteriori-Vergleiche wird als Fallzahl fuer alle Gruppen das harmonische Mittel aller Fallzahlen verwendet.

Die STATISTICS-Karte

1: Es werden ausgedruckt: Anzahl der Faelle fuer jede Gruppe, Mittelwerte, Standardabweichungen, Minimum, Maximum, 95-Prozent-Konfidenzintervall.
2: Behandlung der Effekte sowohl als feste als auch als Zufallseffekte.

3: Drei Varianzenhomogenitaets-Tests (Cochran's C, F nach Bartlett-Box und Hartley's F-max-Test) werden berechnet.
4: <nur CDC> Varianz der Gruppen wird im Modell der Zufallseffekte geschaetzt.

Beschraenkungen

1: Maximal duerfen 20 abhaengige Variablen aufgefuehrt werden.
2: Nur eine unabhaengige Variable darf auf einer ONEWAY-Karte stehen.
3: Fuer die (min,max)-Angabe in Klammern muss gelten: max-min ≤ 49.
4: Maximal eine POLYNOMIAL-, maximal 10 CONTRAST- und maximal 10 RANGES-Angaben sind auf einer ONEWAY-Karte erlaubt.

Literatur

Clauss & Ebner (1975)
Hays & Winkler (1971)
Weber (1972)
Ferguson (1966)
Kirk (1968)
Winer (1962)

============== Beispielausdruck zu ONEWAY ===========================

```
- - - - - - - - - - - - - - - - - - - - - - - - - - - - O N E W A Y - - - - - - - - - - - - - - - - - - - - - - - - - -

      VARIABLE  RZDAUER     BEARBEITUNGSZEIT IM RZ
                                              ANALYSIS OF VARIANCE

              SOURCE              D.F.     SUM OF SQUARES     MEAN SQUARES        F RATIO    F PROB.

         BETWEEN GROUPS              6         9042.9938         1507.1655        104.761     0.0000

         WITHIN GROUPS            1219        17537.4312           14.3867

         TOTAL                    1225        26580.4219


MULTIPLE RANGE TEST

DUNCAN PROCEDURE
RANGES FOR THE 0.050 LEVEL -

          2.78  2.92  3.01  3.09  3.15  3.20

THE RANGES ABOVE ARE TABLE RANGES.  THE VALUE ACTUALLY COMPARED WITH MEAN(J)-MEAN(I) IS..
      2.6820 * RANGE * SQRT(1/N(I) + 1/N(J))

  HOMOGENEOUS SUBSETS   (SUBSETS OF GROUPS, NO PAIR OF WHICH HAVE MEANS THAT DIFFER BY MORE THAN THE SHORTEST
                         SIGNIFICANT RANGE FOR A SUBSET OF THAT SIZE)

SUBSET  1

GROUP      GRP14       GRP12       GRP49       GRP25       GRP53       GRP54
MEAN       7.0000      7.9870      8.0017      8.3218      9.5000      9.6000
- - - - - - - - - - - - - - - - - - - - - - - - - - - - - - - - - - - - - - - - -

SUBSET  2

GROUP      GRP27
MEAN      13.6932
- - - - - - - - - -
```

6.20 PARTIAL CORR

Die partielle Korrelation ermoeglicht, aus der Korrelation zwischen zwei Variablen die Einfluesse d.h. statistisch die Korrelation von Kontrollvariablen zu eliminieren. Man erhaelt also die "reine" Korrelation zweier Variablen unter Ausschaltung weiterer Einflussgroessen. Das Verfahren der partiellen Korrelation kann folgendermassen interpretiert werden: Mit jeweils einer der beiden Variablen als abhaengige Variablen und den Kontrollvariablen als unabhaengige Variablen wird eine (einfache/ multiple) lineare Regression berechnet. Der partielle Korrelationskoeffizient ergibt sich dann als Pearson'scher Korrelationskoeffizient zwischen den Residuen aus diesen beiden Regressionen. Die Residuen sind die durch die Regression noch nicht "erklaerten" Anteile der Beobachtungswerte der abhaengigen Variablen. Das Verfahren der partiellen Korrelation setzt voraus: Variablen mit Intervallskalenniveau, lineare Beziehungen zwischen den Variablen und Normalverteilung fuer die Signifikanzpruefung. Die Prozedur PARTIAL CORR berechnet neben den Partialkorrelationen (bis fuenfter Ordnung, d.h. mit maximal fuenf Kontrollvariablen) auch die Irrtumswahrscheinlichkeit der erhaltenen Koeffizienten. Ausserdem koennen die Mittelwerte und Standardabweichungen aller aufgefuehrten Variablen und die einfachen Korrelationen (partielle Korrelationen nullter Ordnung) ausgegeben werden.

Die Prozedurkarte

```
1              16
PARTIAL CORR   Korrelationsliste BY Kontrolliste (Ordnungswerte)
               [/Korrelationsliste...]
```

Die Korrelationsliste entspricht den Konventionen (Matrixform-, Teilmengenkonvention) der Prozedur PEARSON CORR. Fuer die Kontrolliste gelten die allgemeinen Konventionen fuer eine Variablenliste. Korrelationsliste und Kontrolliste werden durch das Schluesselwort BY getrennt.

Die Ordnungswerte sind in Klammern eingeschlossen und durch Kommata oder Leerzeichen voneinander getrennt; sie geben die Ordnung der zu berechnenden partiellen Korrelationskoeffizienten an. Diese Werte sind ganze Zahlen zwischen 1 und 5, deren Maximum durch die Zahl der Kontrollvariablen gegeben ist. Sollen fuer eine bestimmte Korrelationsliste und zugehoerige Kontrolliste partielle Korrelationen verschiedener Ordnung berechnet werden, koennen vereinfachend alle Ordnungswerte aufgefuehrt werden.

Beispiele

```
1              16
PARTIAL CORR   IQ WITH LEISTUNG BY GESUND,MILIEU(1)
PARTIAL CORR   IQ WITH LEISTUNG BY GESUND,MILIEU(2)
PARTIAL CORR   IQ WITH LEISTUNG BY GESUND,MILIEU(1,2)
PARTIAL CORR   V1 TO V10 BY V11 TO V15(1,2,3,4,5)
```

Die Korrelationsliste im ersten Beispiel (IQ WITH LEISTUNG) entspricht der Teilmengenkonvention. Es wird ein Korrelationskoeffizient berechnet. Die Kontrolliste (GESUND, MILIEU) besteht aus zwei Kontrollvariablen. Der Ordnungswert gibt an, dass partielle Korrelationen 1. Ordnung berechnet werden. Daraus folgt, dass genau zwei partielle Korrelationskoeffizienten 1. Ordnung berechnet werden. Im zweiten Beispiel wird genau ein partieller Korrelationskoeffizient zweiter Ordnung berechnet. Die dritte Prozedurkarte fuehrt zum gleichen Ergebnis wie die beiden vorhergehenden Prozedurkarten zusammen. Die Korrelationsliste (V1 TO V10) des vierten Beispiels entspricht der Matrixformkonvention. Es wird eine (10*10)Matrix angefordert. Die Kontrolliste (V11 TO V15) umfasst 5 Kontrollvariablen. Es werden 5 Korrelationsmatrizen 1. Ordnung, 10 von 2. und 3. Ordnung, 5 von 4. Ordnung und eine von 5. Ordnung berechnet.

Die OPTIONS-Karte

1: Einschluss aller fehlenden Werte in die Berechnungen.
2: Paarweiser Ausschluss fehlender Werte fuer die zugrundeliegenden einfachen Korrelationen. Voreinstellung: Fallweiser Ausschluss.
3: Zweiseitiger Signifikanztest fuer jeden Koeffizienten. Voreinstellung: Einseitiger Test.
4: Eingabe von Korrelationsmatrizen (siehe Kap. 5.3). Die Eingabeform richtet sich nach der PARTIAL CORR-Karte. Die Matrizen muessen alle Korrelationen zwischen allen Variablen der Korrelations- und Kontrolliste in der aufgefuehrten Reihenfolge enthalten. Die Optionen 1, 2 und 5 sind nicht verwendbar.
5: Ausgabe von Matrizen einfacher Korrelationskoeffizienten aller Variablen jeder Korrelations- plus Kontrolliste als BCD-Datei (siehe Kap. 5.2.4). Option 5 gilt sowohl fuer die Matrixform-, als auch fuer die Teilmengenkonvention der Korrelationsliste, d.h. bei beiden Konventionen wird eine vollstaendige Korrelationsmatrix ausgegeben.
6: Eingabe einer Korrelationsmatrix (siehe Kap. 5.3). Die Eingabeform richtet sich nach der VARIABLE LIST-Karte. Wenn Option 6 benutzt werden soll, muss auch Option 4 angefuehrt werden.
7: Es werden keine Freiheitsgrade und Signifikanzangaben ausgedruckt.
8: Ausdruck der Korrelationskoeffizienten in serieller Abfolge anstelle der Matrixform, pro Zeile 6 Werte. Bei Verwendung der Matrixkonvention werden nur die Werte der oberen Dreiecksmatrix (Platzersparnis) gedruckt.
20: <nur CDC> Bei der Berechnung der Korrelationsmatrix werden fehlende Werte durch den entsprechenden Mittelwert ersetzt.

Die STATISTICS-Karte

1: Es werden zusaetzlich einfache Korrelationskoeffizienten aller aufgefuehrten Variablen mit Freiheitsgraden und Irrtumswahrscheinlichkeiten ausgedruckt.
2: Ausgabe von Mittelwerten und Standardabweichungen aller aufgefuehrten Variablen.
3: Falls einfache Korrelationen nicht berechnet werden koennen, z.B. wegen zu geringer Fallzahlen, wird die Korrelationsmatrix gedruckt. Jede nicht berechenbare Korrelation wird dabei durch den Wert 99 gekennzeichnet. Statistik 1 setzt Statistik 3 ausser Kraft.

Beschraenkungen

1: Maximal 25 Verrechnungslisten.
2: Es duerfen maximal 400 Variablen aufgefuehrt werden. Jede Verwendung einer Variablen zaehlt.

3: Der hoechste moegliche Ordnungswert ist 5.

Literatur

Blalock (1964)
Kendall & Stuart (1961)
Gaensslen & Schuboe (1976)
Simon (1957)

============== Beispielausdruck zu PARTIAL CORR ====================

```
PARTIAL CORR   WODA, MITG, FUERS, EINKOM, HAUT BY SCHULAB (1)/
               EINKOM, SCHULAB, FUERMIT WITH MITWOJ, FUERWOJ BY HAUT (1)
OPTIONS        4, 6
COMMENT        OPTION 4: MATRIXEINGABE
               OPTION 6: REIHENFOLGE DER VARIABLEN NACH 'VARIABLE LIST'

***** PARTIAL CORR PROBLEM REQUIRES    576 BYTES OF WORKSPACE *****

               READ MATRIX
```

PARTIELLE KORRELATIONEN AUS EINGELESENER KORR.-MATRIX 05/13/76 PAGE 2

FILE NONAME (CREATION DATE = 05/13/76)

- - - - - - - - - - - - - - P A R T I A L   C O R R E L A T I O N   C O E F F I C I E N T S - - - - - - - - - -

CONTROLLING FOR.. SCHULAB

	WODA	MITG	FUERS	EINKOM	HAUT
WODA	1.0000 (0) S=0.001	0.2722 (73) S=0.009	-0.0945 (73) S=0.210	0.0214 (73) S=0.428	-0.0934 (73) S=0.213
MITG	0.2722 (73) S=0.009	1.0000 (0) S=0.001	0.0067 (73) S=0.477	0.2997 (73) S=0.004	0.0560 (73) S=0.316
FUERS	-0.0945 (73) S=0.210	0.0067 (73) S=0.477	1.0000 (0) S=0.001	0.1483 (73) S=0.102	-0.1454 (73) S=0.107
EINKOM	0.0214 (73) S=0.428	0.2997 (73) S=0.004	0.1483 (73) S=0.102	1.0000 (0) S=0.001	-0.0805 (73) S=0.246
HAUT	-0.0934 (73) S=0.213	0.0560 (73) S=0.316	-0.1454 (73) S=0.107	-0.0805 (73) S=0.246	1.0000 (0) S=0.001

(COEFFICIENT / (D.F.) / SIGNIFICANCE) (A VALUE OF 99.0000 IS PRINTED IF A COEFFICIENT CANNOT BE COMPUTED)

6.21 PEARSON CORR

Die Prozedur berechnet Pearson'sche Produkt-Moment-Korrelationskoeffizienten und ihre Irrtumswahrscheinlichkeiten.

```
Die Prozedurkarte
1              16
PEARSON CORR   Variablenliste [WITH Variablenliste]
               [/Variablenliste . . .]
```

Die Prozedurkarte enthaelt wenigstens eine Variablenliste der ueblichen Form oder zwei Variablenlisten, die durch das Schluesselwort WITH verbunden sind. Durch die erste Form der Angabe (Matrixformkonvention) wird eine vollstaendige, quadratische Korrelationsmatrix, durch die zweite Form (Teilmengenkonvention) eine Teilmenge einer Korrelationsmatrix berechnet. Es koennen mehrere Variablenlisten der Matrixform- und/oder Teilmengenkonvention - jeweils durch einen Schraegstrich getrennt - aufgefuehrt werden. Die Matrixformkonvention ist bei gleicher Koeffizientenzahl die effizientere Form bezueglich Rechenzeit und Speicherplatz.

Beispiele

```
1              16
PEARSON CORR   ALTER, EINKOMM, GESCHL, IQ, FRAGE1, BERUF
PEARSON CORR   ALTER, EINKOMM WITH GESCHL, IQ, FRAGE1, BERUF
```

Im ersten Beispiel werden eine (6*6)-Matrix gedruckt und 15 Koeffizienten berechnet. Im zweiten Beispiel werden 8 Koeffizienten berechnet und gedruckt.

Die OPTIONS-Karte

1: Bewirkt, das saemtliche Faelle in die Berechnung der Statistiken einbezogen werden, auch dann, wenn durch eine MISSING VALUES-Karte Werte als fehlend bezeichnet sind. Voreinstellung: Ein Fall wird fuer die Berechnung eines bestimmten Koeffizienten ausgeschlossen, wenn ein Wert fuer eine oder beide Variablen fehlt. Dieser paarweise Ausschluss fehlender Werte hat den Vorteil, dass die Daten optimal ausgenutzt werden, den Nachteil, dass unter Umstaenden Koeffizienten in einer Matrix auf unterschiedlichen Beobachtungszahlen basieren.
2: Fehlt bei einem Fall ein Wert einer beliebigen Variablen aus einer Variablenliste, wird er bei allen nach dieser Liste zu berechnenden Koeffizienten ausgeschlossen.
3: Bewirkt, dass ein zweiseitiger Signifikanztest fuer jeden Koeffizienten durchgefuehrt wird. Voreinstellung: Einseitiger Signifikanztest.
4: Ausgabe von Korrelationsmatrizen als BCD-Datei (siehe Kap. 5.2.4). Pro Variablenliste der Prozedurkarte wird eine Matrix ausgegeben. Die Abfolge mehrerer ausgegebenen Matrizen entspricht der Abfolge der Variablenlisten auf der Prozedurkarte. Option 4 wirkt nur bei der Matrixformkonvention. Angaben mit dem Schluesselwort WITH werden uebergangen.
5: Die Korrelationskoeffizienten werden in Matrixformat ausgedruckt;

die Fallzahlen und die Irrtumswahrscheinlichkeiten fuer alle Koeffizienten werden unterdrueckt.

6: Fortlaufender zeilenweiser Ausdruck der nichtredundanten Koeffizienten einschliesslich Fallzahlen und Irrtumswahrscheinlichkeiten, jeweils sechs pro Zeile.

7: <nur CDC> Es werden bei der Berechnung der Korrelationen die laufenden Zwischenmittelwerte benutzt. Dies bewirkt eine hoehere Genauigkeit, aber etwa 20 Prozent mehr Rechenzeit.

20: <nur CDC> Fuer die Berechnung der Korrelationen werden fehlende Werte durch den Mittelwert der zugehoerigen Variablen ersetzt.

Die STATISTICS-Karte

1: Mittelwert und Standardabweichung jeder aufgefuehrten Variablen werden ausgegeben. Diese Werte basieren auf allen Faellen mit nichtfehlenden Werten, falls nicht Option 1 angegeben wurde.

2: Die Varianz-Kovarianz-Matrix wird ausgegeben. Die Elemente dieser Matrix basieren auf der gleichen Beobachtungszahl wie die Korrelationskoeffizienten.

Beschraenkungen

1: Nicht mehr als 40 Teilangaben duerfen aufgefuehrt werden.

2: Es koennen maximal 500 Variablennamen explizit oder implizit genannt werden.

3: Nicht mehr als 250 Einzelelemente (Variablennamen, Schluesselwoerter, Schraegstriche) duerfen aufgefuehrt werden.

Literatur

Bartel (1972)
Gaensslen & Schuboe (1976)
Hofstaetter & Wendt (1966)
Walker & Lev (1975)
Clauss & Ebner (1975)
Hays & Winkler (1971)
Kriz (1973)
Weber (1972)

6.22 PLOT <nur CDC>

Mit der Prozedur PLOT koennen qualitativ hochwertige Zeichnungen auf einem CALCOMP Trommelplotter oder einem CALCOMP Mikrofilmsystem hergestellt werden. Die Prozedur SCATTERGRAM erzeugt aehnliche Kreuzdiagramme auf dem Drucker, sie ist aber weniger genau und flexibel. Ziel der Prozedur PLOT ist, den Zusammenhang zweier Variablen in einem X-Y-Achsensystem graphisch darzustellen. Dabei koennen mehrere abhaengige Variablen (Y-Achse) in einer Abbildung in Abhaengigkeit von einer unabhaengigen Variablen (X-Achse) gezeichnet werden. Ebenso kann der Zusammenhang zwischen zwei Variablen fuer verschiedene Fallgruppen in einem Bild zusammengefasst werden. Die Datenpunkte koennen isoliert oder durch Linien verbunden gezeichnet werden. Fuer jede abhaengige Variable bzw. jede Fallgruppe koennen die Regressionsgerade und das Vertrauensintervall eingezeichnet werden.

Die Prozedurkarte

```
1              16
PLOT           PLOTS=Liste der abh. Variablen[ (min,max) ]
                         WITH unabh. Variable[ (min,max) ]
                         [BY Trennvariable(min,max) ]/
                         [Liste der abh. Variablen .../]
               [TITLE=Ueberschrift/]
               [TITLEX=X-Achsen-Beschriftung/]
               [TITLEY=Y-Achsen-Beschriftung/]
               [SIZE=Formatierung-X,Formatierung-Y/]
               [XDIV=Unterteilungen-X/] [YDIV=Unterteilungen-Y/]
               [SYMBOLS=Liste von Symbolnummern/]
               [PLOTS= ... ]
```

Die Liste der abhaengigen Variablen kann mindestens eine und hoechstens 15 Variablen benennen, wobei optional fuer alle Variablen gemeinsam der zu verwendende Wertebereich angegeben werden kann. Wenn kein Wertebereich angegeben wird, werden Minimum und Maximum verwendet, was zu unrunden Einheiten auf den Achsen fuehren kann. Nach der unabhaengigen Variablen und dem Schluesselwort BY kann, sofern nur eine abhaengige Variable vorliegt, eine Trennvariable (nur ganzzahlige Werte) zusammen mit ihrem Wertebereich (hoechstens 15 Werte umfassend) genannt werden. Fuer jeden Wert der Trennvariablen wird mit unterschiedlichen Symbolen der Zusammenhang zwischen der abhaengigen und der unabhaengigen Variablen eingezeichnet.

Durch die TITLE-, TITLEX- und TITLEY-Angabe kann jeweils ein bis zu 48 Zeichen langes Etikett als Ueberschrift, X-Achsen-Beschriftung bzw. Y-Achsen-Beschriftung (alle 3.8 mm hoch) angegeben werden. Das Format der Zeichnung kann in inches (1 inch = 25.4 mm) ueber die SIZE-Angabe gewaehlt werden. Durch positive Werte wird die gesamte Groesse einschliesslich Achsen, Beschriftung und Legende bestimmt, die entsprechenden negativen Werte legen die Groesse des reinen Zeichenfeldes fest (Voreinstellung: SIZE=-10,-10, d.h. 254x254 mm² fuer das Netto-Zeichenfeld; DIN A4 Hochformat entspricht SIZE=8.27,11.69). Durch XDIV und YDIV wird die automatische Unterteilung der Achsen ueberschrieben; fordert man z.B. XDIV=11 an, dann erhaelt man 12 Markierungen mit den zugehoerigen Werten auf der X-Achse.

Anlagenspezifisch sind 15 Symbole fuer die Zeichenform der Punkte (z.B. Quadrat, Dreieck, x, +, Kreis usw.) festgelegt; dies entspricht der Voreinstellung SYMBOLS=1, 2, 3, 4, ..., 15. Moechte man dagegen etwa fuer die erste abhaengige Variable bzw. die erste Fallgruppe ein anderes Symbol verwenden, so stellt man dessen Nummer an den Anfang der Liste. Sollen die Punkte durch eine Linie verbunden werden, dann stellt man der Nummer ein Minuszeichen voran. Die Symbol-Nummer 0 wird verwendet, wenn nur eine durchgezogene Linie ohne Symbcle gezeichnet werden soll. Die gleiche Symbol-Nummer kann mehrfach genannt werden.

Wird ein zweites oder weiteres Mal PLOTS= angegeben, dann gelten erneut die Voreinstellungen, und nicht die Spezifikationen der letzten PLOTS-Angabe.

Wird in einem SPSS-Lauf ein- oder mehrmals die Prozedur PLOT aufgerufen, muss nach dem SPSS-Aufruf (siehe Kap. 7.1) noch der Plot- oder Graphik-Nachbereiter aufgerufen werden. Dies kann bei den meisten Rechenanlagen durch den Aufruf einer Prozedur geschehen (z.B. BEGIN,SP GRAPH.).

Die OPTIONS-Karte

1: Als fehlend gekennzeichnete Werte werden mit eingezeichnet.
2: Listenweiser Ausschluss fehlender Werte; Voreinstellung: Ausschluss je Zeichnung.
3: Bei Speicherplatzmangel Zufallsstichprobe verwenden.
4: Nur soviele Datenpunkte zeichnen, dass auf alle 2.5 mm ein Punkt kommt.
5: Regressionsgerade zeichnen.
6: 95%-Vertrauensintervall fuer die Schaetzungen Y' zeichnen.
7: 95%-Vertrauensintervall fuer die zu schaetzenden Werte Y zeichnen; nicht zusammen mit Option 6 moeglich.
8: Daten nicht sortieren; Voreinstellung: Daten werden nach der X-Variablen sortiert (dies erspart Zeichenzeit und ermoeglicht sinnvolles Verbinden der Punkte durch eine Linie). Verbinden durch eine Linie ist bei Option 8 nur sinnvoll, wenn die Daten schon auf irgend eine Art sortiert eingegeben wurden.
9: Daten nach Y-Variable sortieren.
10: Legende unterdruecken.
11: Rahmen um Zeichnung unterdruecken.
12: X-Achse unterdruecken.
13: Y-Achse unterdruecken.

Die STATISTICS-Karte

1: Mittelwert, Standardabweichung, Minimum und Maximum fuer alle Variablen.

Beschraenkungen

1: Maximal 10 PLOTS-Anweisungen.
2: Maximal 100 einzelne Zeichnungen.

6.23 REGRESSION

Die Prozedur REGRESSION berechnet multiple lineare Regressionen, sowohl insgesamt, als auch als schrittweise Regression. Sie wird hauptsaechlich angewendet, um

- eine optimale lineare Vorhersagegleichung aufzustellen und deren Genauigkeit zu bestimmen.
- den Einfluss von Stoervariablen auszuschalten, damit der isolierte Beitrag einer speziellen Variablen oder Variablengruppe festgelegt werden kann.
- Zusammenhangsstrukturen aus komplexen multivariaten Beziehungen aufzufinden, wie es in der Pfadanalyse geschieht.

Wenn die Moeglichkeiten zur Transformation von Variablen ausgenutzt werden, laesst sich mit der Prozedur REGRESSION eine Vielfalt multivariater Analysen durchfuehren, die zum allgemeinen linearen Modell gehoeren, so z.B. die polynomische Regression, Regression auf Dummy-Variablen zur Loesung varianz- und kovarianzanalytischer Probleme.

Es werden u.a. ausgegeben: Der multiple Korrelationskoeffizient, das multiple Bestimmtheitsmass, der Standardfehler der Residuen, eine Varianzanalysetabelle mit F-Wert zur Beurteilung der Regression; weiter fuer jede unabhaengige Variable der Regressionskoeffizient, der standardisierte Regressionskoeffizient, der Standardfehler und der F-Wert. Zur weiteren Analyse koennen auch die durch die Vorhersagegleichung bestimmten Schaetzungen der Kriteriumsvariablen ausgegeben werden, wie auch deren Fehler, die Residuen. Die CDC-Version von REGRESSION weist erhebliche Erweiterungen auf, die am Ende des Kapitels beschrieben werden.

```
Die Prozedurkarte
1               16
REGRESSION      VARIABLES = Variablenliste/ REGRESSION =
                Auswahlanweisung [/REGRESSION = Auswahlanweisung...]
                [/VARIABLES = Variablenliste/REGRESSION =...]
```

Als Angaben muessen vorhanden sein: Mindestens eine durch VARIABLES definierte Variablenliste und mindestens eine durch REGRESSION eingeleitete Auswahlanweisung zur Angabe der abhaengigen Variablen (Kriterium), einer oder mehrerer unabhaengigen Variablen (Praediktoren) und verschiedener Parameter zur Steuerung der Regression.

Die Variablenliste bezeichnet alle in den unmittelbar nachfolgenden Regressionen benutzten Variablen. Fuer die Variablenliste gelten die ueblichen Konventionen.

```
Allgemeines Format der Auswahlanweisung:

                16
                REGRESSION = abhaengige Variable [ (n,F-ein,t) ] WITH
                unabhaengige Variablen [ (Einschlussniveau) ]
                [RESID = Wert zwischen Null und Eins]
```

Die wahlfreien Parameter (n,F-ein,t) bedeuten fuer die schrittweise Regression:

- n (Voreinstellung: 80) die Maximalzahl von Schritten, nach denen eine schrittweise Regression abgebrochen wird. Durch diesen Parameter kann z.B. die Hoechstzahl von Praediktoren angegeben werden, die zur Vorhersage benutzt werden.
- F-ein (Voreinstellung: .01) den F-Wert bei der Testung der Signifikanz eines Regressionskoeffizienten, falls die betreffende Variable in die Regressionsgleichung aufgenommen worden waere. Wird der angegebene oder voreingestellte Wert unterschritten, so wird die Variable, sofern sie ungerades Einschlussniveau hat, nicht in die Regression einbezogen.
- t (Voreinstellung: .001). Ein Praediktor wird nur dann aufgenommen, wenn seine "Toleranz" mindestens so gross wie der angegebene Wert t ist. Die Toleranz gibt den Anteil der Varianz eines Praediktors an, der durch die anderen, in die Regressionsgleichung schon einbezogenen Praediktoren nicht erklaert ist. Eine Toleranz von 1 bedeutet voellige lineare Unabhaengigkeit von den anderen Praediktoren, eine Toleranz von 0 die voellige lineare Abhaengigkeit. Da die Genauigkeit der Berechnungen mit Abnahme des t-Werts sinkt, ist die Verkleinerung des t-Werts nicht unbegrenzt moeglich.[1]
- Soll der zweite oder dritte Parameter geaendert werden, muessen die vorhergehenden Parameter - geaendert oder ungeaendert - mit aufgefuehrt werden.

<u>Einschlussniveau</u>:

Einfache und hierarchische Regressionen werden durch gerade Zahlen zwischen 2 und 98, schrittweise Regressionen durch ungerade Zahlen von 1 bis 99 angefordert. In beiden Faellen werden Variablen mit groesserem Einschlussniveau vor solchen mit kleinerem in die Regressionsgleichung einbezogen. Variablen mit gleichem geradzahligem Einschlussniveau werden en bloc, Variablen mit gleichem ungeradzahligem Einschlussniveau einzeln hintereinander, und nur wenn der jeweilige F- und Toleranz-Wert dem Kriterium F-ein und t genuegt, in die Regressionsgleichung aufgenommen. Ist das Einschlussniveau 0, werden die Variablen nicht als Praediktoren in die Regression aufgenommen, allerdings in manchen Berechnungen beruecksichtigt. Wird kein Einschlussniveau am Ende der Liste angegeben, dann wird fuer die voranstehenden Variablen das Einschlussniveau 1 angenommen.[2]

Beispiele

```
16
REGRESSION=VERHA WITH VERHC, VERHD(2)/
REGRESSION= VERHAL WITH EINSTA(6), EINSTB(4),
EINSTC(2)/
REGRESSION=FRAGEZ WITH FRAGEB TO FRAGED(1)/
REGRESSION=QZ WITH QA TO QD(6), QE TO QG(5)
```

Im ersten Beispiel bewirkt die gerade Zahl (2) eine multiple Regression. Im zweiten Beispiel veranlassen die geraden Zahlen, dass zuerst die Regression von VERHAL auf EINSTA gerechnet wird, danach die Regression von VERHAL auf EINSTA und EINSTB und schliesslich die Regression von VERHAL auf EINSTA, EINSTB und EINSTC. Im dritten Bei-

---

[1] Vergleiche die Prozedur CANCORR.

[2] Die Angabe des Einschlussniveau kann erst ab Version 7 von SPSS entfallen.

spiel bewirkt die ungerade Zahl, dass unabhaengige Variablen schrittweise in die Regression aufgenommen werden, die Variable zuerst, die den groessten Varianzanteil der abhaengigen Variablen erklaert, die anderen in der Reihenfolge der Groesse ihres Beitrags zur Varianzaufklaerung. Schrittweise und hierarchische Regressionen werden im vierten Beispiel kombiniert.

Die Differenz zwischen dem tatsaechlichen und dem vorhergesagten (geschaetzten) Wert (Y') der abhaengigen Variablen heisst Residuum. Sollen die Residuen und die Y'-Werte fuer bestimmte Regressionsgleichungen berechnet werden, muss nach dem zuletzt spezifizierten Einschlussniveau das Schluesselwort RESID=mdrp aufgefuehrt werden. mdrp gibt den Prozentsatz der unabhaengigen Variablen an, fuer die maximal Werte fehlen duerfen. So bedeutet RESID=.40, dass der Schaetz- und Restwert fuer jeden Fall berechnet wird, fuer den nicht mehr als 40 Prozent der unabhaengigen Variablen fehlende Werte haben. Wurde Option 2 nicht gewaehlt, ist in jedem Fall RESID=0 anzugeben.

Beispiel

```
1                  16
REGRESSION         VARIABLES = PARTEI, BILDUNG, EINKOM, GESCHL, BERUF/
                   REGRESSION = PARTEI(5,2.0,.30) WITH BILDUNG(5),
                   BERUF(2) RESID=0
OPTIONS            2
STATISTICS         ALL
```

Obwohl paarweiser Ausschluss fehlender Werte (Option 2) gewaehlt wurde, sind fuer die Schaetz- und Residualwertberechnung nur Faelle ohne fehlende Werte zugelassen (RESID=0).

Die OPTIONS-Karte

1: Bewirkt, dass saemtliche Faelle in die Berechnungen einbezogen werden, unabhaengig davon, ob sie durch eine MISSING VALUES-Karte als fehlend bezeichnet sind.
2: Paarweiser Ausschluss fehlender Werte. Voreinstellung: Fallweiser Ausschluss fehlender Werte. Ist in einem Fall wenigstens ein Wert als fehlend bezeichnet, dann wird der gesamte Fall aus den Berechnungen ausgeschlossen. Die Zahl der Freiheitsgrade stuetzt sich dann auf die kleinste Anzahl von Faellen zu einem Korrelationskoeffizienten aus der VARIABLES-Anweisung.
3: Unterdrueckt die Ausgabe von Variablenetiketten.

Die Optionen 8 und 15 steuern die Ausgabe von Korrelationsmatrizen, Mittelwerten und Standardabweichungen (siehe Kap. 5.2.4); die Optionen 4, 5 und 9 steuern deren Eingabe (siehe Kap. 5.3). Dabei sind die Optionen 1, 2, 8 und 10 bis 15 nicht zulaessig.

4: Eingabe von Korrelationsmatrizen. Die Eingabeform richtet sich nach der REGRESSION-Karte.
5: Zusaetzliche Eingabe von Mittelwerten und Standardabweichungen jeweils vor den Korrelationsmatrizen. Option 5 setzt Option 4 voraus und ist zu verwenden, wenn auf die Rohwerte bezogene Regressionsgewichte und Konstanten benoetigt werden. Wird Option 4 ohne Option 5 verwendet, dann werden z-Wert-transformierte Variablen angenommen.
6: Unterdrueckt die Druckausgabe, die in jedem Schritt erzeugt wird.[1]
7: Unterdrueckt die Schlusstabelle.

8: Ausgabe von Korrelationsmatrizen als BCD-Datei. Pro Variablenliste der Prozedurkarte wird eine Matrix ausgegeben.
9: Eingabe einer Korrelationsmatrix; kann nur zusammen mit Option 4 gewaehlt werden. Die Eingabe richtet sich nach der VARIABLE LIST-Karte.

Die Optionen 10, 11 und 12 steuern in Verbindung mit dem Schluesselwort RESID die Ausgabe der Residuen und/oder der Y'-Werte als BCD-Datei (siehe Kap. 5.2.4). Werden die Optionen 11 und 12 gleichzeitig angegeben, werden jeweils 4(3) Paare von Residuen und Y'-Werten ausgegeben.

10: Bewirkt, dass die Saetze in den Spalten 1-8 mit der laufenden Fallnummer (intern erzeugte Variable SEQNUM), in den Spalten 9-10 mit der Kartennummer, in den Spalten 12-15 mit den ersten vier Buchstaben des FILE- oder SUBFILE-Namens versehen werden. In den Spalten 21-80 folgen sechs Residuen und/oder Y'-Werte im Format (6F10.6). Voreinstellung: 8 Residuen/Y'-Werte im Format (8F10.6). Option 10 setzt die Angabe von Option 11 und/oder 12 voraus.
11: Bewirkt die Ausgabe von standardisierten Residuen.
12: Bewirkt die Ausgabe von standardisierten Y'-Werten.
13: Nur wirksam, wenn gleichzeitig Option 2 und RESID = mdrp, wobei mdrp > 0. Bewirkt die Bildung standardisierter Praediktoren als gewichtetes Produkt der vorhandenen Daten.
14: Unterdrueckt das Drucken der Achsen in den Plotdiagrammen (durch Statistik 6 abgerufen) von standardisiertem Praediktor versus standardisierten Residuen.
15: Bewirkt, dass Mittelwerte und Standardabweichungen als BCD-Datei ausgegeben werden, zuerst die Mittelwerte, dann die Standardabweichungen. Werden die Optionen 15 und 8 zusammen angegeben, folgt nach den Standardabweichungen die jeweilige Korrelationsmatrix. Option 15 ist nicht zusammen mit Option 4 moeglich.

Die STATISTICS-Karte

1: Druckausgabe der Korrelationsmatrix (-matrizen).
2: Druckausgabe der Mittelwerte, Standardabweichungen und Zahl der gueltigen Faelle.
3: Ausdrucken der Korrelationsmatrix, falls in der Matrix nichtberechenbare Korrelationen (symbolisiert durch einen Wert von 99.0) auftreten. Die Statistiken 1 und 7 heben Statistik 3 auf.
4: Druckausgabe eines Plotdiagramms der standardisierten Residuen versus Sequenz der Faelle (erste 500) - gilt nur fuer die letzte durch RESID=0 bezeichnete Regressionsgleichung.
5: Berechnung des Durbin-Watson-Koeffizienten. Dieser Koeffizient ist ein Mass fuer die Autokorrelation erster Ordnung der Residuen.
6: Bewirkt ein Plotdiagramm von standardisierten Residuen und standardisierten Praediktoren (Residuen auf der vertikalen Achse).
7: Druckausgabe der Korrelationen im unteren und der Anzahl der Faelle im oberen Dreieck einer Matrix. Statistik 7 setzt Statistik 1 ausser Kraft; nur sinnvoll bei paarweisem Ausschluss fehlender Werte (Option 2). Option 1 und fallweiser Ausschluss fehlender Werte (weder Option 1 noch 2) wandeln Statistik 7 in Statistik 1 um.

---

[1] Bei "SPSS,LO=ONLINE" der CDC-Version werden die Ausgabe der einzelnen Schritte und die Schlusstabelle normalerweise unterdrueckt. Die Optionen 6 und 7 haben dann gegensaetzliche Bedeutung. Sie erzwingen den Ausdruck.

Beschraenkungen

1: Nicht mehr als 10 Variablenlisten duerfen je REGRESSION-Karte aufgefuehrt werden.
2: Nicht mehr als 50 Regressions-Auswahlanweisungen duerfen je REGRESSION-Karte aufgefuehrt werden, unabhaengig von der Zahl der Variablenlisten.
3: Je Variablenliste duerfen hoechstens 100 (Bei der M-Version 200) Variablen und insgesamt auf allen Variablenlisten hoechstens 200 Variablen aufgefuehrt werden. Jede Nennung einer Variablen zaehlt.
4: Nicht mehr als 400 Variablennamen duerfen auf saemtlichen REGRESSION-Listen aufgefuehrt werden. Jede Auffuehrung einer Variablen zaehlt.
5: Die Maximalzahl der unabhaengigen Variablen je Regression ist 99.

Erweiterungen bei der CDC-Version

Die Prozedurkarte

```
1               16
REGRESSION      [METHOD = FORWARD | STEPWISE | BACKWARD/]
                VARIABLES = Variablenliste/
                REGRESSION = abhaengige Variable [(n,F-ein,t,F-aus)]
                WITH unabhaengige Variablen [(Einschlussniveau)]
                    [unabhaengige Variablen [(Einschlussniveau)]...]
                [/RESIDUALS = mdrp]
                [/REGRESSION = ... ]
```

Auf der Prozedurkarte kann vor der VARIABLES-Angabe noch das Schluesselwort METHOD aufgefuehrt werden. Als Voreinstellung wird die Methode FORWARD gewaehlt, die dem Vorgehen bei den anderen SPSS-Versionen entspricht. Bei der Methode STEPWISE und BACKWARD koennen Variablen nicht nur sukzessive in die Regressionsgleichung aufgenommen, sondern auch sukzessive ausgeschlossen werden. Eine Variable wird nur dann ausgeschlossen, wenn ihr F-Wert einen Grenzwert F-aus unterschreitet. Dieser Grenzwert ist mit 0.005 voreingestellt und kann zusammen mit n, F-ein und t geaendert werden.

Die Methode STEPWISE:

Die Aufnahme der Praediktoren erfolgt auf dieselbe Art wie bei der Methode FORWARD. Nach jedem Schritt wird jedoch fuer alle Variablen mit ungeradem Einschlussniveau untersucht, ob der F-Wert fuer ihren spezifischen Beitrag den Wert F-aus unterschreitet. Ist dies fuer einige Variablen der Fall, wird zunaechst die Variable mit dem kleinsten F-Wert, dann die mit dem zweitkleinsten F-Wert usw. ausgeschlossen. In spaeteren Schritten koennen zuvor ausgeschlossene Variablen mit ungeradem Einschlussniveau wieder aufgenommen werden.

Die Methode BACKWARD:

Zunaechst werden alle Variablen als Praediktoren in die Regressionsgleichung aufgenommen, dann die Variablen mit hoechstem Einschlussniveau herausgenommen, dann die mit zweithoechstem usw., Variablen mit geradzahligem Einschlussniveau werden auf einmal und unbedingt ausgeschlossen. Variablen mit ungeradzahligem Einschlussniveau werden in der Reihe steigender F-Werte und nur dann ausgeschlossen, wenn ihr F-Wert den Grenzwert F-aus unterschreitet. Am Ende (Festgelegt durch die maximale Anzahl n von Schritten und durch F-aus) enthaelt die Regressionsgleichung nur noch die Praediktoren mit ungeradem Einschlussniveau, die fuer sich zusaetzlich zu den anderen einen (je nach F-aus) signifikanten Beitrag leisten.

Statt des Schluesselworts RESID kann RESIDUALS geschrieben werden. Beide Schluesselwoerter muessen von der REGRESSION-Auswahlanweisung durch Schraegstrich getrennt werden.

Durch eine spezielle Behandlung von gewichteten Faellen werden Kreuzvalidierungsstudien moeglich. Faelle, die durch die WEIGHT-Karte mit dem Wert Null gewichtet sind, werden nicht in die Regressionsanalyse einbezogen, aber bei der Berechnung der Residuen und der geschaetzten Werte der abhaengigen Variablen beruecksichtigt. Falls Option 11 aufgefuehrt wird, werden fuer diese Faelle die Residuen und Schaetzungen ebenfalls ausgegeben. REGRESSION druckt ausserdem die multiple Korrelation fuer die mit Null gewichteten Faelle getrennt aus.

Die OPTIONS-Karte

Die Optionen 1 bis 9 und 15 sind unveraendert. Die Optionen 10, 12 und 14 entfallen, die Optionen 11 und 13 haben veraenderte Bedeutung. Zusaetzlich gibt es die Optionen 16 bis 21.

11: Ausgabe der SPSS-internen Variablen SEQNUM, SUBFILE, CASWGT, der abhaengigen Variablen, der Schaetzung der abhaengigen Variablen und der Residuen als BCD-Datei im Format (F8.0,A8,F10.4, 2G18.7,G15.7). Fehlende Werte werden als Leerfelder dargestellt.
13: Faelle mit fehlenden Werten werden nicht in die Plots aufgenommen.
16: Ausgabe der Kovarianzmatrix der unstandardisierten Regressionskoeffizienten als BCD-Datei im Format (6E13.5).
17: Ausgabe der standardisierten Regressionskoeffizienten als BCD-Datei im Format (6E13.5).
18: Ausgabe der unstandardisierten Regressionskoeffizienten als BCD-Datei im Format (6E13.5).
19: Die Regressionsflaeche wird durch den Ursprung gelegt, d.h. die Konstante wird nicht als Regressionskoeffizient einbezogen.
20: Fehlende Werte werden durch den Mittelwert der betreffenden Variablen ersetzt.
21: Ausdruck von t-Werten anstelle der F-Werte mit einem Zaehlerfreiheitsgrad.

Die STATISTICS-Karte

Die Statistiken 1 bis 5 sind unveraendert. Die Statistiken 6 und 7 sind nicht verfuegbar. Zusaetzlich gibt es die Statistiken 8 bis 10.

8: Ausdrucken der Kovarianzmatrix der unstandardisierten Regressionskoeffizienten.
9: 95-Prozent-Vertrauensintervall der unstandardisierten Regressionskoeffizienten.
10: 95-Prozent-Vertrauensintervalle der standardisierten Regressionskoeffizienten.

Literatur

Draper & Smith (1966)
Gaensslen & Schuboe (1976)
Johnston (1970)
Rao (1973)
Ferguson (1966)
Hays & Winkler (1971)
Kerlinger & Pedhazer (1973)
Weber (1972)

============ Beispielausdruck zu REGRESSION ======================

```
REGRESSION      VARIABLES = V1 TO V7/
                REGRESSION = V1(3) WITH V2 TO V7 RESID= 0/
STATISTICS      ALL
OPTIONS         2

***** REGRESSION PROBLEM REQUIRES    1624 BYTES WORKSPACE, NOT INCLUDING RESIDUALS *****

* * * * * * * * * * * * * * * * * * * * * * * * *  M U L T I P L E   R E G R E S S I O N  * * * * * * * * * * * * * *   VARIABLE LIST   1
                                                                                                                       REGRESSION LIST 1
DEPENDENT VARIABLE..   V1

VARIABLE(S) ENTERED ON STEP NUMBER  3..    V7

MULTIPLE R           0.89762            ANALYSIS OF VARIANCE    DF     SUM OF SQUARES     MEAN SQUARE          F
R SQUARE             0.80572            REGRESSION               3.      3687.56726       1229.19575      116.11941
ADJUSTED R SQUARE    0.79878            RESIDUAL                84.       889.19155         10.58562
STANDARD ERROR       3.25355

------------------ VARIABLES IN THE EQUATION ------------------      ------------- VARIABLES NOT IN THE EQUATION -------------

VARIABLE          B           BETA      STD ERROR B        F         VARIABLE     BETA IN     PARTIAL   TOLERANCE          F

V5          -0.1166344     -0.17732       0.09067        1.655       V2          -0.92539    -0.72510    0.11928       92.020
V3          -0.2490639     -0.66504       0.02668       87.119       V4          -0.16943    -0.19764    0.26436        3.374
V7           0.9745821      1.17687       0.12709       58.809       V6          -0.06474    -0.07933    0.17026        0.526
(CONSTANT)   0.1297710D-02

MAXIMUM STEP REACHED

                                              SUMMARY TABLE

VARIABLE                             MULTIPLE R  R SQUARE  RSQ CHANGE  SIMPLE R           B                BETA

V5                                     0.77506   0.60071    0.60071    0.77506     -0.1166344         -0.17732
V3                                     0.81835   0.66970    0.06898   -0.15200     -0.2490639         -0.66504
V7                                     0.89762   0.80572    0.13602    0.71551      0.9745821          1.17687
(CONSTANT)                                                                          0.1297710D-02

     * * * * * * * * * * * * * * * * * * * * * * * * *  M U L T I P L E   R E G R E S S I O N  * * * * * * * * * * * * * * *

     DEPENDENT VARIABLE:  V1        FROM   VARIABLE LIST   1
                                           REGRESSION LIST 1

             OBSERVED        PREDICTED                                 PLOT OF STANDARDIZED RESIDUAL
     SEQNUM     V1              V1            RESIDUAL          -2.0      -1.0      0.0       1.0       2.0

         1   0.6389998E-02    1.510481     -1.504091                              * I
         2  -2.576559         0.3770066    -2.955966                            *   I
         3  -1.173100         1.580287     -2.753386                            *   I
         4   6.923719         5.288038      1.635680                                I *
         5   5.712489         5.997260     -0.2847713                               *
         6   4.692960         4.691793      0.2011656                               *
         7  -0.2351100        2.265512     -2.500623                             *  I
         8   4.229489         4.293014     -0.6352496E-01                           *
         9  -1.313230         4.312040     -5.625270                        *       I
        10  -8.663529         1.147783     -9.811313          *                     I
        11  -3.620669         1.498794     -5.119463                         *      I
        12   8.714890         6.095218      2.619671                                I   *
        13   0.5445700        4.611691     -4.067121                                I
        14   [illegible]      3.572866     -1.805216
        15   [illegible]      4.117451      0.1674573                            *  I
  [illegible] 1.768200        [illegible]   [illegible]                             I  *
        17   5.155800         [illegible]   [illegible]                             I   *
        78   2.932420        -1.704[illegible] 4.636780                             I     *
        79  -10.22070        -7.088148     -3.132550                            *   I
        80   7.335690         6.534548      0.8011409                               I*
        81  -0.5971700        2.078480     -2.675650                            *   I
        82   1.860219         1.304645      0.5755739                               I*
        83  -12.93115        -10.06220     -2.868947                            *   I
        84   6.466439         1.991850      4.476588                                I     *
        85   4.576799         3.894753      0.6840457                               I*
        86   5.301359         1.610230      3.691127                                I    *
        87  -10.06436        -9.276021     -0.7883356                              *I
        88   11.48163        -0.2746090     11.75624                                I               *


     DURBIN-WATSON TEST OF RESIDUAL DIFFERENCES COMPARED BY CASE ORDER (SEQNUM).

     VARIABLE LIST  1, REGRESSION LIST  1.     DURBIN-WATSON TEST     1.40792
```

6.24 RELIABILITY ⟨ab 7⟩

Die Prozedur RELIABILITY berechnet Itemanalysen einschliesslich gebraeuchlicher Reliabilitaetskoeffizienten auf der Basis der sogenannten "Klassischen Testtheorie" (vgl. Lord & Novick, 1968 und Lienert, 1971). Die Itemanalyse ist ein Verfahren, um den Zusammenhang zwischen einzelnen Aufgaben, z.B. eines Intelligenztests oder einzelner Fragen eines Fragebogens (Items) durch Berechnung verschiedener Item- und Testkennwerte zu ermitteln. Die Reliabilitaet bzw. Zuverlaessigkeit eines Tests stellt dabei das Guetekriterium dar, das Auskunft darueber gibt, wie verlaesslich ein Merkmal durch den Test gemessen wird. In der Regel ist das Testergebnis umso zuverlaessiger, je mehr Testaufgaben ein Test enthaelt.

Mit RELIABILITY koennen folgende Methoden zur Schaetzung der Testreliabilitaet durchgefuehrt werden:

- Testhalbierung (split-half-Reliabilitaet)
- Berechnung der inneren Konsistenz (Testhomogenitaet).

Umfangreichere Tests bestehen haeufig aus Untertests (Subtests oder Skalen), fuer die ebenfalls die Reliabilitaetskoeffizienten bestimmt werden koennen. Die Prozedur RELIABILITY berechnet alle ueblichen Itemanalyse-Kennwerte wie Item-Schwierigkeiten, Trennschaerfen, Interkorrelationen, ausserdem aber auch spezifische Tests wie Tukey's Test fuer Additivitaet, Hotelling's T-Quadrat-Test sowie Varianzanalysen fuer Messwiederholungen, fuer Zufallsbloecke und Raenge (nach Friedman). Als Eingabe kommen sowohl Rohdaten als auch Korrelations- bzw. Kovarianzmatrizen in Betracht[1].

Die Prozedurkarte

```
1              16
RELIABILITY    [FORMATS=[INPUT(i/j) ] [OUTPUT(k/l) ]/]
               VARIABLES=Variablenliste/
               SCALE(Etikette)=Itemliste [/MODEL=Modellangabe]
               [/SCALE(Etikette)=Itemliste ... ]
               [/VARIABLES=Variablenliste ... ]
```

Das Schluesselwort VARIABLES nennt in ueblicher Weise alle Variablen, die in die Itemanalyse aufgenommen werden sollen. Das anschliessend aufgefuehrte Schluesselwort SCALE definiert eine Teilmenge der durch VARIABLES genannten Items fuer einen Subtest, fuer den dann die Itemanalyse, Reliabilitaetsbestimmung oder Varianzanalyse durchgefuehrt werden soll. Zur Kennzeichnung wird jeder Subtest mit einem Namen von maximal 8 Zeichen versehen, der nach SCALE in Klammern angegeben wird. Die bei SCALE ebenfalls zulaessige TO-Konvention bezieht sich auf die zuvor durch VARIABLES definierte Liste.

Beispiel

```
1              16
RELIABILITY    VARIABLES=V1 TO V30/SCALE(LERNTEST)=V1 TO V15/
               SCALE(DENKTEST)=V16 TO V30
```

---

[1] Siehe Kap. 5.3. Bei Daten auf Rangskalenniveau sollte die Korrelationsmatrix mit NONPAR CORR ausgegeben und von RELIABILITY eingelesen werden.

Sofern der zu analysierende Test nicht aus Subtests besteht und deshalb nur die Gesamttestreliabilitaet berechnet werden soll, ist die Itemliste bei SCALE mit der Variablenliste identisch.

Beispiel

```
1              16
RELIABILITY    VARIABLES=AUFG1 TO AUFG12/SCALE(GESAMT)=AUFG1 TO AUFG12
```

Der gewuenschte Reliabilitaetskoeffizient wird durch das Schluesselwort MODEL angegeben und folgt der Subtestdefinition, auf die sich die Itemanalyse bezieht. Folgende Modellangaben sind moeglich (Voreinstellung=ALPHA):

ALPHA	Cronbach's alpha bzw. Kuder-Richardson Formel 20 (Konsistenzkoeffizient)
SPLIT	Split-half-Reliabilitaet
GUTTMAN	Guttman's untere Grenzen fuer die wahre Reliabilitaet
STRICTPARALLEL	Maximum-Likelihood-Schaetzungen
PARALLEL	der Testreliabilitaet

Bei MODEL=SPLIT bzw. GUTTMAN teilt die Prozedur die Items in zwei gleiche Haelften auf; bei ungerader Itemzahl ist die erste Haelfte um ein Item groesser. Dieses Verfahren kann umgangen werden, indem die Zahl der Items der zweiten Testhaelfte vorgegeben werden:

```
1              16
RELIABILITY    VARIABLES=FRAGE1 TO FRAGE20/
               SCALE(EINSTELG)=FRAGE1 TO FRAGE20/
               MODEL=SPLIT(8)
```

In diesem Falle wird die split-half-Reliabilitaet als Korrelation der ersten 12 Fragen mit den uebrigen 8 Fragen berechnet.

Will man die Testreliabilitaet nach der split-half/odd-even Methode bestimmem, so sind zuerst die ungeraden Itemnummern auf der Variablenliste aufzufuehren; fuer das zuvor gewaehlte Beispiel etwa in folgender Form:

```
1              16
RELIABILITY    VARIABLES=FRAGE1,FRAGE3, ... FRAGE19,
                         FRAGE2,FRAGE4, ... FRAGE20/
               SCALE(ODDEVEN)=FRAGE1 TO FRAGE20/
               MODEL=SPLIT
```

Bei der durch die Optionen gesteuerten Ein- und Ausgabe von Matrizen und Vektoren ist die Prozedur RELIABILITY bezueglich der Form der Matrizen und ihrem Format sehr flexibel. Wenn die Ein- und Ausgabeformate die in der untenstehenden Tabelle genannten Standardformate sein sollen, ist keine besondere Angabe erforderlich. Sollen die Ein- und/oder Ausgabeformate veraendert werden, muss auf der Prozedurkarte das Schluesselwort FORMATS benutzt werden (siehe Kap. 5.3):

```
1              16
RELIABILITY    FORMATS=INPUT (i/j), OUTPUT (k/l)/
               VARIABLES = ...
```

Wenn nur die Eingabe modifiziert werden soll, ist das Schluesselwort OUTPUT ueberfluessig und umgekehrt. Innerhalb der Klammern sind die Format-Selektionszahlen anzugeben. Die erste Ziffer bezieht sich jeweils auf das Format der Mittelwerte und Standardabweichungen, die zweite definiert das Format der Matrizen. Es koennen folgende Selektionsnummern benutzt werden:

Selektions-nummer	Format	Diese Formate sind voreingestellt bei Option	fuer die Masszahlen
1	(8F10.0)		
2	(8F10.4)	5,7	Mittelwerte und Standardabweichungen, wenn sie im Zusammenhang mit Korrelationsmatrizen benutzt werden
3	(8F10.7)	5	Korrelationsmatrizen
4	(5D16.7)		
5	(4D20.13)	4,8	Kovarianzmatrizen
(keine)	(5E16.7)	7,11	Mittelwerte, wenn sie im Zusammenhang mit Kovarianzmatrizen benutzt werden

Die OPTIONS-Karte

1: Fehlende Werte werden in die Berechnungen eingeschlossen. Voreinstellung: Faelle mit fehlenden Daten in einer oder mehreren Variablen der VARIABLES-Liste werden fuer die Berechnung der folgenden SCALE-Definitionen eliminiert.
2: Nicht implementiert.
3: Etiketten werden unterdrueckt.
4: Eine quadratische Kovarianzmatrix wird eingelesen.
5: Die Standardabweichungen und eine quadratische Korrelationsmatrix werden eingelesen.
6: Anstelle einer quadratischen Matrix (Optionen 4 und 5) wird eine linke untere Dreiecksmatrix einschliesslich der Diagonalen eingelesen. Jede Matrixzeile beginnt mit einem neuen Satz.
7: Es wird ein Vektor von Mittelwerten eingelesen. Diese Daten befinden sich bei Option 4 vor der Kovarianzmatrix, bei Option 5 vor den Standardabweichungen.
8: Ausgabe der Kovarianzmatrix als linke untere Dreiecksmatrix einschliesslich Diagonale. Jede Matrixzeile beginnt mit einem neuen Satz. Wird auch Option 11 gewaehlt, werden die Mittelwerte zuerst ausgegeben.
9: Die Variablenabfolge in den Eingabematrizen und -vektoren richtet sich nach der VARIABLE LIST-Karte. Standardannahme: Die Variablenabfolge richtet sich nach der Prozedurkarte.
10: Abbruch, nachdem die Kovarianzmatrix ausgegeben worden ist.
11: Ausgabe der Mittelwerte. Die Ausgabe erfolgt vor der Kovarianzmatrix (vergleiche Option 8).
12: Die einzulesende linke untere Dreiecksmatrix ist als fortlaufender Vektor gelocht, ohne dass fuer jede Matrixzeile (wie bei Option 6) ein neuer Satz begonnen wird. Es muss zusaetzlich Option 6 gewaehlt werden; Option 9 ist in Kombination mit Option 12 nicht zulaessig.
13: Ausgabe der Kovarianzmatrix als linke untere Dreiecksmatrix als fortlaufender Vektor, ohne dass fuer jede Matrixzeile wie bei Option 8 ein neuer Satz begonnen wird.
14: <nicht CDC> Ein etwas langsameres und speicherplatzaufwendigeres Berechnungsverfahren wird aufgerufen, bei dem eine Kovarianzmatrix den Berechnungen zugrundeliegt. Die Items mit Varianz Null werden eliminiert. Dieses Verfahren wird ohnehin gewaehlt, wenn fuer MODEL eines der Verfahren GUTTMAN, PARALLEL oder STRICTPARALLEL oder eine der Optionen 4 bis 13 oder eine der Sta-

tistiken 2,3,5,6,7,8,12 angegeben wird.
15: <nicht CDC> Friedman's Varianzanalyse fuer Rangdaten und Kendall's Konkordanzkoeffizient werden berechnet; nur sinnvoll, wenn Raenge eingegeben werden.
16: <nicht CDC> Cochran's Q wird berechnet; nur bei dichotomen Variablen sinnvoll.
14: <nur CDC> Eine besonders speicherplatzsparende Methode wird gewaehlt. Matrix-Eingabe ist dabei nicht moeglich. Wird Matrix-Ausgabe oder eine der Statistiken 2,3,5,6,7,8,12 angefordert, so wird dies ignoriert. Es duerfen nur die Modelle ALPHA oder SPLIT angegeben werden.
15: <nur CDC> Items mit Varianz Null werden aus der Skala ausgeschlossen. Voreinstellung: Skalen mit Items ohne Streuung werden uebergangen.
16: <nur CDC> Verarbeiten auch von Skalen mit Items ohne Streuung, ohne sie auszuschliessen.
17: <nur CDC> Friedman's Varianzanalyse und Kendall's Konkordanzkoeffizient werden gerechnet; nur sinnvoll, wenn fuer die Items Raenge eingegeben werden.
18: <nur CDC> Cochran's Q wird berechnet; nur bei dichotomen Daten sinnvoll.

Die STATISTICS-Karte

1: Mittelwerte und Standardabweichungen der Items.
2: Kovarianzmatrix der Items.
3: Iteminterkorrelationsmatrix.
4: Mittelwerte und Varianzen der Subtests (Skalen).
5: Mittelwert, Varianz, Minimum, Maximum und Spannweite der Itemmittelwerte.
6: Wie 5, jedoch fuer Itemvarianzen.
7: Wie 5, jedoch fuer Itemkovarianzen.
8: Wie 5, jedoch fuer Iteminterkorrelationen.
9: Fuer jedes Item: Trennschaerfekoeffizienten, multiple Korrelationen dieses Items mit allen uebrigen Items und Itemkennwerte fuer den Test ohne Beruecksichtigung dieses Items.
10: Zweifaktorielle Varianzanalyse mit einer Beobachtung je Zelle; Faktor A=Faelle, Faktor B=Items.
11: Tukey's Test dafuer, ob durch Potenzierung der Itemwerte Additivitaet hergestellt werden kann (Potenz=1: Additivitaet besteht).
12: Hotelling's T-Quadrat-Test dafuer, ob die Itemmittelwerte gleich sind.

Beschraenkungen

1: Nicht mehr als 10 VARIABLES-Listen duerfen angegeben werden.
2: Nicht mehr als 50 SCALE-Listen duerfen angegeben werden.
3: Die maximale Anzahl von Variablen, die auf allen VARIABLES-Listen angegeben werden kann, darf 500 (CDC: 200, bei Option 14: 400) nicht uebersteigen.
4: Die maximale Anzahl der auf einer SCALE-Liste aufgefuehrten Variablen ist auf 500 (CDC: 200, bei Option 14: 400) begrenzt.
5: Die maximale Anzahl von Variablen, die insgesamt in den SCALE-Listen angegeben werden, ist auf 1000 begrenzt (CDC: 400, bei Option 14: 1000).

Literatur

Dieterich (1973)
Horst (1971)
Lord & Novick (1974)
Magnusson (1969)
Winer (1971)
Guttman (1945)
Kristof (1969)
Lienert (1971)
Novick & Lewis (1967)
Wilks (1946)

============== Beispielausdruck zu RELIABILITY =====================

```
                         RELIABILITY    VARIABLES = RS1 TO RS21/
                                        SCALE(KONSERVA) = RS1, RS3, RS6, RS7, RS9, RS10, RS16,
                                        RS18/
                                        SCALE(PROGRESS) = RS2, RS4, RS5, RS8, RS11, RS19 RS21/
                                        MODEL = ALPHA
                         STATISTICS     4,5,6,7,8,9,10,11,12

* * * * * * * * * R E L I A B I L I T Y   A N A L Y S I S   F O R   S C A L E   ( K O N S E R V A ) * * * * * * * * *

              1.     RS1            AN EIGENE GRUPPEN HALTEN
              2.     RS3            ANDERE ZU EINEM AUFBLICKEN
              3.     RS6            BILLIGUNG DER FAMILIE
              4.     RS7            KOMPROMISSLOS BESTRAFEN
              5.     RS9            MACHT UND AUTORITAET
              6.     RS10           BESITZ GUT SCHUETZEN
              7.     RS16           AUTORITAET NACHKOMMT
              8.     RS18           STRIKTE MORALISCHE STANDARDS

      # OF CASES =       22.0

STATISTICS FOR            MEAN         VARIANCE       STD DEV     # VARIABLES
        SCALE         31.72727         72.11255       8.49191               8

     ITEM  MEANS          MEAN          MINIMUM       MAXIMUM           RANGE        MAX/MIN       VARIANCE
                       3.96591          3.00000       5.22727         2.22727        1.74242        0.49395

     ITEM  VARIANCES      MEAN          MINIMUM       MAXIMUM           RANGE        MAX/MIN       VARIANCE
                       3.05790          2.08874       3.96753         1.87879        1.89948        0.54604

  INTER-ITEM COVARIANCES  MEAN          MINIMUM       MAXIMUM           RANGE        MAX/MIN       VARIANCE
                       0.85088         -0.33117       2.20779         2.53896       -6.66667        0.34307

  INTER-ITEM CORRELATIONS MEAN          MINIMUM       MAXIMUM           RANGE        MAX/MIN       VARIANCE
                       0.28439         -0.11645       0.68700         0.80345       -5.89977        0.03612

ITEM-TOTAL STATISTICS           SCALE          SCALE       CORRECTED
                                MEAN         VARIANCE       ITEM-        SQUARED         ALPHA
                               IF ITEM        IF ITEM       TOTAL        MULTIPLE        IF ITEM
                               DELETED        DELETED    CORRELATION   CORRELATION       DELETED

                  RS1          28.04545       58.99784      0.36269       0.47850        0.74579
                  RS3          28.04545       55.28355      0.45408       0.63912        0.72957
                  RS6          27.13636       59.07576      0.30296       0.28217        0.76002
                  RS7          27.50000       61.11905      0.39406       0.37250        0.73957
                  RS9          27.81818       51.87013      0.73174       0.77328        0.67836
                  RS10         26.50000       59.30952      0.42690       0.45504        0.73404
                  RS16         28.72727       58.49351      0.47614       0.46358        0.72623
                  RS18         28.31818       52.98918      0.52263       0.58435        0.71541


                    ANALYSIS OF VARIANCE

  SOURCE OF VARIATION                  SS         DF       MEAN SQUARE          F          PROBABILITY

    BETWEEN PEOPLE                189.29545       21         9.01407
    WITHIN PEOPLE                 400.50000      154         2.60065
      BETWEEN MEASURES             76.06818        7        10.86688        4.92378         0.00005
      RESIDUAL                    324.43182      147         2.20702
        NONADDITIVITY               0.98579        1         0.98579        0.44497         0.50578
        BALANCE                   323.44603      146         2.21538
    TOTAL                         589.79545      175         3.37026

    GRAND MEAN =              3.96591

    TUKEY ESTIMATE OF POWER TO WHICH OBSERVATIONS MUST BE RAISED TO ACHIEVE ADDITIVITY =          1.4353304

        HOTELLINGS T-SQUARED =           46.23392            F =             4.71775
        DEGREES OF FREEDOM * *  NUMERATOR =      7       DENOMINATOR=     15      PROBABILITY = 0.00565


        RELIABILITY COEFFICIENTS                 8  ITEMS

        ALPHA =  0.75516          STANDARDIZED ITEM ALPHA =  0.76072
```

6.25 REPORT ⟨ab 8⟩

Berichte im Sinne der EDV sind geordnete Zusammenstellungen von Daten und Aggregationsstatistiken, die zum besseren Verstaendnis der Ausgabe mit Seitenueberschriften, Kolumnenueberschriften usw. versehen sind. Solche Berichte werden insbesondere in administrativen Institutionen benoetigt. Sie koennen aber auch im wissenschaftlichen Bereich zur einfachen deskriptiv-statistischen Aufbereitung von Daten verwendet werden.

Die Prozedur REPORT ist ein flexibles Instrument zur Erstellung von solchen Berichten. Eine Reihe der Moeglichkeiten der Prozedur ist auch in den Prozeduren LIST CASES, BREAKDOWN, CONDESCRIPTIVE und AGGREGATE zu finden. Die Prozedur REPORT zeichnet sich insbesondere dadurch aus, dass die Druckausgabe kompakt und flexibel durch den Anwender gestaltet werden kann. Diese Flexibilitaet bedingt eine hohe Komplexitaet des allgemeinen Formats der Prozedurkarte. Unter Verwendung der Voreinstellungen kann jedoch die Prozedur auch mit einfach aufgebauten Anweisungen gesteuert werden. Das einfachste allgemeine Format der Prozedurkarte sieht wie folgt aus:

Die Prozedurkarte

```
1              16
REPORT         FORMAT = DEFAULT/
               VARIABLES = Variablenliste/
               BREAK = Variablenliste/
               SUMMARY = Statistik Statistik ... Statistik/
               [BREAK = Variablenliste/]
```

Die Anweisungen FORMAT, VARIABLES, BREAK und SUMMARY werden bei jeder Verwendung der Prozedur REPORT benoetigt.[1]

Ausserdem gibt es die wahlfreien Anweisungen MISSING, STRING, HEAD und FOOT. Die Anweisungen muessen in der Reihenfolge FORMAT, STRING, VARIABLES, MISSING, HEAD, FOOT, BREAK und SUMMARY aufgefuehrt werden. Die beiden Anweisungen BREAK und SUMMARY koennen wiederholt werden. Alle anderen Anweisungen duerfen nur einmal je Prozedurkarte aufgefuehrt werden.

- Die Anweisung FORMAT legt das Layout der Druckausgabe fest. Durch die Option LIST werden neben den Statistiken auch die Variablenwerte ausgedruckt.
- Die Anweisung VARIABLES nennt die Variablen, die in den Bericht eingehen sollen.
- Die Anweisung BREAK fuehrt eine oder mehrere Variablen auf, die Teilstichproben in der zu bearbeitenden Datei festlegen. Die Datei muss nach diesen Variablen sortiert sein.
- Die Anweisung SUMMARY bestimmt die Aggregationsstatistiken, die fuer jede durch die zugehoerigen BREAK-Variablen definierten Teilstichproben berechnet werden sollen.
- Die Anweisung STRING erlaubt, Variablenwerte und Zeichenkonstanten zu Kettenvariablen zusammenzufassen.
- Die Anweisung MISSING bestimmt, wie fehlende Werte behandelt wer-

---

[1] Die Schluesselwoerter fuer die Anweisungen koennen bis auf die ersten drei Zeichen verkuerzt werden, z.B. FOR, VAR. Fuer die anderen Schluesselwoerter der Prozedurkarte, z.B. VALUE, LABEL sind keine Abkuerzungen zulaessig.

den.

- Die Anweisungen HEAD und FOOT geben Ueber- und Unterschriften fuer die Druckausgabe.

Ueblicherweise ist nicht zu erwarten, dass das gewuenschte Layout im ersten Prozeduraufruf erreicht wird. Um Rechenzeit und Papier zu sparen, empfiehlt sich deshalb, zuerst nur jeweils wenige exemplarische Seiten zu drucken. Dies erreicht man u.a. dadurch, dass der Prozedur REPORT eine N OF CASES- oder SAMPLE-Karte vorangestellt wird, die die zu verarbeitenden Faelle auf eine kleine Fallzahl beschraenkt.[1] Sind alle Fehler behoben, kann man dann die Datei mit allen Faellen bearbeiten.

Die Anweisung FORMAT

Die Anweisung FORMAT legt durch die Parameter HDSPACE, CHDSPACE, BRKSPACE, FTSPACE, LENGTH und MARGINS das Layout der Druckausgabe fest. Die Gestaltungsmoeglichkeiten, die durch diese Parameter gegeben werden, entnehme man der Layoutskizze auf der naechsten Seite.

```
16
FORMAT = [HDSPACE(n)] [CHDSPACE(n)] [BRKSPACE(n)]
         [FTSPACE(n)] [LENGTH(t,b)] [MARGINS(l,r)]
         [LIST | NOLIST] [TOTAL | NOTOTAL] [DEFAULT]/
```

Die Parameter und Optionen der Anweisung FORMAT koennen in beliebiger Reihenfolge aufgefuehrt werden. Fuer nicht explizit aufgefuehrte Angaben werden die in der folgenden FORMAT-Anweisung zusammengefassten Voreinstellungen eingesetzt:

```
16
FORMAT =  HDSPACE(3) CHDSPACE(1) BRKSPACE(2)
          FTSPACE(1) LENGTH(0,0) MARGINS(1,132) NOLIST NOTOTAL/
```

Durch die Anweisung FORMAT=DEFAULT werden fuer alle Parameter und Optionen die voreingestellten Werte uebernommen.

Falls die Option NOLIST gilt, werden durch REPORT nur die Aggregationsstatistiken gedruckt. Falls LIST angegeben wird, werden zusaetzlich die Werte der Faelle gedruckt.

Falls die Option NOTOTAL gilt, werden durch REPORT nur Aggregationsstatistiken fuer die durch die BREAK-Variablen festgelegten Teilstichproben berechnet und nicht fuer die gesamte Stichprobe. Falls TOTAL angegeben ist, werden im einfachsten Fall zusaetzlich fuer die gesamte Datei die Aggregationsstatistiken ausgegeben, die fuer Teilstichproben angefordert sind. Gibt es zwei BREAK-Ebenen, werden fuer jede Teilstichprobe der ersten Ebene zusaetzlich die Aggregationsstatistiken der zweiten Ebenen ausgegeben.

---

[1] Siehe hierzu die Beispiele in Kap. 2.1.4 bzw. 3.2.2.

Layoutskizze einer REPORT-Seite

```
---------------------------------- Seitenanfang -------------------------------------
                                                                      <---- Abstand durch LENGTH
                *********** Kopfzeilen ********
                                                                      <---- Abstand durch HDSPACE
BREAK-Kopf            BREAK-Kopf         Kolumnen   Kolumnen   Kolumnen   Kolumnen
                                         Kopf       Kopf       Kopf       Kopf
                                                                      <---- Abstand durch CHDSPACE
BREAK A Wert 1        BREAK B Wert 1
                                                                      <---- Abstand durch BRKSPACE
                                         Wert       Wert       Wert       Wert
                                         Wert       Wert       Wert       Wert
                                         Wert       Wert       Wert       Wert

                      SUMMARY-Text       Statistik  Statistik  Statistik  Statistik
                                                                      <---- Abstand durch SKIP
                      BREAK B Wert 2                                    der BREAK-Anweisung
                                                                      <---- Abstand durch BRKSPACE
                                         Wert       Wert       Wert       Wert
                                         Wert       Wert       Wert       Wert
                                         Wert       Wert       Wert       Wert

                      SUMMARY-Text       Statistik  Statistik  Statistik  Statistik

SUMMARY-Text                             Statistik  Statistik  Statistik  Statistik
                                                                      <---- Abstand durch SKIP
BREAK B Wert 2        BREAK B Wert 1                                    der BREAK-Anweisung
                                                                      <---- Abstand durch BRKSPACE
                                         Wert       Wert       Wert       Wert
                                         Wert       Wert       Wert       Wert
                                         Wert       Wert       Wert       Wert

                      SUMMARY-Text       Statistik  Statistik  Statistik  Statistik
                                                                      <---- Abstand durch SKIP
                      BREAK B Wert 2                                    der BREAK-Anweisung
                                                                      <---- Abstand durch BRKSPACE
                                         Wert       Wert       Wert       Wert
                                         Wert       Wert       Wert       Wert
                                         Wert       Wert       Wert       Wert

                      SUMMARY-Text       Statistik  Statistik  Statistik  Statistik

SUMMARY-Text                             Statistik  Statistik  Statistik  Statistik
                                                                      <---- Abstand durch FTSPACE
                 ********** Fusszeilen **********
                                                                      <---- Abstand durch LENGTH
-------------------------------------- Seitenende -------------------------------------
|                                                                     |
linker Rand                                                  rechter Rand
```

Die Anweisung VARIABLES

Durch die Anweisung VARIABLES werden die Variablen in der Reihenfolge, in der sie in den Bericht eingehen sollen, aufgefuehrt. Jede dieser Variablen legt eine Ausgabekolumne im Bericht fest. Die Variablenliste kann aus gewoehnlichen SPSS-Variablen oder aus durch die Anweisung STRING definierten Kettenvariablen bestehen. Dabei kann eine Variable nur einmal benannt werden.

```
16
VARIABLES = Var.liste [ (VALUE|LABEL|DUMMY) ][ 'Kolumnenkopf' ][ (Breite) ]
            [ Var.liste . . . ]
```

Jeder Variablenliste koennen zusaetzliche Angaben folgen. Die Angaben beziehen sich jedoch nur auf die letzte Variable bzw. auf die letzte Gruppe von Variablen die durch das Schluesselwort TO aufgefuehrt sind. Fuer alle anderen Variablen der Variablenliste werden die Voreinstellungen verwendet.

Den Variablen koennen in Klammern eingeschlossen die Optionen VALUE, LABEL oder DUMMY folgen. Ist FORMAT=LIST angegeben, dann werden durch die Option VALUE die Werte der Variablen ausgedruckt, durch die Option LABEL die durch die VALUE LABELS-Karte fuer die Variablen definierten Werteetiketten. Option VALUE ist Voreinstellung.

Beispiel

```
1              16
GET FILE       FELDER
SORT CASES     BAUER
REPORT         FORMAT = LIST/
               VARIABLES = KULTUR(LABEL) FLAECHE(7) ERTRAG(6)/
               BREAK = BAUER(5)/
               SUMMARY = SUM (FLAECHE ERTRAG)
```

BAUER	KULTUR	FLAECHE	ERTRAG
42			
	WEIZEN	500	3550
	WEIZEN	240	1704
	GERSTE	800	5440
	TRAUBEN	2000	20000
	PAPRIKA-TOMATEN	3000	30000
SUM		6540	60694
43			
	WEIZEN	8000	56800
	WEIZEN	1200	8160
	GERSTE	800	5440
	GERSTE	1200	8160
	GERSTE	400	2720
	TRAUBEN	7000	70000
	TRAUBEN	4000	40000
	TOMATEN-AUBERGINEN	10000	100000
SUM		32600	291280

Durch die Option DUMMY koennen Ausgabekolumnen reserviert werden, die leer sind. Die zugehoerigen Variablennamen duerfen keine existierenden Namen von SPSS- oder Kettenvariablen sein.

Hat eine Variable eine durch die VAR LABELS-Karte definierte Etikette, dann wird standardmaessig diese Etikette als Ueberschrift fuer die zugehoerige Kolumne verwendet. Ist keine Etikette festgelegt, wird stattdessen der Variablenname gedruckt. Alternativ kann in Hochkommata eingeschlossen eine ein- oder mehrzeilige Kolumnenueberschrift vereinbart werden (siehe Layoutskizze: Kolumnenkopf).

Beispiel

```
1             16
REPORT        FORMAT = LIST/
              VARIABLES = ID NAME SEX 'GESCHLECHT'
                    FACH(LABEL) 'STUDIENFACH'
                    DATUM 'GEBURTS-''DATUM'/
```

Die Zeichenkette 'GEBURTS-''DATUM' ergibt eine zweizeilige, die Kette 'GEBURTSDATUM' eine einzeilige Ueberschrift.

Jede Kolumne in der Druckausgabe besteht standardmaessig sowohl fuer numerische als auch fuer alphanumerische Variablen aus 9 Zeichen. Fuer Variablen, fuer die die Option LABEL angegeben ist, umfasst die zugehoerige Kolumne standardmaessig 20 Zeichen. Fuer Kettenvariablen entspricht die Zeichenbreite der Kolumne standardmaessig der Laenge der Kette.

Diese Voreinstellungen koennen durch die Angabe einer in Klammern eingeschlossenen Kolumnenbreite abgeaendert werden.

Beispiel

```
1             16
REPORT        FORMAT = LIST/
              VARIABLES = NAME VNAME POSTLEIT(4) ORT(LABEL) STRASSE
```

Der Platz zwischen den Kolumnen wird automatisch durch die Prozedur REPORT festgelegt. Maximal werden 4, minimal 1 Leerzeichen verwendet. Zusaetzlicher Platz zwischen Kolumnen kann durch Scheinvariablen (Option DUMMY) mit "leeren" Kolumnenueberschriften eingefuegt werden (zwei Hochkommata ohne eingeschlossene Zeichen).

Beispiel

```
1             16
REPORT        FORMAT = LIST/
              VARIABLES = ID(4) NAME 'NACHNAME' SEX 'S''E''X' (1)
                          DATUM 'GEBURTS-''DATUM'
                          D1(DUMMY) '' (12) FACH(LABEL)'STUDIENFACH'/
```

Die Kolumne fuer die Variable SEX nimmt eine Spalte ein, die zugehoerige Ueberschrift ist dreizeilig. Der Platz zwischen den Kolumnen fuer die Variablen DATUM und FACH betraegt 12 Zeichen (plus zweimal der automatisch zugeordnete Abstand zwischen den Kolumnen).

Man beachte:

- Kolumnenueberschriften koennen nicht laenger als die Kolumnenbreite sein. Spezifizierte Ueberschriften werden gegebenenfalls abgeschnitten. Standardmaessige Ueberschriften (Variablenetiketten oder Variablennamen) schlaengeln sich gegebenenfalls ueber mehrere

Zeilen hinweg.

- Eine Druckzeile kann maximal 132 Zeichen fassen. Werden mehr Druckpositionen benoetigt, als standardmaessig bzw. durch den Parameter MARGINS der FORMAT-Anweisung zugelassen sind, bricht die Prozedur mit einer entsprechenden Fehlermeldung ab.
- Die Kolumnenbreite sollte ausreichen, um die zu druckenden Werte aufzunehmen. Alphanumerische Variablen, Werteetiketten und Kettenvariablen werden sonst abgeschnitten. Fuer numerische Variablen werden Sterne gedruckt. Die numerischen Werte gehen trotzdem korrekt in die Berechnungen der Aggregationsstatistiken ein.

Die Anweisung BREAK

Fuer jeden Lauf der Prozedur REPORT wird wenigstens eine BREAK-Anweisung benoetigt. Diese Anweisung fuehrt eine oder mehrere Variablen auf, die Teilstichproben in der zu bearbeitenden Datei festlegen. Die Datei muss nach diesen Gruppierungsvariablen sortiert sein. Das Ende einer Teilstichprobe wird erkannt, falls eine dieser Variablen ihren Wert aendert. Nach jeder Teilstichprobe werden die durch die zugehoerige Anweisung SUMMARY angeforderten Aggregationsstatistiken ausgedruckt.

```
16
BREAK = Variable ... Variable ['Kolumnenkopf'] [(Breite)]
       [(VALUE | LABEL)] [(NOTITLE | TITLE)] [(PAGE | SKIP(n))]/
```

Fuer die Kolumnenueberschrift, die in Klammern eingeschlossene Kolumnenbreite und die Optionen VALUE und LABEL der Anweisung BREAK gelten die gleichen Konventionen wie fuer die entsprechenden Angaben der Anweisung VARIABLES. Ergaenzend ist zu vermerken:

- Angegebene Optionen gelten fuer alle Gruppierungsvariablen einer BREAK-Anweisung und nicht nur fuer die letzte Variable wie bei VARIABLES.
- Standardmaessig wird die Variablenetikette, ersatzweise der Name der ersten Gruppierungsvariablen als Ueberschrift fuer die Kolumne verwendet. Die in Hochkomma aufgefuehrte Ueberschrift ersetzt diese Standardueberschrift.
- Werden mehrere Gruppierungsvariablen verwendet, wird der jeweilige Gruppenwert bzw. die zugehoerige Wertetikette in eine gesonderte Zeile gedruckt. Die Kolumnenbreite der Gruppierungsvariablen entspricht standardmaessig der groessten Standardbreite, die bei einer dieser Variablen gilt.
- Die Option PAGE bewirkt, dass die Druckausgabe fuer jede durch die Gruppierungsvariable festgelegte Teilstichprobe mit einer neuen Seite beginnt.
- Mit der Option SKIP werden Leerzeilen als Trennung eingefuegt. Der Standard ist SKIP(2).
- Durch die Option TITLE wird neben dem Gruppenwert bzw. den Werteetiketten der Name der zugehoerigen Gruppierungsvariablen in Klammern aufgefuehrt. Die Kolumnenbreite fuer die Gruppierungsvariable vergroessert sich also durch die Option TITLE um weitere 10 Zeichen. Dies wird standardmaessig beruecksichtigt. Wird die Kolumnenbreite explizit festgelegt, ist zu beachten: Fuer Kolumnenbreiten kleiner als 11 Zeichen wird die Option TITLE ignoriert. Fuer groessere, jedoch nicht ausreichende Breiten werden Werte durch Sterne ersetzt bzw. Werteetiketten abgeschnitten. Voreinstellung ist die Option NOTITLE.

Beispiel

```
1              16
SORT CASES     SCHULE KLASSE
REPORT         FORMAT = DEFAULT/
               VARIABLES = NOTE1 TO NOTE12/
               BREAK = SCHULE KLASSE/
               SUMMARY = MEAN
```

Ein Aufruf von REPORT kann mehrere BREAK-Anweisungen enthalten. Dadurch werden verschiedene Ebenen von Teilstichproben definiert. Die erste BREAK-Anweisung definiert die erste Teilungs-Ebene. Nach der ersten SUMMARRY-Anweisung koennen eine zweite und weitere BREAK-Anweisungen folgen, die innerhalb der Teilstichproben der ersten Ebene zweite bzw. weitere Teilungs-Ebenen erzeugen.

Anstatt in einer BREAK-Anweisung die beiden Variablen SCHULE und KLASSE zur Definition von Teilstichproben zu verwenden, kann man auch eine erste Teilungs-Ebene durch die Variable SCHULE und eine zweite durch KLASSE definieren:

Beispiel

```
1              16
SORT CASES     SCHULE KLASSE
REPORT         FORMAT = DEFAULT/
               VARIABLES = NOTE1 TO NOTE12/
               BREAK = SCHULE/
               SUMMARY = MEAN
               BREAK = KLASSE/
```

In beiden Beispielen werden gleichermassen die Mittelwerte fuer jede Klasse innerhalb jeder Schule ausgedruckt. Der Unterschied liegt in der Anordnung des Berichts und darin, dass im zweiten Beispiel zusaetzlich die Mittelwerte auch fuer die erste Teilungs-Ebene, also fuer jede Schule insgesamt, ausgedruckt werden. Die Anordnung unterscheidet sich insofern, als im ersten Beispiel die Nummern der Schulen und die Nummern der Klassen in einer gemeinsamen Kolumne ausgedruckt werden, waehrend im zweiten Beispiel zwei getrennte Kolumnen zur Kennzeichnung der Schulen und Klassen eingerichtet werden.

Sollen alle Faelle einer Datei ohne Gruppierung verarbeitet werden, dann weist man der Gruppierungsvariablen einen konstanten Wert zu. Diese Verwendung der BREAK-Anweisung wird beispielsweise benoetigt, um Faelle aufzulisten und Aggregationsstatistiken ueber alle Faelle zu berechnen.

Beispiel

```
1              16
COMPUTE        BREAK = 1
REPORT         FORMAT = LIST/
               VARIABLES = POSTEN1 TO POSTEN6/
               BREAK = BREAK/
               SUMMARY = MEAN VALIDN/
```

Die RUN SUBFILES-Karte ist mit der Prozedur REPORT wie ueblich zulaessig. Die Verwendung der automatischen Variablen SUBFILE als erste Variable in der Anweisung BREAK ist jedoch flexibler und effizienter als eine RUN SUBFILES-Karte mit dem Schluesselwort EACH.

Die Anweisung SUMMARY

Die Anweisung SUMMARY legt die Aggregationsstatistiken fest, die ausgedruckt werden, wenn die Variablen der Anweisung BREAK das Ende einer Teilstichprobe anzeigen. Diese Statistiken werden standardmaessig fuer alle durch die Anweisung VARIABLES genannten numerischen Variablen berechnet, bzw. nur fuer die durch die SUMMARY-Anweisung in Klammern aufgefuehrten Variablen. Diese Variablen muessen dabei einzeln, also nicht mit dem Schluesselwort TO aufgefuehrt werden. Ausserdem koennen das Druckformat der Statistiken, die Kolumnen-Positionierung und ein Text fuer die Ausgabezeilen der Statistiken angegeben werden.

Es wird wenigstens eine SUMMARY-Anweisung benoetigt, die der ersten BREAK-Anweisung folgen muss. Fuer alle BREAK-Anweisungen, denen keine SUMMARY-Anweisung folgt, gilt die letzte Anweisung.

```
16
SUMMARY =  Statistik Statistik ... Statistik
           ['Text'] [(Kolumnennummer)]
           [(Variable [(Dezimalstellen)] ... )]
           Statistik [CONTINUE]
           [(Variable [(Dezimalstellen)] ... )]
           Statistik ... /
```

Es gibt folgende Aggregationsstatistiken:

Statistik	Operation	Dezimalstellen (Vorein.)
VALIDN	Zahl der gueltigen Faelle	0
VARIANCE	Varianz	Kolumnenbreite -1
SUM	Summe	PRINT FORMAT der Variab.
MEAN	Mittelwert	PRINT FORMAT + 2
STDEV	Standardabweichung	PRINT FORMAT + 2
MIN	minimaler Wert	PRINT FORMAT
MAX	maximaler Wert	PRINT FORMAT
SKEWNESS	Schiefe	3
KURTOSIS	Exzess	3
PCTGT(n)	Prozentsatz groesser n	2
PCTLT(n)	Prozentsatz kleiner n	2
PCTBTN(n1,n2)	Prozentsatz zwischen n1, n2	2
ABFREQ(min,max)	Haeufigk. zwischen min, max	0
RELFREQ(min,max)	rel.Haeuf. zw. min, max	2
MEDIAN(min,max)	Median im Bereich min, max	1
MODE(min,max)	Modus im Bereich min, max	0

Die Statistiken PCTGT, PCTLT und PCTBTN berechnen den Prozentsatz der Faelle jeder Gruppe die groesser, kleiner als der Wert n sind, bzw. die im Bereich von n1 bis n2 liegen. Die Statistiken, die die Angaben (min,max) benoetigen, sollten nur fuer ganzzahlige Variablen verwendet werden, da bei Dezimalzahlen die Stellen nach dem Komma abgeschnitten werden.

Das Ergebnis der einfachen Aggregationsstatistiken wird in den Kolumnen der zugehoerigen Variablen gedruckt. Fuer jede Statistik wird eine eigene Druckzeile verwendet. Kann eine Statistik nicht berechnet werden, wird statt des Werts ein "M" gedruckt.

Beispiele

```
                16
                SUMMARY = SUM(A B C)/
                SUMMARY = VALIDN SUM MEAN (A B C D)/
                SUMMARY = VALIDN SUM (A)/
```

Neben den genannten einfachen Aggregationsstatistiken gibt es zusammengesetzte Aggregationsstatistiken. Diesen ist gemeinsam, dass sie neben Konstanten nur die einfachen Statistiken VALIDN, VARIANCE, SUM, MEAN, STDEV, MIN, MAX, SKEWNESS und KURTOSIS verwenden koennen.

Statistik	Operation	Dez.stel.
DIVIDE(Stat.() Stat.() [Faktor])	Dividiert erstes Argument durch zweites und multipliziert mit dem wahlfreien Faktor	Kol.br.-1
PCT(Stat.() Stat.())	Prozentsatz des ersten Arguments bezogen auf das zweite	2
SUBTRACT(Stat.() Stat.())	Subtrahiert das zweite Argument vom ersten.	Kol.br.-1
ADD(Stat.() ... Stat.())	Addiert die Argumente	Kol.br.-1
MULTIPLY(Stat.()...Stat.())	Multipl. die Arg. <nur CDC>	Kol.br.-1
GREAT (Stat.() ... Stat.())	Maximum der Argumente	Kol.br.-1
LEAST (Stat.() ... Stat.())	Minimum der Argumente	Kol.br.-1
AVERAGE (Stat.()...Stat.())	Durchschnitt der Argumente	Kol.br.-1

Das Ergebnis von zusammengesetzten Statistiken wird standardmaessig in allen Kolumnen ausgegeben. Die Ausgabe der Ergebnisse wird auf die Kolumnen bestimmter Variablen beschraenkt, falls diese Variablen nach der Statistik, in Klammern eingeschlossen, genannt werden. Diese Variablen koennen insbesondere auch Dummy- oder Ketten-Variablen sein, fuer die keine einfachen Aggregationsstatistiken ausgegeben werden.

Beispiel

```
                16
                SUMMARY = SUM MIN MAX (EINK1 EINK2 EINK3)
                          ADD (SUM(EINK1) SUM(EINK2) SUM(EINK3)) (SCHEIN)
```

Im Beispiel werden die einfachen Statistiken SUM, MIN, MAX in jeweils einer Zeile in den Kolumnen zu den Variablen EINK1, EINK2, EINK3 ausgegeben. Durch die Funktion ADD werden drei Einkommensarten aggregiert und zu einem Gesamteinkommen zusammengefasst, das in der Kolumne zur Variablen SCHEIN ausgedruckt wird.

Die Zeilen mit den Statistiken beginnen standardmaessig mit dem Schluesselwort der entsprechenden Statistik. Statt dessen kann ein Text gedruckt werden (siehe Layoutskizze: SUMMARY-Text). Ein "leerer" Text ('') ist dabei ebenfalls zulaessig. Der Text wird abgeschnitten, falls er breiter ist als die Kolumne der BREAK-Variablen.

Beispiel

```
                16
                SUMMARY=MEAN 'Mittleres Einkommen' (EINK1 EINK2 EINK3)
```

Gibt es mehrere BREAK-Ebenen, kann dieser Text durch die Angabe einer Kolumnennummer statt in die erste in eine andere BREAK-Kolumne gesetzt werden.

Fuer jede einfache bzw. zusammengesetzte Statistik sind die Zahl der zu druckenden Dezimalstellen standardmaessig festgelegt. Ist die zugehoerige Kolumnenbreite nicht ausreichend, werden die Statistiken gerundet. Es werden Sterne gedruckt, falls der Platz fuer die Stellen vor dem Dezimalpunkt nicht vorhanden ist. Die standardmaessig festgelegten Druckformate wurden in den Tabellen der Statistiken aufgefuehrt. Andere Druckformate koennen unmittelbar nach den Variablennamen in Klammern aufgefuehrt werden.

Beispiel

```
16
SUMMARY = SUM 'ERTRAG' (ERTRAG1 (0) ERTRAG2(0))
          ADD (SUM(ERTAG1) SUM(ERTRAG2))
          'GESAMT' (SCHEIN(0))
```

UER	KULTUR	MENGE I IN KG	MENGE II IN KG	PREIS I IN DRA.	PREIS II IN DRA.	WERT I IN DRA.	WERT II IN DRA.	
42								
	WEIZEN	500	0	7.1	0.0	3550	0	
	WEIZEN	240	0	7.1	0.0	1704	0	
	GERSTE	800	0	6.8	0.0	5440	0	
	TRAUBEN	2000	0	10.0	0.0	20000	0	
	PAPRIKA-TOMATEN	3000	7000	10.0	7.0	30000	49000	
TRAG						60694	49000	
SAMT								109694
43								
	WEIZEN	8000	0	7.1	0.0	56800	0	
	WEIZEN	1200	0	6.8	0.0	8160	0	
	GERSTE	800	0	6.8	0.0	5440	0	
	GERSTE	1200	0	6.8	0.0	8160	0	
	GERSTE	400	0	6.8	0.0	2720	0	
	TRAUBEN	7000	0	10.0	0.0	70000	0	
	TRAUBEN	4000	0	10.0	0.0	40000	0	
	TOMATEN-AUBERGINEN	10000	4000	10.0	10.0	100000	40000	
TRAG						291280	40000	
SAMT								331280

Wenn eine weitere Statistik fuer sich nicht ueberschneidende Kolumnen erzeugt wird, kann sie durch das Attribut CONTINUE in derselben Zeile wie die vorhergehende Statistik fortgesetzt werden.

Die Anweisung STRING

Die Anweisung STRING erlaubt fuer die Ausgabe der Prozedur REPORT Zeichenkonstanten und gewoehnliche alphanumerische und numerische Variablen zu Variablen mit Werten beliebiger Laenge zu verketten. Kettenvariablen koennen nachfolgend in den Anweisungen VARIABLES und BREAK verwendet werden. Fuer Kettenvariablen koennen selbstverstaendlich keine Statistiken berechnet werden.

```
16
STRING = Kettenname([Variable[ (Breite) ]]['bel.Zeichen'][Variable...])
         [Kettenname . . . ]
```

Die Namen der Kettenvariablen entsprechen den ueblichen Namenskonventionen. Sie muessen eindeutig sein. Sie sind nur fuer den Aufruf der Prozedur REPORT definiert.

Die Werte einer Kettenvariablen entstehen durch Verkettung der in Klammern aufgefuehrten Variablen und Zeichenkonstanten. Werte alphanumerischer Variablen gehen dabei standardmaessig mit 4 (CDC: 8) Zeichen ein, Werte numerischer Variablen standardmaessig mit 10 Ziffern. Werten numerischer Variablen werden eventuell fuehrende Nullen vorangestellt. Werten alphanumerischer Variablen werden Leerzeichen angehaengt. Hat eine Variable einen fehlenden Wert, dann wird der entsprechende Wert der Kettenvariablen ebenfalls als fehlend angesehen. Diese Liste kann ausserdem Zeichenkonstanten beliebiger Laenge enthalten. Diese Zeichenkonstanten werden in Hochkomma (') eingefasst.

Die Zahl der zu beruecksichtigenden Zeichen bzw. Ziffern kann fuer jede Variable durch eine in Klammern eingeschlossene Breite variiert werden.

Werte alphanumerischer Variablen werden gegebenenfalls rechts abgeschnitten, bzw. es werden fuer Werte numerischer Variablen, fuer die diese Breite nicht ausreicht, Sterne gedruckt. Die maximale Breite betraegt 16 Zeichen. Das Schluesselwort TO darf nicht verwendet werden, um die Variablen aufzufuehren. Es koennen bis zu 50 Kettenvariablen definiert werden.

Beispiel

```
1              16
VARIABLE LIST  N1 TO N6 V1 TO V4 TAG MONAT JAHR GEWICHT GROESSE
INPUT FORMAT   (10A4,3F2.0,F3.1,F3.0)
SORT CASES     KLASSE
REPORT         FORMAT = LIST/
               STRING = NACHNAME (N1 N2 N3 N4 N5 N6)
                        VORNAME  (V1 V2 V3 V4)
                        GEBURT (TAG (2)'.'MONAT(2)'.19'JAHR(2))/
               VARIABLES = NACHNAME VORNAME GEBURT GEWICHT(4)
                           GROESSE(3)/
               BREAK = KLASSE/
               SUMMARY = MEAN (GEWICHT)
```

In einem Bericht werden ausgegeben: der Familienname, der Vorname, das Geburtsdatum, das Gewicht und die Koerpergroesse. Der Familienname ist mit maximal 24 Zeichen codiert, er wird durch 6 alphanumerische Variablen (N1 TO N6) eingelesen und zu der Kettenvariablen NACHNAME zusammengefasst.

Die Anweisung MISSING

Die Anweisung MISSING legt fest, wie fehlende Werte in die Druckausgabe und die Berechnung der Aggregationsstatistiken eingehen.

```
16
MISSING = VAR | NONE | LIST([Variable ... Variable] [n])/
```

Die Option VAR ist Voreinstellung. Fehlende Werte werden fuer jede Variable der Anweisung VARIABLES gesondert beruecksichtigt. Sie werden, falls Datenwerte von Faellen gedruckt werden, mit ausgegeben; sie gehen jedoch nicht in die Aggregationsstatistiken ein.

NONE legt fest, dass alle Werte als gueltig angesehen werden.

Die Option LIST eliminiert Faelle mit einer vorgegebenen Zahl n von fehlenden Werten sowohl fuer die Druckausgabe als auch fuer die Berechnung der Aggregationsstatistiken. Die Voreinstellung fuer n ist 1. Falls keine Variablen nach dem Schluesselwort LIST aufgefuehrt werden, bezieht sich diese Option auf alle Variablen der Anweisung VARIABLES.

Beispiele

```
16
MISSING = LIST/
MISSING = LIST(3)
MISSING = LIST (EINK ERSPAR 2) /
```

Die Anweisungen HEAD und FOOT

Die Anweisungen HEAD und FOOT vergeben Ueber- und Unterschriften, die aus einer beliebigen Anzahl von Zeichen bestehen, fuer jede Seite der Druckausgabe. Jede Zeile der Ueber- oder Unterschrift wird in Hochkomma eingefasst. Siehe die Layoutskizze: Kopfzeilen bzw. Fusszeilen.

```
16
HEAD  =   'Zeile 1' 'Zeile 2' .../
LHEAD =   'Zeile 1' 'Zeile 2' .../
RHEAD =   'Zeile 1' 'Zeile 2' .../
FOOT  =   'Zeile 1' 'Zeile 2' .../
LFOOT =   'Zeile 1' 'Zeile 2' .../
RFOOT =   'Zeile 1' 'Zeile 2' .../
```

Standardmaessig werden die Ueber- und Unterschriften zentriert.[1] Durch die Anweisungen LHEAD und LFOOT bzw. RHEAD und RFOOT werden die Ueberschriften und Unterschriften am linken Rand bzw. am rechten Rand angepasst. In einem Aufruf von REPORT koennen zugleich CHEAD, LHEAD und RHEAD (entsprechend fuer CFOOT) angegeben werden.

Mit diesen Anweisungen sind die Funktionen)PAGE und)DATE zulaessig. Die Funktion)PAGE druckt die Seitenzahl in einem Feld von 5 Zeichen, die Funktion)DATE druckt das Tagesdatum in der Form mm/tt/jj.

Beispiel

```
16
RHEAD = 'ZAHLUNGSVORGAENGE AM )DATE'/
RFOOT = 'SEITE )PAGE'/
```

Standardmaessig wird als Ueberschrift am rechten Rand "PAGE nnnnn" gedruckt. Ist die Breite der Druckausgabe groesser als 79 Zeichen, wird ausserdem der Text der RUN NAME-Karte links angepasst gedruckt.

---

[1] HEAD und CHEAD bzw. FOOT und CFOOT sind aequivalent.

6.26 SCATTERGRAM

Zur Veranschaulichung des Zusammenhangs zwischen zwei Variablen ordnet SCATTERGRAM die Werte der einzelnen Faelle auf jeweils zwei Variablen in ein zweidimensionales Koordinatensystem ein und druckt dies als Graphik aus. Zusaetzlich werden Korrelations- und Regressionsmasse berechnet.

Die Prozedurkarte

```
1               16
SCATTERGRAM     Variablenliste [(min,max)]
                [WITH Variablenliste [(min,max)]]
                [/Variablenliste [(min,max)] . . .]
```

Matrixform- und Teilmengenkonvention koennen auf einer Prozedurkarte gemischt gebraucht werden und haben die gleiche Bedeutung wie bei der Prozedur PEARSON CORR. Jedoch werden bei SCATTERGRAM auch bei der Matrixformkonvention nur die nicht redundanten Variablenkombinationen ausgedruckt. Zuerst genannte Variablen werden auf der senkrechten Achse, spaeter oder nach dem Schluesselwort WITH genannte Variablen werden auf der waagerechten Achse angeordnet.

Die wahlfreie Angabe von Minimum und Maximum (bzw. der Schluesselwoerter LOWEST, HIGHEST, LO oder HI) dient zur Begrenzung des Wertebereichs der zulaessigen Werte und bezieht sich ausschliesslich auf die jeweils unmittelbar vorhergehende Variable. Soll der Wertebereich nicht begrenzt werden, laesst man die Angabe in Klammern einfach weg. Es darf nicht (LO,HI) geschrieben werden. Der ggf. durch Minimum und Maximum begrenzte Bereich der Worte wird auf der senkrechten Achse auf 50 (Markierungen links und rechts bei den Einheiten 1,6,11,...51), auf der waagerechten auf 100 Intervallen angeordnet (Markierungen unten bei den Einheiten 1, 11, 21, ... 101, oben bei den Einheiten 6, 16, 26, ... 96).[1]

Jedes Wertepaar wird in dem Streuungsdiagramm durch einen Stern (*) symbolisiert. Nehmen die Wertepaare von zwei bis acht Faellen die gleiche Druckposition ein, werden als Symbole die Ziffern 2 bis 8 verwendet, bei neun oder mehr zusammenfallenden Wertepaaren die Ziffer 9. Die Anzahl der Faelle, die durch die Begrenzung des Wertebereichs ausgeschlossen werden, wird unter dem Streuungsdiagramm als EXCLUDED VALUES ausgedruckt.

Die OPTIONS-Karte

1: Einschluss aller fehlenden Werte.
2: Ausschluss eines Falles, falls bei mindestens einer Variablen ein Wert fehlt. Voreinstellung: Ausschluss eines Falles nur beim Fehlen von Werten auf einer oder beiden Variablen des betreffenden Streuungsdiagramms.
3: Kein Ausdruck von Variablenetiketten.
4: Unterdruecken der Einteilungslinien. Diese Einteilungslinien verlaufen parallel zur senkrechten (auf den Einheiten 35 und 67) und

---
[1] Bei der CDC-Version wird fuer die Beschriftung der Achsen mit Werten die Anzahl der Stellen nach dem Dezimalpunkt um 2 groesser als die Angabe auf der PRINT FORMATS-Karte gewaehlt.

waagerechten Achse (auf den Einheiten 18 und 34) und teilen zur besseren Lokalisierung von Datenpunkten die Graphik in 9 fast gleich grosse Felder.
5: Eindrucken von diagonalen Einteilungslinien in die Graphik.
6: Zweiseitiger Signifikanztest; Voreinstellung: Einseitiger Test (beides nur, falls auch Statistik 3 gewaehlt wird).
7: Automatische Skalierung. Diese Option erzeugt ganzzahlige Werte fuer die Randbeschriftung. Als Ausgangswert wird fuer beide Achsen die ganze Zahl gewaehlt, die gleich oder kleiner als der kleinste in den Daten enthaltene Wert ist, als hoechster Wert eine ganze Zahl, die gleich oder groesser als der hoechste in den Daten enthaltene Wert ist und fuer die ausserdem die Differenz zum Ausgangswert fuer die senkrechte Achse durch 10, fuer die waagerechte Achse durch 20 teilbar ist. Die Angabe von Minimum und Maximum auf der Prozedurkarte setzt Option 7 ausser Kraft.
8: Falls fuer die Verarbeitung aller Faelle nicht genuegend Speicherplatz zur Verfuegung steht, bewirkt die Angabe von Option 8, dass die Verarbeitung nicht abgebrochen, sondern mit den ersten, gerade noch verarbeitbaren Faellen durchgefuehrt wird.

Die STATISTICS-Karte

1: Pearson'scher Korrelationskoeffizient.
2: Quadrat des Korrelationskoeffizienten (Bestimmtheitsmass).
3: Irrtumswahrscheinlichkeit des Korrelationskoeffizienten.
4: Standardschaetzfehler.
5: Schnittpunkt der Regressionsgeraden mit der senkrechten Achse (Achsenabschnitt).
6: Steigung der Regressionsgeraden.

Die Statistiken werden durch die Skalierung nicht beeinflusst, es sei denn, dass durch die Angabe von Minimum und Maximum Faelle ausgeschlossen werden. Faelle, die nicht in die Graphiken aufgenommen werden, werden auch nicht bei der Berechnung der Statistiken beruecksichtigt.

Beispiel

```
1              16
SCATTERGRAM    A,B,C,D(0.20,88.25)
OPTIONS        7
```

Es werden 6 Streuungsdiagramme erstellt. Die Wertebegrenzung (0.20 bis 88.25) gilt nur fuer die Variable D. Fuer die Variablen A bis C wird automatisch skaliert.

Beschraenkungen

Maximal 100 Variablen in maximal 25 Variablenlisten

Literatur

Gaensslen & Schuboe (1976)
Hofstaetter & Wendt (1966)
Sachs (1974)
Guilford & Fruchter (1973)
McNemar (1962)
Walker & Lev (1975)

============== Beispielausdruck zu SCATTERGRAM =====================

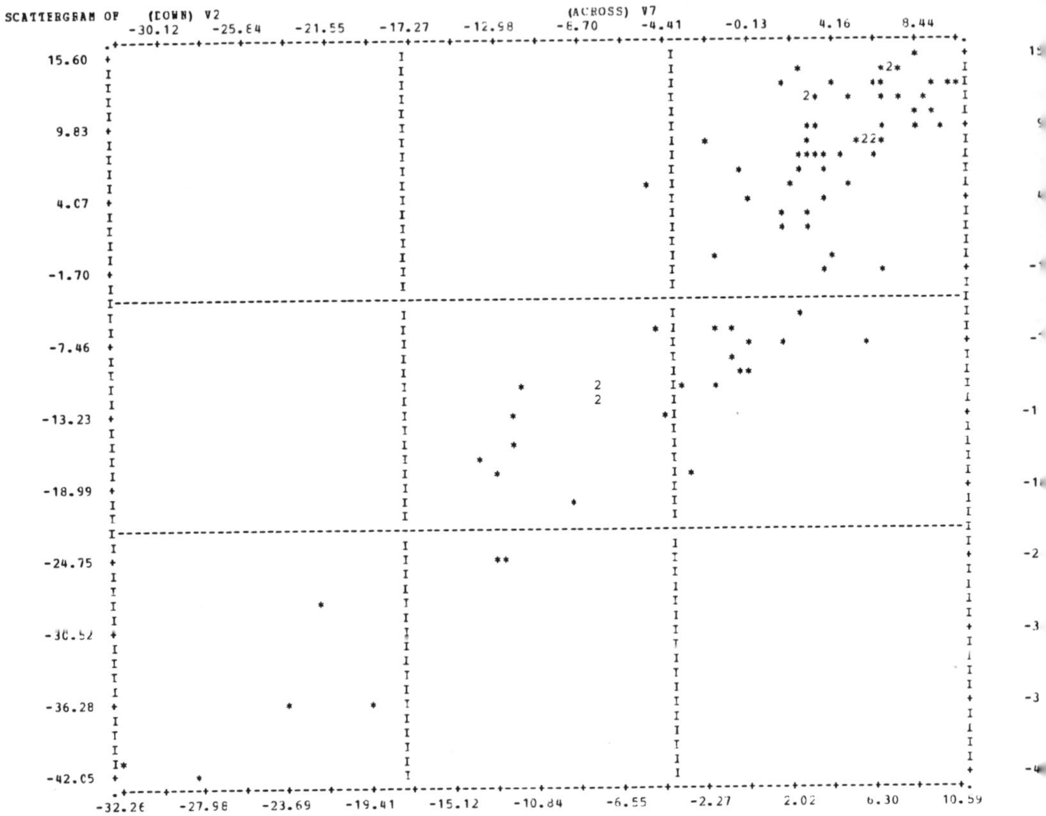

STATISTICS..

CORRELATION (R)-	0.91518	R SQUARED -	0.83755	SIGNIFICANCE -	0.00001
STD ERR OF EST -	5.67448	INTERCEPT (A) -	-0.00463	SLOPE (B) -	1.46265
PLOTTED VALUES -	88	EXCLUDED VALUES-	0	MISSING VALUES -	0

6.27 SPECTRAL ⟨lokal⟩ ⟨auch CDC⟩

Die Prozedur SPECTRAL[1] ist geeignet fuer univariate und bivariate Spektralanalysen zyklisch verlaufender Phaenomene. Es stehen fuenf Lagfenster zur Auswahl: Parzen-, Hann-Tukey-, Hamming-, Bartlett- und Rechteckfenster.

Die Grundlage der Spektralanalyse bildet das Theorem von Cramer und Kolmogoroff, wonach stationaere Kreuz- und Autokovarianzfunktionen durch Fourier-Stieltjes-Integrale dargestellt werden koennen. Das Argument der Kreuz- bzw. Autokovarianzfunktionen sind die Lags (zeitliche Verzoegerungen). Waehrend mit den Kreuzkovarianzfunktionen die Beziehungen zwischen zeitlich gegeneinander verschobenen Zufallsvariablen im Zeitbereich gemessen werden, untersucht die Spektralanalyse im Frequenzbereich den Zusammenhang zwischen den Komponenten gleicher Frequenz fuer diese Zufallsvariablen. Hierbei ist die Frequenz der Kehrwert der Periode einer zyklischen Schwankung. Kreuzkovarianzfunktionen und Kreuzspektren sind Paare von Fouriertransformierten, so dass das Kreuzspektrum mittels einer Fouriertransformation der geschaetzten Kreuzkovarianzfunktion geschaetzt werden kann. Analog geschieht dies fuer die Autospektren im univariaten Fall. Die Kreuzspektren sind komplexwertige Funktionen, deren Realteil mit Kospektrum und deren Imaginaerteil mit Quadratspektrum bezeichnet werden. In der Exponentialform komplexwertiger Funktionen wird das Kreuzspektrum durch die Amplitude und die Phase charakterisiert. Als Mass des Zusammenhangs zwischen den Komponenten gleicher Frequenz fuer zwei Zufallsvariablen wird im bivariaten Fall die quadratische Kohaerenz berechnet, die im Intervall [0,1] liegt. So bedeutet eine quadratische Kohaerenz nahe 1, dass ein starker Zusammenhalt zwischen diesen Frequenzkomponenten besteht. Da das Periodogramm sich als nicht konsistente Spektralschaetzung nicht zur Spektralanalyse eignet, werden mit den Lagfenstern (Gewichtungsfunktionen) die Auto- bzw. Kreuzkovarianzfunktionen geglaettet und erst dann fouriertransformiert. Diese geglaetteten Spektralschaetzungen sind konsistent.

Weitere statistische Masszahlen zur Beurteilung der Guete von Spektralschaetzungen sind das Varianzverhaeltnis, die Anzahl der Freiheitsgrade und die Bandbreite.

Durch mehrere Plots ermoeglicht die Prozedur SPECTRAL, die spektralanalytischen Ergebnisse in kondensierter Form auszuwerten.

Die Prozedurkarte

```
1              16
SPECTRAL       UNIVARIATE | BIVARIATE = Variablenliste/
               [LAGS = n/]
               [WINDOWS = Schluesselwort(e)/]
               [DATATYPE = Schluesselwort/]
```

Die Schluesselworte UNIVARIATE oder BIVARIATE muessen als erste Angaben aufgefuehrt werden; sie schliessen einander aus. Dem Schluesselwort UNIVARIATE folgt eine Variablenliste der ueblichen

---

[1] Programmautoren: P.Beutel, B.Leiner (Heidelberg). Die Prozedur wurde fuer die CDC-Version uebernommen. Dabei wurden einige kleinere Aenderungen durchgefuehrt: WINDOWS wurde zu WINDOW, DATATYPE zu UNIT, RECTANGULAR zu UNIT; HALFYEAR und OTHER entfallen.

Form. Sie spezifiziert die Variablen, die in die Berechnungen zur univariaten Spektralanalyse eingehen sollen. Dem Schluesselwort BIVARIATE folgen bis zu 20 durch Schraegstrich getrennte Variablenlisten; sie nennen die Variablen, die in die Berechnungen zur bivariaten Spektralanalyse eingehen sollen. Die Variablenlisten nach dem Schluesselwort BIVARIATE entsprechen den Konventionen der PEARSON CORR-Karte. Fuehrt eine solche Liste die Variablen ohne das Schluesselwort WITH auf, so wird fuer alle moeglichen nicht redundanten Paare eine bivariate Spektralanalyse berechnet. Enthaelt die Liste das Schluesselwort WITH, so werden dadurch die Paare spezifiziert, die durch Kombinationen der links vom Schluesselwort WITH und der rechts davon aufgefuehrten Variablen entstehen. Alle anderen Angaben sind wahlfrei. Die Reihenfolge der Schluesselwoerter LAGS,WINDOWS und DATATYPE untereinander ist beliebig.

Das Schluesselwort WINDOWS nennt ein bis maximal fuenf Fenstertypen (Gewichtungsfunktionen) fuer die jeweils die entsprechenden Berechnungen durchgefuehrt werden. Folgende Fenstertypen sind zulaessig: PARZEN - Parzen-Gewichtungsfunktion, TUKEY - Hann-Tukey-Gewichtungsfunktion, HAMMING - Hamming-Gewichtungsfunktion, BARTLETT - Dreiecks- oder Bartlett-Gewichtungsfunktion, RECTANGULAR - Rechtecks-Gewichtungsfunktion. Wird das Schluesselwort WINDOWS nicht aufgefuehrt, so wird durch Voreinstellung die PARZEN-Gewichtungsfunktion verwendet.

Das Schluesselwort DATATYPE gibt den Typ der Daten an. Diese Angabe dient zur Berechnung der Zahl der Lags, falls das Schluesselwort LAGS nicht aufgefuehrt wird. Standardmaessig wird der Datentyp YEAR angenommen. Folgende Datentypen, mit zugehoerigen Konstanten sind definiert:

Schluesselwort	Bedeutung	Konstante
YEAR	Jahresdaten	1
HALFYEAR	Halbjahresdaten	2
QUARTER	Vierteljahresdaten	4
MONTH	Monatsdaten	12
WEEK	Wochendaten	52
DAY	Tagesdaten	360
OTHER	beliebiger Datentyp	---

Das Schluesselwort LAGS nennt die Zahl der Lags. Die Zahl der Lags muss groesser 0 und kleiner als die Haelfte der Zahl der zulaessigen Beobachtungen sein. Wird das Schluesselwort LAGS nicht aufgefuehrt, wird die Zahl der Lags standardmaessig nach folgender Regel berechnet:

(Fallzahl - modulo (Fallzahl, Konstante))/3.

Bei dem Datentyp OTHER muss die Zahl der Lags explizit angegeben werden.

Beispiele

```
1              16
SPECTRAL       UNIVARIATE=V1 TO V10,V12,V15,V30 TO V37
SPECTRAL       BIVARIATE=V1 TO V10/ V12,V15 WITH V30 TO V37
               WINDOWS=PARZEN,BARTLETT/LAGS=48
```

Die STATISTICS-Karte

ACHTUNG: Ohne STATISTICS- oder OPTIONS-Karte erzeugt die Prozedur SPECTRAL keine Ausgabe. Die Statistiken 3 bis 5 gelten nur fuer die bivariate Spektralanalyse. Die Statistiken 3 und 4 schliessen einander aus.

1: Ungewichtete, gewichtete Autokovarianzen und Autokorrelationen, Spektrum, normiertes und logarithmisches Spektrum fuer alle Variablen, die durch das Schluesselwort UNIVARIATE genannt werden, oder fuer alle nicht redundanten Variablen, die durch das Schluesselwort BIVARIATE spezifiziert werden.
2: Beurteilungsstatistiken zur univariaten Spektralanalyse.
3: Ungewichtete, gewichtete Kreuzkorrelationen, Kospektrum und Quadratspektrum.
4: Ungewichtete, gewichtete Kreuzkovarianzen, Kospektrum und Quadratspektrum.
5: Gain, Phase, Amplitude und Kohaerenz.

Die OPTIONS-Karte

1: Bewirkt, dass saemtliche Faelle in die Berechnung der Statistiken einbezogen werden, auch dann, wenn durch eine MISSING VALUES-Karte Werte als fehlend bezeichnet sind. Voreinstellung fuer das Schluesselwort UNIVARIATE: Ein Wert wird aus den Berechnungen fuer eine bestimmte Variable ausgeschlossen, falls er als fehlend gekennzeichnet ist. Voreinstellung fuer das Schluesselwort BIVARIATE: Paarweiser Ausschluss.
2: Fallweiser Ausschluss fehlender Werte.
3: Das Ausdrucken der Variablenetiketten wird unterdrueckt.
4: Plot der ungewichteten und gewichteten Autokorrelationen und des normierten Spektrums.
5: Plot der ungewichteten Kreuzkorrelationen, des Phasen- und Kohaerenzdiagramms.
6: Plot der gewichteten Kreuzkorrelationen, des Phasen- und Kohaerenzdiagramms.
7: nicht implementiert.
8: nicht implementiert.

Die Optionen 9-11 gelten fuer das Schluesselwort UNIVARIATE, die Optionen 12-17 fuer das Schluesselwort BIVARIATE. Sie bewirken die Ausgabe von (n+1) Faellen im Format (5E16.7) als BCD-Datei fuer alle durch das Schluesselwort UNIVARIATE genannten Variablen, bzw. fuer alle durch das Schluesselwort BIVARIATE spezifizierten Paare (siehe Kap. 5.2.4). n ist gleich Zahl der Lags. Die Optionen 9-17 schliessen einander aus. Die Daten werden nur fuer den zuletzt angegebenen Fenstertyp ausgegeben.

9: ungewichtete Autokovarianzen.
10: gewichtete Autokovarianzen.
11: Spektrum.
12: ungewichtete Kreuzkovarianzen.
13: gewichtete Kreuzkovarianzen.
14: Kospektrum und Quadratspektrum.
15: Phase und Kohaerenz.
16: Phase und Amplitude.
17: Gain.

Beschraenkungen

1: Maximal 200 Variablen nach UNIVARIATE oder BIVARIATE.
2: Maximal 20 Variablenlisten nach BIVARIATE.
3: Maximal 400 Paare implizit oder explizit nach BIVARIATE.
4: Die N OF CASES-Karte muss die genaue Fallzahl enthalten.

Literatur

Dhrymes (1970)
Parzen (1967)
Jenkins & Watts (1968)
Leiner (1976)

============== Beispielausdruck zu SPECTRAL ==========================

```
SPECTRAL      UNIVARIATE=V1 /WINDOWS = PARZEN,HAMMING,TUKEY,BARTLETT,
              RECTANGULAR/LAGS = 48/DATATYPE = MONTH/
OPTIONS       4
STATISTICS    1,2
```

```
JNI SPECTRAL TEST                                                      05/12/76        PAGE    2

FILE   NONAME   (CREATION DATE = 05/12/76)

* * * * * * * * * * * * * * * * * * *  U N I V A R I A T E   S P E C T R A L A N A L Y S I S  * * * * * * * * * * * * * * * * * *

V1            INDUSTRIE GESAMT MONATLICH - UNBEREINGT                               PARZEN WEIGHTING FUNCTION
```

LAG	AUTOCOVARIANCE FUNCTION UNWEIGHED	AUTOCOVARIANCE FUNCTION WEIGHED	AUTOCORRELATION FUNCTION UNWEIGHED	AUTOCORRELATION FUNCTION WEIGHED	SPECTRUM	NORMED SPECTRUM	LOGARITHMIC SPECTRUM	PERIOD
0	69.6659	69.6659	1.0000	1.0000	37.1929	0.5339	1.57046	INFINITE
1	26.6666	26.5986	0.3828	0.3818	44.8985	0.6445	1.65223	96.0000
2	1.29157	1.27868	0.0185	0.0184	43.5613	0.6253	1.63910	48.0000
3	-1.58869	-1.55378	-0.0228	-0.0223	21.9591	0.3152	1.34161	32.0000
4	2.92298	2.81134	0.0420	0.0404	6.24821	0.0897	.795756	24.0000
5	20.8776	19.6599	0.2997	0.2822	2.83998	0.0408	.453315	19.2000
6	31.5451	28.9574	0.4528	0.4157	4.73891	0.0680	.675678	16.0000
7	14.1765	12.6313	0.2035	0.1813	11.3941	0.1636	1.05668	13.7143
	1.39929	[illegible]	[illegible]	0.0173	[illegible]	0.2260	[illegible]	12.0[illegible]
	9.6613[illegible]	[illegible]	[illegible]	[illegible]	[illegible]	0.15[illegible]	[illegible]	[illegible]
45	[illegible]	-.101[illegible]	-0.2990	[illegible]	2.25944	[illegible]	.354001	[illegible]333
46	[illegible]	-.110458E-02	-0.1096	-0.0000	2.97847	[illegible]28	.473993	2.0870
47	10.0944	.182552E-03	0.1449	0.0000	5.13846	0.0738	.710833	2.0426
48	24.5948	.0	0.3530	0.0	6.73389	0.0967	.828266	2.0000

```
* * * * * * * * * * * * * * * * * * *  U N I V A R I A T E   S P E C T R A L A N A L Y S I S  * * * * * * * * * * * * * * * * * *

V1            INDUSTRIE GESAMT MONATLICH - UNBEREINGT                               PARZEN WEIGHTING FUNCTION
LAG  AUTOCORRELATION                  WEIGHED AUTOCORRELATION               NORMED SPECTRUM                        PERIOD
```

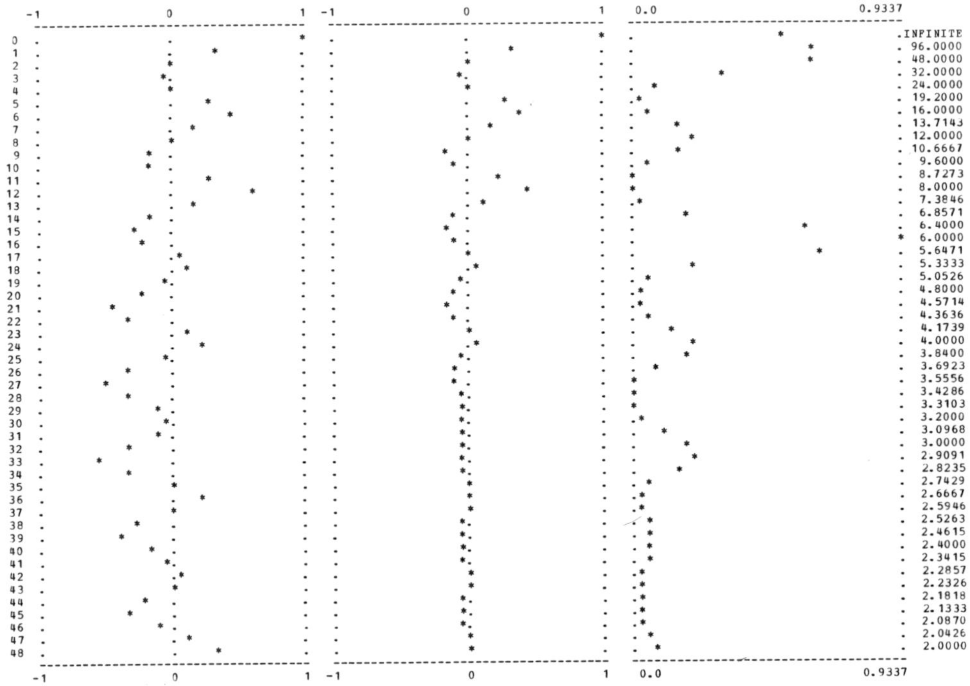

6.28 SSA 1 ⟨nur CDC⟩

Die Prozedur SSA1 fuehrt eine nonmetrische multidimensionale Skalierung durch. Dabei wird fuer Objekte, von denen nur die Rangreihe der wechselseitigen Distanzen bzw. Aehnlichkeiten bekannt ist, eine Darstellung als Punkte in einem metrischen Raum moeglichst kleiner Dimension gesucht. Die Methode ist in mancher Hinsicht der Faktorenanalyse verwandt, doch kann sie auch in Situationen eingesetzt werden, in denen wegen unzureichender Skalenqualitaeten die Faktorenanalyse nicht verwendet werden kann. Genauere Informationen finden sich bei Toledano (1977).

6.29 SUMMARY TABLES ⟨nur CDC⟩

Die Prozedur SUMMARY TABLES erlaubt, Kreuztabellen mehrerer dichotomer Variablen in Abhaengigkeit der Werte einer weiteren, nicht unbedingt dichotomen Variablen in einer einzigen Tabelle zusammenzufassen. Die Darstellung ist uebersichtlicher und benoetigt weniger Platz als bei der Prozedur CROSSTABS. Es werden jedoch keine Zusammenhangskoeffizienten berechnet und keine Signifikanztests durchgefuehrt.

Die Prozedurkarte

```
1              16
SUMMARY TABLES Liste der dichotomen Variablen [(Tabellenname)]
               BY Liste der unabhaengigen Variablen (min,max)
               [BY Liste der Kontrollvariablen(min,max)] [BY ...]
               [/Liste der dichotomen Variablen ...]
```

Bei der Liste der dichotomen Variablen wird davon ausgegangen, dass die zu tabellierenden Werte, meist die Ja-Antworten, mit Werten ungleich Null codiert werden, die Nein-Antworten mit Null.

Nach dem Schluesselwort BY folgt die Angabe der unabhaengigen Variablen mit Angabe der Werte, fuer die die Auszaehlungen getrennt durchgefuehrt werden sollen. Sofern mehr als 10 Werte vorkommen, wird die Tabelle auf einer neuen Seite fortgesetzt. Bei mehr als einer unabhaengigen Variablen werden getrennte Tabellen erzeugt. Werden noch Kontrollvariablen angefuehrt, druckt SUMMARY TABLES fuer jeden Wert der Kontrollvariablen separate Tabellen aus.

Bei "Tabellenname" kann in Klammern entweder der Name einer existierenden Variablen oder ein Text angegeben werden, der den Konventionen fuer Variablennamen (max. 8 Zeichen, erstes Zeichen Buchstabe, keine Sonderzeichen) entspricht. Wird ein Variablenname angefuehrt, dann werden dieser Name und die zugehoerige Variablenetikette als Tabellenueberschrift verwendet. Wird ein Text angegeben, dann wird der Text als Ueberschrift verwendet.

Beispiele

```
1              16
SUMMARY TABLES FRAGE1 TO FRAGE8 BY ALTER (1,3)
SUMMARY TABLES FRAGE1 TO FRAGE8 BY ALTER (1,3) BY GESCHL(1,2)
SUMMARY TABLES FRAGE1 TO FRAGE8 (GERAETE) BY GESCHL(1,2)
```

Die OPTIONS-Karte

1: Fehlende Werte werden in die Tabellen aufgenommen. Voreinstellung: Fehlende Werte werden ganz ausgeschlossen, wenn sie bei der unabhaengigen Variablen oder Kontrollvariablen fehlen; sie werden zeilenweise ausgeschlossen, wenn sie nur bei einer dichotomen Variablen fehlen.
2: Ausschluss aller Faelle mit fehlenden Werten in einer der pro Tabelle spezifizierten Variablenangabe.
3: Variablenetiketten fuer dichotome Variablen werden nicht gedruckt.
4: Wertetiketten von unabhaengigen und Kontrollvariablen werden unterdrueckt.
5: Weder Variablen- noch Wertetiketten werden gedruckt.

6: Zusaetzlich werden die absoluten Haeufigkeiten in den Zellen gedruck
7: Prozentangaben werden innerhalb der Zeilen anstelle innerhalb der Spalten berechnet.
8: Die Einteilungslinien in den Kreuztabellen werden unterdrueckt. Bei "SPSS,LO=ONLINE" werden umgekehrt diese Linien mit Option 8 gedruckt.

ACHTUNG: Die Prozedur kennt keine STATISTICS-Karte.

Beschraenkungen

1: Maximal duerfen 100 Variablen aufgefuehrt werden.
2: Maximal duerfen 6 Kontrollvariablen verwendet werden.
3: Es duerfen maximal 20 Tabellendefinitionen aufgefuehrt werden.
4: Alphanumerische Variablen koennen nicht verarbeitet werden.

============== Beispielausdruck zu SUMMARY TABLES ===================

```
                  SUMMARY TABLES FRAGE1 TO FRAGE8(GERAETE) BY ALTER(1,3)
                  OPTIONS         6
                  READ INPUT DATA

            037600 CM NEEDED FOR SUMMARY TABLES

* * * * * * * * * * * * * * * * * * *   S U M M A R Y   T A B L E   O F   * * * * *
   GERAETE   VORHANDENE TON- UND BILDWIEDERGABEGERAET      BY  ALTER
* * * * * * * * * * * * * * * * * * * * * * * * * * * * * * * * * * * * * * * * * *

ALTER        N NON-0 1BIS 20 J 21 BIS 4 UEBER 40  TOTAL
             PERCENT IAHRE      0 JAHRE    JAHRE
             N CASES I     1  I      2  I      3  I
GERAETE      --------I--------I---------I---------I
                     I     0  I      1  I      4  I     5
FRAGE1               I     0  I   25.0  I   57.1  I  33.3
PLATTENSPIELER       I(    4) I(     4) I(     7) I(   15)
                    -I--------I---------I---------I
                     I     3  I      1  I      3  I     7
FRAGE2               I  75.0  I   25.0  I   42.9  I  46.7
RUNDFUNKGERAETE      I(    4) I(     4) I(     7) I(   15)
                    -I--------I---------I---------I
                     I     2  I      2  I      5  I     9
FRAGE3               I  50.0  I   50.0  I   71.4  I  60.0
KASETTENRECORDER     I(    4) I(     4) I(     7) I(   15)
                    -I--------I---------I---------I
                     I     2  I      3  I      5  I    10
FRAGE4               I  50.0  I   75.0  I   71.4  I  66.7
FERNSEHGERAET        I(    4) I(     4) I(     7) I(   15)
                    -I--------I---------I---------I
                     I     1  I      1  I      3  I     5
FRAGE5               I  25.0  I   25.0  I   42.9  I  33.3
DIAPROJEKTOR         I(    4) I(     4) I(     7) I(   15)
                    -I--------I---------I---------I
                     I     2  I      2  I      2  I     6
FRAGE6               I  50.0  I   50.0  I   28.6  I  40.0
FILMPROJEKTOR        I(    4) I(     4) I(     7) I(   15)
                    -I--------I---------I---------I
                     I     2  I      2  I      3  I     7
FRAGE7               I  50.0  I   50.0  I   42.9  I  46.7
VIDEORECORDER        I(    4) I(     4) I(     7) I(   15)
                    -I--------I---------I---------I
                     I     3  I      1  I      4  I     8
FRAGE8               I  75.0  I   25.0  I   57.1  I  53.3
TONBANDGERAET        I(    4) I(     4) I(     7) I(   15)
                    -I--------I---------I---------I
```

6.30 SURVIVAL ⟨ab 8⟩

Die Prozedur SURVIVAL fuehrt Sterbetafel-Analysen durch. In die Sterbetafel werden die Absterbeordnung, die Sterbeziffer, die Schaetzung des Sterberisikos, der Median der Lebenserwartung sowie die Schaetzungen der Standardfehler fuer diese Groessen aufgenommen. Die Sterbetafeln werden fuer verschiedene Teilstichproben getrennt berechnet. Fuer diese Teilstichproben koennen graphische Darstellungen des zeitlichen Verlaufs der berechneten Groessen ausgedruckt werden. Durch einen Chiquadrattest kann die Hypothese geprueft werden, dass die Teilstichproben Zufallsziehungen aus derselben Grundgesamtheit sind.

Obwohl die Terminologie sich an die Sterbetafel-Analyse anlehnt, wie sie in der Versicherungsmathematik oder in der Therapiekontrolle bei letalen Erkrankungen verwendet wird, kann die Prozedur bei allen Problemen eingesetzt werden, bei denen die Zeitspanne zwischen einem Startereignis und einem Zielereignis interessiert. Beispielsweise koennten die unterschiedlichen Verteilungen der Zeitspanne zwischen Heirat (Startereignis) und Scheidung (Zielereignis) bei Angehoerigen verschiedener Sozialschichten untersucht werden.

Haeufig ist zum Zeitpunkt des Abschlusses einer Untersuchung bei einem Teil der Faelle das Zielereignis noch nicht eingetreten. So wird bei einer im Jahre 1979 durchgefuehrten Kontrolluntersuchung von in den Jahren 1970 bis 1973 durch Cytostatika, Operation, Roentgen- und Radiumtherapie behandelten Karzinompatienten ein grosser Teil der Patienten ueberlebt haben. Das betrachtete Zielereignis ist bei diesen Patienten nicht eingetreten. Andererseits koennen auch Patienten die Nachfolgeuntersuchungen verweigert haben, nicht mehr auffindbar oder bei einem Verkehrsunfall gestorben sein. In all diesen Faellen wird als Ersatz-Zielereignis der letzte Kontakt verwendet. Die Zeitspanne bis zum Ersatz-Zielereignis ist jedenfalls eine untere Grenze fuer die Ueberlebenszeit. Solche Minimaldaten (beschnittene Daten, censored observations) koennen ebenfalls in die Sterbetafel-Analyse einbezogen werden. In der Sterbetafel (life table) werden fuer jedes angegebene Intervall unter den aufgefuehrten Ueberschriften die nachfolgend erklaerten Groessen ausgegeben:

- INTVL START TIME: Anfangszeit des Intervalls.
- NUMBER ENTRNG THIS INTVL (Eingangsfaelle): Die Zahl der Faelle, die bis zur Anfangszeit des Intervalls ueberlebt haben ("Absterbeordnung").
- NUMBER WDRAWN DURING INTVL (Ausfaelle): Zahl der Faelle, die wegen Erreichens eines Ersatz-Zielereignisses im Intervall ausgefallen sind.
- NUMBER EXPOSD TO RISK (Exponierte Faelle): Zahl der dem Risiko ausgesetzten Faelle; berechnet als Eingangsfaelle - Ausfaelle / 2.
- NUMBER OF TERMNL EVENTS (Zielereignisse): Zahl der Faelle, die im Intervall das Zielereignis erreicht haben.
- PROPN TERMINATING (Zielereignis-Anteil): Schaetzung der Wahrscheinlichkeit, im Intervall das Zielereignis zu erreichen, wenn die Anfangszeit des Intervalls erreicht wurde; berechnet als Anteil von Zielereignissen an den exponierten Faellen.
- PROPN SURVIVING (Ueberlebensanteil): Schaetzung der Wahrscheinlichkeit, das Intervall zu ueberleben, wenn die Anfangszeit des Intervalls erreicht wurde; berechnet als 1 - Zielereignisanteil.
- CUMUL PROPN SURV AT END (Kumulierter Ueberlebensanteil): Schaetzung der Ueberlebenswahrscheinlichkeit bis zum Ende des Intervalls, wenn

das erste Intervall erreicht wurde; berechnet als Produkt aller Ueberlebensanteile vom ersten bis zum vorliegenden Intervall.

- PROBABILITY DENSITY (Globale Zielereignisdichte): Schaetzung der Wahrscheinlichkeit, im Intervall in einer Zeiteinheit das Zielereignis zu erreichen, wenn das erste Intervall erreicht wurde; berechnet als: (kumulierter Ueberlebensanteil des vorangehenden Intervalls) * (Zielereignis-Anteil des vorliegenden Intervalls) / Intervallbreite.
- HAZARD RATE (Lokale Zielereignisdichte): Schaetzung der Wahrscheinlichkeit, in einer Zeiteinheit innerhalb des Intervalls das Zielereignis zu erreichen, wenn die Mitte des vorliegenden Intervalls erreicht wurde; berechnet als: Zielereignis-Anteil / (1 - halber Zielereignis-Anteil) / Intervallbreite. Dies ist naeherungsweise gleich dem Quotienten aus globaler Zielereignisdichte und kumuliertem Ueberlebensanteil.
- SE OF CUMUL SURVIVING: Standardfehler des kumulierten Ueberlebensanteils.
- SE OF PROBABILTY DENS: Standardfehler der globalen Zielereignisdichte.
- SE OF HAZARD RATE: Standardfehler der lokalen Zielereignisdichte.
- MEDIAN SURVL EXPECT (Median der Lebenserwartung): Median der Ueberlebenszeiten aus den kumulierten Ueberlebensanteilen fuer die Faelle, die die Intervallmitte erreicht haben <nur CDC>. Bei <nicht CDC> wird diese Groesse nur fuer den Beginn des ersten Intervalls ausgegeben.
- SE OF SURVL EXPECT: Standardfehler des Medians der Lebenserwartung <nur CDC>.

Aus der einfacher konzipierten CDC-Version der Prozedur SURVIVAL wurde eine Version fuer die uebrigen Anlagen entwickelt, die durch eine komplexere Prozedurkarte mehr Moeglichkeiten bietet. Diese wird zuerst beschrieben.

Die Prozedurkarte <nicht CDC>

```
1              16
SURVIVAL       TABLES = Ueberlebenszeitvariablen
                        [BY Gruppenvariablen (min,max) ...
                        [BY Trennvariablen (min,max) ... ]]/
               INTERVALS = THRU Endzeit BY Intervallbreite [THRU ... ]/
               STATUS = Statusvariable (unt [,ob])
                        [FOR Ueberlebenszeitvariablen]/
               [STATUS = ... / ... /]
               [PLOTS [(ALL | [LOGSURV][SURVIVAL][DENSITY][HAZARD])]
                      [= Ueberlebenszeitvariablen
                         [BY Gruppenvariablen [BY Trennvariablen]]]/]
               [COMPARE [= Ueberlebenszeitvariablen
                           [BY Gruppenvariablen [BY Trennvariablen]]]]
```

Es muessen mindestens die Ueberlebenszeitvariablen bei TABLES genannt sein; ausserdem muessen die Zeitintervalle durch INTERVALS und fuer jede Ueberlebenszeitvariable durch eine oder mehrere STATUS-Angaben der Status der Ueberlebenszeit bezeichnet werden. Sollen Gruppenvergleiche durch COMPARE angefordert werden, muss bei TABLES auch eine Gruppenvariable angegeben werden.

In der <u>TABLES-Angabe</u> werden neben der oder den zu verwendenden Ueberlebenszeitvariablen in den meisten Anwendungen eine oder einige Gruppenvariablen genannt, nach deren Werten die Gesamtstichprobe in Teilstichproben gruppiert wird, und fuer die getrennte Sterbetafeln erstellt werden. (Trick: Soll ausser den getrennten Sterbetafeln auch die Gesamt-Sterbetafel gedruckt werden, fuegt man eine Pseudo-Gruppenvariable hinzu, die fuer alle Faelle den gleichen Wert hat.) Zusaetzlich koennen noch in einer zweiten Stufe Trennvariablen angegeben werden, die eine nochmalige Unterteilung der Teilstichproben bewirken; wird auch diese Moeglichkeit genutzt, dann werden fuer alle Ueberlebenszeitvariablen und vorkommenden Wertepaare aus jeder Gruppen- und jeder Trennvariablen separate Sterbetafeln ausgedruckt. Die Werte der Gruppen- und Trennvariablen sollten ganzzahlig sein. Fuer jede solche Variable muss der zu verwendende Wertebereich (evtl. fuer mehrere gemeinsam) durch (min,max) vereinbart werden.

Fuer die Ueberlebenszeitvariablen sollten die Werte nicht negativ sein; treten negative Werte auf, werden diese (genau wie die auf der MISSING VALUES-Karte aufgefuehrten Werte) als fehlende Werte betrachtet. Der Wert der Ueberlebenszeitvariablen soll die Zeitdauer zwischen Startereignis und Zielereignis oder Ersatz-Zielereignis sein. Wurden statt der Zeitdauer etwa jeweils das Datum des Start- und Zielereignisses in den Variablensatz aufgenommen, kann durch COMPUTE mit der Funktion YRMODA <fuer CDC: JULIAN> die Differenz zwischen den Zeitpunkten berechnet werden. Auch wenn die Einheit der Zeit hierbei etwa auf 1 Jahr festgelegt wird, waere es unguenstig, die Zeitvariable von vornherein auf ganze Jahre zu runden.

Es brauchen nicht unbedingt Einzeldaten eingegeben werden. Auch in einer Sterbetafel bereits gruppierte Daten koennen eingegeben werden. Dazu wird aus jedem Intervall der Sterbetafel ein Fall (fuer erreichte Ersatz-Zielereignisse ein zweiter Fall mit anderem Status) gebildet, dem als Ueberlebenszeit die Intervallmitte und als Gewicht (siehe WEIGHT-Karte) die Anzahl der Personen zugeordnet wird, die im Intervall gestorben sind (bzw. das Ersatz-Zielereignis erreicht haben).

Der in den Sterbetafeln zu beruecksichtigende Zeitraum und die Einteilung in Intervalle werden nach dem Schluesselwort INTERVALS bezeichnet. Normalerweise wird nur eine THRU-BY-Phrase auftreten: Nach THRU nennt man das Ende des letzten abgeschlossenen Intervalls (ein offenes Restintervall wird hinzugefuegt), nach BY die Intervallbreite. Das erste Intervall beginnt beim Wert Null. Die Anzahl der Intervalle ergibt sich als Endzeit / Intervallbreite. Die Endzeit sollte als Vielfaches der Intervallbreite gewaehlt werden.

Wuenscht man Intervalle unterschiedlicher Breite in verschiedenen Ueberlebenszeit-Bereichen, gibt man in der ersten THRU-BY-Phrase das Ende des ersten Bereichs und die zugehoerige Intervallbreite an, in der zweiten Phrase das Ende des zweiten Bereichs mit der Intervallbreite usw. Die Bereichsenden muessen aufsteigend genannt werden und sollten jeweils mit einem Intervallende zusammenfallen.

Ueber die Statusvariablen, die bei STATUS genannt werden, wird festgehalten, ob bei einem Fall das Zielereignis oder ein Ersatz-Zielereignis erreicht wurde (ob also z.B. die Ueberlebenszeitvariable fuer den betreffenden Fall die Zeit bis zum Tod oder bis zum letzten Kontakt bedeutet). Einer Statusvariablen wird eine Bereichsangabe (unt,ob) oder die abgekuerzte Schreibweise (unt) fuer einen Bereich aus einem Wert zugeordnet. Liegt fuer einen bestimmten Fall der Status-Wert im angegebenen Bereich, dann wurde fuer ihn bei den nach FOR aufgefuehrten Ueberlebenszeitvariablen tatsaechlich das Zielereignis erreicht; fuer alle uebrigen Faelle werden die Ueberlebenszeiten als Minimaldaten gewertet.

In einer STATUS-Angabe kann nur eine Statusvariable benannt werden. Sind den Ueberlebenszeitvariablen verschiedene Statusvariablen zugeordnet, muessen mehrere STATUS-Angaben gemacht werden. Wird auf einer STATUS-Angabe die FOR-Phrase weggelassen, wird die zugehoerige Statusvariable fuer alle diejenigen Ueberlebenszeitvariablen verwendet, die in keiner anderen STATUS-Anweisung genannt werden.

Durch die PLOTS-Angabe werden Kreuzdiagramme einiger Groessen aus der Sterbetafel mit der Zeitvariablen angefordert. Welche Groessen ausgedruckt werden sollen, wird durch die Schluesselwoerter LOGSURV (Logarithmus des kumulierten Ueberlebensanteils), SURVIVAL (kumulierter Ueberlebensanteil), DENSITY (globale Zielereignisdichte), HAZARD (lokale Zielereignisdichte), durch eine Kombination dieser Schluesselworter oder durch das Schluesselwort ALL (jede dieser Groessen) bezeichnet. Entfaellt die geklammerte Angabe nach PLOTS, gilt die Voreinstellung ALL.

Wurden in der TABLES-Angabe keine Gruppen- und keine Trennvariablen aufgefuehrt, dann wird fuer jede der angeforderten Groessen ein Kreuzdiagramm fuer die Gesamtstichprobe ausgedruckt. Wurde eine Gruppenvariable aufgefuehrt, dann wird (je angeforderter Groesse) ein Kreuzdiagramm ausgedruckt, auf dem durch unterschiedliche Symbcle der Verlauf der Grcesse fuer die Teilgruppen dargestellt wird. Wurde zusaetzlich eine Trennvariable aufgefuehrt, werden so viele verschiedene Kreuzdiagramme erzeugt, wie die Trennvariable Werte hat. Gibt es mehrere Ueberlebenszeitvariablen, Gruppenvariablen und Trennvariablen, werden die genannten Kreuzdiagramme fuer alle Zusammenstellungen dieser Variablen erstellt.

Nach der Angabe PLOTS koennen ein Gleichheitszeichen und zusaetzliche Variablenlisten folgen, wodurch die Anzahl der erzeugten Kreuzdiagramme eingeschraenkt werden kann. Aus den Kombinationen von Ueberlebenszeitvariablen, Gruppenvariablen und Trennvariablen werden nur zu den hier genannten Variablen Kreuztabellen gedruckt. Wird in den Variablenlisten das Schluesselwort TO oder statt einer Variablenliste ALL verwendet, bezieht sich deren Interpretation auf die entsprechende Ueberlebenszeit-, Gruppen- bzw. Trenn-Variablenliste bei TABLES.

Gibt es mindestens eine Gruppenvariable, dann koennen durch COMPARE die Sterbetafeln zu den verschiedenen Werten der Gruppenvariablen verglichen und die unterschiedlichen Verteilungen statistisch geprueft werden. Durch eine Option ist zusaetzlich zum Gesamtvergleich der paarweise Vergleich der Verteilungen moeglich. Gibt es mehrere Gruppenvariablen, werden mehrere Vergleiche durchgefuehrt. Existieren Trennvariablen, dann werden die Vergleiche jeweils innerhalb der durch die Trennvariablen definierten Unterstichproben durchgefuehrt. Wie bei der PLOTS-Angabe ist es auch hier moeglich, die Vergleiche auf bestimmte Ueberlebenszeit-, Gruppen- und Trennvariablen zu beschraenken, indem nach einem Gleichheitszeichen eingeschraenkte Variablenlisten aufgefuehrt werden.

Beispiel <nicht CDC>

```
1                 16
COMPUTE           GESAMT = 1
COMPUTE           ANFSTAT = 1
COMPUTE           SYMPDAT = YRMODA(SYMPJAHR,SYMPMON,15)
COMPUTE           THERDAT = YRMODA(THERJAHR,THERMON,15)
COMPUTE           EXITDAT = YRMODA(EXITJAHR,EXITMON,15)
COMPUTE           SYTHZEIT = (THERDAT - SYMPDAT) / 365
COMPUTE           THEXZEIT = (EXITDAT - THERDAT) / 365
ASSIGN MISSING    SYMPDAT TO THEXZEIT (-1)
VAR LABELS        THERAPIE, THERAPIE-ART/
                  VERBLEIB, STATUS BEI KONTROLLUNTERSUCHUNG/
                  ERKRANKG, KONTROLLGRUPPEN-VARIABLE/
                  SYTHZEIT, VERSCHLEPPUNG IN JAHREN/
```

```
               THEXZEIT, JAHRE VON THERAPIE BIS EXITUS/
VALUE LABELS   THERAPIE (1) OPERATION (2) BESTRAHLUNG/
               VERBLEIB (0) NICHT AUFFINDBAR (1) LEBT (2) VERWEIGERT
                        (3) EXITUS INTERCURRENT (4) EXITUS KARZINOM/
               ERKRANKG (1) PATIENTEN (2) NORMALBEVOELKERUNG/
SURVIVAL       TABLES = SYTHZEIT, THEXZEIT BY THERAPIE(1,2),GESAMT(1,1)
                                          BY ERKRANKG(1,2)/
               STATUS = ANFSTAT(1) FOR SYTHZEIT/
               STATUS = VERBLEIB(3,4)/
               INTERVALS = THRU 5 BY 1/
               PLOTS (LOGSURV,DENSITY) = THEXZEIT BY ALL BY ERKRANKG/
               COMPARE = ALL BY THERAPIE BY ERKRANKG
OPTIONS        5
SURVIVAL       TABLES = SYTHZEIT, THEXZEIT BY ERKRANKG(1,2)
                                          BY THERAPIE(1,2)/
               STATUS = VERBLEIB(3,4)/
               INTERVALS = THRU 5 BY 1/
               PLOTS (LOGSURV)/
               COMPARE
OPTIONS        5
```

Im Beispiel werden Karzinom-Patienten zwei verschiedenen Therapien unterzogen. Aus der Sterbestatistik der Normalbevoelkerung werden zwei mit den Therapiegruppen gleichaltrige Kontrollgruppen zum Vergleich herangezogen (ERKRANKG = 2). Der Monat des ersten Symptoms, des Therapiebeginns und des letzten Kontakts sind zusammen mit der Art des Zielereignisses VERBLEIB erfasst. Die Zeitspannen werden jeweils in Jahren berechnet. Die Zeitspanne Symptom-Therapie wird dazu aufgenommen, die Verschleppung zu kontrollieren. Der Status dieser Zeitspanne unterscheidet sich von dem der anderen Spanne, weil bei allen Patienten das hierbei entscheidende Zielereignis "Therapie" erreicht wurde; deshalb wird die Variable ANFSTAT eingefuehrt.

Im ersten Aufruf von SURVIVAL werden die beiden Therapiearten verglichen. Weil bei der Statusvariablen VERBLEIB die FOR-Phrase fehlt, wird diese fuer THEXZEIT herangezogen. Die Gruppenvariable GESAMT dient nur dazu, auch die Gesamt-Sterbetafel ueber beide Therapien zu erhalten; sie muss bei COMPARE ausgeschlossen werden, weil sie keine Gruppen definiert. Beim zweiten Aufruf von SURVIVAL wird die Sterbetafel der Therapierten mit der entsprechenden Sterbetafel der Normalbevoelkerung verglichen.

Die OPTIONS-Karte <nicht CDC>

1: Alle Werte der Variablen werden als gueltig betrachtet; die Angaben auf MISSING VALUES- und ASSIGN MISSING-Karten werden fuer diesen Prozeduraufruf ignoriert.
2: Fallweiser Ausschluss fehlender Werte.
3: Es werden nur die Signifikanzpruefungen zu COMPARE durchgefuehrt; keine Sterbetafeln und Kreuzdiagramme.
4: Kein Ausdruck der Sterbetafeln, nur Kreuzdiagramme und Signifikanzpruefungen.
5: Bei Speicherplatzmangel wird die Signifikanzpruefung nur approximativ durchgefuehrt; sie stuetzt sich dabei nicht auf die exakten Ueberlebenszeiten, sondern nur auf die Intervalleinteilung.
6: Nur approximative Signifikanzpruefung.
7: Die Gruppen werden nicht nur insgesamt, sondern auch paarweise geprueft.
8: BCD-Ausgabe aller in den Sterbetafeln enthaltenen Informationen zur nachfolgenden Verwendung in anderen Programmen (z.B. fuer Plotter-Zeichnungen).

9: Wie Option 8; zusaetzlich BCD-Ausgabe der Variablen- und Wertetiketten aller beteiligten Variablen.

Es gibt keine STATISTICS-Karte.

CDC-Version

```
Die Prozedurkarte <nur CDC>
1              16
SURVIVAL       Ueberlebenszeitvariable BY Gruppenvariable (min,max)/
               INTERVALS = THRU Endzeit BY Intervallbreite/
               [PLOT = (Gruppe1, Gruppe2, ...) [(...)...] /]
               [COMPARE = (Gruppe1, Gruppe2, ...) [(...)...] ]
```

Es kann nur eine Ueberlebenszeitvariable und eine Gruppenvariable genannt werden. Sollen mehrere Ueberlebenszeitvariablen und/oder mehrere Gruppenvariablen ausgewertet werden, muss SURVIVAL mehrmals aufgerufen werden. Die Wirkung von Trennvariablen muss durch das Einbeziehen in die Gruppenvariable erreicht werden. Der Status eines Falls wird dadurch codiert, dass die Minimal-Ueberlebenszeit als negativer Wert eingegeben wird. Es kann nur eine THRU-BY-Phrase fuer die Intervallbildung herangezogen werden, weswegen nur konstante Intervallbreiten erzeugt werden koennen.

Die PLOT-Angabe bewirkt den Ausdruck des zeitlichen Verlaufs nur des kumulierten Ueberlebensanteils. In Klammern nach dem Gleichheitszeichen werden die Werte der Gruppenvariablen zu den Gruppen angegeben, die in ein gemeinsames Kreuzdiagramm aufgenommen werden sollen. Dieselbe Konvention gilt fuer die COMPARE-Angabe, die die statistische Pruefung der bezeichneten Gruppen insgesamt oder (je nach Optionen) jeweils paarweise veranlasst.

Beispiel <nur CDC>

```
1              16
COMPUTE        SYMPDAT = JULIAN(SYMPMON,15,SYMPJAHR)
COMPUTE        THERDAT = JULIAN(THERMON,15,THERJAHR)
COMPUTE        EXITDAT = JULIAN(EXITMON,15,EXITJAHR)
COMPUTE        SYTHZEIT = (THERDAT - SYMPDAT) / 365
COMPUTE        THEXZEIT = (EXITDAT - THERDAT) / 365
IF             (VERBLEIB NE 3 AND 4) THEXZEIT = -THEXZEIT
COMPUTE        GRUPPE = 2 * ERKRANKG + THERAPIE -2
ASSIGN MISSING SYMPDAT TO THEXZEIT (BLANK)
VAR LABELS     THERAPIE, THERAPIE-ART/
               VERBLEIB, STATUS BEI KONTROLLUNTERSUCHUNG/
               ERKRANKG, KONTROLLGRUPPEN-VARIABLE/
               SYTHZEIT, VERSCHLEPPUNG IN JAHREN/
               THEXZEIT, JAHRE VON THERAPIE BIS EXITUS/
VALUE LABELS   THERAPIE (1) OPERATION (2) BESTRAHLUNG/
               VERBLEIB (0) NICHT AUFFINDBAR (1) LEBT (2) VERWEIGERT
                        (3) EXITUS INTERCURRENT (4) EXITUS KARZINOM/
               ERKRANKG (1) PATIENTEN (2) NORMALBEVOELKERUNG/
               GRUPPE (1) OPERATION      (2) BESTRAHLUNG
                      (3) KONTR.GR. OPER. (4) KONTR.GR. BESTR./
SURVIVAL       SYTHZEIT BY ERKRANKG(1,1)/ INTERVALS = THRU 5 BY 1/
               PLOT=(1)
SURVIVAL       SYTHZEIT BY GRUPPE(1,4)/ INTERVALS = THRU 5 BY 1/
               PLOT=(1,2)/ COMPARE=(1,2)
SURVIVAL       THEXZEIT BY GRUPPE(1,4)/ INTERVALS = THRU 5 BY 1/
               PLOT=(1,2,3,4)/ COMPARE=(1,2) (1,3) (2,4)
```

In diesem Beispiel werden dieselben Auswertungen angefordert wie im zuvor beschriebenen Beispiel fuer die Nicht-CDC-Version.

Bei "SPSS,LO=ONLINE" oder "SPSS,LO=ABRV" werden folgende Groessen nicht in die Sterbetafel aufgenommen: INTVL AFTER START POINT, NUMBER WDRWN DURING INTVL, SE OF CUMUL SURVIVING, SE OF PROBABILITY DENSITY, SE OF HAZARD RATE und MEDIAN SURVL EXPECT.

Die OPTIONS-Karte <nur CDC>

1: Ignorieren fehlender Werte.
2: Paarweise statistische Pruefung.
3: Nur Signifikanzpruefungen, keine Tabellen und Diagramme.

Beschraenkungen <nur CDC>

1: Maximal 50 verschiedene Werte der Gruppenvariablen.
2: Maximal 49 Intervalle, jedoch keine Beschraenkung fuer die Endzeit.
3: Maximal 9 Klammerpaare nach PLOT.
4: Maximal 4 Klammerpaare nach COMPARE.
5: Auf der N OF CASES-Karte muss die genaue Fallzahl angegeben werden.

Literatur

Berkson & Gage (1950)
Collegium Biomathematik (1976)
Cutler & Ederer (1958)
Gehan (1975)

============== Beispielausdruck zu SURVIVAL ======================

UEBERLEBENSZEITEN BEI PATIENTINNEN UND GLEICHALTR. NORMALBEVOELK 80/01/09. 14.16.42. PAGE 13

FILE MUENCHEN (CREATION DATE = 80/01/09.) CORPUSKARZINOM-PAT. DER JAHRGAENGE 1960-1965

GROUP NUMBER 2 BESTRAHLUNG
FOR A SURVIVAL TIME THEXZEIT JAHRE VON THERAPIE BIS EXITUS

INTVL AFTER START POINT	MID POINT	WIDTH OF INTVL	NUMBER ENTRNG INTVL	NUMBER WDRWN DURING INTVL	NUMBER EXPOSED TO RISK	NUMBER TERMNL EVENTS	PROPN TERMNL EVENTS	PROPN SURV-IVING	CUMUL PROPN SURV-IVING	PROB-BILITY DENSTY	HAZARD RATE	SE OF CUMUL SURV-IVING	SE OF PROBA-BILITY DENSTY	SE OF HAZARD RATE	MEDIAN SURVL EXPECT	SE OF SURVL
0	.50	1.00	480	0	480	78	.1625	.8375	1.0000	.1625	.1769	0	.0168	.0199	5.00+	*
1.0	1.50	1.00	402	77	364	41	.1128	.8872	.8375	.0945	.1195	.0168	.0140	.0186	4.00+	*
2.0	2.50	1.00	284	64	252	22	.0873	.9127	.7430	.0649	.0913	.0204	.0133	.0194	3.00+	*
3.0	3.50	1.00	198	48	174	12	.0690	.9310	.6782	.0468	.0714	.0228	.0131	.0206	2.00+	*
4.0	4.50	1.00	138	55	111	8	.0724	.9276	.6314	.0457	.0751	.0249	.0157	.0265	1.00+	*
5.0	**	**	75	75	38	0	0	1.0000	.5857	**	**	.0279	**	**	*	*

\+ INDICATES MINIMUM MEDIAN SURVIVAL EXPECTANCY
* INDICATES NO MEDIAN SURVIVAL EXPECTANCY CAN BE CALCULATED.
** CALCULATIONS HAVE NO MEANING FOR LAST INTERVAL

RESULTS OF DESU COMPARISON OF A SURVIVAL GROUPING

FOR THE SURVIVAL TIME VARIABLE THEXZEIT JAHRE VON THERAPIE BIS EXITUS
AND THE GROUP VARIABLE GRUPPE

GROUP NO.	GROUP LABEL	N	SCORE
1	OPERATION	126	9461.00
2	BESTRAHLUNG	480	-9461.00

CHI-SQUARE = 12.4965 WITH 1 DF SIG. = .001

6.31 TETRACHORIC ⟨nur CDC⟩

Die Prozedur TETRACHORIC berechnet tetrachorische Korrelationskoeffizienten zwischen je zwei dichotomen Variablen (Normalverteilung der zugrundeliegenden kontinuierlichen Variablen wird vorausgesetzt).

Die Prozedurkarte

```
1               16
TETRACHORIC     VARIABLES= Variablenliste (min, max)
                [Variablenliste (min, max) . . .]
                /CORRELATIONS= Variablenliste [WITH Variablenliste]
                [/Variablenliste [WITH Variablenliste] . . .]
```

Bei den Angaben nach dem Schluesselwort CORRELATIONS gelten die gleichen Konventionen wie bei der Prozedur PEARSON CORR.

Die OPTIONS-Karte

1: Fehlende Werte werden verrechnet.
2: Ein Fall wird von der Verrechnung ausgeschlossen, sobald seine Daten wenigstens einen fehlenden Wert aufweisen. Voreinstellung: Paarweiser Ausschluss fehlender Werte.
3: Zweiseitiger Signifikanztest. Voreinstellung: Einseitiger Signifikanztest.
4: Ausgabe der Korrelationsmatrix als BCD-Datei (siehe Kap. 5.2.4). Das Schluesselwort WITH darf nicht verwendet werden.
5: Kompakte Ausgabe ohne Fallzahlen und Signifikanztests; nicht zusammen mit Option 6 moeglich.
6: Ausgabe der nicht redundanten Korrelationskoeffizienten nacheinander; Voreinstellung: Matrix-Form.
7: Die Vierfelder-Haeufigkeiten zu jedem Koeffizienten werden gedruckt.
8: Mittelwerte und Standardabweichungen werden als BCD-Datei ausgegeben (nur in Verbindung mit Option 4).

Die STATISTICS-Karte

1: Mittelwerte, Standardabweichungen und relative Haeufigkeitsverteilungen aller durch CORRELATIONS aufgefuehrten Variablen werden gedruckt.

Literatur

Guilford & Fruchter (1973)   Lienert (1971)

6.32 T-TEST

Die Prozedur testet durch die Berechnung von Student's t-Werten, ob zwei Stichprobenmittelwerte signifikant verschieden sind. Zwei Typen von Tests koennen durchgefuehrt werden:

- Tests fuer unabhaengige Stichproben.
- Tests fuer abhaengige Stichproben.

Fuer unabhaengige Stichproben wird sowohl ein F-Test auf Varianzenhomogenitaet als auch je ein t-Test fuer homogene und inhomogene Varianzen durchgefuehrt, unter denen je nach Ergebnis des vorausgegangenen F-Tests gewaehlt werden kann. Die Irrtumswahrscheinlichkeit wird fuer die zweiseitige Fragestellung ausgegeben.

Die Prozedurkarte fuer unabhaengige Stichproben

```
1              16
T-TEST         GROUPS = Gruppenangabe/ VARIABLES = Variablenliste
```

Die Variablenliste entspricht den ueblichen Konventionen. Die Gruppenangabe kann auf drei verschiedene Arten vorgenommen werden:

- GROUPS = Variablenname(Wert)/
- GROUPS = Variablenname(Wert1,Wert2)/
- GROUPS = n1,n2/

- Die erste Gruppe besteht aus allen Faellen, die in der Klassifikationsvariablen den in Klammern angegebenen oder einen groesseren Wert haben; die zweite Gruppe enthaelt die restlichen Faelle.
- Die Faelle mit Wert1 bilden die erste, die mit Wert2 die zweite Gruppe. Alle anderen Faelle werden ignoriert.
- Die n1 ersten Faelle bilden die erste Gruppe und die naechsten n2 Faelle die zweite Gruppe.

Die Prozedurkarte fuer abhaengige Stichproben

```
1              16
T-TEST         PAIRS = Variablenliste [WITH Variablenliste]
               [/Variablenliste...]
```

Wenn eine Variablenliste ohne das Schluesselwort WITH angegeben wird, wird zwischen jedem moeglichen, nicht redundanten Variablenpaar getestet. Wenn zwei Variablenlisten in Verbindung mit dem Schluesselwort WITH angegeben werden, so wird nur zwischen den explizit oder implizit angegebenen Variablenpaaren der Listen getestet.

Beide Typen von t-Tests koennen mit der gleichen Prozedurkarte aufgerufen werden. In diesem Fall muss die Anweisung GROUPS an erster Stelle stehen, danach folgen die Anweisungen VARIABLES und PAIRS. Jede Anweisung kann nur einmal aufgefuehrt werden.

Beispiele

```
1              16
T-TEST         GROUPS=STATUS(1,3)/VARIABLES=ERZIEHG,EINKOMM
T-TEST         GROUPS=ALTER(40)/VARIABLES=V1 TO V10
T-TEST         GROUPS=27,39/VARIABLES=V1
T-TEST         PAIRS=ZEIT1, ZEIT2/ ZEIT1, ZEIT3/ ZEIT1, ZEIT4
T-TEST         PAIRS=ZEIT1 TO ZEIT4 WITH ZEIT5 TO ZEIT10
T-TEST         GROUPS=STATUS(1,3)/VARIABLES=ERZIEHG,EINKOMM
               PAIRS=VOR,NACH
```

Die OPTIONS-Karte

1: Bewirkt, dass saemtliche Faelle in die Berechnung der Statistiken einbezogen werden, auch dann, wenn durch eine MISSING VALUES-Karte Werte als fehlend bezeichnet sind.
2: Ausschluss eines Falles, falls fuer mindestens eine Variable der VARIABLES- oder PAIRS-Liste(n) Werte fehlen. Voreinstellung: Ausschluss eines Falles nur dann, wenn fuer eine oder beide zu verrechnende Variablen Werte fehlen.
3: Unterdrueckt den Ausdruck von Variablenetiketten.
4: <nur CDC> Standardmaessig wird beim t-Test fuer abhaengige Stichproben jede Variable vor dem Schluesselwort WITH gegen jede Variable nach WITH getestet. Wird Option 4 angegeben, dann muessen die Listen vor und nach WITH gleich viele Variablen benennen, und es wird die erste Variable vor mit der ersten nach WITH geprueft, die zweite Variable vor WITH mit der zweiten nach WITH, usw. Bei Option 4 werden bei einer Variablenliste ohne WITH nicht alle Kombinationen der Variablen, sondern nur die unmittelbar aufeinanderfolgenden Variablen gegeneinander getestet.
5: <nur CDC> Zusaetzlich zum univariaten t-Test wird Hotellings T-Quadrat fuer den multivariaten Vergleich berechnet. Kommt die Anweisung PAIRS vor, muss auch Option 4 angegeben werden.

Es gibt keine STATISTICS-Karte.

Beschraenkungen

Pro Prozeduraufruf duerfen die Anweisungen GROUPS, VARIABLES und PAIRS nur einmal aufgefuehrt werden. Die Anweisung PAIRS muss an letzter Stelle stehen.

Literatur

Bartel (1972)
Hays & Winkler (1971)
Sachs (1974)
Mittenecker (1971)
Weber (1972)

============== Beispielausdruck zu T-TEST ==========================

```
T-TEST          GROUPS = WODA (3)/ VARIABLES = EINKCM, MITG/
                PAIRS = FUERS, SCHULAB


***** T-TEST PROBLEM REQUIRES    104 BYTES OF WORKSPACE *****


                                                                                   05/13/76

FILE   VERBA    (CREATION DATE = 05/13/76)   DATEN AUS VERBA'S STUDIE IN DEN USA
SUBFILE  ORT1       ORT2
- - - - - - - - - - - - - - - - - - - - - - - - - - - - T - T E S T - - - - - - - - - - - - - - - - - - - - - - - - - - - -

GROUP 1 - WODA     GE          3.
GROUP 2 - WODA     LT          3.
                                                                     * POOLED VARIANCE ESTIMATE * SEPARATE VARIANCE ESTIMATE
                                                           *                 *                          *
VARIABLE        NUMBER              STANDARD    STANDARD   *    F    2-TAIL  *    T    DEGREES OF 2-TAIL *    T    DEGREES OF  2-TAIL
               OF CASES     MEAN    DEVIATION     ERROR    *  VALUE   PROB.  *  VALUE    FREEDOM   PROB. *  VALUE    FREEDOM    PROB.
-------------------------------------------------------------------------------------------------------------------------------------
EINKCM    JAEHRLICHES FAMILIENEINKOMMEN                    *                 *                           *
     GROUP 1     130       10.6538      15.220     1.335   *                 *                           *
                                                           *   1.06  0.754   *  -0.32     205      0.749 *  -0.32    155.84     0.751
     GROUP 2      77       11.3636      15.686     1.788   *                 *                           *
                                                           *                 *                           *
-------------------------------------------------------------------------------------------------------------------------------------
MITG       ANZAHL VON MITGLIEDSCHAFTEN IN VEREINEN         *                 *                           *
     GROUP 1     141        0.6950       0.571     0.082   *                 *                           *
                                                           *   2.74  0.000   *   3.27     216      0.001 *   3.75    213.77     0.000
     GROUP 2      77        0.2987       0.586     0.067   *                 *                           *
                                                           *                 *                           *
-------------------------------------------------------------------------------------------------------------------------------------


                                                                                   05/13/76

FILE   VERBA    (CREATION DATE = 05/13/76)   DATEN AUS VERBA'S STUDIE IN DEN USA
SUBFILE  ORT1       ORT2
- - - - - - - - - - - - - - - - - - - - - - - - - - - - T - T E S T - - - - - - - - - - - - - - - - - - - - - - - - - - - -

VARIABLE   NUMBER               STANDARD   STANDARD   *(DIFFERENCE) STANDARD    STANDARD   *       2-TAIL *   T    DEGREES OF 2-TAIL
          OF CASES     MEAN    DEVIATION     ERROR    *     MEAN    DEVIATION     ERROR    * CORR. PROB. * VALUE    FREEDOM   PROB.
-------------------------------------------------------------------------------------------------------------------------------------
FUERS     ANZAHL EMPFANGENER FUERSORGELEISTUNGEN      *                                    *             *
                      2.4131       1.535     0.105    *                                    *             *
           213                                        *    -0.9014       1.973      0.135  * 0.077 0.261 *  -6.67     212      0.000
                      3.3146       1.363     0.093    *                                    *             *
SCHULAB   SCHULABSCHLUSS                              *                                    *             *
-------------------------------------------------------------------------------------------------------------------------------------
```

6.33 WRITE BMDP ⟨lokal⟩

BMDP ist ein allgemeines, umfassendes System von Statistikprogrammen, das vertrieben wird durch: Health Sciences Computing Facility, AV-111 Health Sciences Bldg., University of California, Los Angeles, Ca. 90024, USA. Eine ausfuehrliche Beschreibung gibt Referenz 1.

Die Prozedur WRITE BMDP[1] erstellt auf einfache Weise eine BMDP-Systemdatei die direkt von BMDP verarbeitet werden kann. Diese Datei enthaelt die Daten und die Datendefinitionen: fehlende Werte, Variablennamen, Dateiname, Dateietikette und eventuell Variablen zur Kennzeichnung von Faellen. Beim Verarbeiten dieser Datei durch BMDP reduzieren sich die BMDP-Kontrollanweisungen im wesentlichen auf die Anweisungen fuer das jeweilige BMDP-Programm.

Die Prozedurkarte

```
1              16
WRITE BMDP     [VARIABLES = Variablenliste oder ALL]
               [/UNIT = logische Ausgabeeinheit]
               [/CODE = BMDP-Dateiname]
               [/LABEL = Variable [Variable]]
```

Saemtliche Angaben der Prozedurkarte sind wahlfrei. Sie koennen in beliebiger Reihenfolge angegeben werden. Die Angaben muessen jeweils durch einen Schraegstrich getrennt werden.

Die Anweisung VARIABLES fuehrt die Variablen auf, die in die BMDP-Datei eingehen sollen. Alphanumerische Variablen werden dabei automatisch ausgeschlossen. Wird die Anweisung VARIABLES nicht angegeben, werden standardmaessig alle numerischen Variablen uebernommen. Die BMDP-Datei kann maximal 503 Variablen bei der H-Version und 1003 Variablen bei der M-Version von SPSS enthalten.

Die Anweisung CODE gibt den Namen der BMDP-Datei an. Standardmaessig wird der Name der SPSS-Datei uebernommen.

Die Anweisung UNIT gibt die logische Ausgabeeinheit an, auf der die BMDP-Datei ausgegeben wird.[2] Es kann ein Wert zwischen 15 und 99 angegeben werden. Standardmaessig wird die BMDP-Datei auf der Einheit 15 ausgegeben.[3]

Die Anweisung LABEL gibt ein oder zwei alphanumerische Variablen an, die zur Kennzeichnung der Faelle in die BMDP-Datei uebernommen werden. Standardmaessig werden keine LABEL-Variablen uebernommen.

Standardmaessig werden saemtliche fehlenden Werte in den Indikator fuer fehlende Werte (16**31) von BMDP umgewandelt. Durch die Angabe von Option 1 auf der OPTIONS-Karte werden saemtliche Faelle mit fehlenden Werten aus der BMDP-Datei ausgeschlossen.

----
[1] Programmautor: P. Beutel Rechenzentrum der Universitaet Heidelberg.
[2] Bei der CDC-Version ist die Anweisung UNIT nicht verfuegbar. Ihre Rolle kann von der RAW OUTPUT UNIT-Karte uebernommen werden. Standardmaessig wird auf die Datei BCDOUT ausgegeben.
[3] Bei der IBM-Version bedeutet dies, dass auf einer DD-Karte mit //FT15F001 DD .... die Ausgabedatei beschrieben werden muss.

Das nachfolgende Beispiel demonstriert die Uebergabe einer existierenden SPSS-Datei an ein BMDP-Programm. Der Aufruf von SPSS und BMDP erfolgt in einem Job. Die BMDP-Datei wird als temporaere Datei erstellt.

Das Beispiel fuer IBM- bzw. CDC-Anlagen ist nur exemplarisch. Die genauen Anfgaben fuer die Kommandokarten erfrage man im jeweiligen Rechenzentrum.

Beispiel fuer IBM-Anlagen

```
1
Jobvorspann
// EXEC SPSS,GTFILE='U.$09.EMMA'                                (1)
//FT15F001   DD DSN=&&SAVE,UNIT=SYSDA,DISP=(,PASS)              (2)
GET FILE        EMMA
WRITE BMDP     VARIABLES = RS1 TO RS21/ LABEL = NAME
// EXEC BIMED,P=BMDP2D                                          (3)
//FT15F001   DD DSN=&&SAVE,DISP=OLD                             (2)
/PROBLEM                                                        (4)
/INPUT     UNIT=15. CODE=EMMA.                                  (4)
/COUNT ESTIMATES.                                               (5)
/END                                                            (4)
```

Beispiel fuer CDC-Anlagen

```
1
Jobvorspann
ATTACH,GTFILE ...
ATTACH,SPSS ...                                                 (1)
SPSS,A=ALTINP.
ATTACH,BMDP.                                                    (3)
LIBRARY,BMDP.                                                   (3)
BMDP2D.                                                         (3)
    end-of-record-Karte
GET FILE        EMMA
WRITE BMDP     VARIABLES = RS1 TO RS21/ LABEL = NAME
    end-of-record-Karte
/PROBLEM                                                        (4)
/INPUT     UNIT=8. CODE=EMMA.                                   (4)
/COUNT ESTIMATES.                                               (5)
/END                                                            (4)
```

Erlaeuterungen:

(1) Aufruf von SPSS.
(2) Temporaere BMDP-Systemdatei.
(3) Aufruf eines BMDP-Programms.
(4) Diese BMDP-Kontrollkarten sind immer notwendig.
(5) Programmspezifische BMDP-Kontrollkarte.

Literatur

Dixon & Brown (1979)

Kommandokarten

7

Waehrend sich SPSS nur geringfuegig von Rechnertyp zu Rechnertyp unterscheidet, sind die Unterschiede der Betriebssysteme verschiedener Rechnertypen gravierend. Selbst bei Rechnern des gleichen Herstellers treten in der Regel von Rechenzentrum zu Rechenzentrum Unterschiede auf. Deshalb wird in diesem Kapitel nur die Grundkonstellation der Kommandokarten fuer Rechenanlagen der Hersteller CONTROL DATA, IBM, SIEMENS, AEG-TELEFUNKEN und UNIVAC beschrieben. Diese Grundkonstellation reicht aus, um SPSS-Anweisungen und Daten von Karten einzulesen und die Ergebnisse ueber einen Schnelldrucker auszugeben. Fuer alle Jobs, die zusaetzliche periphere Geraete benoetigen, wie z.B. Magnetband- oder Magnetplatteneinheiten, muss auf jeden Fall eine Beschreibung der Kommandokarten fuer das Betriebssystem des jeweiligen Rechenzentrums zu Rate gezogen werden. Auch innerhalb dieser Grundkonstellation gibt es moeglicherweise noch durch rechenzentrumseigene Konventionen einige Unterschiede.

7.1. CDC-Anlagen

Am weitesten verbreitet sind auf CDC-Anlagen die Betriebssysteme <u>SCOPE</u> (aehnlich zu NOS/BE) und <u>NOS</u> (aehnlich zu KRONOS). Nachfolgend wird eine Teilmenge der Kommandokarten fuer beide Betriebssysteme beschrieben, die fuer die meisten Anwendungen im Zusammenhang mit SPSS ausreicht. Vollstaendige Beschreibungen aller Kommandokarten (in CDC-Terminologie auch Steuerkarten) enthalten die Reference Manuals des jeweiligen Betriebssystems. Bis einschliesslich Abschnitt 7.1.2 werden die beiden Betriebssysteme gemeinsam beschrieben. In den Abschnitten 7.1.3 und 7.1.4 werden Details und Beispiele zu SCOPE und in 7.1.5 und 7.1.6 zu NOS getrennt dargestellt. Die Kommandokarten haben das allgemeine Format:

```
1
<Kommando>,<Parameter>.<Kommentar>
```

Erlaeuterungen:

- Jede Kommandokarte beginnt in der ersten Spalte.
- <Kommando> steht fuer genau ein Schluesselwort, das die Funktion der jeweiligen Kommandokarte festlegt und auf jeder Kommandokarte vorhanden sein muss.
- <Parameter> steht fuer eine Liste von Parametern, die durch Komma vom <Kommando> und durch Kommata untereinander getrennt werden. Dieses Parameterfeld kann einschliesslich vorangehendem Komma vollstaendig entfallen. Je nach Kommandokarte kommen Positions- und/oder Schluesselwortparameter vor. Die Bedeutung der Positionsparameter ergibt sich aus ihrer Stellung als 1., 2., 3. usw. Parameter. Den meisten Schluesselwortparametern wird durch Gleichheitszeichen ein Parameterwert zugeordnet. Sie folgen den Positionsparametern und koennen in beliebiger Reihenfolge stehen. Bei einigen Kommandokarten enthaelt das Schluesselwort selbst den Parameterwert.
- Das Parameterfeld - bei fehlenden Parametern das <Kommando> - wird durch Punkt abgeschlossen.

- <Kommentar> steht fuer eine beliebige wahlfreie Zeichenfolge, die dem schliessenden Punkt folgen kann.
- Leerzeichen sind vor dem Punkt nicht zulaessig, sondern nur im Kommentarfeld.
- Einige Kommandokarten koennen auf einer nachfolgende Karte fortgesetzt werden. Fehlt auf einer Karte der abschliessende Punkt, setzt Spalte 1 der folgenden Karte die vorliegende Karte fort.

Beispiel SCOPE:

```
1
REQUEST,SVFILE,PE,N,VSN=C99999. BAND BESCHREIBEN
```

Beispiel NOS:

```
1
LABEL,SVFILE,VSN=C99999,F=I,FI=SCHULEN77,SI=C99999,QN=1,W. NEUES BAND
```

7.1.1 Einfacher Jobrahmen

Die erste Kommandokarte eines Jobs ist immer die Jobkarte, danach muessen haeufig eine ACCOUNT- und/oder CHARGE-Karte folgen. Die notwendigen Informationen ueber den Aufbau und die Bedeutung dieser Kommandokarten erhaelt man am lokalen Rechenzentrum. Nachfolgend werden diese Kommandokarten als Jobvorspann bezeichnet. SPSS wird mit den beiden folgenden Kommandokarten aufgerufen:

SCOPE:

```
1
ATTACH,SPSS,SPSS,MR=1.
SPSS.
```

NOS:

```
1
ATTACH,SPSS/UN=Kennzei,PW=Passwrt,NA.
SPSS.
```

Die ATTACH-Karte veranlasst den Zugriff auf eine permanente Plattendatei, die das SPSS-Programm enthaelt. Die Angaben Kennzei und Passwrt muessen im lokalen Rechenzentrum erfragt werden. Die zweite Karte ist die eigentliche Aufrufkarte fuer SPSS. Danach folgen die end of section-Karte (NOS: end of record-Karte) bzw. (7/8/9)-Karte, die SPSS-Steuerkarten und als letzte Karte die end of information-Karte bzw. (6/7/8/9)-Karte. Die end of section-Karte (NOS: end of record-Karte) und die end of information-Karte sind Karten, die in der ersten Spalte die Lochungen 7, 8, 9 bzw. 6, 7, 8, 9 enthalten. Diese Karten liegen vorgelocht in den Rechenzentren aus.

Im einfachsten Fall - die Daten werden von Karten eingelesen, die Ausgabe erfolgt nur ueber den Drucker - gilt folgender Jobaufbau:

SCOPE:

```
1
Jobvorspann
ATTACH,SPSS,SPSS,MR=1.
SPSS.
(7/8/9)-Karte
RUN NAME
 .
 .
 .
READ INPUT DATA
+-----------------+
|  Datenkarten    |
+-----------------+
(6/7/8/9)-Karte
```

NOS:

```
1
Jobvorspann
ATTACH,SPSS/UN=Kennzei,PW=Passwrt,NA.
SPSS.
(7/8/9)-Karte
RUN NAME
 .
 .
 .
READ INPUT DATA
+-----------------+
|   Datenkarten   |
+-----------------+
(6/7/8/9)-Karte
```

7.1.2 Bezug auf Dateien in SCOPE und NOS

Bei der Arbeit mit SPSS muessen drei Arten von Dateinamen unterschieden werden, naemlich:

- Namen fuer SPSS-Dateien, die der Benutzer auf der FILE NAME-, SAVE FILE- oder SAVE ARCHIVE-Karte festlegt. Diese Namen haben lediglich die Funktion, in der Druckausgabe aufgefuehrt zu werden und beim Ansprechen der Datei durch die GET FILE- oder GET ARCHIVE-Karte zu pruefen, ob die richtige Datei vorliegt. Diese Namen sollten zur Vereinfachung auch als permanente Dateinamen gewaehlt werden.
- Permanente Dateinamen, die der Benutzer auf Kommandokarten festlegt. Unter diesen Namen werden durch das Betriebssystem die Dateien auf Platte gespeichert und katalogisiert. Permanente Dateinamen (permanent file name) duerfen maximal 40 Zeichen umfassen (NOS: 7 Zeichen) und werden nachfolgend durch pfn abgekuerzt.
- Logische Dateinamen, die durch die Programmierer von SPSS als Voreinstellung festgelegt wurden. Jeder in SPSS vorkommenden Ein- und Ausgabefunktion sind nicht nur SPSS-Steuerkarten z.B. GET FILE, sondern auch programmintern Namen zugeordnet. Ueber diese Namen weist der Benutzer auf Kommandokarten dem Programm das von ihm gewaehlte Ein- oder Ausgabemedium zu. Ein-, Ausgabemedien koennen u. a. Magnetplatten, Magnetbaender sein. Diese Namen haben eine maximale Laenge von 7 Zeichen, heissen logische Dateinamen (logical file name) und werden durch lfn abgekuerzt.

Die nachfolgende Uebersicht stellt die Parameter des Kommandos SPSS mit den Voreinstellungen (Groessen bzw. logische Dateinamen) und den Funktionsbeschreibungen dar. Einige weniger wichtige Parameter wurden weggelassen.

Parameter	Voreinstellung	Beschreibung
A=lfn	BCDOUT	Ausgabe: BCD-, Binaerdateien (z.B. WRITE CASES)
BL=mbl	5120	Maximale Blocklaenge fuer L- und S-Format-Magnetbaender
D=lfn	INPUT	Eingabe: BCD-, Binaerdateien, auch OSIRIS Daten. Eine zugleich vorliegende INPUT-MEDIUM-Karte wird ignoriert.
ER=nr	100	Maximalzahl der Fehler bei der Eingabe
G=lfn	GTFILE	Eingabe: SPSS-Datei (GET FILE)
G1=lfn	GTARC1	Eingabe: 1. Archiv- oder SPSS-Datei (GET ARCHIVE oder MERGE FILES)
G2=lfn	GTARC2	Eingabe: 2. Archiv- oder SPSS-Datei
G3=lfn	GTARC3	Eingabe: 3. Archiv- oder SPSS-Datei
G4=lfn	GTARC4	Eingabe: 4. Archiv- oder SPSS-Datei
G5=lfn	GTARC5	Eingabe: 5. Archiv- oder SPSS-Datei
I=lfn	INPUT	Eingabe: SPSS-Steuerkarten (Vorein.: Lochkarten)
L=lfn	OUTPUT	Druckausgabe (Vorein.: Drucker bzw. Terminal)
LO=keyword	(batch)	Format der Druckausgabe; LO=ABRV: 80 Zeichen je Zeile mit Vorschubsteuerzeichen fuer Seiteneinteilung, LO=ONLINE: 80 Zeichen je Zeile, ohne Seiteneinteilung, nur Ergebnisse.
MF=mf	200000B	Max. Feldlaenge, Grenze fuer dynam. Zuweisung; Abaenderung nur bei extremen Problemen sinnvoll.
NR	(return)	Kein RETURN oder UNLOAD fuer Daten-Dateien (D=, G=, G1=, ..., G5=)
OS=lfn	OSIRIS	Eingabe: OSIRIS dictionary
PD=lpi	8	Anzahl Zeilen je inch fuer Druckausgabe, alternativ kann nur 6 angegeben werden.
RL=rl	-	Satzlaenge fuer Saetze fester Laenge auf L- oder S-Format-Magnetbaendern
S=lfn	SVFILE	Ausgabe: SPSS- oder Archiv-Datei (SAVE FILE oder SAVE ARCHIVE)
U	(return)	Auf Daten-Dateien wird UNLOAD gegeben.
X=lfn	XXSPS2	Hilfsdatei; wird X=0 angegeben, oder wenn erkennbar nicht erforderlich, dann werden die Eingabedaten nicht zwischengespeichert.

Wenn im SPSS-Kommando die Parameter nicht aufgefuehrt werden, dann greift SPSS beim Lesen mit dem voreingestellten logischen Dateinamen zu, bzw. erstellt beim Schreiben eine Datei mit dem voreingestellten Dateinamen.

7.1.3 Platten- und Banddateien in SCOPE

Soll eine Datei permanent auf Platte gespeichert werden, um fuer nachfolgende Jobs zur Verfuegung zu stehen, muss zuerst durch die Kommandokarte REQUEST eine Platte angefordert werden. Der Parameter *PF fordert irgendeine Einheit fuer permanente Dateien an.

```
1
REQUEST,lfn,*PF.
CATALOG,lfn,pfn,ID=nnnnnn.
```

Durch die Kommandokarte CATALOG wird die Datei katalogisiert. Dabei wird der logische Dateiname lfn mit dem permanenten Dateinamen pfn verknuepft. Die Zuordnung der permanenten Plattendatei zum Benutzer erfolgt ueber den ID-Parameter, fuer den in der Regel die Jobnummer des Benutzers angegeben werden muss.

Eine existierende, permanente Plattendatei wird durch die Kommandokarte ATTACH angesprochen. Dabei wird der beim Katalogisieren der Datei festgelegte permanente Dateiname pfn mit dem logischen Dateinamen lfn verbunden. Der Parameter MR=1 (multi-read access) erlaubt, dass mehrere Jobs die Datei simultan lesen koennen.

```
1
ATTACH,lfn,pfn,ID=nnnnnn,MR=1.
```

Nicht mehr benoetigte Plattendateien sollten durch folgenden Job geloescht werden.

```
1
Jobvorspann
ATTACH,A,pfn,ID=nnnnnn.
PURGE,A.
(6/7/8/9)-Karte
```

Die in einem Job benoetigten Magnetbaender werden durch die Kommandokarte REQUEST angefordert. Dabei wird dem logischen Dateinamen lfn das angeforderte Band zugeordnet. REQUEST-Karten fuer alle in einem Job benutzten Baender muessen vor der SPSS-Aufrufkarte liegen.

```
1
REQUEST,lfn,PE,Zugriff,VSN=bbbbbb.
```

Die Parameter bedeuten:

- lfn — logischer Dateiname.
  - PE — Schreibdichte gleich 1600 bpi.
- Zugriff — Fuer Zugriff kann eines der beiden Zeichen E oder N angegeben werden. Wird E angegeben, dann wird das Bandetikett fuer die Datei gelesen und geprueft. Wird N angegeben, dann wird das Bandetikett geschrieben.
- VSN=bbbbbb — gibt die Bandnummer bbbbbb an. Diese Nummer erhaelt der Benutzer bei der Beantragung des Bandes zugewiesen.

7.1.4 Beispiele fuer SPSS-Jobs in SCOPE

Ein Benutzer hat z.B. die Jobnummer K4711. Er will eine SPSS-Datei unter dem Namen TEST1 permanent auf Platte speichern und zusaetzlich zur Datensicherung auf das ihm zugewiesene Band mit der Nummer C99999 uebertragen. Der standardmeassig festgelegte logische Dateiname heisst SVFILE.

```
1
Jobvorspann
REQUEST,SVFILE,*PF.
ATTACH,SPSS,SPSS,MR=1.
SPSS.
CATALOG,SVFILE,TEST1,ID=K4711.
(7/8/9)-Karte
RUN NAME        SPEICHERN EINER SPSS-DATEI AUF PLATTE
 .
 .
 .
SAVE FILE       TEST1
(6/7/8/9)-Karte
```

```
1
Jobvorspann
REQUEST,SVFILE,PE,N,VSN=C99999.
ATTACH,SPSS,SPSS,MR=1.
SPSS.
(7/8/9)-Karte
RUN NAME        SPEICHERN EINER SPSS-DATEI AUF BAND
 .
 .
SAVE FILE       TEST1
(6/7/8/9)-Karte
```

In nachfolgenden Jobs werden die Dateien zur Bearbeitung wieder eingelesen. Der logische Dateiname heisst standardmaessig GTFILE.

```
1
Jobvorspann
ATTACH,GTFILE,TEST1,ID=K4711,MR=1.
ATTACH,SPSS,SPSS,MR=1.
SPSS.
(7/8/9)-Karte
RUN NAME        EINLESEN EINER SPSS-DATEI VON PLATTE
GET FILE        TEST1
 .
 .
(6/7/8/9)-Karte

1
Jobvorspann
REQUEST,GTFILE,PE,E,VSN=C99999.
ATTACH,SPSS,SPSS,MR=1.
SPSS.
(7/8/9)-Karte
RUN NAME        EINLESEN EINER SPSS-DATEI VON BAND
GET FILE        TEST1
 .
 .
 .
(6/7/8/9)-Karte
```

Die permanente Plattendatei TEST1 soll modifiziert und unter dem Namen TEST2 erneut auf Platte gespeichert werden. In einem nachfolgenden Job soll die Datei TEST1 geloescht werden.

```
1
Jobvorspann
ATTACH,GTFILE,TEST1,ID=K4711,MR=1.
REQUEST,SVFILE,*PF.
ATTACH,SPSS,SPSS,MR=1.
SPSS.
CATALOG,SVFILE,TEST2,ID=K4711.
(7/8/9)-Karte
RUN NAME        MODIFIZIEREN EINER SPSS-DATEI
GET FILE        TEST1
 .
 .
 .
SAVE FILE       TEST2
(6/7/8/9)-Karte
```

```
1
Jobvorspann
ATTACH,A,TEST1,ID=K4711.
PURGE,A.
(6/7/8/9)-Karte
```

Durch die Prozedur CONDESCRIPTIVE sollen Variablen in z-Werte transformiert und im BCD-Code permanent auf Platte gespeichert werden. Der logische Dateiname heisst standardmaessig BCDOUT, der permanente Dateiname wird durch den Benutzer als ZWERTE gewaehlt.[1]

```
1
Jobvorspann
REQUEST,BCDOUT,*PF.
ATTACH,SPSS,SPSS,MR=1.
SPSS.
CATALOG,BCDOUT,ZWERTE,ID=K4711.
(7/8/9)-Karte
RUN NAME        SPEICHERN EINER BCD-DATEI AUF PLATTE
  .
  .
  .
CONDESCRIPTIVE V1 TO V100
OPTIONS         3
READ INPUT DATA
+-----------------+
|   Datenkarten   |
+-----------------+
(6/7/8/9)-Karte
```

Die in z-Werte transformierten Variablen sollen zur Bearbeitung eingelesen werden. Der logische Dateiname ist in diesem Fall nicht standardmaessig festgelegt. Er wird auf der SPSS-Steuerkarte INPUT MEDIUM angegeben, im Beispiel als DISK.

```
1
Jobvorspann
ATTACH,DISK,ZWERTE,ID=K4711,MR=1.
ATTACH,SPSS,SPSS,MR=1.
SPSS.
(7/8/9)-Karte
RUN NAME        EINLESEN EINER BCD-DATEI VON PLATTE
  .
  .
INPUT MEDIUM    DISK
  .
(6/7/8/9)-Karte
```

In einem Job sollen sowohl von der Prozedur PEARSON CORR als auch von der Prozedur NONPAR CORR Korrelationsmatrizen berechnet und in getrennten Dateien permanent auf Platte gespeichert werden.[2] Der Benutzer waehlt die beiden permanenten Dateinamen PEARSON und NONPAR. Als logische Dateinamen legt er auf der SPSS-Steuerkarte RAW OUTPUT UNIT die Namen BCDOUT1 und BCDOUT2 fest.

---

[1] Siehe Kap. 5.2.4: BCD- und Binaerausgabe der Statistikprozeduren.
[2] Siehe Kap. 5.2.4: BCD- und Binaerausgabe der Statistikprozeduren.

```
1
Jobvorspann
REQUEST,BCDOUT1,*PF.
REQUEST,BCDOUT2,*PF.
ATTACH,SPSS,SPSS,MR=1.
SPSS.
CATALOG,BCDOUT1,PEARSON,ID=K4711.
CATALOG,BCDOUT2,NONPAR,ID=K4711.
(7/8/9)-Karte
RUN NAME          SPEICHERN ZWEIER BCD-DATEIEN
 .
 .
RAW OUTPUT UNIT BCDOUT1
PERSON CORR       V1 TO V100
OPTIONS           4
RAW OUTPUT UNIT BCDOUT2
NONPAR CORR       V101 TO V130
OPTIONS           4
 .
 .
(6/7/8/9)-Karte
```

7.1.5 Platten- und Banddateien in NOS

Jeder Benutzer hat einen mit dem Rechenzentrum vereinbarten Plattenspeicherplatz fuer Dateien mit indirektem Zugriff zur Verfuegung. Sollen Dateien permanent auf Platte gespeichert werden, um fuer nachfolgende Jobs zur Verfuegung zu stehen, kann dies mit dem Kommando SAVE geschehen. Diese Kommando hat das folgende allgemeine Format:[1]

```
1
SAVE,lfn1[=pfn1][,lfn2[=pfn2]][,...][/[PW=Passwrt][,NA]].
```

Die Angaben bedeuten:

- lfn1,... logischer Dateiname der abzuspeichernden Datei.
- pfn1,... permanenter Dateiname, unter dem auf die Datei spaeter zugegriffen werden kann; wird die Angabe weggelassen, so wird der logische Dateiname auch permanenter Dateiname.
- Passwrt Passwort (max. 7 Zeichen), das bei spaeterem Zugriff wieder angegeben werden muss.
- NA wenn augenblicklich kein Speicherplatz zur Verfuegung steht, wird der Auftrag zurueckgestellt und spaeter durchgefuehrt; wird NA nicht angegeben, wuerde in diesem Fall der Job abgebrochen.

Soll der Inhalt einer bestehenden permanenten Datei durch einen neuen Inhalt ersetzt werden, dann muss das Kommando REPLACE verwendet werden, das dieselben Parameter wie SAVE hat. Das Loeschen permanenter Dateien erfolgt mit dem Kommando PURGE, bei dem die Angabe NA einen Abbruch des Jobs fuer den Fall verhindert, dass eine der Dateien pfn1, pfn2,... nicht bzw. nicht mehr vorhanden ist.

```
1
PURGE,pfn1[,pfn2][,...][/[PW=Passwrt][,NA]].
```

Auf existierende Dateien wird mit dem Kommando GET zugegriffen:

---

[1] Weniger wichtige Parameter wurden weggelassen.

```
1
GET,lfn1[=pfn1][,lfn2[=pfn2]][,...][/[PW=Passwrt][,NA]].
```

Innerhalb des Jobs kann die Datei unter einem anderen logischen Dateinamen angesprochen werden, wenn lfn und pfn verschieden gewaehlt werden.

Die in einem Job benoetigten Magnetbaender werden durch die Kommandokarte LABEL angefordert. Dabei wird dem logischen Dateinamen die angesprochene Banddatei zugeordnet. Ein Aufruf des LABEL-Kommandos ist:

```
1
LABEL,lfn,VSN=bbbbbb,SI=bbbbbb,FI=fileid,QN=nnnn,F=I,Zugriff.
```

Die Parameter bedeuten:

- lfn — logischer Dateiname, unter dem auf die Datei innerhalb des Jobs zugegriffen werden kann.
- VSN=bbbbbb — gibt die Bandnummer (visuelle Serien-Nummer) bbbbbb an.
- SI=bbbbbb — Gruppenkennzeichen (set identification) fuer eine Gruppe von mehreren Dateien; wird zweckmaessigerweise gleich der Bandnummer gewaehlt.
- FI=fileid — Dateiname auf dem Magnetband (max. 17 Zeichen), wird am besten gleich dem bei FILE NAME angegebenen SPSS-internen Dateinamen gewaehlt.
- QN=nnnn — laufende Nummer innerhalb der Dateigruppe, braucht zum Lesen nicht angegeben zu werden. Enthaelt das Band schon Dateien, hinter die eine neue Datei geschrieben werden soll, dann kann QN=9999 angegeben werden. Soll die Datei als erste Datei auf das Magnetband geschrieben werden, muss man QN=1 verwenden.
- F=I — das Band wird im internen Format beschrieben.
- Zugriff — fuer Zugriff kann eines der beiden Zeichen R und W angegeben werden. Wird R angegeben, dann wird das Bandetikett fuer die Datei gelesen und geprueft. Wird W angegeben, dann wird das Bandetikett geschrieben.

In manchen Rechenzentren stehen nur wenige Bandgeraete zur Verfuegung. Um lange Wartezeiten zu vermeiden, sollte beim Einlesen einer Banddatei zunaechst die Datei in eine lokale Datei kopiert, danach das Band freigegeben und erst dann SPSS gestartet werden.

```
1
 .
 .
LABEL,BANDEIN,VSN=TP981,SI=TP981,FI=DATZENE,F=I,R.
COPYBF,BANDEIN,GTFILE.
RETURN,BANDEIN.
REWIND,GTFILE.
ATTACH,SPSS/UN=Kennzei,PW=Passwrt,NA.
SPSS.
(7/8/9)-Karte
RUN NAME        EINLESEN EINER SPSS-DATEI VON BAND
 .
 .
```

Beim Beschreiben einer Banddatei sollte zunaechst SPSS gestartet werden, danach das Band angefordert, und dann mit der durch SPSS erzeugten Information beschrieben werden.

```
1
 .
 .
ATTACH,SPSS/UN=Kennzei,PW=Passwrt,NA.
SPSS.
RETURN,SPSS.
REWIND,SVFILE.
LABEL,BANDAUS,VSN=TP981,SI=TP981,FI=DATZWOA,QN=9999,F=I,W.
COPYBF,SVFILE,BANDAUS.
RETURN,BANDAUS.
 .
 .
```

In beiden Faellen muss nach dem Kopieren bzw. nach dem SPSS-Lauf durch REWIND die beschriebenen Dateien an den Anfang zurueckgesetzt werden. Wenn mit RETURN ein Band zurueckgegeben wurde, kann das gleiche oder ein anderes Band im selben Job spaeter wieder durch LABEL anfordert werden.

7.1.6 Beispiele fuer SPSS-Jobs in NOS

Speichern einer BCD-Datei als permanente Datei und Drucken dieser Datei.

```
1
Jobvorspann
ATTACH,SPSS/UN=Kennzei,PW=Passwrt,NA.
SPSS.
SAVE,BCDOUT=ZWERTE.
COPYSBF,BCDOUT,OUTPUT.
(7/8/9)-Karte
RUN NAME        SPEICHERN EINER BCD-DATEI AUF PLATTE
 .
 .
CONDESCRIPTIVE V1 TO V8
OPTIONS         3
READ INPUT DATA
+-----------------+
|   Datenkarten   |
+-----------------+
(6/7/8/9)-Karte
```

Soll die BCD-Datei statt gedruckt, gestanzt werden, dann gibt man statt des COPYSBF-Kommandos an:

```
1
COPY,BCDOUT,PUNCH.
```

Wird beides gewuenscht, muss zwischen die beiden Kommandos das nachfolgende Kommando eingeschoben werden.

```
1
REWIND,BCDOUT.
```

Anstatt den voreingestellten Namen BCDOUT zu benutzen, kann man auch dem Parameter A des SPSS-Kommandos den gewuenschten pfn zuordnen. Der Abschnitt der Kommandokarten sieht dann wie folgt aus:

1
```
Jobvorspann
ATTACH,SPSS/UN=Kennzei,PW=Passwrt,NA.
SPSS,A=ZWERTE.
SAVE,ZWERTE
CCPYSBF,ZWERTE,OUTPUT.
(7/8/9)-Karte
```

Eine weitere Moeglichkeit besteht darin, auf der RAW OUTPUT UNIT-Karte im Angabenfeld ZWERTE anzugeben, und diese Karte vor die Prozedurkarte CONDESCRIPTIVE einzufuegen; dann hat die lokale Datei auch ohne Zuweisung zum Parameter A des SPSS-Kommandos den logischen Dateinamen ZWERTE.

Speichern einer SPSS-Datei als permanente Datei. Im nachfolgenden Beispiel sind SPSS-interner und permanenter Dateiname gleich; dies muss nicht immer so geschehen, vermeidet aber Verwechslungen. Um Platz auf der Platte zu sparen, wird bei SAVE FILE das Schluesselwort CCMPRESSED verwendet.

1
```
Jobvorspann
ATTACH,SPSS/UN=Kennzei,PW=Passwrt,NA.
SPSS.
SAVE,SVFILE=BEFRAG.
(7/8/9)-Karte
RUN NAME        SPEICHERN EINER SPSS-DATEI AUF PLATTE
FILE NAME       BEFRAG
 .
 .
SAVE FILE       COMPRESSED
(6/7/8/9)-Karte
```

Einlesen der zuvor erzeugten SPSS-Datei und Speichern der modifizierten Datei.

1
```
Jobvorspann
ATTACH,SPSS/UN=Kennzei,PW=Passwrt,NA.
GET,GTFILE=BEFRAG.
SPSS.
SAVE,SVFILE=BEFRA2.
(7/8/9)-Karte
RUN NAME        MODIFIKATION EINER SPSS-DATEI AUF PLATTE
GET FILE        BEFRAG
COMPUTE         ...
 .
 .
SAVE FILE       COMPRESSED (BEFRA2)
(6/7/8/9)-Karte
```

Wenn der Lauf erfolgreich war, kann in einem spaeteren Job die alte SPSS-Datei geloescht werden durch:

1
```
PURGE,BEFRAG/NA.
```

Speichern einer SPSS-Datei auf Band. Wenn das Magnetband schon mit Dateien beschrieben ist, dann waehlt man am besten QN=9999, damit die SPSS-Datei auch wirklich hinter die vorhandenen Dateien gelangt, und nicht eine andere Datei ueberschrieben wird. Die im Beispiel verwendete Bandnummer TP981 muss durch die Nummer eines vom Rechenzentrum zugeteilten Bandes ersetzt werden.

1
```
Jobvorspann
ATTACH,SPSS/UN=Kennzei,PW=Passwrt,NA.
SPSS.
RETURN,SPSS.
REWIND,SVFILE.
LABEL,BANDAUS,VSN=TP981,SI=TP981,FI=DATOANS,QN=1,F=I,W.
COPYBF,SVFILE,BANDAUS.
RETURN,BANDAUS.
(7/8/9)-Karte
RUN NAME       SPEICHERN EINER SPSS-DATEI AUF BAND
FILE NAME      DATOANS
 .
 .
SAVE FILE
(6/7/8/9)-Karte
```

1
```
Jobvorspann
LABEL,BANDEIN,VSN=TP981,SI=TP981,FI=DATOANS,F=I,R.
COPYBF,BANDEIN,GTFILE.
RETURN,BANDEIN.
REWIND,GTFILE.
ATTACH,SPSS/UN=Kennzei,PW=Passwrt,NA.
SPSS.
(7/8/9)-Karte
RUN NAME       EINLESEN EINER SPSS-DATEI VON BAND
GET FILE       DATOANS
 .
 .
(6/7/8/9)-Karte
```

7.2. IBM-Anlagen

Nachfolgend wird eine Teilmenge der Kommandokarten des Betriebssystems OS/VS2 beschrieben, die fuer die meisten Anwendungen im Zusammenhang mit SPSS ausreicht. Eine vollstaendige Beschreibung aller Kommandokarten, in IBM-Terminologie JCL-Karten, enthaelt die IBM-Broschuere OS/VS2 JCL. JCL ist die Abkuerzung fuer Job Control Language. Alle JCL-Karten haben das allgemeine Format:

```
1
<Identifikation><Name>  <Operation>  <Operand>
```

Erlaeuterungen:

- <Identifikation> ist stets vorhanden, beginnt in Spalte 1 und steht fuer //, /* oder //*. Die uebrigen drei Felder sind nicht immer vorhanden.
- <Name> steht fuer eine Kennzeichnung der vorliegenden JCL-Karte, die sich aus 1 bis 8 alphanumerischen Zeichen zusammensetzt. Das erste Zeichen muss ein Buchstabe sein. Das Namensfeld beginnt in Spalte 3 und ist im allgemeinen notwendig.
- <Operation> steht fuer eine der Bezeichnungen JOB, EXEC oder DD und legt die Funktion der jeweiligen JCL-Karte fest. Das Operationsfeld ist vom Namensfeld oder der Identifikation durch mindestens ein Leerzeichen getrennt. Die Operationen haben die folgenden Bedeutungen. JOB: die Anweisung kennzeichnet den Anfang eines Jobs und legt die Jobcharakteristika fest. EXEC: die Anweisung ruft Programme oder katalogisierte Prozeduren auf. DD: die Anweisung beschreibt eine Datei.
- <Operand> steht fuer eine Liste von Parametern, die durch wenigstens ein Leerzeichen von den Operationen JOB, EXEC oder DD getrennt ist. Untereinander werden die Parameter durch Kommata getrennt. Es gibt Positionsparameter und Schluesselwortparameter; die Bedeutung der Positionsparameter ergibt sich aus ihrer Stellung als 1., 2., 3. usw. Parameter. Fehlende Positionsparameter muessen durch Komma ersetzt werden. Den Schluesselwortparametern wird durch Gleichheitszeichen ein Parameterwert zugeordnet. Sie folgen den Positionsparametern und koennen in beliebiger Reihenfolge stehen. Positionsparameter oder der Wert eines Schluesselwortparameters koennen ihrerseits aus Parametern bestehen. Die Liste dieser Unterparameter ist in der Regel in Klammern eingeschlossen. Unterparameter koennen sowohl Positions- als auch Schluesselwortparameter sein. Es gelten dieselben Regeln wie fuer die Hauptparameter.
- Alle vier Felder der JCL-Karten muessen, soweit vorhanden, in den Spalten 1 bis 71 stehen. Das Operandenfeld kann jedoch auf Folgekarten fortgesetzt werden. Dabei wird dieses Feld vor Spalte 72 abgebrochen, und zwar unmittelbar nach dem Komma, das einem Parameter bzw. Unterparameter folgt. Die Folgekarte beginnt mit zwei Schraegstrichen. Das Operandenfeld wird in einer der Spalten 4 bis 16 fortgesetzt.

Beispiele:

```
1
//H01TEST1 JOB H01,CLASS=I,TIME=(,30),REGION=384K
//FT08F001 DD DSN=WAHL76,UNIT=TAPE,VOL=SER=T99H01,DISP=(OLD,PASS),
// LABEL=(2,NL,,IN),DCB=(RECFM=FB,LRECL=80,BLKSIZE=3120)
```

7.2.1 Einfacher Jobrahmen

Die erste JCL-Karte eines Jobs ist immer die Jobkarte, danach muessen haeufig eine PASSWORD- oder JOBPARM-Karte folgen. Die notwendigen Informationen ueber den Aufbau und die Bedeutung dieser Karten erhaelt man am lokalen Rechenzentrum. Nachfolgend werden diese JCL-Karten als Jobvorspann bezeichnet.

Den Aufruf von SPSS veranlasst eine EXEC-Karte. Die letzte Karte ist immer die Jobende-Karte; sie enthaelt in den Spalten 1 und 2 zwei Schraegstriche, ansonsten bleibt die Karte leer.

Im einfachsten Fall - die SPSS-Steuerkarten und die Daten werden von Karten eingelesen, die Ausgabe erfolgt nur ueber den Drucker - gilt folgender Jobaufbau:

```
1
Jobvorspann
// EXEC SPSS
VARIABLE LIST
 .
 .
 .
READ INPUT DATA
+-----------------+
|   Datenkarten   |
+-----------------+
END INPUT DATA
//
```

7.2.2 Die katalogisierte Prozedur SPSS

Die EXEC-Karte veranlasst den Aufruf von SPSS; sie ruft jedoch das Programm nicht direkt auf, sondern eine JCL-Kartenprozedur mit dem Namen SPSS. Diese Prozedur stellt eine Vereinfachung fuer den Benutzer dar, da sie die Zahl und die Komplexitaet der bei einem SPSS-Aufruf notwendigen JCL-Karten reduziert. Diese Vereinfachung wird dadurch erreicht, dass die Prozedur alle im Zusammenhang mit SPSS benoetigten JCL-Karten enthaelt und allen Parametern dieser Karten durch Voreinstellung Standardwerte zuweist. Durch diese Vereinfachung braucht der Benutzer beispielsweise beim Erstellen und Lesen von Plattendateien nur noch den Namen der Datei angeben. Eine solche JCL-Kartenprozedur heisst <u>katalogisierte Prozedur</u>.

Die wenigen noch notwendigen variablen Angaben macht der Benutzer bei Bedarf durch <u>symbolische Parameter</u>. Symbolische Parameter sind Schluesselwortparameter, die in der katalogisierten Prozedur festgelegt wurden und denen der Benutzer durch Gleichheitszeichen den aktuellen Wert zuweist. Diese Parameter werden auf der EXEC-Karte aufgefuehrt; dabei gilt das einleitend beschriebene allgemeine Format der JCL-Karten. Ergaenzend gilt, dass Wertzuweisungen fuer symbolische Parameter, falls Sonderzeichen enthalten sind (z.B. Punkte), in Hochkommata (') eingefasst werden muessen.

Beispiele

```
1
// EXEC SPSS,SVFILE='U.H01.TEST1'
1
// EXEC SPSS,GTFILE='U.H01.WAHL76',GTFILE2='U.H01.WAHL72',
// GTFILE3='U.H01.WAHL69',SVFILE='U.H01.WAHLEN'
```

Die in der katalogisierten Prozedur SPSS gewaehlten Standardwerte sind so festgelegt, dass sie erfahrungsgemaess bei den meisten Jobs ausreichend sind. Erst wenn die voreingestellten Standardwerte nicht zutreffen und durch symbolische Parameter nicht zu veraendern sind, muss der Benutzer weitere JCL-Karten schreiben.[1]

Katalogisierte Prozeduren unterliegen lokalen Konventionen; man erkundige sich deshalb am Rechenzentrum, ob die Prozedur SPSS in vergleichbarer Form implementiert ist, wie sie nachfolgend abgedruckt ist. Darueberhinaus kann diese Liste vom Anwender uebergangen werden; sie richtet sich als Vorschlag der Vereinheitlichung an die SPSS-Koordinatoren der Rechenzentren.

Liste der katalogisierten Prozedur SPSS[2]

```
//SPSS     PROC GTFILE=NULLFILE,GTFILE2=NULLFILE,GTFILE3=NULLFILE,
//              GTFILE4=NULLFILE,GTFILE5=NULLFILE,INFILE=NULLFILE,
//              SVFILE=NULLFILE,SVVOL=TSO001,SVPOS=,
//              OUTFILE=NULLFILE,OUTVOL=TSO001,OUTPOS=,
//              OSIRIS=NULLFILE,CORE=100K
//S1       EXEC PGM=SPSSM80,PARM=&CORE
//FT01F001  DD UNIT=SYSDA,SPACE=(CYL,(1,1))
//FT02F001  DD UNIT=SYSDA,SPACE=(CYL,(1,2))
//FT03F001  DD DSN=&GTFILE,DISP=SHR
//FT03F002  DD DSN=&GTFILE2,DISP=SHR
//FT03F003  DD DSN=&GTFILE3,DISP=SHR
//FT03F004  DD DSN=&GTFILE4,DISP=SHR
//FT03F005  DD DSN=&GTFILE5,DISP=SHR
//FT04F001  DD DSN=&SVFILE,VOL=SER=&SVVOL,LABEL=(&SVPOS,,,OUT),
//             UNIT=SYSSQ,DISP=(,CATLG,DELETE),
//             SPACE=(TRK,(5,5),RLSE)
//FT05F001  DD DDNAME=SYSIN
//FT06F001  DD SYSOUT=*,FCB=PAGE
//FT07F001  DD DSN=&OSIRIS,DISP=SHR
//FT08F001  DD DSN=&INFILE,DISP=SHR
//FT09F001  DD DSN=&OUTFILE,VOL=SER=&OUTVOL,LABEL=(&OUTPOS,,OUT),
//             UNIT=SYSSQ,DISP=(,CATLG,DELETE),
//             DCB=(RECFM=FB,LRECL=80,BLKSIZE=3120),
//             SPACE=(TRK,(5,5),RLSE)
//FT10F001  DD DSN=SYS4.SPSSUDCU.M80,DISP=SHR,DCB=BUFNO=1
//FT11F001  DD UNIT=SYSDA,SPACE=(CYL,(1,2))
//FT12F001  DD UNIT-SYSDA,SPACE=(CYL,(1,2))
//FT19F001  DD SYSOUT=*
//FT20F001  DD SYSOUT=B
//SORTLIB   DD DSN=PRO4.SORTLIB,DISP=SHR
//SORTWK01  DD UNIT=3330-1,SPACE=(CYL,(2,1))
//SORTWK02  DD UNIT=3330-1,SPACE=(CYL,(2,1))
//SORTWK03  DD UNIT=3330-1,SPACE=(CYL,(2,1))
//SYSOUT    DD SYSOUT=*
```

In Verbindung mit dieser JCL-Prozedur werden fuer die Prozedur SORT CASES keine zusaetzlichen Kommandokarten benoetigt.

7.2.3 Platten- und Banddateien

Beim Erstellen von SPSS-Dateien, BCD- oder Binaerdateien auf Magnetplatte ist die Angabe eines Dateinamens erforderlich. Unter diesem Namen wird die Datei fuer das Betriebssystem katalogisiert. Die

---

[1] Siehe Kap. 7.2.6: Dateidefinitionskarten.

[2] Die Prozedur wird in dieser Form auf der IBM 370/168 (OS/VS2) des Universitaetsrechenzentrums Heidelberg benutzt. Der Wert SYSSQ des UNIT-Parameters ist sowohl fuer Platten- als auch Bandeinheiten generiert.

Angabe des Dateinamens erfolgt durch einen entsprechenden symbolischen Parameter. Weitere Angaben sind beim Erstellen von Plattendateien nicht notwendig. Beim Erstellen von Dateien auf Band muessen ausser dem Dateinamen noch der Name des Bandes und eventuell die Position der Datei auf dem Band angegeben werden. Auch diese Angaben werden durch entsprechende symbolische Parameter gemacht. Beim Einlesen sowohl von Plattendateien als auch von Banddateien reicht die Angabe des Dateinamens aus, da die Dateien beim Erstellen katalogisiert wurden. Diese Angaben erfolgen wiederum durch symbolische Parameter. Die nachfolgende Uebersicht stellt alle symbolischen Parameter den zugehoerigen SPSS-Steuerkarten gegenueber.

symbolischer Parameter	SPSS-Steuerkarten	
SVFILE	SAVE FILE | SAVE ARCHIVE | SAVE SCSS	
GTFILE	GET FILE | GET ARCHIVE | MERGE FILES | GET SCSS	
OUTFILE	z.B. WRITE CASES, Faktorenwerte	
INFILE	INPUT MEDIUM DISK|TAPE	
GTFILE2	GET ARCHIVE | MERGE FILES	2. SPSS-Datei
GTFILE3	GET ARCHIVE | MERGE FILES	3. SPSS-Datei
GTFILE4	GET ARCHIVE | MERGE FILES	4. SPSS-Datei
GTFILE5	GET ARCHIVE | MERGE FILES	5. SPSS-Datei
OSIRIS	OSIRIS VARS	OSIRIS dictionary

Zusaetzliche Parameter fuer das Erstellen von Banddateien:

SVVOL	Bandname bei Ausgabe von SPSS-Dateien
SVPOS	Position der Datei auf dem Band
OUTVOL	Bandname bei Ausgabe von BCD-, Binaerdateien
OUTPOS	Position der Datei auf dem Band

Namen von Platten- oder Banddateien bestehen aus maximal 44 Zeichen. Sie setzen sich aus Ketten von maximal 8 alphanumerischen Zeichen zusammen. Das erste Zeichen einer Kette muss ein Buchstabe sein. Sonderzeichen duerfen nicht enthalten sein. Diese Ketten werden durch Punkte verbunden.

Um katalogisierte Dateien dem Benutzer zuordnen zu koennen, verlangen Rechenzentren in der Regel, dass Namen fuer solche Dateien mit bestimmten Kuerzeln (z.B. der Benutzernummer) beginnen, anhand derer der Inhaber der Datei identifiziert werden kann. Die Form dieser Kuerzel unterliegt lokalen Konventionen. Beispiele fuer formal zulaessige Dateinamen sind: USER.UPH037.TEST1, U.H01.TEST1, U.X99.MEINE.ERSTE.DATEI.

7.2.4 Beispiele fuer SPSS-Jobs

Ein Benutzer hat die Arbeitsnummer H01. Er will eine SPSS-Datei unter dem Namen U.H01.TEST1 permanent auf Platte speichern. Der entsprechende symbolische Parameter heisst SVFILE.

```
1
Jobvorspann
// EXEC SPSS,SVFILE='U.H01.TEST1'
RUN NAME        SPEICHERN EINER SPSS-DATEI AUF PLATTE
  .
  .
  .
SAVE FILE
//
```

In nachfolgenden Jobs wird die Datei zur Bearbeitung wieder eingelesen. Der symbolische Parameter heisst GTFILE.

```
1
Jobvorspann
// EXEC SPSS,GTFILE='U.H01.TEST1'
RUN NAME        EINLESEN EINER SPSS-DATEI VON PLATTE
GET FILE
  .
  .
  .
//
```

Die Plattendatei U.H01.TEST1 wird modifiziert und unter dem Namen U.H01.TEST2 erneut auf Platte gespeichert. In einem nachfolgenden Job sollte die Datei U.H01.TEST1 geloescht werden.[1]

```
1
Jobvorspann
// EXEC SPSS,GTFILE='U.H01.TEST1',SVFILE='U.H01.TEST2'
RUN NAME        MODIFIZIEREN EINER SPSS-DATEI
GET FILE
  .
  .
  .
SAVE FILE
//
```

Durch die Prozedur FACTOR werden Variablen der SPSS-Datei U.H01.TEST2 einer Faktorenanalyse unterzogen. Dabei werden fuer 4 Faktoren Faktorenwerte berechnet und als BCD-Datei mit dem Namen U.H01.FAC1 auf Platte gespeichert. Der symbolische Parameter fuer die BCD-Datei heisst OUTFILE.

```
1
Jobvorspann
// EXEC SPSS,GTFILE='U.H01.TEST2',OUTFILE='U.H01.FAC1'
RUN NAME        SPEICHERN EINER BCD-DATEI AUF PLATTE
GET FILE
FACTOR          VARIABLES = V1 TO V60/NFACTORS = 4/FACSCORE
//
```

Die Faktorenwerte werden nachfolgend zusammen mit den Variablen der Ausgangsdatei U.H01.TEST2 in einer SPSS-Datei mit dem Namen U.H01.ALLES gespeichert. Der symbolische Parameter zum Einlesen der BCD-Datei heisst INFILE.

---

[1] Man erkundige sich am lokalen Rechenzentrum nach den JCL-Karten zum Loeschen von Plattendateien und Entkatalogisieren von Banddateien.

```
1
Jobvorspann
// EXEC SPSS,GTFILE='U.H01.TEST2,INFILE='U.H01.FAC1',
// SVFILE='U.H01.ALLES'
RUN NAME        EINLESEN EINER BCD-DATEI VON PLATTE
GET FILE
ADD VARIABLES   FAC1 TO FAC4
INPUT FORMAT    (4F10.6)
INPUT MEDIUM    DISK
MISSING VALUES FAC1 TO FAC4(999)
 .
 .
SAVE FILE
//
```

7.2.5 Stanzen und Drucken von BCD-Daten

BCD-Daten, die z.B. durch die Prozedur WRITE CASES oder aufgrund der Angabe von Optionen bestimmter Prozeduren erzeugt werden,[1] koennen ueber den Drucker ausgegeben werden, indem eine RAW OUTPUT UNIT-Karte mit der Nummer der logischen Einheit 19 in den SPSS-Kartensatz eingefuegt wird. Eine RAW OUTPUT UNIT-Karte mit der Nummer der logischen Einheit 20 bewirkt, dass diese Daten auf Karten ausgestanzt werden.[2]

Beispiel
```
1              16
RAW OUTPUT UNIT  19
FACTOR         VARIABLES = V1 TO V60/NFACTORS = 5/FACSCORE
RAW OUTPUT UNIT  20
PEARSON CORR   V1 TO V40
OPTIONS        4
```

7.2.6 Dateidefinitionskarten

Reicht die katalogisierte Prozedur SPSS in der vorgeschlagenen Form nicht aus, kann durch Ueberschreiben und Hinzufuegen von JCL-Karten mit den ueblichen Parametern der Job Control Language die Prozedur modifiziert werden. Man ziehe in diesem Fall Nie et al. S. 585-603 oder eine entsprechende IBM-Broschuere zu Rate. Die nachfolgende Uebersicht fuehrt alle im Zusammenhang mit SPSS zulaessigen Dateidefinitionskarten (data definition cards) auf.

DD-Name	SPSS-Steuerkarte	Funktion
STEPLIB	----	SPSS-Programmbibliothek
FT01F001	----	Zwischenspeicher: Etiketten
FT02F001	----	Zwischenspeicher: Daten
FT03F001	GET FILE|GET ARCHIVE| MERGE FILES|GET SCSS	Eingabe: 1. SPSS-Datei
FT03F002	GET ARCHIVE|MERGE FILES	Eingabe: 2. SPSS-Datei
FT03F003	GET ARCHIVE|MERGE FILES	Eingabe: 3. SPSS-Datei
FT03F004	GET ARCHIVE|MERGE FILES	Eingabe: 4. SPSS-Datei
FT03F005	GET ARCHIVE|MERGE FILES	Eingabe: 5. SPSS-Datei

[1] Siehe Kap. 5.2.4: BCD- und Binaerausgabe der Statistikprozeduren.
[2] An manchen Rechenzentren ist dabei zusaetzlich eine JOBPARM-Karte notwendig.

FT04F001	SAVE FILE|SAVE ARCHIVE| SAVE SCSS	Ausgabe: SPSS-Datei
FT05F001	----	Karteneingabe
FT06F001	----	Druckausgabe
FT07F001	OSIRIS VARS	CSIRIS dictionary
FT08F001	INPUT MEDIUM DISK|TAPE	BCD- oder Binaereingabe
FT09F001	z.B. WRITE CASES	BCD- oder Binaerausgabe
FT10F001	----	Benutzungsstatistik
FT11F001	GET ARCHIVE|MERGE FILES	Zwischenspeicher: Daten
FT12F001	GET ARCHIVE|MERGE FILES| SAVE SCSS	Zwischenspeicher: Daten
FT15F001	RAW OUTPUT UNIT 15	BCD- oder Binaerausgabe
FT16F001	RAW OUTPUT UNIT 16	BCD- oder Binaerausgabe
FT17F001	RAW OUTPUT UNIT 17	BCD- oder Binaerausgabe
FT18F001	RAW OUTPUT UNIT 18	BCD- oder Binaerausgabe
FT19F001	RAW OUTPUT UNIT 19	BCD- oder Binaerausgabe
FT20F001	RAW OUTPUT UNIT 20	BCD- oder Binaerausgabe
SORTLIB	SORT CASES	SORT-Programmbibliothek
SORTWK01	SORT CASES	SORT-Arbeitsdatei
SORTWK02	SORT CASES	SORT-Arbeitsdatei
SORTWK03	SORT CASES	SORT-Arbeitsdatei
SYSOUT	SORT CASES	SORT-Meldungen

Beispiele

1

```
Jobvorspann
// EXEC SPSS,OUTFILE='U.H01.FREQ'
//FT09F001 DD DCB=RECFM=FBA
RUN NAME         FREQUENCIES - OPTION 4
COMMENT          DIE GESAMTE DRUCKAUSGABE DER PROZEDUR WIRD IN EINER
                 PLATTENDATEI GESPEICHERT
 .
 .
 .
FREQUENCIES      GENERAL=ALL
OPTIONS          4
 .
 .
//
```

1

```
Jobvorspann
// EXEC SPSS
//FT08F001 DD DSN=DATEN1,UNIT=TAPE,VOL=SER=T99H01,LABEL=(2,SL)
RUN NAME         EINLESEN EINER BCD-DATEI VON BAND
COMMENT          DIE DATEI IST NICHT KATALOGISIERT
 .
 .
 .
INPUT MEDIUM     TAPE
 .
 .
//
```

7.3. SIEMENS-Anlagen

Die Beschreibungen der Kommandokarten fuer die Betriebssysteme BS 2000 und BS 1000 unterscheiden sich wesentlich. Im ersten Teil werden die Kommandokarten fuer das weiter verbreitete System BS 2000 und im Abschnitt 7.3.4 die fuer das System BS 1000 beschrieben.

Fuer die Version von SPSS im BS 2000 sind drei Abweichungen gegenueber der IBM-Version zu beachten:

- Der benoetigte Hauptspeicher kann dynamisch durch eine eigene SPSS-Steuerkarte SPACE zugewiesen werden, die als allererste Steuerkarte noch vor der NUMBERED-Karte liegen muss. Im Angabenfeld dieser Karte darf nur eine vorzeichenlose ganze Zahl stehen, die als Anzahl der gewuenschten Bytes interpretiert wird. Liegt die Steuerkarte SPACE nicht vor, dann wird die Voreinstellung 36864 Bytes wirksam. Es kann hoechstens 262144 (64 k Worte) angegeben werden. Den Hauptspeicherbedarf fuer einen Lauf erfaehrt man am bequemsten dadurch, dass zunaechst ein EDIT-Lauf durchgefuehrt wird.
- Fuer die RAW OUTPUT UNIT-Karte sind zusaetzlich zwei Nummern als logische Ausgabeeinheiten zugelassen, die das Drucken und Stanzen von BCD-Daten ohne weitere Kommandokarten erlaubt. Es sind dies die Nummern 6 fuer den Schnelldrucker und 7 fuer den Lochkartenstanzer. Fuer diese Medien darf keine FILE-Kommandokarte gegeben werden. Bei der Ausgabe auf Schnelldrucker wird das erste Zeichen im auszugebenden Satz als Formularvorschub interpretiert.

Nachfolgend wird eine Teilmenge der Komamndokarten des Betriebssystems BS 2000 beschrieben, die fuer die meisten Anwendungen im Zusammenhang mit SPSS ausreicht. Eine vollstaendige Beschreibung aller Kommandos enthaelt die SIEMENS-Druckschrift "Siemens-System 7.000, Siemens-System 4004, Betriebssystem 2000, Kommandosprache des Organisationssystems, Beschreibung", Bestell-Nr. D 15/5136-01.

Alle Kommandokarten haben das allgemeine Format:

```
1
/<name> <Operation> <Operanden> <Bemerkungen>
```

Erlaeuterungen:

- <Name> steht fuer eine Kennzeichnung der vorliegenden Kommandokarte. Der Name besteht aus maximal acht alphanumerischen Zeichen, mit einem Buchstaben beginnend. Davor steht ein Punkt. Beispiel: ".SCHRITT1".
- <Operation> steht fuer den Namen eines Kommandos oder dessen Standardabkuerzung. Beispiele sind LOGON, EXECUTE, EXEC, FILE und PRINT.
- <Operanden> steht fuer eine Liste von Operanden, die untereinander durch Kommas getrennt sind. Es gibt zwei Arten von Operanden: Stellungs- und Schluesselwortoperanden. Stellungsoperanden muessen in der gleichen Reihenfolge angegeben werden, wie sie im Kommandoformat beschrieben sind. Wenn ein Stellungsoperand nicht verwendet wird und ein weiterer Operand rechts davon folgt, so muss das Komma, das dem ausgelassenen Operanden folgen wuerde, geschrieben werden. Schluesselwortoperanden koennen in jeder beliebigen Reihenfolge hinter den Stellungsoperanden (wenn vorhanden) eines Kommandos stehen. Es werden keine Kommas verwendet, um nicht verwendete Schluesselwortoperanden anzuzeigen. Alle Schluesselwortoperanden

haben die allgemeine Form: Schluesselwort = Wert. Positionsoperanden und Werte von Schluesselwortoperanden koennen aus mehreren Elementen bestehen, die dann in Klammern eingeschlossen werden. Leerzeichen koennen innerhalb der Operandenlisten vor und nach den Kommas und den Gleichheitszeichen eingeschoben werden.

- <Bemerkungen> steht fuer eine beliebige wahlfreie Zeichenfolge.
- Die vier Felder eines Kommnados sind durch mindestens ein Leerzeichen zu trennen. Ein Kommando kann auf Folgekarten fortgesetzt werden. Die fortzusetzende Karte muss in Spalte 72 als Fortsetzungszeichen einen Bindestrich haben. Die Fortsetzungskarte hat in Spalte 1 einen Schraegstrich.
- Namensfeld und Bemerkungsfeld sind wahlfrei. Die Operation muss immer genannt werden; manche Kommandos erfordern keine Operanden.

```
Beispiele:
/SECURE T9P=2,T9N=1
/.SCHRITT3 STEP
```

7.3.1 Einfacher Jobrahmen

Wenn die Eingabe der Daten und SPSS-Kontrollkarten ausschliesslich ueber Lochkarten, die Ausgabe ausschliesslich ueber den Drucker erfolgt, besteht der Jobrahmen aus drei Kommandokarten: LOGON, EXEC und LOGOFF. Die notwendigen Informationen ueber den Aufbau der LOGON--Karte erhaelt man am lokalen Rechenzentrum.

```
/LOGON ...
/EXEC $SPSS
RUN NAME
 .
 .
 .
 .
FREQUENCIES
READ INPUT DATA
+-----------------+
|   Datenkarten   |
+-----------------+
FINISH
/LOGOFF
```

7.3.2 Platten- und Banddateien

Im Zusammenhang mit SPSS koennen neben dem eigentlichen SPSS-Programm (in der Datei $SPSS) Dateiinhalte sein: Abbilder von Lochkarten, Ausgabedaten und SPSS-Dateien. Der vom Benutzer gewaehlte Dateiname darf aus maximal 44 Zeichen bestehen. Es sind sowohl einfache Namen als auch aus Teilnamen zusammengesetzte Namen zulaessig. Teilnamen werden durch einen Punkt voneinander getrennt.

Dateinamen werden durch das FILE-Kommando vereinbart, katalogisiert und durch einen Linknamen an das SPSS-Programm angeschlossen. Fuer den SPSS-Benutzer sind der Stellungsoperand <Dateiname> und folgende Schluesselwortoperanden wichtig:

Operanden	Bedeutung
LINK = Linkname	Siehe nachfolgende Tabelle
OPEN = INPUT oder OUTPUT	Zum Lesen bzw. Schreiben
DEVICE = T9P oder T9N	Fuer 1600 bzw. 800 bpi-Baender
STATE = FOREIGN	Bei nichtkatalogisierter Eingabedatei
VOLUME = Nummer	Bandnummer mit 6 Zeichen
RECFORM = V oder F	Fuer SPSS-/ARCHIVE- bzw. BCD-Dateien
RECSIZE = 2008 oder 80 oder STD	Fuer SPSS-/ARCHIVE- bzw. BCD-Dateien bzw. BCD-Dateien ISAM
BLKSIZE = 2012 oder 2000 oder STD	Fuer SPSS-/ARCHIVE- bzw. Lochkartendateien auf Magnetband bzw. beliebige Plattendateien
FCBTYPE = ISAM oder SAM	Fuer BCD-Dateien auf Platte bzw. alle anderen Dateien.

Fuer ARCHIVE-Dateien[1] mit mehr als 500 Variablen muss RECSIZE mindestens gleich (Anzahl der ausgegebenen Variablen+1)*4 sein. BLKSIZE ist dann entsprechend zu erhoehen. Magnetbaender, die an andere Rechenanlagen uebertragen werden sollen, sollten nicht mit BLKSIZE=STD beschrieben werden; solche Baender sind etwa auf IBM-Anlagen nicht lesbar. Werden die Rohdaten aus einer Datei eingelesen (INPUT MEDIUM TAPE oder DISK oder OTHER), so muss das /FILE-Kommando vollstaendig angegeben werden. Die Standardzuweisungen des Betriebssystems haben keine Gueltigkeit fuer die Eingabe.

Es sind fuer das SPSS-Programm die in der folgenden Tabelle aufgefuehrten Linknamen vorgesehen:

Linkname	SPSS-Steuerkarte	Funktion
OUTFCBF1	SAVE FILE	Ausgabe einer SPSS-Datei
INFCBF1	GET FILE	Eingabe einer SPSS-Datei
DSET08	INPUT MEDIUM	BCD- oder Binaereingabe
DSET09	RAW OUTPUT UNIT 9	BCD- oder Binaerausgabe
DSET15	RAW OUTPUT UNIT 15	BCD- oder Binaerausgabe
DSET16	RAW OUTPUT UNIT 16	BCD- oder Binaerausgabe
DSET17	RAW OUTPUT UNIT 17	BCD- oder Binaerausgabe
DSET18	RAW OUTPUT UNIT 18	BCD- oder Binaerausgabe
DSET19	RAW OUTPUT UNIT 19	BCD- oder Binaerausgabe
DSET20	RAW OUTPUT UNIT 20	BCD- oder Binaerausgabe
INFCBF1	GET ARCHIVE	Eingabe der 1. ARCHIVE-Datei
INFCBF2	GET ARCHIVE	Eingabe der 2. ARCHIVE-Datei
INFCBF3	GET ARCHIVE	Eingabe der 3. ARCHIVE-Datei
INFCBF4	GET ARCHIVE	Eingabe der 4. ARCHIVE-Datei
INFCBF5	GET ARCHIVE	Eingabe der 5. ARCHIVE-Datei
OUTFCBF1	SAVE ARCHIVE	Ausgabe einer ARCHIVE-Datei
DICTIN	OSIRIS VARS	OSIRIS dictionary
DATAIN	OSIRIS VARS	OSIRIS dataset

Sollen Dateien auf Magnetbaendern angesprochen oder erzeugt werden, so muessen vor Angabe des FILE-Kommandos mit SECURE die benoetigten Bandgeraete reserviert werden.

Anhand eines etwas komplexeren Beispiels soll demonstriert werden, wie beim Umgang mit Dateien die Anordnung der Kommandokarten zu erfolgen hat:

---

[1] Siehe Kap. 4: ARCHIVE-Dateien.

```
LOGON-Karte
/SECURE T9P=2                                                  Spalte 72
/FILE TEST1,LINK=DSET08,OPEN=INPUT,STATE=FOREIGN,DEVICE=T9P,           -
/VOLUME=T68001,FCBTYPE=SAM,RECFORM=F,RECSIZE=80,BLKSIZE=2000
/FILE TEST2,LINK=OUTFCBF1,OPEN=OUTPUT,DEVICE=T9P,VOLUME=T68002,        -
/FCBTYPE=SAM,RECFORM=V,RECSIZE=2008,BLKSIZE=2012
/EXEC $SPSS
RUN NAME       EINGABE: BCD-DATEI - AUSGABE: SPSS-DATEI
 .
 .
INPUT MEDIUM   TAPE
 .
 .
SAVE FILE
FINISH
/LOGOFF
```

Es wird eine BCD-Datei mit dem Namen TEST1 eingelesen, die sich auf dem gelabelten Band T68001 befindet und nicht katalogisiert ist. Die SPSS-Datei TEST2 soll auf dem gelabelten Band T68002 im SPSS-Standardformat (RECFORM=V, RECSIZE=2008, BLKSIZE=2012, FCBTYPE=SAM, LABEL=STD) erstellt werden.

Ein zweites Beispiel soll die Benutzung von Plattendateien verdeutlichen:

```
LOGON-Karte
/DATA VERBA.ROHDATEN,ISAM
+-----------------+
|   Datenkarten   |
+-----------------+
/END                                                           Spalte 72
/FILE VERBA.ROHDATEN,LINK=DSET08,OPEN=INPUT,FCBTYPE=ISAM,              -
/RECFORM=V,BLKSIZE=STD
/FILE VERBA.ZWERTE,LINK=DSET15,OPEN=OUTPUT,FCBTYPE=ISAM
/FILE VERBA.CORRMAT,LINK=DSET09,OPEN=OUTPUT,FCBTYPE=ISAM
/FILE VERBA.SYSDAT.1,LINK=OUTFCB1,OPEN=OUTPUT,FCBTYPE=SAM,             -
/RECFORM=V,RECSIZE=2008,BLKSIZE=STD
/EXEC $SPSS
RUN NAME       SPSS-DATEI, Z-WERTE UND KORRELATIONSMATRIX AUSGEBEN
 .
 .
INPUT MEDIUM   DISK
 .
 .
RAW OUTPUT UNIT 15
CONDESCRIPTIVE
OPTIONS        3
RAW OUTPUT UNIT 9
PEARSON CORR
OPTIONS        4
SAVE FILE
FINISH
/PRINT VERBA.CORRMAT
/PUNCH VERBA.CORRMAT,STARTNO=9
/FILE VERBA.SYSDAT.1,LINK=INFCB1,FCBTYPE=SAM,RECFORM=V,                -
/RECSIZE=2008,BLKSIZE=STD,OPEN=INPUT
/EXEC $SPSS
GET FILE
 .
 .
FINISH
/LOGOFF
```

Mit dem DATA-Kommando werden die Datenkarten in eine BCD-datei mit ISAM-Zugriff eingetragen. Das Ende der Datenkarten wird durch das END-Kommando angezeigt. Diese Datei wird mit dem Linknamen DSET08 zugeordnet. Danach werden zwei BCD-Plattendateien eroeffnet und mit den Linknamen DSET15 und DSET09 zugewiesen. Ebenfalls auf Platte wird die Datei VERBA.SYSDAT zur Aufnahme der SPSS-Datei vorbereitet. Innerhalb des ersten SPSS-Laufs werden die Daten von Platte gelesen, Ergebnisse auf Platte geschrieben und die SPSS-Datei erstellt. Die Korrelationsmatrix wird gedruckt und gestanzt. Die SPSS-Datei wird dann im nachfolgenden Schritt als Eingabedatei benutzt.

Bei Verwendung der SPSS-Steuerkarte SORT CASES sollte zur Vermeidung von Fehlern das folgende FILE-Kommando gegeben werden:

```
/FILE Dateiname, LINK=SORTWK,SPACE=(n,m)
```

wobei n die primaere Zuweisung von PUBSPACE und m die sekundaere Zuweisung ist. Die primaere Zuweisung sollte so gewaehlt werden, dass sich eine sekundaere Zuweisung eruebrigt. Als Faustformel kann verwendet werden: n = 1.5*Anzahl der Faelle, sowie m = n/3.

7.3.3 SIEMENS-Version des OSIRIS-SPSS-Interface

Die Regeln zur Benutzung des OSIRIS-SPSS-Interface, mit dem OSIRIS-Dateien zusammen mit dem Datendefinitionsteil auf bequeme Weise uebernommen werden koennen, weichen bei der SIEMENS-Version stellenweise von denen der IBM-Version ab. Es sollen hier nur die Unterschiede zur IBM-Version, die in Nie et al. (1975) beschrieben ist, angefuehrt werden:

- N OF CASES- und INPUT MEDIUM-Karte entfallen.
- Die PRINT FORMATS-Karte ist obligatorisch, wenn alphanumerische Variablen uebernommen werden sollen.
- Die Nummern der Variablen duerfen bis zu vier Ziffern lang sein.
- Fuer Mehrfach-Antwort-Variablen duerfen nicht die Variablen fuer jede Antwort einzeln aufgefuehrt werden, es muss die Angabe der maximalen Antwortzahl gemacht werden. Die Antwortzahl kann zwei Ziffern umfassen.

Beispiel

```
1              16
RUN NAME       EINLESEN EINER OSIRIS-DATEI
OSIRIS VARS    V1,V5 TO V11,M25.4
RECODE         V1,V5 (15 THRU HIGHEST = 15)/
               M25.1 TO M25.4 (7 THRU HI = 7)
READ INPUT DATA
CONDESCRIPTIVE ALL
STATISTICS     ALL
FINISH
```

Standardmaessig werden die T-Saetze des OSIRIS-dictionary ausgedruckt. Dies unterbleibt, wenn in der PRINT BACK-Karte das Schluesselwort CONTROL angegeben wird. Umgekehrt werden bei dem Schluesselwort FORMAT nur die T-Saetze und nicht die SPSS-Steuerkarten ausgedruckt. Bei dem Schluesselwort NO der PRINT BACK-Karte werden weder T-Saetze noch SPSS-Steuerkarten gedruckt.

7.3.4 SPSS unter dem SIEMENS-Betriebssystem BS 1000

Im folgenden wird davon ausgegangen, dass das Betriebssystem BS 1000 unter Einschluss des Auftragssteuersystems JCS2[1] oder entsprechender Ersatzloesungen[2] laeuft. Ein Rechnerauftrag (Job) hat dabei grob dargestellt folgenden Aufbau:

```
// JOB jobname                              Erste Karte eines Jobs
// MEM nK                              Arbeitsspeicher in KBytes³
// VSN vvvvvv,dd                            Datentraegeranforderung
                               vvvvvv=Archivnummer dd=Geraetetyp
 .
 .
// $name[modifikationen]                    Aufruf eines Job-Makros
 .
 .
 .
// MEND                                               Monitor-Ende
[Datenkarten, falls erforderlich]
// EOJ                                      Letzte Karte eines Jobs
```

Der Einsatz von SPSS kann mit den normalen Monitorsteuerkarten, wie sie im BS 1000-Bedienungshandbuch beschrieben werden, erfolgen. Die Steuerkartenerstellung ist in diesem Fall aber sehr aufwendig und fehleranfaellig. Es empfiehlt sich daher, das Programm ueber sogenannte Job-Makros aufzurufen. Job-Makros sind in einer Primaerprogrammbibliothek gespeicherte Monitorkartenfolgen, die durch $name aufgerufen werden. name ist dabei eine bis zu 7 Stellen lange Zeichenkette. Die mit $name aufgerufene Prozedur kann nach den aktuellen Beduerfnissen durch Ersetzen einer Zeichenkette durch eine andere modifiziert werden. Es ist nicht moeglich, Steuerkarten einzufuegen oder wegzustreichen. Es wird nachfolgend nur das wichtigste SPSS-Job-Makro beschrieben.

---

[1] Siemens AG: Siemens-System 4004/7.000, Betriebssystem BS 1000, Systeme zur automatischen Auftragsabwicklung (JMS), Beschreibung, Muenchen Februar 1976, S.4-120ff.

[2] Im Sozialwissenschaftlichen Forschungsinstitut der Konrad-Adenauer-Stiftung, St. Augustin bei Bonn, wurde ein Anwenderprogramm entwickelt, das die Steuerkarten des JCS2 interpretiert, aber die Job-Abwicklung in Zusammenarbeit mit SPOOL1 vornimmt. Zu SPOOL1 siehe Siemens AG: Systeme zur automatischen Auftragsabwicklung, a.a.O, S.3-1 ff. Das Anwenderprogramm ist wie SPOOL1 staendig im Arbeitsspeicher resident und belegt dabei 4KB.

[3] Ein KByte (Kilobyte) entspricht 1024 Bytes.

Liste des Job-Makros $SPSSV6

```
// JMACRO SPSSV6
// ASSGN SYSLOD,SYSRES
// OPTION PARAM
// EXEC ASVOL
// ASVM* SYS000,R'SPSSV8'                    SPSS-PROGRAMMPLATTE
// ASVM* SYS001,R'SPSSV8'
// ASVOL SYS010,V'RDE'
// ASVOL SYS011,V'SDA'
// ASVOL SYS012,V'SDE'
// ASVOL SYS013,V'ARB'
// ASVOL SYS015,V'RDA'
// END
// ASSGN SYSIPT,SYSRDR
// ASSGN SYSOPT,WS
// ASSGN SYS014,VL
// VDC FILE2,,SYSWK2,SYS000
// VDC FILEFW,26,SPSSV6-SYSTEM-DATEI:UNA,SYS011
// VDC FILEFR,26,SPSSV6-SYSTEM-DATEI:UNE,SYS012
// VDC FILE1W,26,SYSWK1,SYS013
// VDC FILE1R,26,SYSWK1,SYS013
// VOL SYS010,FILERR
// TPLAB '◇                ◇      00010001000101'
// VOL SYS011,FILEFW
// TPLAB '◇SPSSV6-SYST.FILE◇      00010001000101'
// VOL SYS012,FILEFR
// TPLAB '◇SPSSV6-SYST.FILE◇      00010001000101'
// VOL SYS013,FILE1W
// TPLAB '◇SPSSV6-ARBBAND  ◇      00010001000101'
// VOL SYS013,FILE1R
// TPLAB '◇SPSSV6-ARBBAND  ◇      00010001000101'
// VOL SYS015,FILERW
// TPLAB '◇                ◇      00010001000101'
// ASSGN SYSLOD,SYS001
// OPTION DUMER
// EXEC SPSSVOR,PARAM='SPSSV6'
// ASSGN SYSLOD,SYS003
// EOM
/*
// EOJ
```

Zur Formulierung eines SPSS-Jobs ist noch vorauszuschicken, dass eine variable Anforderung von Hauptspeicherplatz moeglich ist. Der Code der Hauptversion[1] von SPSS belegt fest 148KB. Zusaetzlich zugewiesener Speicherplatz wird von SPSS als Arbeitsbereich[2] (SPACE) genutzt. Die Speicherplatzanforderung mit // MEM 200K laesst 52KB Hauptspeicher frei und duerfte fuer die meisten Anwendungen ausreichen.

---

[1] Das SPSS-OSIRIS-Interface belegt wegen des eigenen OSIRIS-Ein-/Ausgabesystems mehr Speicherplatz und ist deshalb in einer getrennten Programmversion realisiert, die 176KB belegt.
[2] Siehe Kap. 2.3.7: Beschraenkungen der Statistikprozeduren.

Beschreibung des Job-Makros $SPSSV6

Allgemeiner Aufbau:

```
// $SPSSV6 RDE=rde;SDA=sda;SDE=sde;RDA=rda;ARB=arb[;UNE=une;UNA=una]
```

Fuer den Aufruf von $SPSSV6 wird vorausgesetzt, dass das Programm SPSS auf einer Magnetplatte gespeichert ist, auf der zugleich auch ein Datenbereich mit dem Namen SYSWK2 eingerichtet ist. Soweit die zu analysierenden Daten sich im SPSS-Datei-Format befinden, koennen sie wahlweise auf Band oder Platte gespeichert sein. Die Rohdatenbearbeitung ist nur mit Lochkarten oder Band moeglich. Die Parameter haben folgende Bedeutung:

RDE: Eingabe einer BCD-/Binaerdatei
RDA: Ausgabe einer BCD-/Binaerdatei
SDE: Eingabe einer SPSS-Datei (GET FILE)
SDA: Ausgabe einer SPSS-Datei (SAVE FILE)
ARB: Arbeitsdatei
UNE: Untersuchungsnummer der Eingabe
UNA: Untersuchungsnummer der Ausgabe

Die Parameter des Job-Makros haben den Zweck, die gewuenschten Dateien durch korrekte Geraetezuweisung und ggf. Identifikation von Dateibereichen auf Magnetplatte der Verarbeitung zugaenglich zu machen. Die Parameter RDE, RDA, SDE und SDA dienen dazu, eine Geraetezuweisung ueber die Angabe einer Archivnummer durchzufuehren. Die Zeichenkette rde, rda, sde, sda sind durch die 6-stellige Archivnummer der entsprechenden Datentraeger (Band oder ggf. Platte) zu ersetzen.

Auch wenn eine der Ein-/Ausgabemoeglichkeiten rde,sda,sde und rda im nachfolgenden SPSS-Lauf nicht benutzt wird, muss trotzdem irgendeine Geraetezuweisung erfolgen, um einen Operateureingriff am Bedienplatz des EDV-Systems zu umgehen. Es kann die Archivnummer irgendeiner im Zugriff der EDV-Anlage stehenden Platte, evtl. bis auf das erste Zeichen verkuerzt, angegeben werden. In den nachfolgenden Beispielen sei die Zeichenkombination "BS" der Anfang der Archivnummer der Betriebssystemplatte.

Die Parameter UNE und UNA sind immer dann in Verbindung mit SDE bzw. SDA zu verwenden, wenn die SPSS-Datei auf Magnetplatte liegen soll; sonst entfallen sie. Diese Parameter muessen so gewaehlt werden, dass eine eindeutige Kennzeichnung eines Datenbereichs auf Magnetplatte (dateiname) erreicht wird.

Der Parameter ARB dient zur Lokalisierung einer Arbeitsdatei, in der SPSS die zu analysierenden Daten im internen Gleitpunktformat zwischenspeichert. arb ist dabei die 6-stellige Archivnummer eines Datentraegers. Wird dafuer eine Magnetplatte angegeben, so muss darauf ein Datenbereich mit dem Namen SYSWK1 eingerichtet sein.

Soweit die Verarbeitung mit Band erfolgt, ist es besser auf die Angabe eines Dateinamens zu verzichten, weil die Versorgung des Ein-/Ausgabesystems mit Dateiparametern, die im Fall der Bandbearbeitung ein festes Format[1] haben, zu fehleranfaellig ist und deswegen oft zur Zurueckweisung des ganzen Jobs fuehrt. Die Angabe der Archivnummer wird bei Baendern als ausreichend zur Identifikation der Daten erachtet.

---

[1] Siemens AG: Siemens-System 4004/7000 Systemkonventionen, Februar 1976, S. 10 ff. Siemens AG: Betriebssystem BS 1000 Bedienungsanleitung, Monitorsteueranweisungen, TPLAB-Karte, Oktober 1975, S.2-196ff.

Beispiel
1

```
// JOB SPSS1
// MEM 200K                 Arbeitsspeicherbedarf 200 KB
// VSN 000500,T2            000500, 000501 = Archivnummern,
// VSN 000501,T2            T2 = 9-Spur-Magnetbandgeraet, 800bpi
// VSN SPSSV8,M4            SPSSV8=Archivnummer, M4=Magnetplattengeraet
// $SPSSV6 RDE=000500;RDA=BS;
;SDE=BS;SDA=000501;ARB=SPSSV8
// MEND
RUN NAME        EINLESEN EINER BCD-DATEI - ERSTELLEN EINER SPSS-DATEI
  .
  .
  .
INPUT MEDIUM    TAPE
INPUT FORMAT
  .
  .
  .
SAVE FILE       TEST
FINISH
// EOJ
```

Dieser Job dient dazu, eine BCD-Datei einzulesen und eine SPSS-Datei zu erstellen. Die Platte SPSSV8 enthaelt dabei die Programmbibliothek mit SPSS, sowie einen Datenbereich SYSWK1 zur Zwischenspeicherung der eingegebenen Daten vom Band 000500 und einen Datenbereich SYSWK2 als Zwischenbereich fuer Etiketten.

Beispiel
1

```
// JOB SPSS2
// MEM 200K
// VSN SPSSV8,M4,SPSS01,M4
// $SPSSV6 RDE=BS;RDA=BS;ARB=SPSSV8;
;SDE=SPSS01;SDA=SPSS01;UNE=DSN001;UNA=DSN001
// MEND
RUN NAME        EINLESEN UND ABSPEICHERN EINER SPSS-DATEI
GET FILE        DSN001
RECODE
  .
  .
FREQUENCIES
SAVE FILE       DSN001
FINISH
// EOJ
```

Eine SPSS-Datei, die auf der Magnetplatte SPSS01 gespeichert ist, soll recodiert wieder auf dieselbe Platte ausgegeben werden. Der Datenbereich wird ueber DSN001 identifiziert.

7.4 TR440-Anlagen

Interpretation und Ausfuehrung von SPSS-Programmen (control cards) wird am TR440 durch ein einziges Kommando "SPSS" veranlasst. Dieses Kommando erlaubt neben dem Umgang mit Roh-, Eingabe- und Ausgabedaten, SPSS-Dateien bzw. Archiven auch die Steuerung der Druckausgabe in Dateien (zur Vervielfaeltigung bzw. interaktiven Analyse mit einem Editor) und die Bereitstellung von Rechenspeicher fuer die einzelnen Verfahren. Dateien werden dabei vom System automatisch kreiert bzw. angemeldet bzw. eingeschleust. Der normale SPSS-Anwender braucht sich also nicht weiter mit der TR440-Kommandosprache zu befassen. SPSS ist am TR440 dialogfaehig, d.h. der Benutzer erhaelt Fehlermeldungen und Ergebnisse noch waehrend des SPSS-Laufs und kann sofort Korrekturen durchfuehren oder weitere Auswertungen anfordern, wenn er am Bildschirm oder Fernschreiber sitzt.

7.4.1 Einfacher Jobrahmen

Die erste Kommandokarte in einem Abschnitt (Job) beinhaltet das Abschnittsbeginn-Kommando (XBA-Kommando), in dem vor allem das Benutzerkennzeichen, aber auch eine obere Schranke fuer die Rechenzeit, fuer die Anzahl zu druckender Seiten und fuer Speicherplatzanforderungen dem Betriebssystem mitgeteilt werden. In manchen lokalen Installationen ist dann noch ein SPSS-Vorspann erforderlich, der aus einem oder mehreren Kommandos (z.B. BIBOBJEKTE, LFANMELDE, EINSCHLEUSE) besteht, die das SPSS-System bereitstellen. Gestartet wird das SPSS-System durch das Kommando SPSS, das mit den SPSS-Steuerkarten und den Datenkarten versorgt wird. Das letzte Kommando ist das Abschnittsende-Kommando (XEN-Kommando).

Im einfachsten Fall - die Daten werden von Karten eingelesen, die Ausgabe erfolgt nur ueber den Drucker - gilt folgender Aufbau der Eingabekarten:

```
1
#XBA,BEN=X007-JAMES BOND,KSB=70,PSB=500#.
[SPSS-Vorspann]
#SPSS,CONTROL=/
RUN NAME        DATENDEFINITION UND EINFACHE AUSZAEHLUNGEN
 .
 .
 .
FINISH
#XEN#.
```

Das Zeichen "#" bedeutet hierbei das Fluchtsymbol, das vom Eingabe-Code abhaengt, und manchmal als "$" oder "*" oder anders darzustellen ist. Es dient zur Abgrenzung von Daten und Kommandos und von Kommandos untereinander.

7.4.2 Kommandokarten fuer Abschnitt und Gespraech

Die einzelnen Funktionen des SPSS-Kommandos sind ueber Spezifikationen steuerbar, deren Namen, Reihenfolge und Bedeutung in folgender Tabelle stehen.

SPSS-Kommando	Spezifikationen und ihre Bedeutungen
(1) CONTROL	SPSS-Steuerkarten
(2) RAW INPUT	Rohdateneingabe
(3) GET	Systemdatei(en)-Eingabe
(4) SAVE	Systemdatei-Ausgabe
(5) OUTPUT	Ausgabezuordnung von Dateien
(6) SPACE	Rechenspeicher (fuer die einzelnen Verfahren)
(7) AUXILIARY	Hintergrundspeicher fuer Daten

Unter den Spezifikationen 1-5 und 7 sind u.a. Dateien angebbar, die gegebenenfalls durch ihren Traeger, eine Datenbasis, eine Generations-Versionsnummer und ein Passwort gekennzeichnet sind. Eine Dateiangabe ist also von der allgemeinen Form:

```
[ traeger. ] [ datenbasis. ] dateiname [ (gvnummer) ] [ -passwort ]
```

Dabei kann unter "Traeger" angegeben werden:

LFD	LFD (langfristige Datenhaltung)
W14 [AZ] (kz)	Wechselplatte WSP414 ("klein"), gegebenenfalls im Alleinzugriff, mit Kennzeichen kz
W30 [AZ] (kz)	Wechselplatte WSP430 ("gross"), gegebenenfalls im Alleinzugriff, mit Kennzeichen kz
MB (kz) [a.p]	Magnetband mit Kennzeichen kz, gegebenenfalls ist die p-te Datei auf dem 1. Band (bei a=1) bzw. a.-ten Band (bei a ungleich 1) einer Bandreihe angesprochen
T	Trommel; Datei nur "kurzfristig"
P	Platte; Datei nur "kurzfristig"

Die eckigen Klammern gehoeren auch hier nicht zur eigentlichen Angabe, sondern bedeuten, dass der eingeklammerte Teil entfallen kann. So sind in der Dateiangabe neben der Angabe des Traegers auch die Angaben zur Datenbasis (maximal 6 Zeichen langer Name), die Angabe einer Generations-Versionsnummer der Form (g.v) und die Angabe eines Passworts (6 Zeichen lang bei Schreib- und Leseschutz; 3 Zeichen lang, falls nur Schreibschutz verlangt) optional. Bei Angabe eines "externen Traegers" (LFD, Wechselplatte oder Band) sucht SPSS die Datei zunaechst auf dem spezifizierten Traeger.

Falls die Datei nicht vorhanden ist, wird sie gegebenenfalls (z.B. zur Erstellung einer SPSS-Datei) auf dem angegebenen Traeger kreiert. Falls keine Angabe zum Traeger vorhanden ist, sucht SPSS die Datei in der angegebenen Datenbasis bzw. in der Standarddatenbasis, falls auch diese Angabe fehlt. Ist die Datei dort nicht verzeichnet, so sucht das System die Datei in der LFD; eine Datenbasisangabe wird dabei als Benutzerkennzeichen fuer die LFD interpretiert. Ist die Datei auch dort nicht vorhanden, wird sie gegebenenfalls kreiert, und zwar langfristig, falls die Datenbasisangabe mit dem Benutzerkennzeichen uebereinstimmt, sonst kurzfristig.

Durch die Spezifikation OUTPUT wird einer Nummer einer logischen Ausgabeeinheit eine Datei zugeordnet, die ausgegebene Information aufnehmen soll. Hat man z.B. RAW OUTPUT UNIT 15 im SPSS-Programm angegeben, dann wird durch OUTPUT = 15 - STANZDATEI die BCD-, Binaer-Ausgabe in die Datei STANZDATEI gelenkt. Wenn nur eine Datei ohne eine Nummer einer logischen Ausgabeeinheit angegeben wird, dann wird diese der Standard-Ausgabeeinheit 9 zugeordnet, auf die die BCD- oder Binaerausgabe geleitet wird, wenn keine RAW OUTPUT UNIT-Karte vorliegt. Wie bei der Spezifikation OUTPUT ist es auch bei GET zuweilen notwendig, mehrere Dateien anzugeben. Sie werden dann einfach durch Apostroph (') getrennt nacheinander angegeben.

Unter den Spezifikationen 1 und 2 sind Texte (Programm-Karten bzw. Rohdaten) auch direkt angebbar, und zwar in Form eines sogenannten Fremdstrings, d.h. eingeleitet durch "/" und abgeschlossen durch "#/".

Durch SPACE wird die erforderliche Groesse des variablen Arbeitsspeicher angegeben. Es ist die Anzahl von Bytes anzugeben, die fuer WORKSPACE und TRANSPACE zusammen benoetigt werden. Wird keine Angabe hierzu gemacht, dann wird die Voreinstellung SPACE = 8192 (das sind 2K TR440-Worte) wirksam.

Die Spezifikation AUXILIARY ist nur bei sehr grossen Datenmengen erforderlich, wenn der Plattenspeicher zur Aufnahme der Daten nicht ausreicht. Dann koennen zur Zwischenspeicherung ein Traeger oder bis zu vier Dateien mit ausreichendem Speicherplatz angegeben werden. Nur die ersten drei Dateien duerfen auf Magnetband, die vierte muss auf einem Medium mit Direktzugriff liegen. Werden Magnetbanddateien verwendet, so muessen sie sich auf verschiedenen Magnetbaendern befinden.

Fuer die nachfolgenden Beispiele wird angenommen, dass im lokalen Rechenzentrum ein SPSS-Vorspann nicht benoetigt wird.

Beispiel
```
1
#XBA,BEN=X007-JAMES BOND, KSB=80, PSB=500, BGB=1#.
# SPSS, CONTROL = /
RUN NAME        ARCHIV ERSTELLEN
GET ARCHIVE     FILE=RAUCHER/FILE=ERFOLG
ADD VARIABLES   IQ1 TO IQ120
INPUT MEDIUM    DISK
INPUT FORMAT    FIXED(20F3.0,5(/20F3.0))
CONDESCRIPTIVE IQ1 TO IQ120
READ INPUT DATA
SAVE ARCHIVE    GESAMT, GESAMTARCHIV FUER RAUCHER /
                FILE=RAUCHER VARIABLES=ALL/
                FILE=ERFOLG VARIABLES=ALL
FINISH
#/,GET=MB(092431) 1.7.RAUCHERSYS'LFD.GRZ35.ERFOLG,
  SAVE=X007.GESAMT-PAS, SP.=80000,RAWINPUT=/
 .
 .
#XEN#.
```

Im Abschnittsbeginn-Kommando werden 70K Worte Hauptspeicherbedarf und 500K Plattenspeicherbedarf angemeldet und ein Bandgeraet reserviert. Zwei SPSS-Dateien werden angefordert: die Datei RAUCHERSYS wird auf dem Magnetband 092431 als 7. Datei gesucht, ebenso die Datei ERFOLG unter dem Benutzerkennzeichen GRZ35 in der langfristigen Datenhaltung. Nachdem die ueber RAW INPUT zugewiesenen Daten hinzugefuegt wurden, wird das erstellte Archiv als Datei GESAMT in der langfristigen Datenhaltung unter dem Benutzerkennzeichen X007 abgelegt und mit dem Passwort PAS als Schreibschutz versehen. Es werden 80000 Bytes Hauptspeicherplatz (d.i. SPACE = WORKSPACE + TRANSPACE) zur Verfuegung gestellt.

Beispiel (Dialog)

```
1
#XBG, BEN=X007-JAMES BOND, KSB=60#.
   (Jede Eingabe muss mit "#." abgeschlossen werden;
   System-Antwort endet stets mit "#:")
#:#SPSS, GET=LFD.GRZ35.DEMO, CONTROL=JOBTRACE#.
#:GET FILE     DEMO
FREQUENCIES    GENERAL=ALL#.
#:CONTINUE#.
   (Hier erfolgt die Ausgabe der Ergebnisse auf der Konsole;
   anschliessend wird nach weiteren SPSS-Anweisungen gefragt)
#:FINISH#.
#:#XEN#.
```

Die Datei DEMO wird aus der LFD beschafft. Die Datei JOBTRACE wird kreiert und mit den eingegebenen SPSS-Steuerkarten angefuellt; als Plattendatei verfaellt sie nach dem Gespraechende-Kommando XEN.

7.4.3 Erweiterungen zur Dialogunterstuetzung

Das Betriebssystem des TR440 ist dialogorientiert, so dass grundsaetzlich jedes Benutzerprogramm auch im Dialog betrieben werden kann. SPSS erzeugt uebersichtliche, damit aber im allgemeinen auch umfangreiche Ausgabe und hat darueber hinaus oft grossen Bedarf an Speicher und Rechenzeit. SPSS in seiner augenblicklichen Form ist also in erster Linie fuer den Stapelbetrieb geeignet. Andererseits hat der Dialogbetrieb fuer den Anwender unbestrittene Vorteile, insbesondere wenn er sich auf einfache Statistikverfahren mit weniger umfangreicher Ausgabe beschraenkt. Die folgenden Erweiterungen[1] dienen dazu, den Einsatz von SPSS im Dialog effektiv zu gestalten. Die Steuerkarte

```
1              16
EXECUTE        CONSOLE
```

veranlasst SPSS, Steuerkarten - und im Fall INPUT MEDIUM CARD auch Daten - von der Konsole entgegenzunehmen. Durch

```
1              16
EXECUTE        END
```

kann man auf das bis dahin gueltige Eingabemedium (Fremdstring oder Datei) zurueckkehren.

Eine SPSS-Anweisung, die sich ueber mehrere Zeilen erstrecken kann, wird erst ausgefuehrt, wenn eine neue Steuerkarte beginnt. Das wird haeufig die "leere Anweisung"

```
1              16
CONTINUE²
```

---

[1] Autor: U. Poehle, Grossrechenzentrum fuer die Wissenschaft in Berlin.
[2] Abgekuerzt durch "C".

sein. Der laestige Vorschub auf Spalte 16 kann durch das Tabulatorzeichen ":" ersetzt werden, zum Beispiel:

```
1
EXECUTE:END
```

Grundsaetzlich werden im Gespraech alle Fehlermeldungen auch auf der Konsole protokolliert. SPSS setzt im Fehlerfall eine Fehlermarke, so dass weitere SPSS-Anweisungen nur noch auf richtige Syntax ueberprueft und nicht ausgefuehrt werden, und traegt die Fehlernummer in eine Fehlerliste ein. Die Fehlerliste wird am Schluss oder nach

```
1
CLEAR
```

ausgewertet und zusammen mit der Fehlermarke geloescht. Um nach einem Fehler weiterarbeiten zu koennen, genuegt es auch, durch

```
1              16
CLEAR          FLAG
```

die Fehlermarke oder durch

```
1              16
CLEAR          ERRORS
```

die Fehlermarke und die Fehlerliste zu loeschen. Nach der CLEAR-Anweisung koennen neue SPSS-Anweisungen folgen oder auch die fehlerhafte Eingabe korrigiert und dann von der Fehlerstelle ab wiederholt werden.

EDITOR ruft den am Rechenzentrum verwendeten Texteditor auf, um die aktuelle Steuerkarteneingabe zu korrigieren, die dann mit

```
1              16
EXECUTE
EXECUTE        a
EXECUTE        a,b
```

ganz oder ab Zeile a oder von Zeile a bis b nochmals ausgefuehrt wird. Zu diesem Zweck und fuer spaetere Verwendung wird waehrend der Eingabe von Steuerkarten (oder Daten) ueber die Konsole ein Eingabeprotokoll gefuehrt. Dazu dient die im Kommando unter CONTROL genannte Datei

```
1              16
EXECUTE        CONSOLE [CONTROL]
```

oder die Datei in

```
1              16
EXECUTE        CONSOLE <datei>[1]
```

In beiden Faellen wird das Protokoll hinten angefuegt, wenn die Datei nicht leer ist. Fehlt die Angabe zur Protokolldatei, so gilt die zuletzt spezifizierte.

Ein starkes Werkzeug sind EDITOR und EXECUTE fuer den Benutzer dadurch, dass er auch beliebige Dateien und die im Kommando unter

---

[1] <datei> ist auch im folgenden immer eine Dateibezeichnung einschliesslich Traegerangabe wie im SPSS-Kommando.

CONTROL genannte Datei (oder Fremdstring) veraendern und/oder in den SPSS-Lauf einbeziehen kann. Die CONTROL-Datei wird bearbeitet durch

```
1              16
EDITOR         CONTROL [[,]/]
EXECUTE        CONTROL [<znr1>[[,]<znr2>]]
```

Dabei sind <znr1> und <znr2> optionale Zeilennummern zur Bereichsangabe. Endet die EDITOR-Karte mit ",/" oder "/", so stehen in den SPSS-Folgekarten Editorbefehle, die dem Texteditor zur Ausfuehrung uebergeben werden. Statt CONTROL kann auch eine beliebige Dateibezeichnung stehen.

Das Ergebnisprotokoll kann, wo es sinnvoll ist, auf die Konsole und auch wieder auf den Drucker gesteuert werden durch

```
1              16
OUTPUT MEDIUM  CONSOLE oder PRINTER
```

Die haeufig auftretende Anweisungsfolge

```
1              16
OUTPUT MEDIUM  CONSOLE oder PRINTER
CLEAR
EXECUTE        CONSOLE [CONTROL] oder CONSOLE <datei>
```

wird auch ausgefuehrt durch

```
1              16
DIALOG[1]      CONSOLE oder PRINTER [CONTROL oder <datei>]
```

wobei die erste Angabe das Ausgabemedium bzw. die zweite die Protokolldatei festlegt.

Die RAW OUTPUT UNIT-Karte umfasst zusaetzlich die folgenden offensichtlichen Funktionen

```
1              16
RAW OUTPUT UNIT PUNCH oder PRINTER oder CONSOLE oder <datei>
```

Analog wirkt

```
1              16
RAW OUTPUT UNIT DATA oder <datei>
```

wobei DATA Bezug nimmt auf die im Kommando spezifizierte Datei. Die aktuell zugeordnete Dateieingabe kann korrigiert werden durch

```
1              16
EDITOR         RAW INPUT
```

Schliesslich kann auf der SAVE FILE-Karte eine externe Dateibezeichnung angegeben werden.

```
1              16
SAVE FILE      <datei>
```

Die SAVE FILE-Karte kann auch wiederholt und mit verschiedenen Dateibezeichnungen auftreten. Es ist aber klar, dass jeweils dieselbe SPSS-Datei erzeugt wird.

---

[1] Die Schreibweise DIALOGUE ist ebenfalls zulaessig.

Damit kann der Benutzer alle Dateizuordnungen ausser SPSS-Dateien und -hilfsdateien (Angaben GET und AUXILIARY im Kommando) waehrend des SPSS-Gespraeches vornehmen.

7.4.4 Beispiel fuer ein SPSS-Gespraech

Nachdem der Benutzer in einem Batch-Job die SPSS-Datei BKZ.UMFRAGE auf der Wechselplatte W14(111BEN) erstellt hat, koennte er ein Gespraech dieser Art fuehren:

```
#XBG, ..... #. [Gespraechseroeffnung; Systemantwort endet stets mit
               "#:" ]
 .
 .
#:#SPSS, GET=W14(111BEN).BKZ.UMFRAGE,
CONTROL=/
RUN NAME       1. Auswertung
GET FILE       UMFRAGE
DIALOG         CONSOLE LFD.BKZ.STEUER #.
```

Nach dieser Eingabe werden weitere Steuerkarten von der Konsole angefordert und in der Datei STEUER (mit Numerierung in Schritten von 10) protokolliert. Die Datei wird bei Bedarf angemeldet oder kreiert. Ausgabemedium ist die Konsole.

```
#:FREQUENCIES:INTEGER=BILDUNG(1,9)EINKOMM(5,50)
OPTIONS:3,6,9
STATISTICS:ALL
C#.
```

Options 3 und 6 sollen den Ausgabeumfang verringern. Der Benutzer hat die Variable EINKOM falsch geschrieben. Die Fehlernummer erscheint auf der Konsole.

```
#:CLEAR
EDITOR #.
```

Der Fehlertext wird ausgegeben und der Texteditor aufgerufen. Nach der Korrektur von EINKOMM in EINKOM wird durch

```
EXECUTE:10#.
```

die nunmehr richtigen Anweisungen ab Zeile 10 (der ersten Zeile im Steuerkartenprotokoll) ausgefuehrt mit Ausgabe auf dem Terminal. Danach werden weitere Anweisungen von der Konsole angefordert.

```
#:RAW OUTPUT UNIT:LFD.BKZ.SPAR
AGGREGATE:GROUPVARS=SCHICHT/
:VARIABLES=EINKOM,ERSPAR/
:AGGSTATS=VALIDN,MEAN/
STATISTICS:1
C#.
```

Die LF-Datei SPAR wird angemeldet oder kreiert und nimmt die aggregierten Werte auf.

```
#:EDITOR #.
```

Die Variablenliste wird mit Hilfe des Texteditors geaendert in VARIABLES=AUTO,GERAETE,ZIMMER und die STATISTICS-Angabe in STATISTICS:2. Durch

```
RAW OUTPUT UNIT:PUNCH
OUTPUT MEDIUM:PRINTER
EXECUTE: 80, 120 #.
```

wird ein weiterer AGGREGATE-Lauf (8. bis 12. Zeile des Protokolls) gestartet. Die umfangreiche Ausgabe geht zum Drucker, und die aggregierten Werte werden auf Karten gestanzt.

7.5. UNIVAC-Anlagen

Neben den eigentlichen Daten und den SPSS-Steuerkarten muss der Benutzer wenige Kommandokarten fuer das Betriebssystem EXEC-8 der UNIVAC 1100er Anlageserie beifuegen, um einen ausfuehrbaren Lauf zu erhalten. Die beiden Kommandokarten @RUN und @FIN sind immmer, unabhaengig von SPSS, erforderlich. Vollstaendige Beschreibungen aller Kommandokarten (executive control statements) enthaelt die UNIVAC--Broschuere Operating System EXEC-8 Programmers Reference.

7.5.1 Einfacher Jobrahmen

Der Beginn eines jeden Laufs wird dem Betriebssystem durch die @RUN-Karte angezeigt. Das Symbol @ zeigt an, dass eine Kommandokarte vorliegt. @ entspricht einer 7,8-Mehrfachlochung jeweils in Spalte 1 einer Kommandokarte. Auf der RUN-Karte muessen noch eine Reihe von Informationen wie Run-Klasse, RUN-ID, Benutzername, Projekt-ID, Rechenzeit, Seitenzahl usw. angegeben werden. Die dazu notwendigen Informationen erhaelt der Benutzer in den dafuer vorgesehenen Handbuechern der einzelnen Rechenzentren. Das Ende eines Laufs wird durch die @FIN-Karte angezeigt.

Das Betriebssystem EXEC-8 erlaubt, ein Programm wie das SPSS in einer Programmdatei zu katalogisieren. Dabei wird das SPSS in ein sogenanntes absolutes Element verwandelt, das direkt ladefaehig ist und mittels einer einzigen Kommandokarte aufgerufen wird. Diese Karte kann folgendermassen aussehen:

```
1
@SPSS*SPSS.SPSS [SPACE]
```

In diesem Fall liegt das absolute Element des SPSS-Programms auf einer Datei, die mit Qualifier und Namen als SPSS*SPSS. gekennzeichnet ist. Fuer den SPACE-Parameter kann man den gewuenschten Speicherplatz angeben. Die Groesse ist begrenzt durch den verfuegbaren Hauptspeicher. Werden keine Angaben gemacht, so nimmt das System eine Groesse von 9000 an. Die meisten Anlagen erwarten ausserdem irgendwo zwischen der @RUN- und der @FIN-Karte eine Passwort-Karte der Form: @PASSWD ......

Ein einfacher UNIVAC-Lauf mit SPSS sieht wie folgt aus:

```
1
@RUN
@SPSS*SPSS.SPSS
RUN NAME
 .
 .
READ INPUT DATA
+-----------------+
|   Datenkarten   |
+-----------------+
FINISH
@FIN
```

7.5.2 Platten- und Banddateien

SPSS erlaubt Dateien, z.B. durch die SPSS-Kontrollkarten SAVE FILE oder WRITE CASES anzulegen und die Daten von solchen Dateien einzulesen, z.B. mit der SPSS-Kontrollkarte GET FILE. Die dabei angesprochenen Dateien muessen auch dem Betriebssystem bekannt sein. Das Betriebssystem der UNIVAC-1100 erfordert die Kennzeichnung von Platten- und Banddateien mit Namen der allgemeinen Form A*B oder B, wobei A und B jeweils aus bis zu 12 alphanumerischen Zeichen bestehen duerfen; solche Dateinamen duerfen mit Punkt abgeschlossen werden. Die Zuordnung einer solchen Datei zu dem SPSS-Programm erfolgt durch eine @ASG-Karte, wobei Buchstabenoptionen eine gewuenschte oder verhandene Katalogisierung der Datei anzeigen.

Die UNIVAC-Version von SPSS kennt nur "interne", numerische Dateinamen, die Werte von 2 bis 20 annehmen koennen.[1] Die @USE-Anweisung erlaubt das Verknuepfen solcher interner mit externen Dateinamen der Form A*B, so dass SPSS prinzipiell auf beliebige Dateien (auf Band und Platte) zugreifen kann. @ASG- und @USE-Karten muessen stets vor der @SPSS*SPSS.SPSS-Karte in das Kartenpaket eingefuegt werden.

Beispiel

```
1
@ASG,CP  A*TEST
@USE     4,A*TEST
```

Es wird eine Plattendatei mit dem Namen A*TEST eingerichtet, katalogisiert, wegen der Option CP, und mit der logischen Einheit 4 verknuepft, unter der nun das SPSS-System auf die Datei A*TEST mit SAVE FILE schreiben kann.

Beispiel

```
1
@ASG,A   B*DATEI
@USE     3,B*DATEI
```

Die existierende und katalogisierte (Option A) Datei B*DATEI wird ueber die logische Einheit 3 dem Programm zugeordnet. SPSS kann dann mit GET FILE darauf zugreifen.

Beispiel

```
1
@ASG     BA*ND,T,1346
@USE     8,BA*ND
```

Unter dem Dateinamen BA*ND wird das Magnetband ("T"=Tape) mit der Nummer 1346 vom Betriebssystem angefordert, es kann anschliessend ueber die logische Einheit 8 angesprochen werden.

Das SPSS-System kennt auf der UNIVAC-1100 die logischen Einheiten 2 bis 20, wobei folgende Zuordnungen zwischen logischer Einheit und Funktion zu beachten sind:

---

[1] Sogenannte logische Einheiten. Siehe Kap. 5.2.3: Die RAW OUTPUT UNIT-Karte.

Logische Einheit	Funktion
2	Interne Arbeitsdatei zur Zwischenspeicherung von Daten[1]
3	Eingabeeinheit bei GET FILE Erste Eingabeeinheit bei GET ARCHIVE
4	Ausgabeeinheit bei SAVE FILE und SAVE ARCHIVE
5	Kartenleser
6	Schnelldrucker
7	Kartenstanzer; Standardausgabeeinheit fuer BCD-Dateien (z.B. bei WRITE CASES, siehe Kap. 7.5.4)
8	Eingabeeinheit fuer BCD-, Binaerdateien Bei INPUT MEDIUM TAPE oder DISK
9 - 12	Weitere Eingabeeinheiten bei GET ARCHIVE
13- 14	Intern benoetigte und angelegte Arbeitsdateien
15- 20	Zusaetzliche Ausgabeeinheiten fuer BCD- und Binaerdateien. (siehe Kap. 7.5.4)

7.5.3 Beispiele fuer SPSS-Jobs

Einlesen einer BCD-Datei von Platte ("MESS*DATEN").

```
1
@RUN
@ASG,A    MESS*DATEN
@USE      8,MESS*DATEN
@SPSS*SPSS.SPSS
RUN NAME        EINLESEN EINER BCD-DATEI VON PLATTE
 .
 .
INPUT MEDIUM    DISK
 .
 .
READ INPUT DATA
 .
 .
FINISH
@FIN
```

[1] Der Speicherplatz kann gegebenenfalls mit der EXEC-8-Kommandokarte @ASG vergroessert werden. Beispiel: @ASG,T 2,F///150. Die Anzahl der verfuegbaren Spuren wurde hier auf maximal 150 erhoeht.

Haeufigkeitsauszaehlung, Erstellen einer SPSS-Datei auf Platte ("TEST1") und Dateneingabe ueber Band ("DATEN").

1

```
@RUN
@ASG,CP      TEST1
@USE         4,TEST1
@ASG         DATEN,T,....
@USE         8,DATEN
@SPSS*SPSS.SPSS
COMMENT          EINLESEN: BCD-DATEI, ERSTELLEN: SPSS-DATEI
VARIABLE LIST    ALTER,STATUS,SCHULE,IQ
INPUT MEDIUM     TAPE
N OF CASES       UNKNOWN
INPUT FORMAT     FIXED(10X,F2.0,4X,2F1.0,F3.0)
FREQUENCIES      GENERAL=ALTER TO IQ
OPTIONS          6
STATISTICS       ALL
READ INPUT DATA
SAVE FILE        TEST1
FINISH
@FIN
```

Einlesen der im vorhergehenden Job erstellten SPSS-Datei ("TEST1"), Sortieren der Daten und Abspeichern der sortierten Daten in der SPSS-Datei SORTIERT auf Platte.

Beispiel
1

```
@RUN
@ASG,A    TEST1
@USE      3,TEST1
@ASG,CP   SORTIERT
@USE      4,SORTIERT
@SPSS*SPSS.SPSS
RUN NAME         EINLESEN, SORTIEREN UND SPEICHERN EINER SPSS-DATEI
GET FILE         TEST1
 .
 .
 .
SORT CASES       ALTER (A)
SAVE FILE        SORTIERT
FINISH
@FIN
```

7.5.4 Stanzen und Drucken von BCD-Daten

BCD-Daten, die z.B. durch die Prozedur WRITE CASES oder aufgrund der Angabe von Optionen bestimmter Statistikprozeduren[1] erzeugt werden, werden bei der UNIVAC-Version von SPSS standardmaessig ueber die logische Einheit 7 ausgegeben. Dieser Einheit ist der Kartenstanzer zugeordnet. Sollen BCD-Daten dagegen ausgedruckt, oder in einer katalogisierten Datei gespeichert werden, dann ist eine RAW OUTPUT UNIT-Karte in den SPSS-Steuerkartensatz einzufuegen, die eine logische Einheit zwischen 15 und 20 angibt. Die entsprechende, durch @USE damit verknuepfte Datei muss zuvor durch eine @ASG-Karte katalogisiert werden. Das Ausdrucken kann dann nach Abschluss des eigent-

---

[1] Siehe Kap. 5.2.4: BCD- und Binaerausgabe der Statistikprozeduren.

lichen SPSS-Laufes durch eine @FREE- und eine @SYM-Steuerkarte veranlasst werden.

Im folgenden Beispiel gibt die erste WRITE CASES-Karte die Daten standardmaessig ueber den Kartenstanzer aus. Die RAW OUTPUT UNIT-Karte bewirkt, dass durch die folgende WRITE CASES-Karte Daten auf die mit der logischen Einheit 16 verknuepfte Datei geschrieben werden. Die beiden Steuerkarten @FREE und @SYM,U veranlassen danach das Ausdrucken dieser Datei ueber den Schnelldrucker.

Beispiel
1

```
@RUN
@ASG,CP  DRUCK*DATEI
@USE     16,DRUCK*DATEI
@SPSS*SPSS.SPSS
RUN NAME        STANZEN UND DRUCKEN VON BCD-DATEN
 .
 .
WRITE CASES
 .
 .
RAW OUTPUT UNIT 16
WRITE CASES
 .
 .
FINISH
@FREE    DRUCK*DATEI
@SYM,U   DRUCK*DATEI,,PR
@FIN
```

8 Anhang

8.1 Zusammenstellungen von SPSS-Beispielen

Die nachfolgend aufgefuehrten Beispiele ergeben ausfuehrbare SPSS-Jobs, wenn sie mit den entsprechenden Kommandokarten versehen werden. Diese Beispiele wurden auf einer IBM-Anlage gerechnet.

Schritt 1:

```
RUN NAME        SPSS-SYSTEMDATEI UND KORRELATIONSMATRIX ERZEUGEN
FILE NAME       VERBA DATEN AUS VERBA'S STUDIE IN DEN USA
VARIABLE LIST   WODA, VAR001 TO VAR008, FUERS, KOMWAHL, EINKOM,
                SCHULAB, HAUT
SUBFILE LIST    ORT1(126) ORT2(94)
INPUT MEDIUM    CARD
INPUT FORMAT    FIXED (T5,A1,2X,8(A1,1X),2X,F1.0,2X,A1,2X,A2,2X,F1.0,
                2X,A1)
COUNT           MITG = VAR001 TO VAR008 ('1')
COMMENT         SCHLUESSELWOERTER BLANK UND ELSE AUF DER RECODE-KARTE
RECODE          WODA ('1', '2' = 1) ('3' = 2) ('4', '5' = 3) (ELSE = 9) /
                FUERS (BLANK = -1)/
                EINKOM ('--' = 88) ('&&', '  ' = 99) (CONVERT)/
                HAUT (CONVERT)/ HAUT (2 THRU 8 = 2)
COMPUTE         EINKOMR = EINKOM
RECODE          EINKOMR (1, 2 = 1) (3, 4 = 2) (5, 6 = 3) (7 = 4) (11 = 5)
                (21 = 6) (31 = 7) (41 = 8) (51 THRU 71 = 9)
COMPUTE         WOJAHR = WODA
RECODE          WOJAHR (1 = 2) (2 = 7) (3 = 20)
IF              (MITG NE 0) FUERMIT = FUERS/MITG
COMPUTE         MITWOJ = MITG/WOJAHR
COMPUTE         FUERWOJ = FUERS/WOJAHR
DOCUMENT        1.  VARIABLE MITG WURDE ERZEUGT DURCH ABZAEHLEN DER
                    EINSEN IN VAR001 BIS VAR008
                2.  VARIABLE WODA WURDE KONVERTIERT UND ZUSAMMENGEFASST
                3.  IN VARIABLE FUERS WURDEN LEERZEICHEN ZU -1 UMCODIERT
                4.  VARIABLE EINKOMM WURDE KONVERTIERT
                5.  VARIABLE HAUT WURDE KONVERTIERT UND ZUSAMMENGEFASST
                6.  VARIABLE EINKOMR AUS VARIABLE EINKOM ZUSAMMENGEFASST
                7.  VARIABLE WOJAHR  - GEDEHNTE VARIABLE WODA
                8.  VARIABLE FUERMIT - QUOTIENT VON FUERS UND MITG
                9.  VARIABLE MITWOJ  - QUOTIENT VON MITG UND WOJAHR
                10. VARIABLE FUERWOJ - QUOTIENT VON FUERS UND WOJAHR
MISSING VALUES  WODA (9)/ FUERS (-1)/ KOMWAHL ('9', '-')/
                EINKOM (88, 99)/ SCHULAB (9)/ HAUT (11)
ASSIGN MISSING  EINKOMR (0)/ FUERMIT (-1)/ WOJAHR (0)/ MITWOJ (-1)/
                FUERWOJ (-1)
VAR LABELS      WODA     DAUER DES AUFENTHALTS IN DER GEMEINDE/
                FUERS    ANZAHL EMPFANGENER FUERSORGELEISTUNGEN/
                KOMWAHL  HAEUFIGKEIT DER STIMMABGABE BEI KOMMUNALWAHLEN/
                EINKOM   JAEHRLICHES FAMILIENEINKOMMEN/
                SCHULAB  SCHULABSCHLUSS/
                HAUT     HAUTFARBE DES BEFRAGTEN/
                MITG     ANZAHL VON MITGLIEDSCHAFTEN IN VEREINEN/
                EINKOMR  ZUSAMMENGEFASSTES  FAMILIENEINKOMMEN/
                FUERMIT  FUERS DIVIDIERT DURCH MITG/
                WOJAHR   GESCHAETZTE AUFENTHALTSDAUER IN JAHREN/
                MITWOJ   MITG DIVIDIERT DURCH WOJAHR/
                FUERWOJ  FUERS DIVIDIERT DURCH WOJAHR/
VALUE LABELS    WODA (1) < 3 JHR (2) 4-10 JHR (3) > 10 JHR (9)ENTFAELLT/
                KOMWAHL ('1') ALLE WAHLEN ('2') FEHLE MANCHMAL
                ('3') WAEHLE KAUM ('4') WAEHLE NIE ('9') WEISS NICHT
                ('-') KEINE ANGABE/
                SCHULAB (1) KEINEN (2) HAUPTSCHULE (3) MITTL. REIFE
                (4) HOCHSCHULREIFE (5) HOCHSCH.UNVOLLST.
                (6) HOCH.ABGESCHL. (7) PROMOTION (9) VERWEIGERT/
                HAUT (1) WEISS (2) FARBIG (9) VERWEIGERT/
                EINKOMR (1) < $2,000 (2) $ 2,000 -  3,999
                (3) $ 4,000 -  5,999 (4) $ 6,000 -  6,999
                (5) $ 7,000 -  7,999 (6) $ 8,000 -  8,999
                (7) $ 9,000 -  9,999 (8) $10,000 - 14,999
                (9) $15,000 ODER MEHR (0) VERWEIGERT
PRINT FORMATS   VAR001 TO VAR008, KOMWAHL (A)/
                FUERMIT, MITWOJ, FUERWOJ (2)/
LIST CASES      CASES=40/VARIABLES=FUERS TO FUERWOJ
COMMENT         BEI MAXIMAL 11 VARIABLEN KOMPAKTE DRUCKAUSGABE
TASK NAME       HAEUFIGKEITSAUSZAEHLUNG  IM ALLGEMEINEN MODUS
FREQUENCIES     GENERAL = KOMWAHL EINKOM WODA SEQNUM
STATISTICS      ALL
OPTIONS         3,6,9
COMMENT         OPTION 3:  DIN-A4 DRUCKFORMAT
                OPTION 6:  KOMPRIMIERTER AUSDRUCK, BEI ZU VIELEN WERTEN
                           DIE VARIABLE SEQNUM WIRD ZUR
                           DEMONSTRATION BENUTZT
                OPTION 9:  INHALTSVERZEICHNIS
READ INPUT DATA
     2  2 2 2 2 2 2 2 2   4  2  03  2  1
     3  2 2 2 2 2 2 2 2   0  4  06  3  1
     4  2 2 2 2 2 2 2 2   1  2  04  9  1
     2  2 2 2 2 2 2 2 2   4  4  07  2  1
     4  2 2 2 2 2 2 2 2   2  1  41  4  1
     5  2 2 2 2 2 2 2 2   2  2  07  4  1
     1  2 2 2 2 2 2 2 2   2  -  21  4  1
     3  1 2 2 2 2 2 2 2   4  2  41  5  1
     -  2 2 2 2 2 2 2 2   0  4  02  2  2
     5  2 2 2 2 2 2 2 2   0  4  01  0  2
   ~~~~~~~~~~~~~~~~~~~~~~~~~~~~~~~~~~~~~~~~

   ~~~~~~~~~~~~~~~~~~~~~~~~~~~~~~~~~~~~~~~~
     1  2 2 2 2 2 2 2 2   2  3  04  4  1
     2  2 2 2 2 2 2 2 2   0  2  51  7  1
     4  2 2 2 2 2 2 1 1   2  1  41  6  1
     3  2 2 2 2 2 2 2 2   0  1  05  4  1
     2  2 2 2 2 2 2 2 2   4  3  51  4  1
     4  2 2 2 2 2 2 2 2   4  2  51  4  1
     4  2 - 2 1 2 2 1 1   3  1  61  4  1
     4  2 2 2 2 2 1 2 2   0  3  21  3  1
     2  2 2 2 2 2 2 2 2   2  4  06  4  1
     4  2 2 2 2 1 2 2 2   2  1  21  2  1
TASK NAME       SCHNELLE HAEUFIGKEITSAUSZAEHLUNG DURCH GANZZAHLMODUS
FREQUENCIES     INTEGER = EINKOMR(0,8)
STATISTICS      ALL
OPTIONS         3
COMMENT         OPTION 3: DIN-A4 DRUCKFORMAT

TASK NAME       ERZEUGEN VON Z-WERTEN DURCH 'CONDESCRIPTIVE'
RAW OUTPUT UNIT 15
RUN SUBFILES    (ORT1)
CONDESCRIPTIVE  FUERMIT, WOJAHR, MITWOJ
OPTIONS         3

RAW OUTPUT UNIT 9
TASK NAME       DIE KORRELATIONSMATRIX WIRD ALS BCD-DATEI AUSGEGEBEN
PEARSON CORR    WODA, MITG, FUERS, EINKOM, SCHULAB, HAUT, FUERMIT, WOJAHR
                MITWOJ FUERWOJ
OPTIONS         4
STATISTICS      1,2
COMMENT         OPTION 4: AUSGABE DER KORRELATIONSMATRIX ALS BCD-DATEI

DELETE VARS     VAR001  TO VAR008
TASK NAME       AUSDRUCKEN VERSCHIEDENER INFORMATIONEN
LIST FILEINFO   SORTVARS, DOCUMENTS, COMPLETE
SAVE FILE
FINISH
```

Schritt 2:

```
RUN NAME         EINLESEN DER IN SCHRITT 1 ERZEUGTEN SYSTEMDATEI
GET FILE         VERBA
COMMENT          AUSGABE VON STEUERKARTEN UND ROHDATEN ALS BCD-DATEN
TASK NAME        ERZEUGEN VON SPSS-STEUERKARTEN UND DATEI AUS SYSTEMDATEI
WRITE FILEINFO   VARIABLES =WODA,EINKOMR,HAUT,WOJAHR TO FUERWOJ/
                 ALL
WRITE CASES      BINARY            WODA,EINKOMR HAUT WOJAHR TO FUERWOJ

TASK NAME        EINFAKTORIELLE VARIANZANALYSE MIT 'BREAKDOWN'
BREAKDOWN        TABLES = MITG BY WODA BY KOMWAHL
STATISTICS       1, 2
COMMENT          STATISTIK 1:  VARIANZANALYSE
                 STATISTIK 2:  TEST AUF LINEARITAET

TASK NAME        'BREAKDOWN' IM GANZZAHLMODUS
PAGESIZE         NOEJECT
BREAKDOWN        VARIABLES= SCHULAB(LO,HI) EINKOMR(0,9)/
                 TABLES=SCHULAB BY EINKOMR/
STATISTICS       ALL

T-TEST           GROUPS = WODA (3)/ VARIABLES = EINKOM, MITG/
                 PAIRS = FUERS, SCHULAB

TASK NAME        KREUZTABELLIERUNG VON NUMER. UND ALPHANUMER. VARIABLEN
PAGESIZE         55
COMMENT          ZEILENZAHL JE SEITE WIRD AUF DEN URSPRUENGLICHEN WERT
                 ZURUECKGESETZT
RUN SUBFILES     (ORT1)
COMMENT          'CROSSTABS' IM ALLGEMEINEN MODUS
CROSSTABS        TABLES = KOMWAHL BY EINKOMR
STATISTICS       ALL
OPTIONS          9

TASK NAME        DREIDIMENSIONALE KREUZTABELLE MIT GANZZAHLMODUS
CROSSTABS        VARIABLES = EINKOMR (0, 9) SCHULAB (1, 9) HAUT (1, 2)/
                 TABLES = SCHULAB BY EINKOMR BY HAUT
STATISTICS       1, 8, 9
COMMENT          STATISTIK 1:  CHI-QUADRAT
                 STATISTIK 8:  GAMMA
                 STATISTIK 9:  SOMERS' D
OPTIONS          4, 5,7
COMMENT          OPTION 4:  KEINE SPALTENPROZENTE
                 OPTION 5:  KEINE PROZENTE BEZOGEN AUF DIE GESAMTZAHL
                 OPTION 7:  FEHLENDE WERTE SOLLEN IN DIE TABELLE, ABER
                            NICHT IN DIE STATISTIKEN EINBEZOGEN WERDEN

TASK NAME
COMMENT          SO WIRD MAN DIE 2.-TE UEBERSCHRIFT(TASK NAME) WIEDER LOS
GUTTMAN SCALE    SKALA01 = EINKOMR (5) MITG (1) FUERS (3)
STATISTICS       ALL

*COMPUTE         CONST = 1
NONPAR CORR      WODA, MITG WITH FUERS, EINKOM, SCHULAB, CONST
OPTIONS          6
COMMENT          OPTION 6: SPEARMAN- UND  KENDALL-KOEFFIZIENTEN

*COMPUTE         CONST=1
PARTIAL CORR     WODA, MITG, FUERS, EINKOM, HAUT, CONST BY SCHULAB (1)
STATISTICS       3
COMMENT          STATISTIK 3: BEDINGTER AUSDRUCK DER AUSGANGSKORRELATIONEN
SCATTERGRAM      FUERMIT WITH FUERWOJ

RAW OUTPUT UNIT15
TASK NAME        MULTIPLE REGRESSION MIT RESIDUEN
REGRESSION       VARIABLES = WODA FUERS SCHULAB TO EINKOMR/
                 REGRESSION = EINKOMR(2) WITH SCHULAB TO MITG(2) FUERS
                              WODA(1) RESID=0.0 /
OPTIONS          11,12
STATISTICS       4
COMMENT          RESIDUEN WERDEN ALS BCD-DATEI AUSGEGEBEN

TASK NAME        KANONISCHE KORRELATION MIT BCD-AUSGABE DER KAN. VARIABLEN
RAW OUTPUT UNIT 16
CANCORR          VARIABLES=WODA FUERS SCHULAB TO EINKOMR/
                 RELATE = WODA TO HAUT WITH MITG TO EINKOMR/ CANVAR
STATISTICS       2,3
OPTIONS          6,7
FINISH
```

Schritt 3:

```
RUN NAME         PARTIELLE KORRELATIONEN AUS EINGELESENER KORR.-MATRIX
ALLOCATE         TRANSPACE=0
COMMENT          IN DIESEM LAUF WIRD FUER DATENTRANSFORMATIONEN KEIN
                 SPEICHERPLATZ BENOETIGT
VARIABLE LIST    WODA, MITG, FUERS, EINKOM, SCHULAB, HAUT, FUERMIT, WOJAHR
                 MITWOJ, FUERWOJ
INPUT MEDIUM     DISK
N OF CASES       76
PARTIAL CORR     WODA, MITG, FUERS, EINKOM, HAUT BY SCHULAB (1)/
                 EINKOM, SCHULAB, FUERMIT WITH MITWOJ, FUERWOJ BY HAUT (1)
OPTIONS          4, 6
COMMENT          OPTION 4: MATRIXEINGABE
                 OPTION 6: REIHENFOLGE DER VARIABLEN NACH 'VARIABLE LIST'
READ MATRIX
FINISH
```

Schritt 4:

```
RUN NAME          VARIABLEN HINZUFUEGEN; DATEI SORTIEREN UND SPEICHERN
GET FILE          VERBA
INPUT MEDIUM      CARD
ADD DATA LIST     FIXED / 1 WODA2 5(A) VAR001 TO VAR008 8-23 (A)

RECODE            WODA2 ('1', '2' = 1) ('3' = 2) ('4', '5' = 3) ('-' = 9)
ASSIGN MISSING    WODA2(9)
COMPUTE           MITG1 = 0
DO REPEAT         $V1=VAR001 TO VAR008
IF                ($V1 EQ '1 ') MITG1 = MITG1 + 1
RECODE            $V1(CONVERT)
END REPEAT
COMMENT           DER FUER DIE PLATZHALTERVARIABLE GEWAEHLTE NAME IST
                  ZULAESSIG, WEIL $ ALS BUCHSTABE GILT. HIER WIRD DIE
                  FUNKTION VON COUNT DURCH EINE SCHLEIFE SIMULIERRT.
VAR LABELS        WODA2 IDENTISCH MIT  WODA/
                  MITG1 BERECHNETE ANZAHL MITGLIEDSCHAFTEN/
                  VAR001 EINZELNE MITGLIEDSCHAFT/
VALUE LABELS      VAR001 TO VAR008 (1) JA   (2) NEIN/
                  MITG1 (0) MITGL. KEINES VEREINS/
                        (1) MITGL. VON 1 VEREIN/
                        (2) MITGL. VON 2 VEREINEN/

COMPUTE           PRUEFVAR=0
IF                (WODA NE WODA2) PRUEFVAR=1
COMMENT           SO KANN DIE UEBEREINSTIMMUNG DER FAELLE IN EINEM LAUF
                  MIT 'ADD VARIABLES' UEBERPRUEFT WERDEN
FREQUENCIES       INTEGER=PRUEFVAR(0,1)
READ INPUT DATA
   2   2 2 2 2 2 2 2 2   4  2  03  2  1
   3   2 2 2 2 2 2 2 2   0  4  06  3  1
   4   2 2 2 2 2 2 2 2   1  2  04  9  1
   2   2 2 2 2 2 2 2 2   4  4  07  2  1
   4   2 2 2 2 2 2 2 2   2  1  41  [illegible]  1
   ...
   2   2 2 2 2 2 2 2 2   4  3  51  4  1
   4   2 2 2 2 2 2 2 2   4  2  51  4  1
   4   2 - 2 1 2 2 1 1   3  1  61  4  1
   4   2 2 2 2 2 1 2 2   0  3  21  3  1
   2   2 2 2 2 2 2 2 2   2  4  06  4  1
   4   2 2 2 2 1 2 2 2   2  1  21  2  1
TASK NAME         FAKTORENANALYSE DESELBEN VARAIBLEN NACH ANDERER METHODE
RAW OUTPUT UNIT 17
PAGESIZE          NOEJECT
FACTOR            VARIABLES= WODA FUERS SCHULAB TO EINKOMR
                  TYPE=PA1/ROTATE=EQUIMAX/FACSCORE/
                  VARIABLES= WODA FUERS SCHULAB TO EINKOMR/
                  TYPE=PA2/ROTATE=QUARTIMAX/ITERATE=50/
                  VARIABLES= WODA FUERS SCHULAB TO EINKOMR/
                  TYPE=RAO/ROTATE=OBLIQUE/DELTA=-1.0/
STATISTICS        1,2,3,4,5,6,7
OPTIONS           2,7,8,11

PAGESIZE          55
ANOVA             EINKOM BY SCHULAB(1,7) WITH WODA
STATISTICS        1
ONEWAY            EINKOMR BY WODA(1,3)/
                  POLYNOMIAL = 2/
                  CONTRAST = .25, .25, .5/
                  RANGES = SNK/
                  RANGES = LSD/
STATISTICS        ALL

DELETE VARS       PRUEFVAR
REORDER VARS      WODA2 VAR008 PRUEFVAR /
COMMENT           GIBT EINE HUEBSCHE MELDUNG, WENN MAN EINE GELOESCHTE
                  VARIABLE NACH VORNE ZIEHEN MOECHTE
SORT CASES        WODA2 VAR008/
SAVE FILE         VERBANEU  SORTIERTE UND UMGEORDNETE DATEI VERBA
FINISH
```

Schritt 5:

```
RUN NAME          DATENAGGREGATION AUSGEHEND VON SORTIERTER SYSTEMDATEI
GET FILE          VERBANEU
SUBFILE LIST      WDA1(50) WDA2(27) WDA3(141) WDA9(2)
RUN SUBFILES      (WDA1 WDA2 WDA3)
COMMENT           IN SORTIERTER DATEI WERDEN NEUE UNTERDATEIEN EINGEFUEHRT
LIST FILEINFO     SUBDIRECTORY

AGGREGATE         GROUPVAR=WODA2,VAR008/
                  VARIABLES=SCHULAB,EINKOM,WODA/
                  AGGSTATS = SUM,MEAN,SD,VALIDN
STATISTICS        2
OPTIONS           3

SUBFILE LIST      ORT1(126) ORT2(94)

DISCRIMINANT      GROUPS= WODA(1,3)/
                  VARIABLES= SCHULAB HAUT MITG EINKOMR/
                  ANALYSIS= SCHULAB HAUT EINKOMR(3) MITG(1)/
                  METHOD= MAHAL/ FIN= 1.0/FOUT=0.9/
STATISTICS        ALL
OPTIONS           5,7,10
DELETE VARS       WODA TO FUERWOJ
SAVE FILE
FINISH
```

Schritt 6:

```
GET ARCHIVE       FILE=VERBA VARIABLES=WODA TO EINKOMR/
                  FILE= VERBANEU  VARIABLES=WODA2,MITG1
COMMENT           MIT 'GET ARCHIVE' WERDEN DIE IN SCHRITT 1 UND SCHRITT 4
                  ERSTELLTEN SYSTEMDATEIEN ZUSAMMENGEFASST; MIT 'SAVE
                  FILE' WIRD DIE ZUSAMMENGEFASSTE DATEI ABGESPEICHERT
ALLOCATE          TRANSPACE = 0
COMMENT           KEINE DATENTRANSFORMATIONEN IN DIESEM LAUF
LIST ARCINFO      COMPLETE
FREQUENCIES       GENERAL = EINKOMR MITG1
BREAKDOWN         VARIABLE=SCHULAB(2,7) EINKOMR(0,9) HAUT(1,2)/
                  CROSSBREAK= EINKOMR BY SCHULAB BY HAUT
COMMENT           SCHLUESSELWORT 'CROSSBREAK' ERZEUGT KREUZTABELLEN BEIM
                  GANZZAHLMODUS VON 'BREAKDOWN'
SAVE FILE         VERBA12
FINISH
```

8.2. Literaturverzeichnis

Anderson T.W. Introduction to multivariate statistical analysis. New York 1958.

Attneave F. Informationstheorie in der Psychologie. Bern 1965.

Bartel H. Statistik I. Stuttgart 1971.

Bartel H. Statistik II. Stuttgart 1972.

Benninghaus H. Statistik fuer Soziologen I. Stuttgart 1974.

Berkson J. & Gage R. Calculation of Survival Rates for Cancer. Proc. Mayo Clin. 25 (1950) 270.

Blalock H.M. Inferences in nonexperimental research. Chapel Hill 1964.

Bock R.D. Multivariate Statistical Methods in Behavioral Research. New York 1975.

Clauss G. & Ebner H. Grundlagen der Statistik fuer Psychologen, Paedagogen und Soziologen. Frankfurt a.M. 1975.

Conover W.J. Practical Nonparametric Statistics. New York 1971.

Cooley W.W. & Lohnes P.R. Multivariate data analysis. New York 1971.

Cutler S.J. & Ederer F. Maximum Utilization of the Life Table Method in Analyzing Survival. J.Chron.Dis. 8 (1958) 699-712.

Dieterich R. Psychodiagnostik, Muenchen 1973.

Dempster D. Elements of continuous multivariate analysis. Reading, Mass. 1969.

Diehl J.M. & Kohr H.U. Durchfuehrungsanleitungen fuer Statistische Tests. Weinheim 1977.

Dixon W.J. & Brown M.B. BMDP-77 Biomedical Computer Programs, P-Series. University of California Press. Berkeley 1979.

Dhrymes P.J. Econometrics - Statistical Foundations and Applications. New York 1970.

Draper N. & Smith H. Applied Regression Analysis. New York 1966.

Dziuban Ch.D. Shirkey E.C. When is a Correlation Matrix Appropiate for Factor Analysis? Psychological Bulletin, Vol. 81, No.6, 1974, S.358-361.

Edwards A.L. On Guttman scale analysis. Educ. Psychol. Measmt. 8 (1948) 313-318.

Edwards A.L. Techniques of attitude and scale construction. New York 1957.

Ferguson G.A. Statistical analysis in psychology and education. New York 1966.

Finn J.D. A General Model for Multivariate Analysis. New York 1974.

Friedrichs H. Methoden empirischer Sozialforschung. Reinbek bei Hamburg 1973.

Froehlich W.D. & Becker J. Forschungsstatistik. Bonn 1971.

Gaensslen H. & Schuboe W. Einfache und komplexe statistische Analyse. Muenchen 1976.

Gehan E. A Generalized Wilcoxon Test for Comparing Arbitrarily Singly-Censored Samples. Biometrika 52 (1965) 203-224.

Goodenough W.H. A technique for scale analysis. Educ. Psychol. Meas. 4 (1944) 179-190.

Guilford J.P. & Fruchter B. Fundamental statistics in psychology and education. New York 1973.

Gulliksen H. & Messick S. Psychological scaling. New York 1960.

Guttman L. A basis for analyzing test-retest reliability. Psychometrika 10 (1945) 255-282.

Harman H.H. Modern Factor Analysis. Chicago 1967.

Hays W.L. & Winkler R.L. Statistics. New York 1971.

Heller K. & Rosemann B. Planung und Auswertung empirischer Untersuchungen. Stuttgart 1974.

Hofstaetter P.R. & Wendt D. Quantitative Methoden der Psychologie. Muenchen 1966.

Hollander M. & Wolfe D.A. Nonparametric Statistical Methods. New York 1973.

Hope K. Elementary Statistics: A Workbook. Oxford 1967.
Hope K. Methods of multivariate analysis. London 1968.
Horst, P. Die Messung der Vorhersage. Weinheim 1971.
Hull c.H. & Nie N.H. SPSS Update - New Procedures and facilities for Releases 7 and 8. New York 1979.
Jenkins G.M. & Watts D.G. Spectral analysis and its applicticns. San Francisco 1968.
Joereskog K.G. & Van Thillo M. New Rapid Algorithmus for Factor Analysis by Unweighted Least Squares, Generalized Least Squares and Maximum Likelihood. Educational Testing Service, Res.Eull. 71-5 1975.
Jchnston J. Econometric Methods. New York 1972.
Kaikow H. & Reagan M. SPSS-G3SLS - Generalized Three-Stage Least Squares. Northwestern University Computer Center, Doc. No. 395 (1976).
Kaiser H.-J. Statistischer Grundkurs. Muenchen 1972.
Kendall M.G. & Stuart A. The advanced theory of statistics. London 1961.
Kerlinger F.N. & Pedhazer E. Multiple regression in behavioral research. New York 1973.
Kirk R.E. Experimental design: procedures for the behavicral sciences. Belmont, Calif. 1968.
Klecka W.R., Nie N.H. & Hull C.H. SPSS-Primer. New York 1975.
Kollegium Biomathematik NW Biomathematik fuer Mediziner. Heidelberg 1976.
Krauth I. & Lienert G.A. Die Konfigurationsfrequenzanalyse. Muenchen 1973
Kristof W. Estimation of true score and error variance under various equivalence assumptions. Psychometrika 34 (1969) 489-507. Statistik in den Sozialwissenschaften. Reinbek bei Hamburg 1973.
Kriz J. Datenverarbeitung fuer Sozialwissenschaftler. Reinbek bei Hamburg 1975.
Kueffner H. Anwendung von EDV bei der Datenorganisation. in: Heller K. (Hrsg.) Handbuch der Bildungsberatung Bd. III: Methoden der Bildungsberatung. Stuttgart 1976.
Kullback S. Information Theory and Statistics. New York 1968.
Lamnek S. & Krutwa A. Grundriss der elektronischen Datenverarbeitung fuer alle empirischen Wissenschaften. Muenchen 1975.
Landsheere G. Einfuehrung in die paedagogische Forschung. Basel Weinheim 1969.
Leiner B. Spektralanalyse. Einfuehrung in Theorie und Praxis moderner Zeitreihenanalyse. Opladen 1976.
Lienert G.A. Testaufbau und Testanalyse. Weinheim 1971.
Lienert G.A. Verteilungsfreie Methoden in der Biostatistik. Meisenheim am Glan 1973.
Lord, F.M. & Novick, M. R.: Statistical theories of mental test scores. Reading, Mass. 1974².
Magnusson D. Testtheorie. Wien 1969.
McNemar Q. Psychological statistics. New York 1962.
Merten K. & Lisch R. Anwendung von EDV bei der Datenorganisation. Stuttgart 1975.
Mittenecker E. Planung und statistische Auswertung von Experimenten. Wien 1971.
Mittenecker E. & Raab E. Informationstheorie fuer Psychologen. Goettingen 1973.
Morrison D.F. Multivariate Statistical Methods. New York 1976.
Nie N.H., Hull, C.H., Jenkins J.G., Steinbrenner K. & Bent D.H. SPSS Statistical package for the social sciences. New York 1975.
Norusis M.J. SPSS Statistical algorithms Release 8. SPSS Inc. 1979.
Novick M.R. & Lewis R. Coefficient alpha and the reliability of composite measurements. Psychometrika 32 (1967) 1-13.
Opp K.H. & Schmidt P. Einfuehrung in die Mehrvariablenanalyse. Reinbek bei Hamburg 1976.

Overall J.E. & Klett C.J. Applied Multivariate Analysis. New York 1972.
Parzen E. Time series analysis papers. San Francisco 1967.
Pawlik K. Dimensionen des Verhaltens. Bern Stuttgart 1971.
Pfanzagl I. Allgemeine Methodenlehre der Statistik, Bd. I: Elementare Methoden.... Berlin 1960.
Rao C.R. Linear statistical inference and its application. New York 1965.
Rao C.R. Lineare statistische Methoden und ihre Anwendung. Berlin 1973.
Robinson B. SPSS Subprogram NONLINEAR. Northwestern University, Vogelback Computer Center, Manual No. 433, 1977.
Sachs L. Angewandte Statistik. Berlin Heidelberg New York 1974.
Schiro H. & Herzog R. Wie sag ich's dem Computer?. Muenchen 1970.
Schoenfeld P. Methoden der Oekonometrie. Bd.I Berlin Frankfurt 1969, Bd.II Muenchen 1971.
Schneeweiss H. Oekonometrie. Wuerzburg Wien 1971.
Siegel S. Nonparametric statistics for the behavioral sciences. New York 1956.
Siegel S. Nichtparametrische Statistik. Frankfurt 1976.
Simon H.A. Models of man. New York 1957.
Sixtl F. Messmethoden der Psychologie. Weinheim 1967.
Tatsuoka M.M. Multivariate analysis. New York 1971.
Theil H. Principles of Econometrics. New York 1971.
Theil H. Statistical Decomposition Analysis. Amsterdam London 1972.
Toledamo S. Smallest Space Analysis - A New Subprogram 'SSA1' in the SPSS Package. Hebrew University of Jerusalem, Computation Center 1977.
Torgerson W.S. Theory and methods of scaling. New York 1958.
Ueberla K. Faktorenanalyse. Berlin Heidelberg New York 1971.
Van der Geer J. Introduction to multivariate analysis for the social sciences. San Francisco 1971.
Walker H.M. & Lev J. Statistische Methoden fuer Psychologen und Paedagogen. Weinheim 1975.
Weber E. Grundriss der biologischen Statistik. Stuttgart 1967.
Weber E. Einfuehrung in die Faktorenanalyse. Stuttgart 1974.
Wilks S.S. Sample criteria for testing equality of means, equality of variances and equality of covariances ... Annals of Mathematical Statistics 17 (1946) 257-281.
Winer B.J. Statistical principles in experimental design. New York 1971.

8.3. Stichwortverzeichnis